KB179859

공직의 윤리

공직의 윤리

데니스 F. 톰슨 지음
황경식 · 정원규 옮김

HARVARD UNIVERSITY PRESS

Cambridge, Massachusetts
and London, England
1987

철학과 현실사

POLITICAL ETHICS AND PUBLIC OFFICE
by
Dennis F. Thompson

옮긴이의 말

"정치는 정치고 윤리는 윤리다", 혹은 "정치는 현실이고 도덕은 당위다"라는 말이 있다. 이런 말들은 정치적 현실이 도덕적 당위의 잣대만으로 쉽사리 해명되기 어려운 일면이 있다는 점에서 일리 있는 말이기도 하다. 그러나 이 같은 논리가 정치인들이나 공직자들에 의해 남용되거나 오용되고 있는 우리의 정치현실이나 공직사회 또한 그대로 용납하기가 어렵다.

정치나 공직의 세계가 보통사람들의 일상도덕으로 평가하기 어려운 나름의 측면을 지닌다 해도 거기에는 엄연히 정치의 도덕, 공직의 윤리가 있을 수 있고 또한 있어야 하기 때문이다. 비록 정치인이나 공직자가 한때 불가피하게 비윤리적 수단(더러운 손과 같은)에 호소할 수밖에 없을지라도 이는 반드시 보다 더 큰 명분에 의해 정당화될 수 있고 또한 정당화되어야 할 것이다.

데니스 F. 톰슨의 「공직의 윤리」를 우리말로 옮기고자 한 뜻은 바로 이 같은 기본적 양심과 도덕감에서 자극받은 것이다. 비록 인용된 예화나 설명이 다분히 미국적이고 내용이 다소 학구적이어서 난삽한 부분이 있기는 하나 우리의 일천한 정치도덕이나 공직의 윤리에 타산지석이 된다면 그대로 감수하기로 하였다.

정원규가 초역하고 황경식이 수정한 후 몇 차례 돌려가며 윤문하였으나 크게 만족스럽지는 못하다. 철학과 현실사에 깊이 감사드린다.

1999년 5월

황 경 식

감사의 말

이 책은 저술 및 수정 과정을 거치면서 내용 면에서 초고와 많이 달라지게 되었고, 이러한 과정에서 많은 사람들의 도움을 받았다. 나에게 도움을 준 사람들은 내가 그들의 충고를 어떻게 오용할 것인지 알 수 없었으므로, 나의 글로 인해 그들이 비난받는 일은 없어야 할 것이다.

정치윤리학에 관한 나의 생각은 굿맨(Amy Gutmann)과의 협동작업에 힘입은 바 크다. 나는 한 학기 동안 그녀의 도움을 받아가며 강의했고, 윤리학과 정책에 관한 사례집을 편집했으며, 입법원칙에 관한 한편의 논문을 썼다(4장). 그녀는 또한 다른 장(章)에 대해서도 구체적인 개선안을 제시했다. 이 책에서 나타나는 개념과 논변들 중에서 몇몇에 대한 개괄적인 충고는 녹(Siessela Nok), 카렌스(Joseph Carens), 파인버그(Joel Feinberg), 히르쉬만(Albert Hirschman), 켈리(Stanley Kelly), 스캔런(T. M. Scanlon), 그리고 월쩌(Michael Walzer) 등의 도움을 받았다.

예전에 나의 제자였던, 그러나 지금은 벌써 인정받는 학자가 되었거나 곧 그렇게 될 사람들이 나의 연구와 사색에 도움을 주었다(David Aladjem, Charles Beitz, Mike Comiskey, David Johnston,

Marion Smiley). 간섭주의에 관한 나의 분석에 대해서는 드워킨 (Gerald Dworkin)이, 그리고 형사적 책임에 관한 논의에 대해서는 도익(Jameson Doig)과 스톤(Christopher Stone)이 가치있는 논평을 해주었다. 아놀드(Douglas Arnold), 제이콥슨(Gary Jacobson), 그리고 쉬바르쯔(Nancy Schwarz)는 입법행위를 잘 이해할 수 있도록 도와주었다. 그리고 도일(Michael Doyle)과 파이브슨(Harold Feiveson)은 핵억지에 관한 나의 몇몇 잘못들을 교정해 주었다. 킹(Trina King)은 색인을 작성해 주었다.

정치윤리가 실행되는 (또는 실행되지 않는) 과정을 관찰할 수 있는 기회를 제공해 준 몇몇 입법위원회 및 정부의 여러 기구들에 사의를 표한다. 특히 윤리에 관한 상원특별위원회, 인사국, 보건교육복지부(지금의 보건복지부)에 감사드린다. DIME과 관련하여 보건복지부의 자문위원으로 활동하던 1980년 5월에, 몇몇 직원들, 특히 바스(Michael Barth)는 그 실험에 관련된 유익한 정보를 제공해 주었다. 나는 또한 헤이스팅스 센터(Hastings Center)가 후원하는 몇몇 프로젝트에 참여했던 나의 동료들, 특히 캘러헌 (Daniel Callahan)과 제닝스(Bruce Jennings)가 주도했던 프로젝트— 공직생활의 윤리적 쟁점들에 대해 정치가와 학자들이 함께 토론하고 저술하는 프로젝트 — 에 함께 종사했던 동료들로부터 많은 것을 배웠다.

내가 이 책에서 제기한 문제들을 다루는 동안 스탠포드(Stanford)의 행동과학고급연구센터, 프린스턴(Prinston)의 고급연구기관, 그리고 프린스턴 대학의 공무 및 국제업무에 관한 우드로 윌슨 스쿨(Woodrow Wilson School) 등이 지적·재정적 도움을 풍부히 제공해 주었다. 내 아내 캐럴(Carol)은 지적·재정적 지원의 수준을 넘어서는 후원을 아끼지 않았다.

차   례

서　론

　"정치학에서는 '그러므로 너희들은 뱀처럼 교활하라'고 말한다. 그러나 도덕학에서는 다음과 같은 제한조건을 덧붙인다. '그리고 비둘기처럼 순진무구하라'." [1] 칸트(Kant)가 이렇게 말한 이유는 뱀과 비둘기가 공존할 수 있으며, 결국 비둘기가 우세하게 될 것이라고 믿었기 때문이다. 더 조심스러운 철학자는 다음과 같이 말한다. "뱀과 비둘기가 함께 자리에 들면 비둘기는 늦잠을 자려고 하지 않을 것이다." [2] 정치윤리학 — 정치적 행위에 대해 윤리적 판단을 행하는 실천활동 — 은 이런 정신에서 진행된다. 윤리와 정치 사이의 갈등을 해소할 수 있다고 가정하지 않고서도 윤리와 정치를 결합시키려는 것이 정치윤리학이라고 생각하면 되겠다.

　이러한 갈등을 관습적인 방식으로, 즉 타산적 규정들에 의해 규제되는 순수한 권력의 영역으로서의 정치와, 도덕적 명령에 의해 규제되는 순수한 원칙의 영역으로서의 윤리 사이의 갈등으로 이해해서는 안된다. 그런 식으로 규정한다면 두 영역의 대립으로 말미암아 두 영역에 종사하는 사람들이 다른 한편을 무시하게 되기가 쉽다. 그렇게 되면 그들은 각자 그들 자신의 용어를 사용하며 나름대로의 삶을 살아갈 수 있을 것이다. 다른 편의 판단에 대해서는 무관심한 채로 말이다. 도덕이 권력의 추구와 무관한 것이 되는 것이다. 트루먼(Truman) 대통령 밑에서 국무장관을 역임했던 애치슨(Dean Acheson)은 널리 받아들여지고 있는 이러한 관점을 분명하게 표현한 바 있다. '쿠바(Cuba) 미사일 위기'가 발생했을 때에 결정권을 지닌 사람들 사이에서 벌어졌던 토론을 회상하며 그는 다음과 같이 적고 있다. "위험부담을 평가하거나, 신중함과 대비되는 의미에서 단호하고 효과적인 조치를 취할 필요가 얼마나 있겠는가를 저울질할 때 … 도덕적 논의들은 아무런 영향도 미치지 못했다." 애치슨은 도덕적 반론을 제기한 '존경받는 동료'에게 "심판의 날에는 당신의 관점이 (올바른 것이라고) 확증될 수 있을지도 모른다. … [그러나] 그것은 내가 국민의 공복으로서는 수용할 수 없는 입장이다"라고 말했던 것이다.[3]

　도덕의 영역과 정치의 영역을 그렇듯 강하게 대립시켜서는 정치에 내재해 있는 우리의 통상적인 도덕적 삶의 복잡성을 포착할 수 없다. 시민들은 도덕원칙을 어긴다는 이유로 정치가들을 비판한다. 그리고 정치가들도 도덕원칙에 호소함으로써 서로를 비판하고 자신을 옹호한다. 이러한 비판이나 옹호는 종종 독선적이거나 자기본위적일 수 있다. 그러나 그 동기가 무엇이든 간에 도덕적 논의는 정치에 중요한 영향을 미친다. 상당수의 정치가들은 그들에게 정치적 문제를 일으키기에 충분한 힘을 갖고 있는 일부 시민들이 도덕적 논의를 중요하게 생각한다는 사실을 자명한 것으로 믿고 있으며, 그것만으로도 도덕적 논의가 정치활동에서 중요한 위치를 차지한다는 사실이 충분히 보증되는 것이다. 더욱 중요한 것은 윤리적 판단이 정치적 주장을 반박하는 데에 사용될 뿐 아니라 정치적 주장을 지지하는 데에도 이용된다는 사실이다. 공공선과 공직자의 의무에 대한 호소는 개인적 권리나 개인들의 의무에 대한 호소와 마찬가지로 도덕원칙에 근거하고 있는 것이다. 심지어 애치슨의 주장마저도 은연중에 국민의 공복이 어떤 입장을 취하는 것이 타당한지에 대한 제반 도덕원칙들에 의존하고 있는 것이다.

정치윤리에서 발생하는 정치와 윤리 사이의 갈등은 윤리가 정치에 요구하는 바가 무엇이냐에 대한 생각의 차이에서 비롯된 갈등으로 이해하는 것이 더 나을 것이다. 즉, 정치를 포함한 거의 모든 맥락에서 적용되는 윤리적 원칙들과 정치적 맥락에 전형적으로 적용되는 윤리적 원칙들이 대비되는 것이다. 일반적으로 윤리가 요구하는 것은 보편적으로 수용될 수 있는 원칙, 즉 자신의 사회적 계급이나 인종, 성, 민족 등의 특성에 대해 알지 못하는 사람들도 받아들일 수 있는 원칙에 따라 행동하는 것이다. 이러한 요구들을 어떻게 해석해야 하는가, 그것 자체가 받아들여질 수 있는가, 그리고 그렇다면 어떤 근거에서 그런가 등은 난해하고 아직도 해결되지 않은 채로 남아 있는 도덕철학적 물음들이다. 그런데 정치적 상황에서는 이렇듯 몇 가지 안되는 진술들조차도 서로 어긋나는 명령을 낳을 수 있는 것이다.

정치에는 공동의 목적을 위해 다른 사람들과 협동하는 행위가 부분적으로 포함된다. 정치에서 도덕적 관계들을 규제하는 원칙들에 의해 요구되는 행동들이, 그것들을 포함한 모든 도덕적 관계들의 지침이 되는 원칙들을 침해할 수 있다. 윤리는, 예를 들어 정치지도자들에게 무고한 사람을 해쳐서는 안된다고 말할 수 있는 측면을 갖고 있는 반면에, 국민 전체의 복리를 위해서는 무고한 사람들의 삶을 희생시키라고 요구할 수도 있다. 이란에 인질로 잡힌 미국인들이 곤경에 직면했을 때, 카터(Carter) 대통령은 (인질과 이란 시민들을 포함한) 많은 무고한 사람들을 심각한 위험에 빠뜨리는 구조작전을 감행하는 전략과 장래에 미국의 도덕적 신뢰를 허물어버릴 협상을 지속하는 전략 사이에서 선택해야 했

다. 다른 분야에서도 유사한 갈등이 일어나기는 하지만 정치에서
는 그러한 갈등이 더 강렬하고 빈번히 발생하는 듯하다. 현대정치
의 영향력과 구조로 인해 그러한 갈등이 발생하는 빈도가 증대되
고 그러한 갈등이 미치는 여파도 확대되고 있다.

  공직에서 발생하는 그러한 갈등이 이 책의 주요한 주제이다. 공
직에 대한 정치윤리학적 탐구는 꼭 필요한 분야이다. 현대정치는
대체로 대의정치(mediated politics)이기 때문이다. 대부분의 시민
들은 그들의 편에 서서 행동해 줄 사람을 선택하고 그 사람들에
게 책임을 묻는 일에 정치활동 시간의 대부분을 소비한다. 시민들
의 정치적 판단들 중에서 많은 부분은 공직을 갖고 있거나 공직
을 갖고자 하는 사람들의 견해를 참조한 것이다. 또 그런 사람들
이 내린 결정이나 정책, 또는 그런 사람들이 공직에 있었으면 내
릴 법한 결정이나 정책 등도 정치적 판단의 참고자료가 된다. 비
록 우리의 소망이 많은 시민들이 결정과정이나 정책입안에 직접
적으로 참여하는 것이라고 해도 이러한 간접적인 참여를 무시할
수는 없다. 때때로 이러한 간접적인 참여가 정치과정에서 시민들
이 자신의 목소리를 내는 유일한 방법이기 때문이다. 심지어는 많
은 민주주의자들이, 그것이 가능하다면, 재창조하려고 하는 소규
모 민주주의 체제하에서도 시민들은 여전히 많은 권한을 공직자
들에게 위임하게 되므로, 그러한 권한의 행사를 판정할 수 있는
원칙들이 여전히 필요하다. 정치윤리가 민주정치에서 본질적인
역할을 하는 것이라면 정치윤리는 이러한 판정을 위한 정보를 제
공하는 데에 도움이 되어야 할 것이다.

  이 책의 가장 주요한 주제는 윤리와 민주주의의 상호의존성이
다. 양자는 도덕철학자와 민주주의 이론가들이 일반적으로 제시
하는 것보다 더 밀접한 관계를 맺고 있다. 윤리와 민주주의는 서
로에게 심각한 문제를 제기하기도 하지만 그러한 문제들을 해결

할 수 있는 일부 자료도 함께 제공한다. 정치윤리는 민주정치를 여러모로 뒷받침해 준다. 정치윤리는 공직자의 행동을 더 잘 판단하여 공직자에게 적절한 책임을 부과할 수 있게 해주는 기준을 제공한다. 정치윤리는 또한 민주적 문책을 위한 장치가 필요하다는 사실을 밝혀주며 그것들에 원칙적으로 방해가 되는 장애물들을 극복할 수 있도록 도와준다.

반대로 민주정치도 정치윤리를 뒷받침한다. 정치윤리의 많은 논쟁들은 — 심지어 근본적인 원칙들에 대한 것이라 할지라도 — 최종적으로 아니면 적어도 부분적으로라도 일정한 형태의 민주적 절차를 통하여 해결되어야만 한다. 이러한 민주적 절차가 단지 다수결 규칙, 또는 일부(심지어 전체) 시민들의 상대적 힘을 반영하는 일군의 절차로 간주되어서는 안된다. 민주주의의 다른 요소가 무엇이든 간에 민주주의에 대한 적절한 견해로 받아들여질 수 있으려면 근본가치와 관련된 논쟁들에 대한 집단적 심의를 그 필요조건으로 포함해야 한다. 그래서 민주적 절차는 공지성(publicity)의 요구 — 공직자들은 모든 시민들에게 알려질 수 있는 원칙들에 따라 행위해야 한다는 요구 — 와 같은 특정한 윤리적 제약조건을 충족시켜야만 한다. 그러나 일단 이러한 기본적 제약조건들이 충족되고 나면 그 과정 자체가 윤리적 판단의 원천이 될 수 있는 것이다.

공직윤리의 여러 문제

공직자들이 대면하는 윤리적 갈등은 공직의 두 가지 특성, 즉 대표성과 조직성(representational and organizational nature)에서 비롯된다. 공직자들은 우리를 대신해서, 그리고 다른 공직자들과 더불어 행동한다. 첫번째 특징은 행위원칙들 사이의 갈등을 초래하고, 두번째 특징은 책임원칙들 사이의 갈등을 초래한다.

공직자들은 다른 사람들을 대신하여 행위하므로 일반시민들이 갖지 못하거나, 일반시민들이 동일한 정도로 가질 필요는 없는 권리와 의무를 떠맡는다. 시민의 대변인으로서 공직자는 개인이나 몇몇 소수만을 위해 행위하는 사람들에게 적용되는 원칙들과는 다른, 또는 다르게 해석되는 원칙들에 의해 평가된다. 그러나 공직자도 또한 시민이므로 모든 시민들이 공유하는 권리와 의무를 갖는다. 일반시민으로서 그들은 모든 도덕적 관계를 규제하는 원칙, 즉 누구에게나 적용되는 원칙에 의해 판정받는 것이다.

공직자들은 재임시에 이와 같은 두 가지 종류의 원칙에 따라 행동한다. 즉, 그들은 우리 모두가 공유하는 일반적 가치뿐 아니라 그들의 특수한 직책에서 비롯되는 제반 의무들에 내재하는 특정적인 가치를 증진시키리라는 기대를 받는 것이다. 그들이 대변하는 사람들을 위해 공직자들은 거짓말을 하고 약속을 파기하며 시민들을 조작하는 것을 허용하거나 심지어는 그런 것들을 요구하기까지 하는 의무를 수용해야 할 경우도 있다. 우리가 공유하고 있는 도덕적 원칙들에 대한 이러한, 또는 그 이상의 위반에서 이른바 '더러운 손(dirty hands)'의 문제가 발생된다. 그 문제 자체는 우리에게 친숙한 것이지만, 1장에서 밝힌 것처럼, 그것이 민주정치에서 갖는 함축은 그렇게 친숙한 것이 아니다. 민주주의는 공직자들의 손을 더럽히는 종래의 몇몇 방식으로부터 공직자들을 보호해 준다. 그러나 다소 새로운, 그리고 아마도 더욱 유해한 방식으로 손을 더럽히기도 한다.

이후의 장(章)들에서 논의되는 다른 갈등들도 이와 동일한 구조를 갖고 있다. 비록 그것들이 엄밀한 의미에서 더러운 손의 문제와 동일한 것은 아니라고 해도 말이다. 다른 갈등들도 공직이 공직자에게 부과하는 두 종류의 원칙들 사이에서 발생하는 갈등인 것이다. 법을 어긴 공직자들이 때로는 윤리적 근거에서 면책을 요구할 수도 있다. 그러나 다른 윤리적 원칙들에 따르면 그들에게 그러한 면책권이 주어질 수 없다. 입법의원들의 의무는 그들의 지역구 주민들에게 봉사하는 것이다. 그러나 또한 공공선에 봉사하는 것도 그들의 의무이다. 모든 공직자는 시민으로서 사생활권에 속하는 제반 권리들을 갖는다. 그러나 때로는 민주정부의 이익을 위해서 그러한 권리들을 희생시켜야 한다. 공직자들이 시민들의 복지를 증진하기 위해서는 시민들의 자유를 침해해야만 하기도, 즉 간섭주의적으로 행위해야만 하기도 한다. 또 공직자들은 올바른 사회정책을 추구하고자 사회실험(social experiments)을 행할 때, 때때로 시민들을 단지 수단으로 이용해야만 하기도 한다.

공공기관이 조직으로서 지니는 성격은 또 다른 일군의 윤리적 문제들을 만들어낸다. 여기에서 어려운 점은 어떤 원칙을 적용할 것인가가 아니라 그러한 원칙들을 적용할 행위주체가 누구인가 하는 것이다. 다른 모든 도덕에서처럼 정치윤리도 판정받는 사람들은 판정의 대상이 되는 자신의 행위에 대해 책임질 수 있는 사람이라고 가정한다. 그러나 공직의 구조는 이러한 가정을 뒤엎는다. 공직자들은 하나의 조직 안에서 다른 많은 사람들과 함께 행동하기 때문에 정부의 결정이나 정책에 대해 누구에게도 도덕적 책임을 물을 수 없게 될 수 있다는 것이다. 이것이 바로 '여러 손의 문제(the problem of many hands)'※이며 2장의 주제이다.

이러한 문제는 다른 장들에서도 여러 가지 모습으로 나타난다.

※ 일반인들에게는 언뜻 들어오지 않는 번역이지만 학계에서 이미 널리 통용되고 있는 '더러운 손'의 문제와 대구를 맞추기 위해 이렇게 번역했다. 의미상으로는 '관련자가 다수일 경우 도덕적 책임의 문제' 정도로 생각하면 좋을 듯하다. 이하에서 원문의 주는 모두 미주로 처리하였고, 역주는 모두 각주로 처리했음을 밝혀둔다.

정부의 수많은 관행과 정책들, 특히 오랫동안 추진됨으로써 의도되지 않은 결과를 낳은 그런 관행과 정책들에서는 책임소재가 드러나지 않는다. 정부의 범법행위를 처벌하려 할 때, 처벌받아 마땅한 정도의 잘못을 저질렀다고 보이는 사람을 발견하지 못할 수도 있다. 입법의원들이 그들의 개인적인 오판을 변명하려고 할 때, 그들은 종종 (그리고 때로는 합당하게) 입법부의 집단적인 오판을 지적한다. 동성애에 대해 편견을 가진 일반대중이 동성애자인 한 공직자의 사생활권을 침해했다고 할 때에는 신원을 확인할 수 있는 개별적인 사람들이 아니라 불확정적인 일반대중이 비난받아야 할 것처럼 보인다. 복지부 요원들이 상담받는 사람들에게 그들의 소비습관이나 관심사항을 바꾸라고 할 때, 복지부 요원들 또한 상담받는 사람들을 관습적인 생활양식에 젖어들도록 만들고 있는 것이다. 이러한 종류의 간섭주의(paternalism)는 사회 내 특정한 문화집단의 독립성과 정체성을 침해하는 한 원인이 될 수도 있다. 그러나 간섭주의로 인한 그러한 해악의 책임을 복지부 요원들이나 그들의 상급자들에게 돌리는 것이 공정하다고 생각되지는 않는다. 정부의 프로젝트가 일부 시민에게 해를 끼쳤을 때는 물론, 심지어 일부 공무원이 잘못을 범했을 때조차도 시민들의 보상을 책임져야 할 주체가 누구인지를 결정하지 못할 수도 있는 것이다.

여기에서 제시한 것처럼 정치윤리학은 점차적으로 특정한 개인들에게 책임을 귀속시키는 것을 부정하려는 경향과, 이에 보완하여 다양한 종류의 집단에 책임을 돌리려는 경향에 저항하고자 하는 것이다. 정치윤리학의 목표는 조직생활의 압력보다 개인적 책임이라는 전통적 사고의 본질을 보전하는 것이다. 그러나 개인적 책임이라는 우리에게 친숙한 개념이 윤리와 정치가 조우했을 때에도 변화되지 않고 그대로 나타나는 것은 아니다. 정치윤리학은 우리가 우리의 행동지침으로 기능하는 원칙들을 이해하는 통상적인 방식에 변화를 주고자 한다면 행위주체에게 책임을 귀속시키는 우리의 일상적인 방식에도 그만큼 변화를 줄 것을 요구한다. 평상시에 사람들을 칭찬하고 비난하는 방식의 지침으로서의 역할을 하는 개별적 가정들 중의 일부를 우리는 버려야만 한다. 동기의 성실성과 인격의 완전성을 위주로 하여 공직자들을 판단해서는 안된다. 공직자들은 결함 있는 구조에서 비롯된 결정이나 정책에 대해서도 책임을 져야 한다. 그들이 시정할 수 있었던 결정이나 정책들에 대해서 뿐 아니라 그들이 시정할 수 없었던 결정이나 정책들 중에서도 일부에 대해서는 말이다. 정치윤리학적 판단이 의도하는 것은 개인의 행위와 조직의 구조 사이에 존재하는 연결고리를 밝히는 것이다.

정치윤리학은 이런 방식으로 우리의 공동생활에 중요한 영향을 끼치는 결정들이 갖는 의미를 우리들이 다시 살펴볼 수 있게 도와준다. 현대정치의 대의제적·조직적 운영구도에서 일반인들은 점점 더 축소된 역할만을 맡게 된다. 그것이 부분적으로는 사회조건 변화의 결과라 해도, 이러한 역할의 축소는 사회조건의 변화에 대한 우리의 사고방식에 의해 더욱 강화된 것이다. 최근의 철학적 동향들은 주로 정책의 결과, 기본구조, 부문간 연결, 그리고 여타의 비인격적 요소들에 대해 주목하고 있다. 이는 개인들을 위해 정의를 추구한다는 자유주의적 이론들에도 똑같이 해당되는 것이다. 그들은 정의의 주체가 되는 사람들에게만 관심이 있지, 정의를 방해하거나 촉진하는 능력을 행사하는 사람들에는 무관심하다.

(정치윤리학에서와 마찬가지로) 이러한 접근법이 강조하는 정치적 삶의 양상을 이해하는 것이 중요하다는 것에는 의심의 여지가 없다. 그러나 이러한 양상에 대한 절대적인 — 거의 신들린 듯한 — 강조는 정치적 판단에 사용할 수 있는 어휘의 수를 축소시켜

버린다. 그러나 이러한 양상에 대한 배타적 강조가 내포하고 있는 한계는 정부구조에 대한 시민들의 비판을 그러한 구조를 변화시켜야 할 책임을 지고 있는 사람들의 책임에 따른 행위와 연결시킬 방도를 시민들에게 제시할 수 없다는 것이다. 사회가 기본적으로 정의롭다고 믿건, 아니면 근본적으로 변화되어야 한다고 믿건 간에 비판과 시정행위 사이의 연결은 중요한 것이다. 비록 공직자들이 근본적 변화의 도구가 될 수 있다는 사실이 의심스럽다 하더라도 그로부터 공직자들의 결정사항을 무시해도 된다는 결론이 따라나오지는 않는다. 공직자들의 결정이 몇몇 사람들, 즉 공직자들의 실수에서 비롯된 직접적 결과의 영향을 받지 않는 형태의 사회적 위치를 차지하고 있는 사람들에게는 중요한 문제가 아닐 수도 있다. 그러나 대부분의 시민들에게는 공직자들의 일상적인 행위가 사회적 변혁의 가능성보다 더 중요하다. 정치윤리학은 시민들의 일상적 행위를 도외시하지 않는다. 심지어는 그러한 행위들이 나타나게 하는 보다 더 거대한 구조에 그것들을 연결시키고자 할 때조차도 말이다.

이 책은 주로 정부에 종사하는 공직자들에 대한 것이다. 그들의 역할이 더욱 공적인 것이기 때문이다. 더 많은 시민들이 그들의 딜레마를 알고 있고, 그들의 의무 또한 보다 더 많은 시민들에게 지고 있는 의무인 것이다. 그러나 정부의 공직자들이 직면하는 갈등이 독특한 것은 아니다. 공직의 정치윤리학은, 그들이 기업의 이사이건, 의료·법률 분야의 전문가이건, 또는 혁명의 지도자이건 간에, 시민들에 대해 집단적인 힘을 행사하려는 사람들에 관한 판단의 보편적인 특성을 드러내는 것이다. 마키아벨리(Machiavelli)가 영감을 불어넣고 베버(Weber)가 발전시킨 정치적 지도력에 관한 이론은 이러한 점에서 현대 공직자들의 문제를 오도(誤導)하는 지침이다. 마키아벨리와 베버를 선점(先占)했던 그 이론들과 매우 유사한 선택들 — 가령 공공선을 위한 폭력적 수단의 사용 — 조차도 정부 밖에서 유사물들을 찾을 수 있다. 그리고 공직자들의 전형적인 선택은 이러한 영웅적 전통이 제안하는 것보다 훨씬 더 소극적인 것이다. 사조직에서 선택하는 경우처럼 공직자들도 이미 주어진 조건하에서 여러 정책들 중에 가장 적절한 선택을 하기 위해 많은 시간을 소비한다. 그리고 그러한 선택들 중의 대부분은 혼합된 도덕적 결과를 낳을 가능성이 높으며 따라서 또 다른 변화를 몰고 올 가능성이 높은 것들이다. 실제로 공직자들은 괴로워하기보다는 타협한다.

현대정부의 규모 및 그 업무들의 누적된 영향으로 인해, 미미한 선택들도 종종 국가안보나 공공의 안전에 대한 인상적인 결정들에 못지않게 도덕적으로 의미있는 경우가 많다. 공직의 정치윤리학은 정부관행의 도덕적 의미를 드러내준다. 우리는 워터게이트(Watergate) 사건 같은 대규모의 부패음모뿐 아니라 동료의 부패를 비판하지 않는 것과 같은 개별적인 태만행위에도 관심을 가져야 한다. 우리는 대통령과 그의 동료들의 행동뿐 아니라 인사과 직원들이나 시(市) 감사관의 행동들도 꼼꼼히 조사해야 한다. 이와 유사하게 우리는 전세계의 운명에 영향을 미치는 핵억지* 정책뿐 아니라 한번에 아주 소수의 사람들에게만 영향을 미치는 사회실험 같은 관행도 고려해야 한다. 현대에 와서는 정치의 여파가 점차 증대되는 경향이 있으므로 지금은 몇몇 시민에게만 의미있는 결과들이 장래에는 모든 시민들에게 의미있는 결과가 될 수도 있는 것이다.

※ nuclear deterrence, '핵억지'는 핵무장에 의한 핵억지를 의미하는 것으로, '비핵화(denuclearization)'는 핵무장 자체를 금지하는 용어로 통일하여 사용하였다.

공직윤리의 방법론

정치윤리는 판단이나 판단을 위한 기준으로 구성되는 것이지 개별적인 규칙이나 일반적인 이론으로 구성되는 것이 아니다. 정치윤리는 공직자들에게 어떤 결정을 내려야 할지 또는 어떤 정책을 채택해야 할지를 일러주는 편람, 즉 군주를 위한 지침서가 아니다. 정치윤리의 기준들은 공직자뿐 아니라 시민들도 결정이나 정책에 대해 숙고할 때에 고려해야 할 일군의 요소들로 생각되어야 한다. 그러한 기준들을 이용하는 시민과 공직자들은 그러한 기준이 도출되는 분석과정에 통달해야 한다. 원칙에 의해 방향이 정해지고 사례들에 의해서 구체적인 정보가 주어지는 그러한 분석과정은, 그것이 산출하는 기준들 이상으로 중요하다. 정치윤리의 발전단계에서는 정치적 행위에 대한 윤리적 판단을 방해하는 잘못된 가정, 특징, 원칙 등에 대한 비판도 기준들만큼이나 중요한 것이다.

이론에 의해, 특히 도덕철학이나 정치철학에 의해 방향이 정해지는 것이라고 해도, 정치윤리학은 그 자신의 이론을 구성하려고 하지도 않고 현존하는 이론의 타당성을 최종적으로 결정하려고 하지도 않는다. 가령 정치윤리학은 결과주의적(consequentialist) 도덕론과 의무론적(deontologist) 도덕론 사이에서 한 쪽의 손을 들어주는 대신에 공직자와 그들의 결정을 평가하는 다소 상이한 정치적 방법들이 필요하다는 것을 증명하기 위해 그것들 간의 논쟁을 이용한다. 정치윤리학에서 보여주고자 하는 것은 예를 들어 핵억지에 대한 다양한 전략적 학설들 중에서 어떤 것을 선택해야 하는가 하는 것이 아니라, 그러한 학설들 간의 불일치로 인해 공직자들의 행위를 판정하는 우리의 일상적 기준을 의문시해야 하는 이유가 무엇인가 하는 것이다.

정치적 판단의 기준을 정식화할 때, 우리는 제안된 기준과 개별적 사례들 사이를 오가게 된다. 사례들에 대한 우리의 숙고된 관점들에 맞추어 기준을 변형시키고, 또 숙고된 기준에 맞추어 사례들에 대한 우리의 관점을 변형시키면서 말이다. 이러한 과정은 사례들에 관한 일관되고 합당한 판단을 산출할 수 있을 듯이 보이는 일군의 정합적인 기준에 도달할 때까지 계속된다. 그러한 과정은 철학자들이 '반성적 평형(reflective equilibrium)'을 찾으려는 시도라고 부르는 것과 유사하다.[4] 그러나 정치윤리에서는 몇몇 철학이론들에서처럼 기준을 역추적해 가려고 하지 않는다. 우리가 작업하는 것은 철학적 토대에서 유도될 수도 있고 유도되지 않을 수도 있는 중간 수준의 원칙들이다. 우리는 이처럼 기준들을 철학적으로 근거지을 수 없어도 합리적인 판단을 내릴 수 있다고 가정한다. 가장 근본적인 가치들이 무엇인지에 합의하지 못하는 정치공동체에서 시민들은 어떤 단일한 기초적 이론이 올바르다고 전제하지 않고서도 합리적으로 추론된 집단적 판단을 내릴 수 있는 방법을 발견해야만 한다. 비록 정치윤리학이 다루는 갈등들이 근본적인 철학적 차원에서 해소될 수 있다고 해도 우리는 여전히 정치적 행동의 차원에서 우리의 판단을 이끌어줄 중간 수준의 원칙들을 필요로 하는 것이다.

판단의 본성이 아직 완벽히 이해된 것은 아니지만, 그 특징들 중의 몇몇은 충분히 명료하다. 판단은 우리의 원칙을 우리가 행동하는 구체적인 상황과 관계맺어 주는 것이다. 현대 정치이론가들이 갈망하는 것은 이론과 실천의 결합이 아니다. 그러한 결합을 이루어내는 필요조건이다. 판단의 본성을 주의 깊게 조사한 몇 안되는 철학자들 중의 한 사람인 칸트는 판단을 일종의 보편적인 것과 개별적인 것 간의 연결로 보았다. 판단은 "개별자에 대해 생각하는 기능"[5]이다. 개별자에 대한 판단이 항상 단일한 이론적 원칙을 구현하는 것은 아니다. 나아가 그러한 판단이 일군의 원칙들로부터 연역될 수 있는 것도 아니다. 그러나 그러한 판단들도 그것들이 언급하는 개별자에 일반적인 의미를 부여한다. 즉, 개별자에 '범례적 타당성(exemplary validity)' [6]을 제공하는 것이다. 반대로 개별자는 판단에 내용을 부여한다. "사례는 판단의 보행기인 것이다." [7]

따라서 정치윤리학에서는 사례를 살펴보는 것이 반드시 필요하다. 사례를 통해서 보편적인 것과 개별적인 것이 접촉하는 것이다. 그러므로 몇몇 사례들은 현실적인 것이어야 하며, 적어도 철학자들이 일반적으로 고안하는 가상적 사례들보다는 현실적 상황을 더 잘 대변해야 한다. 정치적 판단이 이루어지는 전형적 상황의 복잡성을 전달하기 위해서는 현실성이 중요한 것이다. 사례를 통해서 우리는 정치적 판단에서 가장 어려운, 그러나 가장 도외시된 단계, 즉 쟁점 자체를 확인하는 단계에 유의하게 된다. 일반적으로 쟁점들에는 그것들이 도덕적 딜레마임을 알려주는 꼬리표가 붙어 있지 않다. 또한 우리는 사례를 통해서 정치적 행위를 판정하는 한 가지 이상의 기준이나 원칙을 채택하는 데에서 발생하는 어려움을 처리하는 데 도움을 받을 수 있다.

무엇보다도 중요한 것은 우리가 사례를 통해서 정치윤리학적 판단이 구체적인 상황에서 기능해야 한다는 사실을 상기하게 된다는 것이다. 정치윤리학의 많은 부분은 사태가 잘못되었을 때, 그리고 다른 사람들이 잘못을 저질렀을 때, 공직자들이 어떻게 행동해야 하는지에 관한 것이다. 대부분의 사람들이 자신의 의무를 다하거나 사회가 대체로 정의로울 때에 요구되는 것이, 많은 사람들이 자신의 의무를 태만히 하거나 사회가 정의와는 거리가 멀 때에 요구되는 바와 많이 다른 경우가 종종 있다. 또한 그러한 상황에서는 추상적 이론에서는 그렇게 두드러지지 않는 문제들, 가

령 과오나 태만, 처벌, 불복종, 보상 등의 문제에 주목해야만 하는
것이다.

정치윤리학에서는 맥락이 매우 중요하므로 이 책에서 인용한
예들은 대부분 과거 수십 년 간의 미국인의 공공생활에서 인용한
것이다. 대부분의 미국인 독자들은 맥락에 대한 이해를 공유할 수
있을 것이다. 다른 시간과 공간에서 발생한 사례들을 비교연구함
으로써 정치윤리학을 하는 데에 많은 도움이 되는 것은 사실이라
해도 정치윤리를 연구하기 시작할 때에는 욕심을 내지 말아야 한
다. 모든 사례들을 참고로 하는 연구가 요구하는 보다 더 완전한
사회적·역사적 서술에 몰두하다 보면 정치윤리학 본연의 과제인
공직자 윤리의 요건들을 명백히 하는 일에 소홀하게 될 것이다.

내용과 방법 모두에서 공직의 정치윤리학은 관습적으로 생각되
는 정치학과 윤리학의 중간에 있다. 그것은 불안정한 위치이다.
정치윤리학적 판단은 한편으로 완전히 이해타산에 빠져버릴 위험
과 다른 한편으로 순수하게 원칙에 사로잡혀 버릴 위험을 지속적
으로 지니고 있다. 그러나 그 양자 사이에 자리잡는 것이 가능함
은 물론, 그 자리를 꾸준히 유지하기 위해 각각의 힘을 이용하는
것도 가능하다. 이러한 희망이 이 책의 이론적 분석의 동기가 되
었다.

그것은 또한 때때로 일부 공직자들이 가지고 있는 희망이기도
하다. 몇 년 전에 테네시 주 상원의 지도자들은 (공직자) 윤리규
범을 통과시키려고 노력하는 과정에서 타산과 원칙을 결합시켰
다.[8] 정치적 추문이 일어나자 (상원의) 지도자들은 상원에 강력
한 윤리규범이 필요하다는 생각을 굳히게 되었다. 윤리규범을 원
하지 않는 상원의원조차 개혁적인 분위기 속에서 윤리규범 제정
에 반대표를 던지는 것을 꺼려하는 분위기였다. 규범이 상정되었

을 때 지도자들은 해결책을 발견했다. 한 상원이 그 규범의 대용 보칙(a substitute amendment)으로 십계명과 황금률을 제안한 것이다. 지도자들은 십계명과 황금률에 반대투표할 의원은 테네시 주에 한 명도 없을 것이라는 사실을 알고 있었다. 그리고 그들은 그들의 뜻대로 윤리규범을 구제하는 의회적 대타협의 길을 가까스로 발견한 것이다. 대용보칙은 공인보칙이 되었다. 그리고 테네시 주는 개별적 이해관심을 우선시하는 행위를 금지하는 강력한 규정※과 더불어 십계명 모두를 포함한 윤리규범을 가진 유일한 주가 되었다. 법조문은 세부적인 절차적 규칙으로 이루어져 있는 4장에서 다음과 같은 전문(全文)을 가진 5장으로 바로 넘어간다. "나 외에 다른 신을 섬기지 마라." [9]

동료들의 세속적인 타산과 보칙의 신성한 원칙을 동시에 끌어냄으로써 상원의 지도자들은 윤리규범을 통과시켰다. 정치윤리학에는 그러한 전술을 경멸할 여유가 없다. 상원지도자들이 전제한, 고차원의 원칙과 저급한 전략의 기묘한 조합이 실천적으로 정치윤리의 명분을 세워나가는 최선의 방도임이 판명될 수도 있을 것이다. 그러나 이러한 규범 ─ 다른 어떤 규범이라도 마찬가지이다 ─ 의 내용은 정치윤리학의 주된 관심사가 아니다. 정치윤리학의 관심은 대부분의 규범과 많은 윤리학적 입장을 구성하는 세부적인 규제 및 고상한 열망 양자와는 다른 영역에 속하는 윤리적 판단들에 관한 것이다. 이 책에서 탐색하려고 하는 것은 그러한 영역의 논리이다.

※ 원어는 conflict-of-interest, 자세한 내용은 4장의 첫번째 절을 참조할 것.

[원 주]

1) Immanuel Kant, *Eternal Peace*, in *The Philosophy of Kant*, ed. C. J. Friedrich (New York : Random House, 1949), Appendix Ⅰ, pp.457~458 (translation somewhat modified). Cf. Matthew 10:16.

2) Cf. Isaiah 11:6 ; and Woody Allen, *Without Feathers* (New York : Warner Books, 1976), p.28.

3) Dean Acheson, "Ethics in International Relations Today: Our Standard of Conduct," *Vital Speeches of the Day*, 31(Pelhan, N.Y. : City News Publishing Co., 1965), p.228.

4) John Rawls, *A Theory of Justice* (Cambridge, Mass. : Harvard University Press, 1971), pp.20~22, 48~51.

5) Immanuel Kant, *Critique of Judgment*, trans. James Meredith (Oxford : Oxford University Press, 1961), Introduction, sec.4, p.18. Hannah Arendt, *Lectures on Kant's Political Philosophy*, ed. Ronald Beiner (Chicago : University of Chicago Press, 1982), pp.7~77을 보라.

6) Arendt, p.76.

7) Immanuel Kant, *The Critique of Pure Reason*, trans. Norman Kemp Smith(London : Macmillan, 1961), A134/B173~174.

8) State of Tennessee, Senate Resolution no.41(May 18, 1977).

9) 이후의 법령 개정(Senate Resolution no.2, Jan. 28, 1985)에서는 10계명이 조용히 사라졌다.

제 1 장
민주주의와 더러운 손

　공직자들이 부도덕한 행동을 하게 되는 이유는 탐욕이나 권력욕, 가족이나 친구에 대한 의리 등 때문이다. 그러나 공직에서 빚어지는 가장 당혹스러운 유형의 부도덕은 개인적인 이익을 추구하기 위해서가 아니라 공공선에 봉사하기 위해서 범해지는 부도덕이다. 더러운 손(dirty hands)의 문제는 공적인 목적을 위해서 도덕원칙을 위반하는 정치지도자에 관련된 것이다.

　이러한 문제는 국가를 빌미로 해서 당대의 관습적 도덕을 일탈한 왕과 군주들의 세계에서 기원한다. 우리 세대에 이 문제는 혁명의 딜레마에서 가장 극적으로 재등장한다. 이러한 문제에 현대적 이름을 붙여준 사르트르(Sartre)의 연극에서 "팔꿈치까지 더러워진 손"[1]을 지닌 사람으로 묘사된 것은 혁명당의 지도자이다. 최근에 몇몇 정치이론가들은 안정된 민주주의 국가의 지도자들도 그에 못지않게 더러운 손을 가지고 있을 수 있는 가능성이 존재한다는 사실을 시사한 바 있다. 외관상으로는 관습에 따르는 듯이 보이는 정치가들도 관습적인 도덕규칙을 어긴다는 것이다. 그들은 국가안보를 위해 거짓말을 하고 핵전쟁이 발발하는 시기에는 죽음과 파괴를 명령할 자세가 되어 있는 것이다.

이러한 이론가들이 현대 민주주의 국가기구들에 재직하고 있는 공직자들의 손에도 여전히 더러운 것들이 묻어 있다는 것을 발견한 것은 옳았지만, 그들은 민주주의가 더러운 손의 문제를 어떻게 변형시켰는가는 인식하지 못했다. 민주적으로 임명된 공직자들은 시민의 동의를 얻어서 행동하는 것으로 가정됨으로 인해 더욱 심한 딜레마에 직면하게 된다. 만약 그들이 시민의 동의를 얻어서 행동한다면, 더러운 손에 관한 전통적인 형태의 논의방식에 따를 때, 그들에게만 죄가 있다고 할 수 없다. 만약 그들이 시민의 동의 없이 행위했다면, 그들은 더욱 심한 잘못(민주적 절차의 위반)을 범한 것일 뿐 아니라 결정 자체가 정당화 가능한지도 의심받게 될 것이다. 그들은 민주주의 체제에서 이루어지는 결정의 도덕성을 판정하는 데에 필요한 도덕적 논의의 일부 전제조건들마저 위태롭게 하는 것이다. 이렇게 하여 더러운 손이라는 전통적 문제는 민주적인 더러운 손이라는 현대적 문제가 된다. 이러한 변형은 공직자들의 결정 자체나 그러한 결정이 내려지는 절차에 관하여 중요한 함축을 지닌다.

문제의 지속성

마키아벨리의 사상에서 고전적으로 정식화된 더러운 손의 문제는 두 개의 도덕, 즉 일상적 삶에 적합한 도덕과 정치적 삶에 적합한 도덕 사이의 갈등을 부각시키는 것이다. 이러한 갈등이 해결될 수 있는가 하는 의문에 대해 마키아벨리는 애매한 입장을 취함으로써 더러운 손의 문제에 관한 논쟁을 예고했다. 때때로 마키아벨리는 정치도덕이 일상도덕과 다를 뿐 아니라 정치적 영역에서는 정치도덕이 일상도덕을 완전히 대신한다고 말하고 있다. 국가의 복리 — 군주의 덕 — 는 "악덕과 유사한 것"을 요구한다. 반면에 "덕과 유사한 것"은 국가를 파멸시킬 수도 있다.[2] 이러한 관점에서 정치도덕은 국가의 목적을 보장하기 위해 필요한 수단들의 (명백한) 부도덕성을 충분히 정당화한다. "행위의 부도덕성을 결과가 변명해 준다(When the act accuses, the result excuses)."[3] 정치가가 일상도덕과 정치도덕 사이의 갈등에 직면하게 되었을 때, 적절한 정치도덕 원칙을 적용함으로써 정치가는 이러한 갈등을 완전히 해소할 수 있다는 것이다. 이러한 논조에서 볼 때, 마키아벨리와 현대의 도덕철학자들은 이른바 더러운 손의 문제에 대한 일관된 관점을 공유한다. 원칙들 사이에 궁극적인 갈등은 존재하지 않는다. 하나의 일관된 도덕이 사적·공적 생활 모두에 적용되거나, 아니면 두 가지 도덕이 사적인 생활이나 공적인 생활 각각에 배타적으로 적용되는 것이다.[4]

그런데 마키아벨리는 또한 이와 상이한, 그리고 더욱 혼란을 초래하는 관점도 제안하고 있다. 정치도덕에는 근본적인 부정합성이 존재한다는, 즉 도덕원칙들 사이의 갈등은 정치영역에 언제나 존재한다는 주장도 전개하고 있는 것이다. 도덕원칙들 사이의 갈등은 정치가들이 도덕원칙들을 고유한 영역에 국한시키거나, 최종적 판단을 하기 위해 더 고차적 원칙에 호소한다고 해서 회피할 수 있는 것이 아니다. 이렇게 볼 때, 군주는 두 개의 도덕에 사로잡혀 있는 것이다. 군주는 국익을 위해 거짓말도 하고 살인도 한다. 그러나 그는 또한 이러한 행동들이 잘못되었다는 것, 그래서 변명할 수는 있다 해도 결코 정당화할 수는 없다는 사실을 알고 있다. 잔혹함은, 그것이 아무리 필요하다고 해도, "그 자체로 악덕"[5]인 것이다. 마키아벨리가 선한 군주에게 "선하지 않은 법을 배우라"[6]고 충고한 까닭이 여기에 있다. 마키아벨리가 암시적으로 남긴 역설은 더러운 손의 문제를 보다 더 진지하게 받아들인 현대 학자들에게서 더욱 명시적으로 나타난다.

이 문제를 최근에 가장 잘 정식화한 학자 중의 한 사람인 월쩌(M. Walzer)는 "정부의 한 개별적인 행위가 공리주의적 견지에서는 올바른 것이지만, 그러한 행위를 수행한 사람에게는 도덕적으로 잘못을 범했다는 죄의식을 남길 수 있다"[7]고 주장한다. 이 말의 논지는 공리주의에 대한 언급이 암시하는 것보다 더 광범위하다. 한 행위가 산출한 결과를 비개인적인 관점에서 파악함으로써 그 행위를 평가하는 결과주의와, 부분적으로라도 그 행위를 수행한 행위주체의 관점에서 그 행위를 평가하는 의무론이 대비되고 있는 것이다.[8] 월쩌는 정치에 결과주의적 행위가 필요하다는 점을 인정한다. 그러나 필요한 것은 정당화된다는 결과주의적 가정에는 반대한다.

설령 더 좋은 결과를 얻을 수 있다 하더라도 정치가가 도덕규칙을 위반해서는 안된다고 주장하는 의무론자들에게 월쩌는 우리가 "그러한 입장을 일관되게 선택하는 사람들의 지배를 받고 싶어해서는 안된다"[9]는 반론을 편다. 그들은 우리 나머지 사람들의 이해득실은 물론이고 심지어는 생명까지 희생시킴으로써 그들의 손을 깨끗이 하는 것이다. 반대급부가 충분히 크다면 규칙은 깨어져야 한다. 그리고 그런 상황에서는 행위에 대한 결과주의적 처방이 올바른 것이다.

그러나 이러한 처방이 도덕판단의 내용의 전부라고 주장하는 결과주의자들에 반대하여 월쩌는 도덕규칙을 위반한 정치가는 그에 대해 오랫동안 죄의식을 느끼게 된다고 주장한다. 우리가 도덕규칙을 어겼을 때, "우리의 행위가 비록 그 상황에서는 대체로 최선의 것이었다고 할지라도 무언가 잘못된 행위"를 했다는 사실을 아는 것이 "우리 도덕생활의 고통스러운 특징"[10]이라는 것이다. 그러한 죄의식의 잔존이 갖는 의미는 우리가 도덕원칙을 위반한 정치가를 평가할 때에도 그대로 유지되어야 한다. 정치가가 죄의식을 느끼지 못한다면 우리는 그를 더욱 혹독하게 심판하고 처벌해야 한다는 결론을 내린다. 설령 그가 죄의식을 느낀다 하더라도 우리는 여전히 그의 처벌을 강변할 수 있다고 월쩌는 주장한다. 위반자에게 처벌이 뒤따른다는 사실을 알 수 있게 하기 위해서는 죄의식이 사회적으로 표현되어야만 하기 때문이다.[11] 역설은 해소될 수 없는 것이기에, 정치가들이 불가피하게 범할 수밖에 없는 필요악에 대한 사회적 인식의 형식을 마련하는 일이 중요한 문제가 된다.

그래서 우리가 정치가들을 도덕적으로 완전하게 심판하기 위해서는 결과주의적 요소와 의무론적 요소를 결합시켜야 하는 것이다. 행위에 대한 처방은 결과주의적이다. 동기에 대한 평가는 의무론적인 것이다. 각각의 요소가 다른 요소를 배제하려 하고 있으므로 이렇듯 불안정한 혼합물이 항구적으로 붕괴의 위험에 처해 있다는 것은 놀라운 일이 아니다. 의무론자도 결과주의자도 더러운 손의 역설을 해소하는 데에 성공하지 못했다. 그런데 더러운 손의 문제도 각각이 일반적으로 제시하는 방식과는 다른 방식으로 이해되어야만 한다.

역설을 해소하기 위한 의무론의 대응방식은 두 가지이다. 첫째는 선한 목적을 달성하기 위해서 부도덕한 수단이 필요하다는 사실을 부인하는 것이고, 둘째는 선한 목적을 달성하기 위한 수단은 부도덕하지 않다고 주장하는 것이다.[12] 첫번째 입장을 취한 사람들은 정치지도자들이 달성하려는 선이 그들이 범하는 유형의 잘못을 요구하는 것은 아니라고 주장한다. 선한 목적이 악한 수단을 요구한다는 믿음은, 헤겔(Hegel)이 나폴레옹(Napoleon)의 행동을 정당화할 때에 했던 것처럼, 악을 통해서 선이 산출되는 것을 바라본 것에서 비롯되었거나 역사는 그것이 일어났던 것과 다른 방식으로 전개될 수 없었다고 (역시 헤겔처럼) 가정하는 것에서 비롯된 역사적 환상의 결과이다.[13] 일단 이러한 환상의 원천을 드러내기만 하면 역사적으로 선한 결과를 달성하는 수단, 즉 도덕적으로 받아들일 만한 다른 수단이 존재했을 수도 있었다는 것을 알 수 있다는 것이다.

환상의 원인을 드러내는 것이 더러운 손의 문제를 회피하는 것보다 더 쉽다. 더러운 손의 문제를 회피하려면 선한 목적을 달성할 수 있도록 해주는 도덕적 수단이 항상 존재한다고 가정해야만 할 것이다. 이러한 가정은 그와 반대되는 헤겔의 가정에 못지않게 역사적 필연성에 의존한다. 역사는 행위자가 부도덕한 수단을 통해 달성한 선한 목적을 성취할 수 있도록 해주는, 선한 대안적 수단을 제공해야만 한다. 역사적 필연성을 주장하는 학설의 비현실성은 논외로 하더라도, 역사가 어떻게 나타나는가에 호소함으로써는 이러한 문제를 회피할 수 없다. 그러한 문제가 정치지도자의 전면에 등장하는 것은 어떤 특정한 시기이다. 그래서 그는 바로 그 당시에 이용할 수 있는 지식에 기초하여 수단을 선택할 수밖에 없는 것이다. 선한 목적을 산출할 수 있는 도덕적 대안이 존재했다는 사실이 판명된다 해도, 그러한 대안이 그 목적을 달성할 수 있도록 해주는 적절한 시기에 나타난 대안이 아니라면 그 정치지도자가 그것을 선택하리라고 기대할 수 없는 것이다.

일부 의무론자들은, 역사가 정치가들을 더러운 손의 손아귀로부터 어느 정도 구조해 줄 것을 바라는 대신에 의무론적 도덕 자체가 그러한 딜레마를 해소해 버린다고 주장한다. 그들은, 만약 우리가 그들의 주장을 올바르게 이해했다면, 정치가들이 의무론적 원칙 때문에 결과주의에 따라 처방하는 수단들을 사용할 수 없는 것은 아니라고 주장한다. 도너건(Alan Donagan)은 이른바 상식적 도덕의 형태로 의무론적 원칙들을 옹호하면서, 더러운 손의 역설을 믿는 사람들이 의무론적 원칙들을 과도하게 단순화하고 있다고 주장한다.[14] 의무론적 원칙들은 일반적으로 해석되는 것처럼 절대주의적이지도 않으며 또 그럴 필요도 없다는 것이다.

도너건은 윌쩌의 예, 즉 선거에 이기기 위해서는 자신이 선호하는 계약자가 건설공사를 수주하도록 하려는 감독관과 부정한 거래를 해야 하는 정직한 정치가의 예를 다시 살펴본다. 선거가 충분히 중요한 것이라면, 그리고 그러한 수단의 효과가 충분히 제한적인 것이라면 이러한 정치가의 행위를 승인해야 한다고 윌쩌는 주장한다. 도너건은 우리가 그러한 처리방식을 수용해야 한다는 데에는 동의하지만 이러한 승인이 상식적 도덕과 모순된다는 사실은 부정한다. 이러한 경우에는 정당방위와 유사한 원칙이 뇌물수수를 정당화해 준다는 것이다. 부패를 주도하는 것은 잘못된 것이다. 그러나 "이미 다른 사람들이 주도한 부패에 대항하기 위하여 부패라는 수단에 의해 스스로를 방어하는 것은 잘못이 아니다."[15] 상식적 도덕의 근본원칙은 우리가 인류를 이성적 피조물로서 존중할 것을 요구한다. 그러나 그것이 우리의 권리를 존중하지 않는 사람들에 대해 우리의 권리를 옹호할 수 없다는 것을 의미하지는 않는다.[16]

정치적 삶에 필수적으로 요구되는 요소들을 수용할 수 있는 원칙들을 찾는 것은 물론 올바른 일이다. 현실적인 정치도덕이라면 정치가들이 타인의 부도덕한 행위에 대항하여 자신을 옹호할 수 있게 해줄 것이다. 그러나 정당방위의 원칙을 여기에 적용한 것은 잘못이다. 이런 상황에서 정직한 정치가가 할 수 있는 최선의 방도는 아예 입후보하지 않음으로써 부패로부터 자신을 보호하는 것이다. 보호해야 할 것이 그 정치가의 출세라면, 우리는 그의 출세가 거기에 필요한 부패를 포함한 다른 모든 사항을 고려했을 때에도 여전히 사회에 유익한 것인지를 알고자 할 것이다. 그런데 그가 출세하는 것은, 그것이 아무리 바람직하다 할지라도, 그의 권리를 옹호하는 문제도 아니고 심지어는 그의 출세를 긍정적으로 바라보리라고 생각되는 시민들의 권리를 옹호하는 것도 아니다. 그럼에도 불구하고 부정한 수단을 사용할 만한 가치가 있다고 한다면 그것은 결국 부정한 수단의 사용이 권리체계뿐 아니라 일반적인 복지를 포함한 공공선을 증진시키기 때문이다. 우리가 부정한 수단을 승인한다면 그것은 궁극적으로 하나의 전체로서의 사회에 미치는 그러한 승인의 결과에 대한 평가에 의한 것이어야 한다.

의무론자들이 부정한 수단이나, 그와 유사하게 도덕적으로 의심스러운 행동을 승인할 수 있게 해주는 그럴듯한 이유를 제공할 수 있다면, 그러한 이유들은 모두 결과주의적인 것임에 분명하다. 그래서 그러한 승인이 이루어졌다고 하여 의무론적 잘못이 제거될 수는 없다. 그래서 역설은 지속된다. 적어도 특징적이고 독자적인 의무론적 원칙들의 토대를 보존하고자 하는 사람들에게는 말이다. 그런데 그러한 거래의 정당화 여부를 결정할 수 있는 권한을 가지고 있는 사람은 정치가나 그의 후원자들이 아니라는 사실에 주목하라. 그러한 거래를 승인하는 것은 시민들이라고 가정되어야 한다. 그리고 그럴 경우 시민들이 정치가를 처벌할 권리를 포기하는 것처럼 보일 것이다. 역설은 슬며시 사라지기 시작한다. 그러나 (우리가 후에 더욱 자세히 살펴볼 것처럼) 역설이 그처럼 사라지는 것은 의무론적 이유에서가 아니라 민주주의와 연관된 이유에서이다.[17)

역설을 해결함에 있어서 결과주의자들이 더 성공적인 것은 아니다. 흔히 생각되는 것처럼 그들의 시도가 그렇게 쉽게 무산되는 것은 아니라고 해도 말이다. 결과주의자들은 공직자들이 전체적으로 올바르게 행동했음에도 불구하고 도덕규칙을 위반했다는 사실에 대해 때때로 죄의식을 느끼거나 처벌을 감내해야 한다는 사실을 인정한다. 그러나 결과주의자들은 역설이 존재한다는 사실을 부정한다. 왜냐하면 그들은 그들의 이론이 적절한 죄의식이나 처벌을 정당화할 수 있다고 믿기 때문이다. 공직자들이 죄의식을 느끼거나 처벌을 감내하는 것은 사회적으로 유용하다. 도덕규칙을 어기는 것이 결과주의적으로 정당화되지 않는 (보다 더 일상적인) 상황에서 공직자 및 여타의 사람들이 도덕규칙을 위반하지 않게 하기 위해서 말이다.

이러한 결과주의적 정당화에 대해 일반적으로 제기되는 반론은 그렇게 강력한 것처럼 보이지 않는다. 죄의식과 처벌은, 결과주의를 비판하는 사람들이 암시하고자 하는 것처럼, 일반시민들에게 부과되었더라면 부당하게 부과되었다고 할 수 있을지 모르지만 공직자에게는 그렇게 부당하게 부과된 것이 아니다. 공직을 수용한다는 것은 일상적 삶을 살아가는 사람들보다 큰 혜택과 큰 부담을 동시에 수용하는 것이다. 공직자들이 동의했다고 가정할 수 있는 부담들 중에는 사실상 정당화되는 행동들로 인해 처벌받을 위험도 포함되어 있다. 죄의식이 실제로 단지 유용하기만 한 것이라 해도 죄의식의 효용성이 반드시 사라지는 것은 아니다. 죄의식을 단지 유용한 것으로 간주하는 정치가들은 죄의식을 느끼지 않는다는 말이 사실일 수도 있다.[18] 그러나 결과주의자들은 정치가들 자체가 (순수한) 결과주의자가 아니라고 믿을 수 있고, 또 일반적으로 그렇게 믿는다. 정치가들이 갖고 있는 도덕적 신념들은 의무론적 원칙들을 포함하고 있다. 결과주의가 참이라고 정치가들 자신이 믿지 않는다면, 그들이 느끼는 죄의식과 그들이 감내하는 처벌은 그들에게 단순히 유용한 것 이상이다.

그러나 죄의식의 역할을 발견함에 있어서 결과주의자들이 거둔 성공은 상당한 대가를 지불한다. 결과주의자들의 성공은 사람들에게 동기를 부여해 주는 이유와 그들의 행동을 정당화해 주는 이유를 날카롭게 구분하는 것에 의존한다. 정치가들이 도덕규칙을 위반하는 것이 아무리 정당화될 수 있다고 해도 그들은 계속해서 그들이 잘못된 행동을 했다고 믿을 것이다. 그들은 그 규칙을 받아들이도록 동기부여되었기 때문이다. 정당화와 동기부여 사이의 구별이 그 자체로 반대할 만한 것은 아니다. 적어도 시즈윅(Henry Sidgwick) 이후로 결과주의자들은 그러한 구분의 필요성을 인정해 왔다. 그들은 사람들이 믿는 도덕원칙이 결과주의가 의존하는 원칙들과 동일하다는 사실을 실감나게 부정해 왔다.[19]

그러나 그때 의문이 일어난다. 누가 결과주의를 믿어야만 하는가? 그 대답이 소수의 지각 있는 사람들(결과주의적 철학자)이라면 그것은 도덕이론으로서 결과주의를 필연적으로 그렇게 당혹스러운 것으로 만들지는 않을 것이다. 그러나 그러한 대답은 민주적 정치이론으로서 결과주의의 자격을 박탈해 버린다. 요컨대 이론은 정치적 실천활동을 이해하고 거기에 영향을 미쳐야 하는 것이다. 결과주의자들이 정치가 결과주의적 용어들만으로 이루어져서는 안된다는 결론을 내린다 해도 민주주의 체제하에서는 그들이 다른 시민들에게 그러한 결론을 부여할 권한을 갖는 것은 아니다. 그들은 민주적 과정을 통해서 그러한 결론의 올바름을 시민들에게 설득해야 할 것이다. 이 과정이 적절히 수행되려면 그러한 과정의 공지성(publicity), 즉 그들이 지지하려고 하는 원칙들— 이경우에는 결과주의의 원칙들—에 대한 참여자들의 인식을 전제해야 한다. 그렇지 않으면 그러한 과정은 대부분의 참여자들이 도전해 볼 기회도 갖지 못하는 원칙들에 기초한 정책들을 낳을 수도 있을 것이다. 대부분의 시민들이 동의할 수도 없고 반대할 수도 없는 원칙들을 강요하기 위해 국가의 강제력이 동원될 것이다. 그러나 만약 결과주의자들이 시민들로 하여금 그들의 원칙들을 공공연히 인정하게 만든다면, 그들이 더러운 손의 역설을 부정하는 근거가 되는 정당화와 동기부여 간의 구별이 모호해질 것이다.

결정권자와 사태 사이의 거리

민주적인 더러운 손의 역설은 그것을 해소하려는 의무론적 · 결과주의적 노력 모두와 대립하는 것이다. 그러나 이러한 대립은 이러한 역설이 민주적 정치체제에 확고하게 뿌리 박혀 있을 때에만 가능하다. 의무론자에 반대하여 역설을 옹호하는 사람들은 공공선에 대한 판단 — 이에 대한 권리는 시민들이 갖고 있다 — 에 호소한다. 그리고 결과주의자에 반대하는 사람들은 정치가와 시민이 공유하는 원칙개념을 원용한다. 이렇듯 두 입장에 반대하는 사람들 각각은 모두 역설이 자리잡게 되는 정치적 결정에 시민들이 참여한다는 사실, 적어도 시민들이 결정이나 그러한 결정을 내리는 공직자들을 원칙적으로 승인하거나 부인할 수 있다는 사실을 전제한다. 그러나 역설이 주어지는 방식은 이러한 민주적 차원을 모호하게 만든다.

민주적인 형태의 역설에서는 정치가가 마키아벨리의 군주와 달리 시민들에게 문책을 당할 가능성이 존재한다는 것이 사실이다. 그러나 이러한 문책은 정치가의 도덕적 고립을 유지하고 심지어 강화하는 방식으로 이해된다. 어려운 결단을 내리는 고독한 지도자의 모습은 역설에 남아 있는 마키아벨리적 기원의 흔적이다. 그의 손을 더럽히는 것도 그 사람이고 우리가 처벌하게 될 사람도, 그것이 가능하다면, 바로 그 사람이다. 월쩌는 더러운 손을 지닌 정치가들을 처벌하는 문제의 어려움이 주로 그러한 임무를 맡길 권리주체를 발견하는 문제인 것처럼 말하고 있다. 우리가 정치가에 맞서 도덕규칙을 강화하는 방도를 발견할 수 있다면 우리는 단순히 "선을 행하기 위해 악을 행한 사람은 영예롭게 여김과 동시에 처벌해야 한다. 우리는 그가 행한 선을 기리고 그가 행한 악을 벌할 것이다.”[20]

이러한 입장이 간과하고 있는 것은 공직자들이 행한 악이 우리를 위해서 행한 것일 뿐 아니라, 명목상으로는 물론 원칙적으로도 우리의 동의를 얻어서 행한 것이라는 점이다. 그러므로 우리 시민들이 그를 처벌할, 심지어는 그에게 특별히 죄가 있다고 간주할 근거를 갖는지는 그렇게 분명하지 않다. 만약 그가 시민들이 기본적으로 받아들이고 있는 원칙과 반대로 행동하거나, 공직자의 정당한 활동범위를 넘어서서 행동한다면 그의 행동을 정치적 오판이나 공직남용의 대표적 사례로 간주하여 그를 벌할 수 있을 것이다. 그러나 공직자가 올바르고 정당하게 결정한다는 것은 역설 발생의 본질적 요소이다. 따라서 시민들도 그가 실제로 내린 결정과 다른 결정을 내렸어야 했다고 주장할 수는 없다. 그렇다면 도대체 시민들이 그의 결정을 기화로 그를, 처벌은 그만두고라도, 비난할 수 있겠는가?

아마도 시민들이 반드시 처벌을 해야 할 필요는 없을 것이다. 정치가들이 공적인 방식으로 스스로를 처벌할 수도 있을 것이기 때문이다. 스스로를 처벌하는 (가장 빈번한 것은 아니라 해도) 가장 친숙한 사회적 표현방식은 공직에서 사퇴하는 것이다. 더러운 손을 지녔다는 이유로 스스로를 벌하려 하는 정치가는 한편으로 베버(M. Weber)의 “고통스러워하는 하인”처럼 용기 있게 죄를 스스로 인정하지만, 다른 한편으로 베버의 하인과는 달리 공직에서 사퇴한다. 미국의 국무장관이었던 밴스(Cyrus Vance)의 사임은 그러한 행동의 실례를 보여주고 있다. 밴스는 1980년 봄에 이란에 억류되어 있던 인질들을 구출하기 위한 급습이 실패한 후 사임을 발표했다. 임무가 시작되기 전에 그는 결과가 어떻든 간에 정부를 떠나겠다고 카터 대통령에게 말했던 것이다. 그가 사임한 이유는 카터의 계획에 동의하지 않았기 때문일 뿐 아니라—이것은 우리의 가정이다—그가 우리의 동맹국들을 기만했기 때문이기도 하다.[21] 미군이 급습을 준비하는 약 2개월 동안, 밴스는 유럽 동맹국의 공직자들에게 이란에 경제적 제재를 가하는 데 협조한다면 미국도 군사적 행위를 하지 않겠다고 말했던 것이다. 미국의 공직자들은 그러한 속임수로 이란의 공직자들이 미국의 군사적 행위가 임박하지 않았다고 믿게 하여 급습이 성공할 확률을 높이고자 했던 것이다.

어떤 면에서 밴스의 행동은 손을 더럽힌 정치인이 어떻게 행동해야 하는가를 보여주는 전형적인 모델이라고 할 수 있다. (분석을 위해서) 우리가 미국인 인질을 구하기 위해 무고한 사람들의 생명을 위험에 처하게 하는 결정을 수용하기로 했다고 가정하면, 속임수도 그러한 결정을 이행하는 수단으로서 정당화될 수 있는 듯이 보인다. 밴스가 동맹국들을 기만하는 것을 거절함으로써 그의 손을 더럽히려고 하지 않았다면, 그는 구출작전에 의도적으로 손상을 입히고, 따라서 그 자신의 손을 깨끗이 할 의도로 다른 미국인의 생명에 가해지는 위험을 증대시킨 셈이 되었을 것이다. 더욱이 그러한 기만을 행한 사람이 다른 공직자가 아니라 밴스였다는 사실, 즉 매우 정직하다는 평판을 듣고 있던 인물이었다는 사실이 중요했다. 밴스는 그의 역할을 해냈다. 그러나 그는 구출작전을 수포로 만들지 않고도 사임할 수 있는 상황이 되자마자 공직을 떠남으로써 그에 대한 '처벌'을 수용했다.

그러나 의문이 남는다. 왜 밴스는 처벌이나 죄의식을 감내해야 했는가? 그의 사임에는 그럴듯한 이유들—외교 분야에서 그의 신용상실, 행정부의 정책에 대한 이견 등—이 있을 수 있다. 그러나 이러한 이유들이 처벌이나 죄의식이 함축하는 도덕적 비난의 근거는 되지 못한다. 그의 사직을 비난하기보다는 명예로운 것으로 보는 사람들이 많다는 사실 때문에 사임이 처벌의 기능을 한다고 보려는 사람들의 입장은 더욱 의심스러운 것이 되고 말았다. 이른바 그가 기만했다고 하는 유럽의 공직자들이 그를 비판한다 해도 그것을 정당한 비판이라고 할 수 있는지는 분명치 않다. 그들도 그들의 정부를 위해서 동일한 행동을 했을 것이라는 데에 많은 사람들이 동의하기 때문이다. 기만은 사회적으로 (널리) 인식되어야 하는 잘못이라는 가정에 대해서도, 기만자를 비난할 최종적인 권위를 갖는 판정관인 시민들이 그러한 기만을 승인할 것이라고 추정해야 한다는 문제가 남는다.

그럼에도 불구하고 공직자들은 부도덕한 행위를 항상 접하는 위치에 있으므로 시민들보다 그러한 행위에 더 쉽게 오염된다고 할 수도 있겠다. 특정한 행위를 수행하는 것 자체나 적어도 그러한 행위를 수행할 수 있는 유형의 사람들에게 특별히 나쁜 점이 있다는 것이다.[22] 이러한 주장은 정당화되는 살인처럼 사적인 생활에서는 거의 일어나지 않는 잘못들에 대해 더욱 잘 맞아떨어지는 것처럼 보인다. 시민들은 살인을 할 수 있는 사람이나 거짓말할 수 있는 사람을 일반인과 다른 사람들로 간주할 것이다. 비록 시민들이 공적인 삶에서 그러한 두 가지 행동의 필요성을 모두 인식하고 있다고 해도 말이다.

그런데 왜 폭력을 사용하는 공직자와 폭력의 사용을 승인한 시민들을 서로 다르게 보아야 하는가? 양자의 차이는 그들이 다른 사람의 죽음을 야기할지도 모른다는 생각에 느끼는 반감보다 그들이 다른 사람을 개인적으로 죽일 수도 있다는 생각에 대한 반감이 훨씬 더 크다는 사실에 의거하고 있을 것이다. 그렇다면 이러한 양자의 차이를 인정하는 태도를 취하는 것은 도덕적인 근거를 갖고 있는 셈이다. 적어도 직접적인 행위 여부를 근본적으로 중시하는 도덕적 입장을 갖고 있는 사람들에 대해서는 말이다.[23]

그러나 대부분의 공적인 폭력은 단순히 발생된 것이 아니라 신중하게 유발된 것이기 때문에 공직자와 시민들 간의 차이는 직접적 행위 여부 사이의 구분에 의존할 수가 없다. 공직자와 시민들 간의 차이는 행위 자체들 간의 구분에 의거해야 할 것이다. 그리고 그러한 구분의 기준은 심리적 거리이다. 악한 행위로부터 심리적으로 멀면 먼 행위일수록 도덕적으로 비난을 덜 받는 행위가 된다. 사형을 언도한 판사는 사형을 집행하는 집행관보다 수치심을 덜 느낀다. 제2차 세계대전 중에 적에게 공포감을 맛보게 하기 위해 무차별 폭격작전을 지시한 영국 정부의 정책을 충실히 수행했던 폭격기 조종사는 훈장을 받지 못했다. 폭격을 명령했던 다른 군인과 정치가들은 훈장을 받았음에도 말이다.[24] 오늘날 미국군 내에서 대부분의 일반군인 및 군무원들은 델타포스와 그린베레를 의심스러운 눈초리로 지켜보고 있다. 그들은 접전지역에서 도덕적으로 동의할 수 없는 행동을 필요로 하는 임무를 수행하기 위해 소집되었고, 또 그러한 훈련을 받았기 때문이다. 한 공군 대령이 설명하는 것처럼 특수임무를 수행하는 부대원들은 "조금 야만스러운, 그래서 '훌륭한 저격수이지만 공직자 후보로는 부족한 사람'"[25]으로 간주된다.

그러나 이러한 심리적 경향을 보여주는 예들은 특히 정치에 관한 판단에서 도덕적으로 부적절하다는 것이 드러난다. 대규모의 조직체에서는 (직접적) 행동에서 가장 멀리 위치해 있는 사람이 가장 큰 책임을 지는 경우가 종종 있다. 만일 누군가가 손을 더럽혔다면, 그는 바로 더러운 결정을 내린 최상위의 공직자일 것이다.[26] 우리가 가령 북베트남 폭격 같은 어떤 정책을 도덕적으로 정당화할 수 없는 것으로 간주한다면, 설령 우리가 그것을 수행한 군인들을 비난한다고 해도, 그러한 계획을 세운 공직자들보다 그 군인들을 더 비난하지는 않는다. 더욱이 어떤 정책이 정당화되기는 하지만 부도덕한 수단을 요구한다면, 그러한 수단을 사용하기로 결정한 사람보다 그러한 수단을 사용한 사람을 더 비난해서는 안된다. 부도덕한 일을 하는 사람을 친구로 삼을 의무는 없다. 그러나 상급자가 입안하고 시민들이 승인한 정책에 참여했다는 이유로 그들을 특별히 죄 있는 사람으로 취급할 권한이 우리에게 있는 것도 아니다.

그러나 고위 공직자의 죄의식과 시민들의 죄의식을 구별하기 위해 제안할 수 있는 또 다른 의미의 도덕적 거리가 있다. 시민들과 달리 고위 공직자들은 매일매일 그들이 내린 결정의 즉각적인 결과를 접할 수 있다. 그들이 직접 그러한 결과들을 눈으로 보지는 못한다고 해도 귀로 세세한 부분까지 생생히 듣기라도 하는 것이다. 이런 면에서 고위 공직자의 상황은 정책을 실행하는 하급 공직자의 상황과 유사하다. 그러나 하급 공직자와 달리 고위 공직자들은 그들이 지켜보게 되는 결과에 다른 어떤 사람보다도 더욱 많은 영향을 미친다고, 그래서 그러한 결과를 방지하려 한다면 어떤 힘을 행사할 수도 있다고 믿고 있을 것이며, 사실 이러한 믿음은 종종 올바른 것이기도 하다. 우리는 고통을 유발하는 결정을 ― 그것이 아무리 필요하다고 해도 ― 규칙적으로 내려야 하는 자리에 계속 앉아 있을 수 있는 사람은 도덕적으로 무감각한 사람이 아닌가 하고 의심해 볼 수도 있다. 또 필요한 경우에 죽음과 파괴의 명령을 계속 내릴 수 있는 사람은 그럴 필요가 없는 경우에도 그러한 명령을 내릴 가능성이 더 높지 않을까 하고 두려워할 수도 있다.[27] 이러한 이유들에서 공적 도덕은 손을 더럽히는 결정사항을 실제로 행한 사람이나 그것을 승인한 시민들보다 그러한 결정을 내린 사람을 더 비난하도록 하는 것일 수도 있다. 만약 그렇다면 그것은 의심스러운 공적 도덕일 것이다. 그것은 공직자들을 판정함에 있어서 심리적 근접성의 가치를 과대평가했다.

고위 공직자가 보다 더 직접적으로 경험했는가, 아니면 간접적으로 경험했는가에 따라 부도덕에 대한 그들의 감수성이 변화하기를 바라서는 안된다. 특히 정치에서 가장 나쁜 잘못들 중 몇몇은 시공간적으로는 가장 멀리 떨어져 있는 상황에서 발생하는 잘못들인 것이다.

공직자들에게 그들이 유발한 해악을 더 직접적으로 대면하게 함으로써 그들이 범한 잘못을 더욱 확실히 깨닫게 하려고 시도하는 것이 반드시 바람직한 것은 아닐 것이다. 베트남전 중에 폭격을 계획하고 명령한 결정권자들에게 사람들은 인명 살상과 재산상의 손실이 발생한 자리에서 그들이 멀리 떨어져 있기 때문에 보다 더 인도주의적인 정책을 펴지 못하게 되는 것이라고 말하곤 했다. 그러나 1965년 2월, 존슨 대통령의 국가안보 보좌관 번디 (McGeorge Bundy)가 전쟁상황을 직접 시찰하기 위해 베트남에 갔을 때, 대통령을 포함한 그의 동료들은 일반인들의 생각과는 달리 그가 더욱 강경파가 되리라고 믿고 있었다.[28] 번디가 거기에 있는 동안에 베트콩은 플레이쿠(Pleiku) 기지를 공격해서 8명의 미국인을 살해하고 약간의 항공기를 파괴했다. 시찰에 참여하기 전에 번디가 워싱턴에서 베트남 주재 미국 공직자들과 정기적으로 통화를 했을 때에는, 공감은 하지만 냉철한 것처럼, 즉 베트남의 공직자들이 말하는 것만큼 상황이 악화되었다고 전적으로 믿고 있지는 않은 것처럼 보였다고 베트남 주재 미국 공직자들은 생각했다. 그러나 베트남에서 공격을 받은 후에 번디는 즉각적으로 보복 공격을 지시했고 엄청난 폭력을 동반하는 새로운 보복 공격 정책, 즉 천둥작전이라고 명명된 2차 국면을 개시하는 데에 도움을 주었다.[29] 플레이쿠에서 "그를 위해서, 또는 그와 함께 일했던 사람들은 그의 (냉철함을 상실해 버린 듯한) 감정의 격렬함에 놀랐다. 이러한 종류의 일이 이따금 반복되었기 때문에 베트남에서 살육

이 벌어지고 있다는 사실을 워싱턴에서 실감할 수 있었던 것이 아닐까?" [30]

번디의 반응이 이러한 상황에서 그렇게 특이한 것은 아니다. [31] 그리고 그 자체로 부당한 것도 아니다. 동료 시민의 죽음에 감정적으로 반응하는 것은 아주 적절한 것일 수도 있다. 근접성은 공직자의 폭력적 수단 사용을 억제하는 만큼 조장하기도 한다는 것이 문제인 것이다. 직접적 경험이 살육을 중지시키고자 하는 강렬한 욕구를 불러일으킨다면 그러한 욕구는 폭격을 중지하게 할 수 있는 만큼 확대하게 할 수도 있다. 근접성이 폭력적 수단의 사용을 반드시 주저하게 만들지도 않고, 또 그렇게 만들어서도 안된다면, 단지 공직자들이 폭력을 근접한 곳에서 경험하고 나서 폭력적인 반응을 보였다는 이유에서 우리가 그들을 비난할 수는 없는 것이다.

민주주의와 공직자 문책의 조건

지금까지 우리는 더러운 손의 문제가 요구하는 방식으로 공직자와 시민을 구분할 근거를 찾지 못했다. 더러운 손의 문제는 공직자들이 정치적인 필요악과 특별한 관계를 맺고 있다고 가정한다. 그러나 공직자들이 시민들의 민주적 승인에 따라 행동한다고 전제하는 한, 공직자들에게 시민보다 더 큰 책임을 지울 수는 없다. 비록 정치가들은 옳은 일을 하기 위해 악을 행한다는 역설이 남는다고 해도 더러운 손의 문제는 더 이상 시민들이 잘못을 범하는 정치지도자들을 어떻게 보아야 하는지에 관한 문제가 아니게 된다. 더러운 손의 문제가, 시민과 시민의 지도자들이 그들의 집단적 잘못의 희생자들을 위해 무엇을 해야 하는지의 문제로 변화되는 것이다. 보상적 정의, 가령 특정한 사회정책에 의해 손해를 본 사람들에게 제공해야 할 적절한 보상의 양과 그 성격에 관한 물음이 중심적 물음이 되는 것이다. 이러한 문제에 더 많은 주의를 기울이는 데에 초점을 맞추는 것이 바람직하지 않은 것은 아닐 것이다. 보상에 대한 물음은 중요하다. 그리고 이에 관해서 종종 이야기되고 있는 것보다 더 많은 토론이 필요하다.[32] 그러나 그러한 물음에 의해서 더러운 손의 문제가 모두 해소된다고 생각한다면, 그것을 제대로 이해했을 때에 민주사회에 제기되는 더욱 중요한 물음을 놓쳐버릴 것이다.

손을 더럽히는 결정에 대해서 공직자와 시민을 구별할 수 없었던 것은 민주주의에서는 시민의 승인 없이는 이러한 결정들이 정당화되지 않을 것이라는 암묵적 가정이 있었기 때문이다. 이상의 논변에서 사용된 것처럼 이러한 가정에는 아무런 논쟁의 여지도 없는 것처럼 보이고, 또 일반적으로는 그렇게 생각되어야 한다. 이러한 가정은 최소 수준의 민주주의 체제하에서도 만족될 수 있다. 예를 들어 손을 더럽히는 결정을 내릴 권력을 지닌 공직자를 시민들이 수용하거나 거부할 기회를 갖게 해주는 공정한 선거가 존재하기만 하면 이러한 가정은 언제나 만족될 수 있는 것이다. 그러나 그 본성상 이러한 최소한의 기준조차도 충족시킬 수 없는 일군의 손을 더럽히는 결정들 — 공식화될 수 없는 결정들 — 이 존재한다. 공직자들이 행하는 것을 시민들이 알 수 없다면 실질적으로 시민들은 그들의 행동을 승인할 수도 부인할 수도 없는 것이다. 이러한 경우에는 설령 공직자들이 시민의 이름으로 시민의 이익을 위해 행동한다 하더라도 그들의 손은 시민의 손과 무관하게 더러워질 것이다.

여기에서 문제가 되는 것은 단순히 공직의 남용이나 민주적 절차의 실패 때문에 비밀에 부쳐진 것이 아니라 공적으로 알려지게 되면 그 목적을 달성할 수 없기 때문에 비밀에 부쳐진 그러한 결정들이다. 그러한 결정들은 시민들이 냉담, 또는 무지하거나, 공직자들이 자신의 실수나 불운을 덮어버리기 위한 이유에서가 아님에도 불구하고 비밀에 부쳐지는 결정들이다. 공직자들이 공개적으로 결정할 수 없는 이유는, 그러한 결정이 알려지게 되면 설령 그것을 시민들이 승인한다 하더라도 공직자들이 애초에 의도한 것을 달성할 수 없기 때문이다. 카터 대통령이 이란의 인질들을 구출하기로 결정한 내용을 미리 알렸더라면 그 작전이 실패할 위험이 더 커졌을 것이다. 따라서 이런 결정들은 그러한 결정을 수용한 사람이면 승인하게 될 비밀성을 그 결정이 효과를 발휘하게 될 필요조건으로 갖고 있는 결정들인 것이다. 이러한 결정들의 정당성은 자멸성(self-defeating)에서 찾을 수 있다. 이러한 결정들은 미리 그 내용이 널리 알려지면 애초부터 그 목적을 달성할 수 없는 결정들이기 때문이다. 이러한 부류의 결정들에서는 더러운 손의 문제가 계속 남게 된다. 공직자들은 올바른 일을 하기 위해 잘못을 범해야만 한다. 아울러 그들의 행위를 시민들이 승인하리라고 주장할 수도 없다. 시민들은 그들이 무엇을 했는지 알 수 없기 때문이다.

게다가 정부사업의 많은 부분은 공개적으로 행해지므로 단지 공표하지 않는 것만으로는 비밀을 보호하지 못할 수도 있다. 손을 더럽히는 결정에는 은폐라는 악덕이 그렇듯 공통적으로 함축되어 있는 것도 바로 이런 이유에서이다. 공직자들은 결정을 비밀에 부치기 위해 기만과 조작을 행해야만 할 수도 있다. 공직자들이 결정을 내리는 것 자체에서 손을 더럽히지 않는다면, 그것을 비밀에 부치는 과정에서 손을 더럽힐 가능성도 있다. 결정과 그것을 은폐하려는 노력 모두가 도덕적으로 의문스러운 수단을 요구할 때, 우리는 더러운 손의 이중적 사례를 보게 된다. 인질 위기에서는 밴스의 기만이라는 하나의 잘못에, 구출작전으로 인해 무고한 생명을 위험에 빠뜨렸다는 또 다른 잘못이 부가된다. 그러나 어떤 종류의 잘못이건 간에, 이는 모두 민주적인 더러운 손의 문제인 것이다.

은폐를 동반하는 가장 친숙한 결정사례들이 본래 그렇게 문제가 있는 것처럼 보이지는 않는다. 부대의 이동이나 정보원의 운용 방식 같은 군사적 준비태세에 관한 특정한 결정내용을 공직자들이 공표할 수는 없다. 공직자들이 범죄음모에 대한 비밀스러운 감시활동이나 경찰마크 없는 경찰차와 같은 법집행의 수단을 알릴 수는 없다. 또 그들은 달러화의 절하 같은 특정한 유형의 경제정책이나 재정 위기시에 채무의 범위 같은 경제조건에 관한 정보를 은폐해야만 할 수도 있다.

이러한 사례에서의 결정들은 아마도 시민들이 관련정보를 충분히 알고 있고 사심 없이 판단한다는 조건을 전제하면 시민들이 승인할 수 있는 일반적 유형의 정책들로 취급될 수 있을 것이다. 그래서 그러한 유형의 정책들은 가상적인 동의라는 형식에 의해서 정당화되곤 하는 것이다. 그러나 그러한 유형의 실제 사례들은 그와 같은 방식으로 그렇게 쉽사리 처리될 수 없다. 많은 정책들에 대해서 정당하게 문제삼을 수 있는 것은 우선 그러한 정책들을 개별적 상황에 적용할 때에 발생한다. 합리적인 시민들이 특정한 상황에서 (가령 핵테러를 방지하기 위해) 은밀한 조작을 할 필요성이 있다는 데에 동의할 것이라고 상상해 보는 것은 가능한 일이다. 그러나 그러한 조작을 생각해 볼 수 있는 보다 더 일상적인 (가령 정부를 후원하도록 하거나, 아니면 정부를 전복시킬 수 있도록 하는) 상황에서도 그러한 동의가 이루어진다고 어떻게 가정할 수 있는가라는 물음에 답하는 것은 더욱 어려운 문제이다. 그러한 정책의 정당화 가능성은 그것이 촉진하고자 하는 목적의 가치에 대한 판단에 달려 있다. (이때, 그 목적이 얼마나 가치 있는 것인가에 대한 평가는 다른 목적들이 갖는 가치 및 애초의 목적을 촉진하기 위해 필요한 수단 때문에 그 목적의 가치가 얼마나 감소되는가 하는 것과 함께 비교하여 이루어진다.) 이러한 판단들은 대개 너무 논쟁의 여지가 많은 것들이어서 그럴듯한 가상적 조건하에서의 인간 본성이나 공유하고 있는 믿음, 이해관심 등에 대한 가정을 통해서 해결될 수 없다.[33]

이러한 예들이 그렇게 성가신 것처럼 보이지 않는다면 그것은 우리가 각각 예로 들은 정책에서 시민들이 공직자들로 하여금 그들의 결정에 대해 실제로 책임을 지게 하는 방도를 갖고 있다고 가정하기 때문이다. 시민들은 구체적 결정에 대해 그러한 결정이 내려진 당시에는 알지 못할 수도 있다. 그러나 시민들은 그 결정을 추후에 재검토할 수도 있고, 그러한 결정을 포함하는 더 포괄적인 정책을 미리 승인할 수도 있으며, 시민들을 대리하는 대표자를 뽑아 시민들을 위해서 공직자들의 결정사항을 감시할 수 있는 권한을 부여해 줄 수도 있다.

이러한 세 가지 방법 — 소급, 일반화, 대의(代議) — 이 비밀유지와 민주주의를 화해시키는 방법들이다. 그것들이 충분히 적절한 방법들이라면, 설사 개조된 형태의 것이라 할지라도, 더러운 손의 문제를 제거해 버릴 수 있을 것이다. 그것들이 일반적인 경우보다도 더욱 엄격히 해석된다면 더러운 손의 문제에 대한 대답에 좀더 접근할 수 있다. 그러나 그것들이 실패하는 한, 우리는 손을 더럽히는 정책과 민주적인 절차 중에서 선택하기를 강요받는 것이다.

결정의 재검토

먼저 소급하여 책임을 묻는 경우를 고려해 보자. 소급문책의 난점은 시민들이 공직자들의 결정을 재검토할 수 있을 때까지 그들의 결정에서 비롯되는 손실이 계속될 수도 있다는 점이다. 많은 결정들, 특히 군사적 행동이나 외교적 개입을 요구하는 결정들은 돌이킬 수 없는 결과를 낳는다. 이러한 결과들은 시민들의 죽음이나 정부의 붕괴 같은 직접적 해악을 포함하고 있을 뿐 아니라 선례나 태도의 창출과 같은 간접적인 효과도 포함하고 있다. 바로 이러한 간접적 효과들로 인해서, 미리 알았더라면 혐오하고 거부했을 정책을 계속하도록 강요받았다는 것을 시민들이 알게 되는 경우도 있다.

결정의 효과가 위에서 언급한 것보다 제한적인 것이거나 그러한 결정에 대해 시민들의 승인을 기대할 수 있는 경우에도 여전히 소급판단은 너무 뒤늦은 것이어서 정치적 의미를 전혀 갖지 못할 수도 있다. 정당화되는 기만의 한 실례를 통해서 그러한 난점을 예시해 볼 수 있다. 쿠바 미사일 위기가 사라진 직후인 1962년 11월 기자회견에서 케네디(Kennedy) 대통령은 그 동인에 이루어졌던 소련 공직자와의 협상에서 쿠바문제 이외의 어떤 다른 문제도 협의하지 않았다고 발표했다.[34] 그러나, 사실 케네디는 흐루시초프(Khrushchev)에게 소련이 쿠바에서 미사일을 철수시킨다면 미국도 쿠바를 침공하지 않겠다고 약속했을 뿐 아니라 이른바 '비밀루트'를 통해 미국도 터키에서 미사일을 철수시키겠다는 사실을 보증했다. 엄밀히 말해서 이러한 보증이 거래는 아니었다. 쿠바 위기가 발생하기 전에 케네디는 (소련 당국자에게 말한 것처럼) 터키에서 미사일들을 제거하라는 명령을 내렸었기 때문이다.

케네디가 미국인들에게만 이야기할 수 있었더라면 협상내용을 정직하게 설명할 수 있었을지도 모른다. (미국인들에게 사실을 말함으로써 많은 사람들은 미국이 소련의 압력을 받아 거래를 했다고 잘못 믿게 될 수 있는 가능성도 있었지만 말이다.) 그러나 케네디는 그의 대답이 터키의 지도자들과, 특히 소련의 지도자들에게 미치는 영향을 계산해야만 했다. 예를 들어 흐루시초프가 케네디는 사실상 거래를 했다고 말함으로써 강경한 그의 동료들이 화해를 받아들이도록 설득하는 데 성공할 수 있었을 개연성이 아주 높다. 미국인을 설득할 수 있을 정도로 솔직하게 협상내용을 완전히 보고했다면 의심 많은 동료들과 함께 하고 있는 흐루시초프의 불안정한 지위가 흔들려서 위기에 다시 불이 붙었을 수도 있었을 것이다.

케네디의 기만행위는 대부분의 시민들이 받아들일 중대한 목적에 기여하는 것이었다. 다른 기만적인 대안—가령 '아예 언급하지 않는 방법'—도 이용할 수 있었다. 케네디가 기만의 희생자로 삼고자 했던 이들은 미국 시민들이 아니라 잠재적인 적들이었다. 더욱이 그것은 항구적인 기만이라기보다는 고립된 한 순간의 기만적 행위였다. 이와 같은 고려사항들이 쿠바 위기 및 그 이후 얼마 동안 케네디의 기만행위를 정당화해 주는 것은 당연하다 하겠다.

그러나 기만이나 그러한 기만이 은폐했던 흐루시초프와 케네디 간의 합의는 비밀을 유지할 필요가 없어진 후에도 일반국민들에게 알려지지 않았다. 케네디 대통령의 자문위원들은 그들이 공직을 떠난 지 오랜 후인 1982년에야 비로소 한 잡지에 처음으로 그러한 일화를 공개적으로 기고했다.[35] 시민들은 그러한 결정을 내린 사람이나 기만에 가담한 사람들에게 유효한 제재조치를 취할 수도 없었고, 미래에 그와 유사한 일이 발생했을 때에 공직자들의 행동방식을 변화시킬 수 있는 시의적절한 방법을 공직자들에게 새로이 요구할 수도 없었다. 그래서 공직자들은 기만이 정당화되는 제한적 여건에서 기만을 정당화해 주었던 목적이 달성되고 그러한 기만내용이 드러난다 해도 그와 동등한 정도로 중요한 다른 목적이 달성되지 못하는 것은 아니게 되는 시기가 되면 시민들을 기만했던 사실을 밝혀야 한다. 공직자들이 시민들을 기만할 권한을 가진다면 그러한 기만을 드러낼 의무도 있다. 기만의 면허에는 시효가 있는 것이다.

이와 같은 방식으로 기만이나 다른 도덕적으로 의심스러운 수단들을 정당화하는 기준을 강화하면 소급판단의 난점들 중 일부는 극복될 수 있다. 그러나 시민들이 많은 결정들, 특히 돌이킬 수 없는 주요한 변화를 야기하는 결정들에 대해서 이미 사태가 벌어져버린 이후에 판단을 내리게 된다면 시민들은 유감을 표현할 수는 있지만 사건에 영향을 미칠 수는 없는 것이다.

결정의 일반화

이렇게 볼 때, 소급판단보다는 일종의 선판단(先判斷)을 가능하게 하는 것이 손을 더럽히는 결정에 대한 책임을 묻는 방법으로 더 선호할 만한 것처럼 보인다. 일반화는 이러한 기능을 수행하고자 하는 것이다. 개별적인 결정내용을 미리 공개할 수 없다면 결정의 일반적인 유형을 공개적으로 논의하거나, 다양한 가상적인 상황하에서 그러한 결정을 정당화할 수 있는지 숙고해 보거나, 그러한 상황에서 결정을 내리기 위한 지침을 정식화해 볼 수 있는 것이다. 이의 가장 전형적인 예는 경찰마크 없는 경찰차를 배치하는 경우에서 찾아볼 수 있다. 언제, 어디서 경찰마크 없는 경찰차들이 순찰을 한다는 것을 공공연히 논의하는 것은 경찰마크 없는 경찰차를 배치하기로 하는 결정의 목적 자체에 반하는 것이다. 그러나 그러한 정책 자체나 그러한 정책에 대한 제한조건은 공개적으로 논의하고 공표할 수 있다.

문제는 이러한 예가 제한적으로 적용될 수밖에 없다는 것이다. 이러한 정책은, 비록 그러한 정책만이 가지고 있는 특징은 아니라 해도, 다른 몇몇 기만적인 정책들과 더불어 공유하는 두 가지 특징을 갖고 있다. 첫째, 그러한 수단들은 관할구역 내의 모든 시민들에게 대체로 평등하게 적용되도록 의도된 것이다. 그러한 시행의 목표가 누구인가에 대한 물음이 결정되어 있지 않은 것이다. 둘째, 그러한 시행의 목적이 일반적인 용어들로 진술되었을 때뿐 아니라 개개의 상황에서 적용되었을 때에도 시민들이 이를 대체로 수용하리라는 사실을 보증할 수 있다. 과속이 교통법규를 어기는 것이라는 사실과 어떤 것들이 과속으로 간주되어야 하는지는, 그것이 미리 진술되어지기만 한다면, 대부분의 경우에 비교적 객관적인 방식으로 해석될 수 있다.

은밀한 법집행의 모든 사례가 이러한 두 가지 특징을 갖지 않는 것은 물론, 전형적인 사례와 가장 유사하다고 생각되는 사례들조차 이러한 두 가지 특징을 갖지 않는다. 'ABSCAM 작전' ― FBI에 의해 1978년에 시작된, 공직자 부정에 대한 광범위한 조사활동 ―은 이런 면에서 미국 경찰들이 최근 몇 십 년 동안 점차 더 많이 활용하게 된 비밀공작의 전형적인 예이다.[36) 거의 2년 동안 약 100명 가량의 FBI 요원이 조사에 참여함으로써 의회의 부정을 폭로하고자 했다. 녹음기와 비밀 카메라로 무장한 요원들이 자신들에게 우호적인 법안을 지지해 준 대가로 뇌물을 공여하는 아랍 족장으로 가장했다. 이 조사에 7명의 하원의원과 1명의 상원의원이 걸려들었다. 비록 ABSCAM 작전이 정당화 가능하다 해도 경찰마크 없는 경찰차의 예와는 다른 면에서 논쟁의 여지가 있었던 것은 당연했다.[37)

첫째, 입법의원들이 이러한 종류의 조사의 표적이 되어서는 안 된다는 주장이 있을 수 있다. 우리가 공직자들이 더 올바르게 처신해야 한다는 주장을 받아들인다고 해도 어떤 입법의원을 조사할 것인지를 행정부 요원들이 자체적으로, 그리고 은밀히 선택하

는 것을 허용하고자 하지는 않을 수 있다는 것이다. 위의 예에서
는 FBI가 정치적인 이유에서 구체적인 입법의원을 표적으로 한
것은 아니라고 해도 (조사에 걸려든 입법의원들이 특정한 정파에
속한 사람들이 아니었다는 것은 명백하다.) 그러한 상황이 정치적
으로 남용될 가능성이 매우 크다. 다른 비밀스러운 조사도 유사한
문제를 낳는다. 그러한 조사활동은 불특정 다수의 시민들에 관계
하기보다는 구체적인 집단, 예를 들면 의사, 특정 산업 분야의 지
도자들, 특정 사업상의 갈취자들 등에 관계한 경우가 많기 때문에
그 중에서 어떤 집단을 조사해야 하는가에 대한 선택 자체가 우
리가 과연 그러한 조사를 해야 하는지를 고려할 때에 합당하게
영향을 미칠 수도 있다.

둘째, ABSCAM을 포함한 많은 비밀스러운 조사에서 누군가가
법을 위반했다는 사실은 속도제한을 초과한 운전자의 경우에서처
럼 그렇게 쉽게 확정되는 것이 아니다. 대법관들 대다수가 그러한
관점을 결코 받아들인 적이 없기는 하지만, 만약 정부가 범죄를
부추긴 것이라면 피고는 덫에 걸린 것이므로 유죄판결을 내려서
는 안된다고 주장하는 것도 정당화될 수 있다.[38] 심지어는 범죄를
저지르려는 성향을 가진 사람들조차 범죄자로 간주되어야 한다는
더 엄격한 학설을 받아들인다 해도 ABSCAM이나 그와 유사한 비
밀공작은 범죄자를 잡아들이는 것보다 만들어내는 것에 더 가깝다.

법률로 정해진 것 이외의 문제들에 관한 결정은 일반화에 의한
선판단을 통해서 결정을 평가하는 전형적 사례들에서 훨씬 더 벗
어나 있다. 다른 나라에 은밀히 개입하기로 하는 결정은 사전에
손쉽게 명문화될 수 없는 요인들에 주로 의존한다. 심지어는 전략
적으로 중요한 나라의 정부가 공산화되는 것을 막기 위한 미국의
정책을 그대로 수용할 사람들 사이에서도 어느 나라가, 그리고 어
느 순간이 그러한 정책시행의 대상이 될 수 있는지에 관해서는

의견이 엇갈릴 것이다. 관찰자들은 그들이 가치평가하는 방식에 따라, 가령 문제되는 나라의 국가적 독립성과 정치적 자유 등을 그들이 각기 어떻게 평가하는가에 따라 개입의 위험도를 다르게 평가하게 된다.

과연 특정한 종류의 개입—가령 비밀스러운 개입 자체—을 금지하는 규칙을 제정하는 것이 더 바람직하겠는가? 일반적으로 공개적인 개입은 바람직하지도 않고 필요한 경우도 극히 제한적이라고 사람들이 믿는 한, 비밀스러운 방법을 모두 배제하는 것은 어리석은 일일 것이다. 비밀스러운 방법들은 공개적인 개입이 필요한 경우를 줄일 수 있을 것이다. 정치적 암살을 금지하는 것처럼 사려 깊고 도덕적인 규칙마저도 겉보기처럼 그렇게 간단한 것은 아니다. 그러한 어려움은 CIA가 계획했거나 실행한 암살을 비판적으로 주의 깊게 연구해 온 한 저술가의 애매한 입장에서도 두드러지게 나타난다.[39] 그 저술가는 우선 [암살의] 절대적 금지에 찬성한다. 그는 암살이 정당화되는 경우가 있을 수 있다고 믿기는 하지만, 정부가 그렇듯 정당화될 수 있는 경우에만 그러한 조치를 취한다고 믿을 수 있는가에 대해서는 의심한다. 대부분의 관련자들은 암살의 해명을 위해서 자신들이 소환당하는 일은 발생하지 않는다고 믿기 때문이다. 그러나 그러면서도 여전히 그 저술가는, 매우 드물기는 하지만 절대적 규칙에도 예외가 있다는 사실을 인정하기를 원하면서, 만약 암살이 진정으로 필요하다면 "암살 금지의 규칙을 어기는 것은 암살하라는 요구를 직접 받은 행위자에게 달려 있을 것이다. 규칙이 암묵적이었을 때에 CIA가 했던 것처럼 말이다"[40]라고 결론짓고 있다.

미국의 공직자들이 암살 같은 수단을 사용하지 못하도록 하는 더욱 엄격한 법규를 마련하고 그러한 법규를 과거보다 더 엄격하게 시행한다면 미국의 민주주의와 대외정책은 큰 이득을 얻을 수 있을 것이다.[41] 지금까지는 포괄적인 법규를 제정함으로써 그렇듯 미리 책임을 묻는 방법의 가능성이 충분히 실현되지 못했다. 그런데 문제는 그러한 가능성 개념만으로는 많은 구체적인 행위들이 미판정의 상태로 남게 된다는 것이다. 암살에 대한 문제만 해도 그러한 문제가 미국 요원이 다른 나라의 지도자를 살해해야 하는가라는 문제에 대한 결정으로 나타나는 경우는 매우 드물다. 미국의 공직자가, 자신들의 정부를 전복하려는 다른 나라의 민족주의자들을 후원해야 할 것인지, 말아야 할 것인지를 결정하는 형태로 나타나는 것이 보다 더 일반적이다.

1960년에 도미니카 공화국의 반정부주의자들은 미국의 공직자들에게, 누구에게 들어도 수년 동안 억압적이고 야수적으로 지배해 온 것이 분명한 그 나라의 독재자 트루히오(Rafael Trujillo)를 살해하려는 계획에 도움이 될 무기를 수차례에 걸쳐 은밀히 요구했다.[42] 그들은 많은 종류의 무기를 요구했고, 그것들 중 몇몇에 대해서 국무성과 CIA의 공직자는 보내주라는 명령을 내렸다. 비록 실제로 보내진 것은 권총과 소총 몇 자루였지만 말이다. 픽스만(the Bay of Pigs) 사건※ 이후 워싱턴의 새 행정부는 그 문제를 재고하여 더 이상 무기를 보내지 않기로 했다. 그러나 아마도 미국이 그들에게 책임이 있다고 믿은 새로운 미국 영사는 반정부군의 명분에 공감하여 그들에 대한 지원을 촉구했다. 반정부군은 그들 스스로 트루히오를 암살했다. 아마도 미국에서 제공된 무기를 사용해서 말이다.

이렇듯 변화하는 상황에서 공적으로 이미 확립된 특정한 정책이 미국 공직자들을 어떤 방향으로 인도하게 될지는 실제로 거의 알 수 없는 것이다. 미국이 처음에 반정부군을 지원하지 말았어야

※ 쿠바 서남해안의 만. 1961년 4월 미군의 지원을 받은 반혁명군이 이 곳에서 침공에 실패한 바 있다.

한다고 믿는 사람도 미국의 최초 행동에 의하여 미국이 결국 일종의 지속적인 후원을 하고 말았다는 주장을 이해할 것이다. 그러한 상황에서 반정부주의자들을 격려해야 하는지, 또 그렇다면 어떤 범위에서 그렇게 해야 하는지 등이 쟁점일 때, 미리 승인된 일반적인 정책들은 대개 극단적으로 우연적인 상황에 대해서는 지침을 제공해 주고 있지 않다. 그래서 문책의 방법으로 기능하지 못하는 것이다. 공직자들은 스스로 그들의 손을 더럽힌다. 그리고 시민들이 책임을 묻기 위해 그들을 소환하는 것은 사건이 벌어진 후에야 가능한 것이다. 이러한 행위들에서 개별적인 사항에 대한 고려를 대신해 줄 수 있는 것은 없다. 개별적 결정사항에 대해 논의함으로써 결정 자체를 무효화하는 결과를 낳게 된다면 결정 자체를 거부하는 것 이외의 대안은 없는 것이다. 더러운 손이 민주적인 것으로 머물러 있다고 확신하고자 한다면 이러한 유의 비밀 행동을 포기하거나 다른 형태로 책임을 물어야 할 것이다.

결정의 위임

책임 소재를 밝히는 또 다른 형태의 방법으로서 대의제(代議制)는 의회 상임위원회의 감시활동에서 그 실례를 찾아볼 수 있다. 공개적으로 이루어질 수 없는 정책들에 대해서는, 결정을 내리고 그러한 결정사항을 실행하는 행정관들의 행동을, 시민을 대신하여 입법의원들이 감시하게 하는 것이다. 행정관 스스로는 시민의 대리인으로 봉사할 수 없다. 입법의원들보다 행정관들이 그들 자신이나 그들의 동료들이 내린 결정에 대해 편견을 가질 가능성이 더 크며, 따라서 시민의 입장을 제대로 반영할 가능성은 더 작을 수밖에 없는 것이다.

이렇듯 결정을 대신해 줄 사람을 두는 정치적 이유는 우리에게 친숙한 것이지만 그것이 함축하고 있는 도덕적 이유는 그만큼 친숙하지 못한 것이다. 감시는 칸트 이래로 많은 철학자들이 도덕적 판단의 시험기준으로 인식해 온 공지성의 기준과 유사하다.[43] 공지성의 기준이 함축하는 것은 사회에 널리 받아들여지고 있는 원칙적 차이들을 가능한 한 많이 대표하는 관점을 지닌 사람들 사이에서 도덕적 심사숙고가 이루어질 수 있다는 것이다. 불가피하게 비밀스러운 것일 수밖에 없는 정책을 시행하는 경우에 공직자들이 그러한 기준을 충분히 만족시키지 못할 수 있다. 그러나 밀(J. S. Mill)이 더욱 일반적인 형태로 제안한 것처럼 희석화된 공지성만으로도 "모든 사람에게 그가 행동하기 전에 그의 행동에 대해 도덕적으로 심사숙고하도록 할 수 있다. 즉, 자신의 행동에 대해 책임지라는 요구를 받는다면 무엇이라고 말할 것인지를 결정해 두도록 할 수 있는 것이다."[44] 시민들의 이해관심과 원칙들을 더욱 밀접히 공유하고 있는 청중들 앞에서 특정한 판단을 옹호하는 것은, 만약 정책이 충분히 공개적일 수 있다면 벌어지게 될 공적인 토론과 유사한 것이다.

그런데 이러한 종류의 대의제에 발생하는 난점은, 그것이 본래 불안정하다는 점이다. 원칙적으로 숙고에 참여하는 것을 제한하는 경계는 없다. 감시위원회의 도덕적 목적은 더 광범위한 관점들을 대변하는 것이므로, 의원들뿐 아니라 상임위원회의 위원들도 위원회에 제기된 문제가 여전히 더욱 광범위하게 받아들여지고 있는 관점들을 요구한다고 믿을 때에는 관련당사자들에게 더욱 널리 알릴 것을 정당하게 요구할 수 있을 것이다. (의원들은 공지성이 자신들에게 정치적으로 유리하게 작용한다고 기대될 때, 자연스럽게 더 큰 공지성을 요구하는 경향이 있다. 그러나 그들의 동기 때문에 그들의 행동에 대한 유력한 근거들이 반드시 폐기되는 것은 아니다.)

감시위원회의 성원들이 그들이 감시하는 공직자들과 입장을 같이할 때, 감시과정은 너무 부드러워지고, 책임추궁의 문제는 사라진다. 수년 동안 (CIA 같은) 행정부 관리들은 (국방위원회와 세출위원회의 연합 소위원회 같은) 의회의 감시자들과 편안한 관계를 유지하고 있었다. 그러나 베트남 전쟁과 워터게이트 사건의 여파로 행정부 관리들에게 더욱 비판적인 시각을 갖게 된 의원들이 감시활동에서 더욱 큰 역할을 수행하기 시작했다. 그들은 더욱 강렬한 질문을 던지며 더욱 많은 정보를 요구했을 뿐 아니라, 그들이나 (때로는 그들의 보좌관들이) 그렇게 하여 얻어진 정보를 이따금 언론에 흘림으로써 일반인들에게 더욱 많은 정보를 공개했다. 행정부 관리들은 여러 위원회에서 정당하게 요구하는 정보를 제공하지 않음으로써 이에 대응했다.

CIA 국장 헤엄즈(Richard Helms)만큼 철두철미하게 정보제공을 거부한 사람은 거의 없다. 그는 칠레 CIA 요원들의 행동에 대해 두 개의 상임위원회에서 알고자 했음에도 불구하고 그에 대해 답변하기를 거부했다. 위원회에서 그가 "충실히, 그리고 남김 없이" 증언하지 못했던 것은 의원들은 그들이 알고자 했던 비밀을 일반시민들에게 누설할 것이라고 그가 믿었기 때문이었다.[45] 헤엄즈의 후임 국장들은 그럭저럭 법정에 서지 않을 수 있었지만 의회의 감시자들과 불편한 관계를 감수해야 했다. CIA 국장들이 비밀행동에 관한 중요한 정보를 숨기는 것은 아닌가 하고 의원들이 항상 의심했기 때문이다.

이렇듯 신뢰가 허물어진 데 대한 한 가지 대응책은 국가기밀을 유지하지 못한 의회를 비판하는 것이다. 그런데 공동의 가치에 관해 숙고하게 될 때, 일반적으로 우리는 보다 더 광범위한 공지성을 요구하는 내재적 경향을 갖고 있다. 따라서 이러한 대응책은 결과적으로 이렇듯 보다 더 광범위한 공지성을 추구하는 경향을 제한하는 한계를 정하려는 것이다. 첫번째 단계는 의회의 알 권리와 일반시민의 알 권리를 구분하는 것이다. 의회의 권리는 입법과정 및 행정과정에서 의회의 의무를 수행하기 위해 필요한 더 많은 정보를 가져야 할 '특별한 요구'에 근거한 것이라고 한다. 반면에 이와 유사한 시민들의 권리는 "대중이 정부를 통제하기 위해서는 공개성이 … 필요하다고 하는 보다 더 광범위한 요구"[46]에 근거하는 것이다. 비록 후자의 요구가 '보다 더 광범위'하지만 시민들이 의원들보다 더 좁은 범위의 정보에만 접하도록 하는 것은 당연하다는 것이다. 추정컨대 시민들이 그들의 대표자를 뽑기 위해서는 그들의 대표자들이 법을 제정하고 행정부를 감시하기 위해 알아야 하는 것만큼 많은 것을 알 필요가 없다는 것이다.

이러한 구분이 함축하는 것이 단지 의회는 사람들에게 일반적으로 유포되어서는 안되는 (기밀기록 같은) 정보를 받아 볼 수 있어야만 한다는 사실뿐이라면 그것은 충분히 수긍할 수 있는 일일 것이다. 그러나 이러한 구분은 일반적으로 그 이상을 함축하는 것으로 받아들여진다. 한 정치학자는 이러한 구분을 근거로 하여 상원의원 그래블(Mike Gravel)과 하원의원 델럼즈(Ron Dellums)가 일급비밀문서에서 발췌한 부분을 1972년의 의회기록에서 읽을 수 있도록 만들었다는 이유로 그들을 비난했다.[47] 1969년에 국가안보회의의 임원들이 닉슨(Nixon) 대통령을 위해 준비한 보고서는 베트남 전쟁 기간의 정책 선택에 관한 것이었다. 이 보고서의 유출이 국가안보를 위태롭게 했다는 증거는 없다. 오히려 보고서의 유출이 1970년대 초기의 외교정책에 관한 공론형성에 기여했다고 믿을 만한 이유는 있다.

기밀누설에 비판적인 사람들은 누설의 간접적인 결과에 공격을 집중하는 경우가 많다. 이 경우에는 행정부 요원들이 앞으로 의회에 그러한 정보를 더 적은 양만 제공하게 될 것이라는 위험이 그러한 간접적 결과라고 할 수 있겠다.[48] 그러나 이 경우에 간접적 결과에 근거한 논변을 이용하는 것에는 많은 문제가 있다. 그러한 논변은 일부 공직자들이 올바른 행동을 한 결과로 다른 공직자들이 잘못을 범하게 되었다면, 그 일부 공직자들은 그런 일만 없었으면 올바르다고 믿었을 행동을 하지 말았어야 한다고 하는 그러한 원칙에 근거하고 있다. 이러한 원칙은, 일부 공직자들은 불가피하게 잘못을 범한다는 불완전한 조건하에서 일반화될 경우, 크나큰 해악을 초래한다. 선의의 공직자들이 악의를 지닌 그들의 동료들을 도발하지 않기 위해 신중히 행동하게 되면, 복지부동의 폐해가 생겨날 것이다.[49] 제출해야 할 정보를 제출하도록 악한 공직자들을 설득하거나 강제할 수 있을 때까지 위와 같은 논변은 기껏해야 일시적으로 비밀을 유지할 이유가 될 수 있을 뿐이다.

더러운 결정의 목적

다른 형태의 문책처럼 결정을 대신해 줄 사람을 두는 방법도 더러운 손을 민주적으로 만드는 데 일조한다. 일반적인 경우보다 더욱 강하게 해석할 경우, 세 가지 형태의 [검토방법]은 손을 더럽히는 결정을 내리는 과정에서, 비록 거기에 영향을 미치지는 못한다 해도, 시민들에게 그에 관한 약간의 지식을 제공한다. 소급검토는 비밀유지 기간을 제한함으로써 강화될 수 있다. 일반화는 특정한 종류의 행위를 금지함으로써 제고될 수 있다. 원칙에 관한 주요한 불일치가 발생했을 때에 입법의원들이 그 문제에 대해 숙고하는 공중의 범위를 확장시키도록 하면 대의제는 더 잘 운영될 수 있다.

그러나 이러한 형태의 문책들 중에서 어느 것도 은밀하게 손을 더럽히는 모든 부류의 결정사항을 포괄할 수는 없다. 그래서 이런 식으로는 포괄되지 않는 부분에 더러운 손이라는 전통적인 문제가 계속 남게 되는 것이다. 손을 더럽히는 결정을 내리는 과정에서 공직자들이 관습적인 도덕규칙을 어길 때에 그들은 그들 자신의 뜻에 따라 행동하는 것이다. 그들은 시민들과 공유한다는 의미에서 민주적인 더러운 손을 갖지 않는다. 그들은 모두가 자신의 것인 이중으로 더러운 손을 갖는다. 결정 자체가 이미 잘못을 포함하고 있고, 민주적 정당성 없이 결정을 내리는 것은 더욱 더 잘못된 것이다.

우리가 더러운 손의 역설을 받아들인다면 첫번째 잘못은 불가피한 것이다. 그러나 두번째 잘못에 대해서는 어떤가? 결정을 내린 사람에 대해서 책임을 물을 수 있을 정도로 시민들이 결정된 내용을 충분히 알지 못하는 경우에는 아예 손을 더럽히는 결정을 내릴 수 없도록 한다면 두번째 잘못도 제거될 수 있을 것이다. 그러한 금지조치는 정부에 큰 영향을 미쳐서, (위에서 이미 암시된 것처럼) 특히 대외업무에서 공직자들이 안이하게 수용하고 있는 많은 잘못된 관행들을 막아줄 것이다.

관행들이 빚어내는 결과가 과연 정당화될 수 있는 것인지를 결정하기 위해서는 각각의 관행 모두에 대한 세밀한 조사가 필요하다. 그러한 조사는 다양한 유형의 결정에서 국가안보나 다른 중요한 목적에 대비하여 민주적 절차를 유지하는 것이 상대적으로 가치 있는 것인지를 알아보는 것이다. 시민들이 이러한 조사에 참여해서 공직자들이 미래에 손익계산을 해볼 방법을 결정해 주는 기준을 미리 세워둔다면 시민들은 정부가 민주적으로 통제되고 있다는 사실을 재확인할 수 있을 것이다. 그러나 이러한 노력은 모든 다른 형태의 문책(특히 이러한 노력이 의존해야만 하는 일반성)에 동일하게 해당되는 한계로 인해 어려움을 겪는다.

민주적 절차를 유지하는 것과 다른 목적을 충족시키는 것 사이의 선택은 일반적으로 제시되는 것보다 더 힘겨운 작업이다. 민주적 문책을 위한 최소한의 기준조차도 만족시키지 못하는 결정을 계속한다는 것은 단순히 안보나 민주주의에 우선하는 다른 가치를 선택하는 것이 아니다. 그것은 많은 중요한 예에서 민주사회로서 어떤 결정을 내리는 것을 아예 포기하는 것이다. 이러한 결론이 올바른 것이라면 현대정부에 만연하고 있는 유용한 많은 비밀스러운 관행을 포기하는 것과 같은 과감한 조치가 더욱 시급히 요구된다 하겠다.

그러나 이러한 조치가 아무리 바람직해 보인다 해도 그것들은 몇몇 중요한 항목들에서 우리의 손이 미치는 범위를 벗어나 있다. 공직자들이 민주적 정당성 없이 그들의 손을 더럽힐 것이라는 사실을 막연히 수용해야만 할 수도 있다. 이러한 식으로 더러운 손의 문제를 안고 살아갈 수밖에 없다는 사실과 그것이 함축하는 바는 핵억지 정책 — 불가피하고 비민주적으로 더러운 손의 극단적인, 그러나 가장 의미있는 사례 — 에서 가장 잘 나타난다. 그러한 더러움은 결정 그 자체에 고착되어 있는 것일 뿐 아니라 그러한 정책을 포함하는 일련의 결정들에도 널리 퍼져 있는 것이다.

민주적 핵억지

핵억지 정책에서 더러운 손의 문제는 역설의 형태를 취하고 있다. 그러나 일반적으로 가정되고 있는 형태의 역설은 아니다. 표준적인 형태의 역설은 "실효성 있는 조건부 의도, 즉 핵공격이 있으면 그에 보복하겠다는 생각은 잘못된 것이면서 올바르기도 하다"는 명제에 표현되어 있다.[50] 그러한 의도가 잘못된 것처럼 보이는 것은 그러한 의도는 무고한 사람들을 죽이겠다고 위협하는 것이기 때문이다. 반면에 그러한 의도가 또한 올바른 것처럼 보이는 이유는 그것이 그러한 위협의 실행을 막는 데에 도움이 되기 때문이다. 어떤 이들은 역설을 회피하기 위해서 그러한 의도가 잘 못되었다는 것을 부정한다. (핵전쟁이 도덕적으로 받아들일 만한 것이라는 주장을 함축) 다른 이들은 그러한 의도가 올바르다는 것을 부정한다. (핵억지는, 그것이 아무리 효과적이라고 하더라도, 도덕적으로 수용할 수 없는 것이라는 주장을 함축) 미국 카톨릭 주교 회의의 교서에서는 잠정적으로 핵억지를 수용함으로써 역설과 더불어 살아가는 방도를 모색하고 있다. 단, 우리가 장래에는 그러한 방도가 필요하지 않도록 양심적인 노력을 경주한다는 조건하에서 말이다.[51]

실제 정책에서는 역설이 일어나지 않는다고 주장하는 사람도 있다. 한 철학자는 실제로 역설은 "완전히 위조된 것"일 뿐이라고 주장한다.[52] 순전히 보복적인 일제공격을 의도하는 것이 정당화되지는 않지만, 일제공격이 전후(戰後) 세계를 적이 통제할 수 있도록 해주는 무기나 자원을 파괴하는 것과 같은 유용한 목적을 달성하기 위한 것이라면, 그러한 보복적 반격을 의도하는 것은 정당화된다는 것이다.[53] 우리가 핵억지 작업을 수행하기 위해 필요로 하는 것은 후자의 의도뿐이다. 핵전쟁의 혼돈 속에서는 공격에 대응하여 우리가 무엇을 할지, 심지어는 공격에 대한 대응에 있어서 지금 우리가 무엇을 하고 있는지조차 우리는 물론 우리의 적도 알 수 없다. 이렇듯 "현존하는 불확실성"이 최초의 공격이 일어나지 않게 해주는 최선의 보호막이라는 것이다.[54] 그것은 또한 도덕적 역설을 해소해 주는 것으로 추정된다. 전쟁을 막기 위해서는 우리가 오직 도덕적으로 정당화 가능한 것만 의도할 필요가 있는 것이다.

그러나 비록 이러한 접근방식이 핵억지를 위해 필요한 것이 무엇인지를 올바르게 드러내준다고 해도 그것이 도덕적 문제를 해결하는 것은 아니다.[55] 핵억지를 통해 표출되는 위협은 단순히 그렇게 위협하는 것 자체가 도덕적으로 받아들일 수 없는 위험한 상황을 만들어내기 때문에 잘못된 것일 수 있다.[56] 어떤 점에서는 위협 자체가 만들어내는 위험이 그것이 줄이고자 하는 위험만큼 심각한 것이 된다. 이러한 두 가지 위험을 평가하기 위해서 우리는 공격에 대한 대응으로 우리가 그러한 위협을 실행하게 될 가능성뿐 아니라 그러한 위협을 실행함에 있어서 우리가 위협했던 것 이상으로 행동하게 될 가능성까지 고려해야 한다. 우리는 또한 처음에 의도했던 것과 다른 이유에서, 아니면 아무런 이유도 없이 우리의 미사일을 발사할지도 모른다는 위험도 고려해야 하는 것이다.

이러한 위험들을 도덕적으로 적절히 평가하기 위해서는 제도적 맥락을 이해해야 한다. 핵억지에 대한 토론의 여러 틀을 구성해 주는 듯이 보이는 유비— 다른 사람에 대한 개인적 위협— 는 설령 여기에서의 개인을 국가로 이해한다고 해도 잘못된 유비이다. 위협은 한 가지 목표만을 추구하는 행위자의 고립적 결정이 아니라 조직적인 구조가 지원하는 지속적인 정책이라는 사실은 핵억지를 더러운 손의 문제로 만드는 데에 두 가지 방식으로 작용한다. 조직적 구조는 위협 자체에 내재하는 잘못에 영향을 미친다. 그리고 그렇게 함으로써 위협을 판정하는 절차에서 잘못이 발생되게 한다.

위협이 이루어지는 구조— 인사체계, 조직체계, 무기체계, 그리고 그것을 뒷받침하는 전략적 계획— 는 위협의 위험성에 대한 우리의 평가에 상당한 영향을 미친다. 미국의 핵계획은 "집단공격이라는 선택지"를 포함하고 있는데 이는 핵억지 정책을 옹호하는 사람들조차 실제로 행하는 것은 잘못된 것이라는 점에 동의하는 사항이다. 그러한 위협을 정당화하려고 하는 사람들은 미국의 핵계획으로부터 그러한 의도가 추론되지 않는다는 점을 지적한다.[57] 그들은 그러한 계획을 갖는 것이 핵억지라는 목적에 기여할 것이라고 주장하며 실제로 그들의 주장은 나름대로 근거 있는 것이라고 할 수도 있겠다. 그러나 그러한 계획을 갖는 것은 그러한 계획을 실행할 기회도 증가시킬 수 있다. 계획을 갖는다는 것은 그것을 실행할 제도를 갖는다는 것을 의미하는 것이다.[58]

조직적 구조하에서는 핵억지의 신뢰도를 유지하기 위해서 핵억지의 옹호자들이 의존하는 바로 그 불확실성이 핵에 대한 통제를 위태롭게 하는 경향이 있다. 그러한 불확실성은 (유연성 있는 대응, 또는 핵반격처럼) 전략의 범위를 더욱 제한하고 그러한 범위 안에 선택지를 둠으로써 전면적 핵전쟁으로 발전할 가능성을 축소시킬 수 있다는 우리의 확신에 다소 반하는 것이다. 예를 들면, 명령과 통제제도의 취약성이 "어떤 심각한 위기가 발생했을 때에 미군의 계획체계 내에서 전면적인 전략을 수행하게 할 강력한 유발요인을" 제공할 수도 있는 것이다.[59]

이러한 고려사항들이 핵억지 전략에서 구체화되는 위협이 도덕적으로 잘못되었다는 것을 입증해 주지는 않는다. 그러나 이러한 고려사항들은 핵억지 전략이 올바르다는 주장을 의심하게 만들고, 두번째 잘못 — 핵억지의 민주적 부당성 — 을 확증하기에는 그러한 의심만으로도 충분한 것이다. 위협 자체에 존재하는 잘못이 정당화되는지를 결정하기 위해서는 시민들이 그러한 정책의 위험성을 평가해야 할 것이고, 따라서 그러한 정책을 뒷받침해 주는 제도적인 구조에 관해서 알 필요가 있다. 시민들에게는 지속적으로 아주 구체적인 지식 — 그들이 고안한 제도와 전략의 범위 내에서 활동하는 사람들에 관한 정보를 포함하는 지식 — 이 필요할 것이다. 국가의 명령구조와 무기체계가 집단공격이라는 선택지를 어느 정도나 선호하는가? 핵심적인 결정을 내리는 사람들은 우리의 군대가 얼마만큼 취약하다고 실제로 느끼고 있는가? 명령과 통제시설은 공격을 어느 정도로 뒷받침할 수 있는가? 위협에서 발생하는 다양한 위험(돌발적 사고, 실수, 부대적인 문제의 발생)을 평가하기 위해서는 이처럼 세부적인 다른 질문들에 대한 대답이 필요한 것이다.

그러나 시민들이 그러한 지식을 얻게 된다면, 적들도 그러한 지식을 얻게 될 것이고, 결국 억지효과가 감소될 수 있다. 최초의 핵공격을 막을 정도의 억지 효과가 남게 된다면 그것으로 충분할지도 모르겠다. 그러나 아마도 그러한 억지효과는 한발 한발 핵전쟁으로 이끌어갈 수 있는 보다 더 제한적인 행위들을 억제하기에는 부적절한 것이다. 그래서 포괄적 불확실성에 의해 핵위협을 전략적으로 믿을 만하고 도덕적으로 받아들일 만한 것으로 만들기 위해서는 우리가 관련집단에 따라 불확실성의 정도를 달리 해야 하는 것이다. 즉, 정치, 군사 지도자들이 알고 있는 것을 시민들은 알 수 없게 하는 것이다. 공직자들은 핵정책에 관한 결정적인 정보를 누설하지 말아야 할 뿐 아니라 핵억지의 성패를 가늠하는 것, 즉 불확실성을 유지하기 위해서는 핵정책에 관해서 시민들을 속일 필요가 있다. 관례적인 군사정책이 또한 민주적 절차와 갈등할 수도 있다. 그러나 그러한 갈등이 도저히 처리할 수 없는 것만은 아니다. 관례적인 정책의 효과는 전쟁 중에 뿐 아니라 평화시에도 드러난다. 반면에 시민들에 의해 새로이 수립된 정책의 영향은 효과가 나타나기까지 더욱 많은 시간이 걸린다. 핵정책의 딜레마가 더욱 격화되는 것은 시민들은 핵정책이 (명백하게) 성공하는 장면만을 보기 때문이다.

우리가 알 수 없는 문제들에 대해 결정을 내려주도록 그러한 문제들에 대한 결정권을 위임한 사람을 지도자로 선택한다고 해도 이러한 딜레마는 피할 수 없다. 우선 우리는 선출된 공직자들이 핵정책을 입안하고 집행하는 제도적 장치들을 완전히 통제하고 있다고 확신할 수 없다. 둘째, 핵억지가 이루어지기 위해서는 잠재적인 적들이 우리의 지도자들을, 핵보복 명령을 내릴 수 있는 부류의 사람으로 보게 하거나, 적어도 우리의 지도자들이 핵보복을 명령할 사람들인지, 아닌지를 확신하지 못하게 해야만 한다. 적들이 이러한 본질적인 점에서 우리 지도자들의 특성에 무지해야 한다면, 우리도 그래야만 한다. 우리가 시민으로서 핵억지 정책의 도덕성이나, 그러한 정책을 대행하도록 한 사람들의 도덕성이라도 판단하기 위해서 우리가 알아야 할 것들을 알 수 없게 되는 것이다.

이렇게 하여 더러운 손의 역설은 민주적 절차를 함축하는 개조된 형태로 우리에게 다시 되돌아온다. 핵보복의 위협이 도덕적으로 받아들일 수 있는 것인지를 시민들이 판정할 수 있게 된다면 그러한 위협의 불확실성이 감소하기 때문에 위협의 효과도 감소하게 된다. 그러나 시민들이 그러한 위협을 판정할 수 없게 되면 그러한 위협은 정당화하기 어렵게 될 것이므로 받아들이기 어려운 것이 되고 만다.

그러한 역설이 핵정책 수립과정에서 함축하고 있는 바가 시민들은 지금 그들이 행사하고 있는 영향력보다 더 적은 영향력을 행사하게 되어야 한다는 것은 아니다. 반대로 핵정책의 성공 여부는 핵정책을 민주적으로 통제하는 것이 얼마나 가치 있는 일인가를 시민들이 인식하고 있는지 여부에 부분적으로 의존하고 있다. 전략 선택을 포함한 핵정책의 많은 측면들이 핵억지 체계를 약화시키지 않으면서도 공적인 토론의 주제가 될 수 있다.[60] 최근 몇 년 동안 시민들은 핵문제에 큰 관심을 보이기 시작했다. 그리고 핵정책을 수립하는 데에 큰 역할을 할 수 있었다. 시민들이 더욱 많이 참여하게 되면, 핵정책 수립 및 그러한 수립이 이루어지는 제도를 현재 지배하고 있는 엘리트들의 태도도 상당히 변화할 것이다. 그러한 변화는 바람직한 것일 것이며 예전보다 오늘날 더욱 현실성 있는 것이 되고 있다.[61]

시민들이 핵정책에 더욱 큰 영향력을 행사하는 한, 시민들은 핵정책을 포함하여 손을 더럽히는 결정들에 더욱 많은 발언권을 가질 수 있을 것이다. 그리고 이렇듯 시민들의 발언권이 확장됨에 따라 더러운 손들은 점점 더 민주적으로 변해갈 것이다. 그러나 핵억지 효과 자체가 본래 공중의 참여에 한계를 두는 것이기 때문에 더러운 손은 결코 완전히, 충분히 민주적일 수 없다. 앞에서 말했던 원칙—손을 더럽히는 정책이 정당화될 수 없다면, 채택되지 말아야 한다—에 호소하고 싶어지는 것도 바로 이런 이유에서이다. 그렇게 되면 우리는 우리가 사전에 민주적 정당성을 배제해 버리는 다른 종류의 정책들 중의 몇몇처럼 핵억지도 포기되어야만 한다는 결론을 내리게 될 것이다.

핵억지의 폐지가 하나의 목표로서 아무리 바람직하다고 해도 한 국가나, 아니면 불과 몇몇 국가가 그러한 목적을 조만간에 달성하려는 것은 핵억지 정책의 지속에서 비롯되는 위험보다 더 심각한 위험을 초래할 수 있다. 우리가 핵억지와 그것이 표출하는 공포스러운 도덕적 긴장을 안고 살아가는 법을 배워야 한다는 것만이 결론일 수밖에 없는가? 물론 그 목적을 양심적으로 추구하는 "조건부적인 것"으로 핵억지를 규정함으로써 우리가 핵억지를 수용해도 아무 문제가 없게 만들어버릴 수도 있다.[62] 그러나 핵억지 관행에 내재해 있는 민주적인 더러운 손의 본성을 인식한다는 것은 더 강한 결론을 시사한다. 그러한 인식은 핵억지 체계를 유지해 온 국가들 간의 관계에서 도덕적·정치적 부담의 균형을 이동시킬 수도 있다.

시민들이 방위전략을 평가하는 데 필요한 지식을 가질 수 없는 한, 효과적으로 핵을 억지하기 위해서 민주주의 체제는 비민주주의 체제가 치르지 않아도 되는 대가를 치러야 한다. 이러한 형태로 더러운 손의 문제가 발생하는 것은 오직 민주주의 체제에서뿐이다. 이러한 비대칭성은 아직 충분히 인식되지 않은 함축을 지닌다. 민주주의가 핵억지에 의해 잃을 것이 더 많다면 핵억지에 대한 의존성을 축소함으로써 더 많은 것을 얻을 것이다. (또한 핵억지의 필요성을 제거함으로써 민주주의는 더 많은 것을 얻을 것이다. 단, 그것이 가능하다면 말이다.) 이는 민주주의가 이른바 "국제적 차원에서의 핵무장해제" [63]를 향해 최초의 한 걸음, 또는 최초의 몇 걸음을 기꺼이 내딛을 것이라는 사실을 함축한다. 민주주의는 핵무기고를 전쟁수행의 광범위한 목적에 봉사하도록 하기보다는 다른 나라에서 핵무기를 사용하지 못하도록 하는 제한된 목적에 봉사하도록 하는 구조로 만들 보다 더 중대한 이유를 갖고 있다. 다른 나라에서 그 정치적 영향력을 유지하기 위해 민주주의 체제는 '확장된' 핵억지 정책을 취하는 과정에서 더욱 주의해야 한다는 것이 더러운 손의 문제의 또 다른 함축이다.

핵억지에 대한 의존도를 축소해야 할 이유들 중에서 민주주의와 관련된 이유는 모든 국가가 공유하는 생존의 이유와 비교해 볼 때, 그렇게 중요한 것인 듯이 보이지 않는다. 핵전쟁의 위험을 감소시키는 것은 물론 어떤 국가에게나 핵억지 정책을 시행할 충분한 이유가 된다. 그러나 민주주의와 관련된 이유는 중요하면서도 특징적인 역할을 한다. 첫째, 그것은 민주주의가 치러야 하는 대가, 즉 민주적인 핵억지 전략이 아무리 제한적이거나 성공적이어도 그것이 민주주의에 초래하는 손실을 드러내준다. 민주적 절차에 가해지는 손상은 단순히 하나의 위험이 아니다. 그것은 계속적이고 실제적인 위험인 것이다. 둘째, 핵억지 정책에 대한 의존도를 약화시켜야 할 이유들 중에서 민주주의에 관련된 이유는 중

대한 의미에서 핵정책을 채택할 어떤 다른 이유에도 선행하는 것이다. 민주주의에 관련된 이유는 정책수립의 과정에서 다른 것과 비교하여 가감될 수 있는 단지 또 다른 대가에 불과한 것이 아니다. 그것은 그러한 비교를 가능하게 하는 사회 자체가 성립 불가능하게 만들어버리는 것이다. 핵억지가 민주주의를 위축시킬 때, 시민들은 그들이 감수하며 살아가야 하는 다양한 형태의 핵억지에서 비롯되는 치명적인 위험과, 핵억지에의 의존도를 축소시키기 위해 정부가 취하는 다양한 조치들 사이의 비중을 적절히 평가할 수 없는 것이다.

민주주의가 핵억지를 강조하지 말아야 할 이유를 하나 더 갖는다는 사실은 민주주의가 비핵화(denuclearization) 정책의 추구에 더 적극적이어야 한다는 것을 시사한다. 그러나 그것이 물론 적에게 굴복하거나 민주주의 동맹국들을 포기해야 한다는 것을 함축하는 것은 아니다. 비대칭성에서 비롯되는 논변들의 암묵적인 전제들 중의 하나는 민주주의 자체가 유지할 만한 가치가 있는 중요한 도덕적 가치라는 사실이다. 그럼에도 불구하고 구체적인 상황에서 비대칭성의 논변이 함축하는 것은 민주주의 국가가 무기 통제에 관한 협상에서 더 큰 승산을 갖도록, 아마도 심지어는 무기 축소에서 일방적인 걸음을 내딛도록 고무해 줄 수 있는 방식으로 위험의 균형을 이동시킬 수 있다는 것이다.

이러한 함축에 따라 행동하는 것이 실제 협상에서 실질적으로 많은 영향을 미치는지는 예견하기 어려운 사회적 · 정치적 발전에 달려 있다. 호혜적인 동의를 이끌어내기 위해서 민주주의 국가의 협상자들은 협상에서 민주국가들이 얻을 것이 더 많다고 스스로가 믿고 있다는 사실을 그들의 적에게 숨겨야만 할 수도 있다. 그러나 위험의 균형에서 이러한 이동이 함축하는 것은 도덕적 역설에 집중하는 것만으로는 파악할 수 없는 핵억지에 대한 전망이다.

민주적 절차에 미치는 영향 때문에 핵억지는 — 심지어 그러한 정책이 취해지고 있는 동안에도 — 민주주의자들에게 특별히 유해한 것으로 보여야 한다. 핵억지는 민주적이지 않은 것이다.

핵억지 정책은 더러운 손의 문제가 민주적 절차에 발생시키는 일반적 딜레마를 가장 날카로운 형태로 예시하는 것이다. 우리는 단순히 더러운 손의 문제에 직면하는 것이 아니라 민주적인 더러운 손의 문제에 직면하는 것이다. 공직자들이 올바르게 행위하기 위해서 잘못을 범할 때, 그들은 작지만 의미있는 부류의 결정들에 대해서 시민들의 동의 없이 행동한다. 공직자들은 그러한 결정들이 그 목적을 확실히 달성할 수 있게 하기 위해 시민들을 기만할 수도 있다. 시민들이 공청회 등을 통해서 그러한 결정에 대해 토론할 수 없다면 도덕적으로 올바른 목적을 달성하기 위해 도덕적으로 잘못된 수단이 필요하다고 결정하는 과정에서 공직자들이 손을 더럽히는 결정을 했는지, 아니면 단지 더러운 결정을 했는지는 알 수 없게 된다.

정치학에서 은폐라는 악덕 — 기만, 비밀, 조작 등 — 은 가장 음험한 것이다. 그것은 우리가 정부의 (폭력이라는 악덕을 포함한) 다른 잘못들에 대해서 집단적인 판단을 하지 못하도록 한다. 그것은 도덕적 목적을 추구하기 위해서 부도덕한 수단을 사용하는 공직자들에 대해 판단을 내리는 것을 방해한다. 그것은 심지어 우리가 이러한 판단을 할 수 없다는 사실들조차 때때로 알 수 없게 한다. 손을 더럽히는 결정에 판정을 내릴 수 있는지, 즉 적어도 민주적 권위를 주장하면서 판정을 내릴 수 있는지는 어떤 한 면에서라도 깨끗한 결정을 내릴 수 있는지에 달려 있다. 그리고 이렇듯 한 면에서라도 깨끗한 결정들이 결과하는 잘못은 문책 가능성을 사전에 배제해 버릴 은폐라는 항목을 포함할 수 없는 것이다.

민주적 차원의 더러운 손의 문제를 이해하기 위해서는 문제를 해결할 수 있는 형태로 조금 더 변형시킬 필요가 있다. 그것이 더러운 손의 역설을 믿고 있는 많은 사람들이 긍정하는 관점, 즉 정치도덕은 원래 부정합적이라는 관점을 강화하는 쪽으로 작용하는 것만은 아니다. 두 개의 양립 불가능한 도덕 사이에 사로잡혀 있는 정치가의 초상, 즉 마키아벨리적 초상은 현대의 공직자들이 직면하는 딜레마들 중의 일부를 그리고 있을 뿐이다. 그러나 그것이 민주주의자가 보일 수 있는 반응의 전 목록을 보여주는 것은 아니다. 민주시민들은 민주주의 시대의 군주들에게 책임지는 방법을 가르쳐야 하는 것이다.

민주시민들은 우선 공적으로 정당화될 수 없는 결정 — 심지어는 공직자들이 정당화되는 것으로 간주하는 결정들까지 포함하는 결정 — 은 내리지 못하게 하려고 해야 한다. 제거될 수 없는 그러한 결정들에 대해서는 시민들이 책임을 묻는 장치를 강화하고자 해야 한다. 비록 그러한 노력이 더러운 손의 문제를 완전히 해결할 수는 없다는 사실을 시민들이 알고 있다고 해도 말이다. 부분적으로는 민주적인 더러운 손이 단지 더럽기만한 손보다는 나쁘지 않은 것이다.

[원 주]

1) Jean-Paul Sartre, *Dirty Hand*, in *No Exit and Three Other Plays*, trans. Lionel Abel (New York : Vintage, 1960), p.224.

2) Niccolò Machiavelli, *The Prince*, trans. Robert Adams (New York : Norton, 1977), Chap.15, p.45.

3) Niccolò Machiavelli, *The Discourses*, in *The Prince and The Discourses*, trans. Christian Detmold (New York : Random House, 1950), bk. I, chap.9, p.139. 또한 bk. I, chap.26, p.184를 보라.

4) 도덕체계에서의 갈등 가능성에 대한 더욱 일반적인 — 단지 정치도덕에 한정되지 않은 — 논의에 대해서는 Alan Donagan, "Consistency in Rationalist Moral Systems," *Journal of Philosophy*, 81 (June 1984), pp.291~309와 Ruth Marcus, "Moral Dilemmas and Consistency," *Journal of Philosophy*, 77 (March 1980), pp.121~136을 보라.

5) *The Prince*, chap.8, p.27

6) *The Prince*, chap.15, p.44

7) Michael Walzer, "Political Action : The Problem of Dirty Hands," *Philosophy and Public Affairs*, 2 (Winter 1973), p.161. 이 문제에 대한 다른 자료들로는 Stuart Hampshire, "Public and Private Morality," in *Public and Private Morality*, ed. Stuart Hampshire et al. (Cambridge : Cambridge University Press, 1978), pp.23~54 ; Bernard Williams, "Politics and Moral Character," in Hampshire, pp.55~74 ; Thomas Nagel, "Ruthlessness in Public Life," in Hampshire, pp.75~92 그리고 Stanley Benn, "Private and Public Morality : Clean Living and Dirty Hands," in *Public and Private in Social Life*, ed. S. I. Benn and G. F. Gauss (New York : St. Martin's, 1983), pp.155~181, 그리고 W. Kenneth Howard, "Must Public Hands be Dirty?" *Journal of Value Inquiry*, 11 (Spring 1977), pp.29~40 등이 있다.

8) 이러한 대조에 대한 더욱 정확한 진술들을 위해서는 Samuel Scheffler, *The Rejection of Consequentialism* (Oxford : Clarendon Press, 1984), pp.1~13과 Thomas Nagel, *The View from Nowhere* (New York :Oxford University Press, 1986), pp.164~188을 보라. 양자 모두 이러한 대조에 대해 균형 있고, 어떤 점에서는, 유사한 분석을 하고 있지만 셰플러

는 얼마간 결과주의에, 네이글은 얼마간 의무론에 공감하고 있다.

9) Walzer, p.162.

10) Ibid., p.171.

11) Ibid., pp.177~178.

12) 도너건은 비록 두번째 접근법에 더 큰 비중을 두고 있지만 두 가지 접근법을 모두 제안하고 있다. *The Theory of Morality* (Chicago : University of Chicago Press, 1977), pp.180~189. 또한 골드먼의 Alan H. Goldman, *The Moral Foundations of Professional Ethics* (Totowa, N.J. : Rowman and Littlefield, 1980), pp.62~76에서의 논의를 보라.

13) Georg Wilhelm Hegel, *The Philosophy of World History*, trans. H. B. Nisbet (Cambridge : Cambridge University Press, 1975), pp.85~93.

14) Donagan, p.186, 189.

15) Ibid., p.186.

16) Ibid., pp.66~74.

17) 도너건은(p.184) 그러한 역설을 부정하는 데 대해서도 유사한 이유를 제시하고 있는 듯이 보인다. 비록 그러한 이유가 공통적인 도덕이나 의무론적인 원칙들에 따라서는 어떻게 생각될 수 있을 것인지를 설명하려고 하지는 않지만 말이다.

18) Walzer, pp.171~172.

19) 예를 들면 Henry Sidgwick의 *The Methods of Ethics* 7판 (London : Macmillan, 1907)의 p.413을 보라. 이러한 분리에 대해 최근에 비평한 사람으로는 Bernard Williams가 있다. *Utilitarianism : for and against*, ed. J. J. C. Smart and Bernard Williams (Cambridge : Cambridge University Press, 1973) pp.118~135와 Bernard Williams, *Ethics and the Limit of Philosophy* (Cambridge, Mass. : Harvard University Press, 1985), pp.101~102, 108~110을 보라. 이러한 문제에 대해 결과주의적 입장을 옹호하는 자료는 Scheffler, pp.43~53에서 찾을 수 있다.

20) Walzer, p.179.

21) Bernard Gwertzman, "Vance Resigns, 'Heavy Heart', Saying He Opposed Rescue Bid," *New York Times*, April 29, 1980, p.A1 그리고 William Safire, "Lying in State," *New York Times*, May 1, 1980, p.A31.

22) 도덕적 거리의 개념을 의미있는 것으로 만들려는 사려 깊은 시도는

Lawrence Becker의 "The Neglect of Virtue," *Ethics*, 85 (January 1975), pp.110~122에서 찾을 수 있다. 또한 Jonathan Glover의 *Causing Death and Saving Lives* (New York : Penguin, 1977), pp.286~297을 보라.

23) Bonnie Steinbock가 편집한 *Killing and Letting Die*(Englewood Cliffs, N.J. : Prentice-Hall, 1980)에 수록된 논문들을 보라.

24) Michael Walzer, *Just and Unjust Wars* (New York : Basic Books, 1977), p.324.

25) Bill Keller, "Essential, Thcy Say, but 'Repugnant'," *New York Times*, Jan. 20, 1986, p.A24.

26) 고위 공직자가 개인적으로 책임을 져야 하는 기준에 부합하면 그에게 잘못이 있는 것으로 생각한다고 해서 하위 공직자가 용서되어야 하는 것은 아니다. pp.47~64를 보라.

27) 비록 이러한 논변이 결과주의자들에 의해서 더욱 자연스럽게 이루어지기는 하지만, 이러한 논변은 비결과주의에 의해서도 가능하다. Williams의 "Politics and Moral Character," p.64를 보라.

28) David Halberstam, *The Best and the Brightest* (New York : Random House, 1972), pp.520~521. 또힌 William C. Westmoreland, *A Solder Reports* (Garden City, N.Y. : Doubleday, 1976), pp.115~116을 보라. (번디와 대담을 나눈 한 학자에 따르면) 번디 자신은 이러한 사건을 그런 식으로 기억하고 있지 않았다.

29) Westmoreland, pp.116~118.

30) Halberstam, p.521.

31) "정부에 재직하는 많은 공무원들처럼 번디도 일단 화약냄새를 조금 맡고 나자 장군정신병이 도졌다." (Westmoreland, p.146).

32) 예를 들면 전시에 공직자들을 재배치하고 수용하는 직무에 관한 보고서, *Personal Justice Denied* (Washington, D.C. : Government Printing Office, 1982)를 보라. 보다 더 일반적인 것으로는 Robert Amdur의 "Compensatory Justice : The Question of Costs," *Political Theory*, 7 (May 1979), pp.229~244를 보라.

33) 정상적인 경우라면 그러한 판단들은 가상적인 동의가 (얼마간) 보다 더 그럴듯하게 보이는 논변들, 즉 사회계약론에 대한 옹호 및 간섭주의에 대한 정당화를 목표로 하는 논변보다 더 경쟁력을 갖는다. 전

자에서 설정된 목적은 충분히 광범위한 것이고 그러한 목적에 대한 대안들은 그만큼 더 매력적이지 못한 것이어서 우리는 합리적인 사람이라면 누구나 그러한 목적을 수용할 것이라고 믿게 되는 경향이 있다. 후자에서 그 목적이 받아들일 만한 것인 듯이 보이는 이유는 그것이 특히 일반적으로 수용 가능한 목적뿐 아니라 간섭주의적 간섭에 종속되는 사람, 또는 그러한 계층의 사람들의 특정한 조건을 언급하고 있기 때문이다. 6장을 참조하라.

34) Graham Allison과 Lance Liebman, "Lying in Office," *Ethics and Politics*, ed. Amy Gutmann and Dennis Thompson (Chicago : Nelson Hall, 1984), pp.38~39. 또한 Graham Allison, *Essence of Decision : Explaining the Cuban Missile Crisis* (Boston : Little, Brown, 1971), pp.226~229.

35) 비록 몇 년 안에 그 협상에 관한 기본적인 사실들이 정부 밖의 많은 사람들에게 알려졌고 로버트 케네디의 「13일」을 주의 깊게 읽음으로써 추리될 수 있었지만 쿠바 위기 동안 결정에 참여했던 사람들이 그 사건을 공식적으로 최초로 언급한 진술은 「타임」지의 "쿠바 미사일 위기의 교훈"이라는 기사에서였다. *Time*, Sept. 27, 1982, pp.85~86.

36) 경찰의 비밀스러운 조사활동에 대해서는 일반적으로 Gary Marx, "The New Police Undercover Work," *Urban Life*, 8 (Jan. 1980), pp.399~446과 James Q. Wilson, "The Changing FBI — The Road to ABS-CAM", *Public Interest*, 59 (Spring 1980), pp.3~14, 그리고 Gerald Kaplan, ed., *ABSCAM Ethics : Moral and Ethical Issues in Deceptive Investigations* (Washington, D.C. : The Police Foundation, 1982)를 보라.

37) 조사의 정당성에 대한 균형 있는 평가를 위해서는 Sissela Bok의 *Secrecy* (New York : Pantheon, 1982), pp.265~280을 보라.

38) Cf. Andrew Altman and Steven Lee, "Legal Entrapment," *Philosophy and Public Affairs* (Winter 1983), pp.51~69.

39) Thomas Powers, *The Man Who Kept the Secrets : Richard Helms and the CIA* (New York : Pocket Books, 1981), pp.159~164, 189~200, 368~377.

40) Ibid., p.438.

41) 지금은 암살이 대통령령에 의해 금지되고 있다. (비록 허사가 되기는

했지만) CIA에서 그러한 방법을 사용하는 것을 규제하기 위해 제안되었던 바에 대한 논의를 살펴보기 위해서는 립먼의 다음과 같은 논문을 참조하라. Lance Liebman, "Legislating Morality," in *Public Duties : The Moral Obligation of Government Officials*, ed. Joel Fleishman et al. (Cambridge, Mass. : Harvard University Press, 1981), pp.260~261.

42) U.S. Senate Select Committee to Study Government Operations, *Alleged Assassination Plots Involving Foreign Leaders*, 94th Cong., 1st sess. (Washington, D.C. : Government Printing Office, 1975), pp. 195~215.

43) Immanuel Kant, *Eternal Peace*, ed. Carl J. Friedrich (New York : Modern Library, 1949), p.470. Cf. John Rawls, *A Theory of Justice* (Cambridge, Mass. : Harvard University Press, 1971), pp.133~134. 또한 John Stuart Mill, *Considerations on Representative Government, in Essays on Politics and Society*, ed. John Robson (Toronto : University of Toronto Press, 1977), 2:493, 432~433을 참조하라.

44) Mill, *Representative Government*, p.493.

45) Richard Helms와의 대담, Faculty Study Group on the Moral Obligations of Public Officials, Harvard University, March 8, 1978. 헤엄즈는 또한 CIA에 대한 서약에 의해서 자기를 옹호하고자 했다. 그리고 그는 그에게 그러한 질문들을 던진 위원회가 그러한 질문을 할 권한을 갖고 있는지에 대해 항의했다.

46) Arthur Maass, *Congress and the Common Good* (New York : Basic Books, 1983), pp.234~235.

47) Ibid., pp.240~242.

48) 마스는 동일한 곳에서 또한 그래블과 델럼즈가 사용했던 전략에도 반대하고 있다. 그래블과 델럼즈는 의회 전체가 그러한 정보를 공개할 것인지를 결정할 기회를 갖기 전에 일방적으로 행동했다. 비교적 짧은 시간 안에 의회가 공개하는 쪽으로 기울게 될 것이라고 그들이 믿을 이유를 가졌다면 그들은 그들의 동료들에 대한 책임을 고려하지 않았다는 이유에서 비판받을 수 있을 것이다. 그러나 사실 그들은 의회가 그렇게 행동할 것인지를 의심할 근거를 더 많이 갖고 있었던 것이다.

49) 물론 그러한 원칙도 몇몇 상황에서는 타당하다. 한 공직자가 올바른 행위를 한 결과로 인해 다른 공직자들이 잘못을 저질렀고, 그러한 잘

못이 무고한 사람들에게 더 큰 해를 가하지 않고도 예견 가능하며 피할 수 있는 것이었다면 그러한 잘못들에 대해서는 올바른 행위를 한 그 공직자도 (적어도 부분적으로) 책임을 져야 한다. 보건교육복지부 공직자들은 의회가 DIME에 참여했던 가족들에게 (부당하게도) 어떤 자금도 더 이상 제공하지 않을 것이라고 생각했고 그래서 의회에 그 가족들을 위한 자금을 더 이상 요구하지 않기로 했다. 논쟁의 여지는 있겠지만 보건교육복지부 공직자들의 이러한 행동은 그러한 원칙에 따른 것이라고 할 수 있다. 7장 말미를 참조하라.

50) 간단한 참고서적과 관련논문들을 찾아보기 위해서는 James P. Sternba 의 *The Ethics of War and Nuclear Deterrence* (Belmont, Calif. : Wadsworth, 1985)를 보라. 또한 Douglas MacLean, ed., *The Security Gamble : Deterrence Dilemmas in the Nuclear Age* (Totowa, N.J. : Rowman and Allanheld, 1984), Douglas P. Lackey, *Moral Principles and Nuclear Weapons* (Totowa, N.J. : Rowman and Allanheld, 1984), Walzer, *Just and Unjust Wars*, chap.17을 보라.

51) 주교의 편지(The Bishop's Letter, *Challenge of Peace : God's Promise and Our Response*)를 옹호하고 있는 글로는 J. Bryan Hehir 목사의 "Moral Issues in Deterrence Policy," *The Security Gamble*, pp.53~71 이 있고, 비판하는 글로는 George Sher, "The U.S. Bishop's Position on Nuclear Deterrence," pp.72~81이 있다. 주교의 편지가 수록되어 있는 문헌은 National Catholic Reporter, June 17, 1983, pp.5~28이다.

52) David Lewis, "Devil's Bargains and the Real World," in *The Security Gamble*, p.147. 루이스의 논변은 부분적으로 David Gauthier의 "Deterrence, Maximization, and Rationality," ibid., pp.100~122에 반대하는 것이고, 반면에 George Kavka의 "Some Paradoxes of Deterrence," *Journal of Philosophy*, 75 (1978), pp.285~302를 지지하는 것이다. *The Security Gamble*에 수록되어 있는 카프카의 기고문은— 루이스 또한 이를 인용하고 있다— 그 문제의 다른 측면들에 초점을 맞추고 있다.

53) Lewis, pp.149, 151.

54) 이제는 정책 입안가들뿐 아니라 많은 전략가들 또한 현존하는 핵억지 정책의 중요성을 강조하고 있다. Robert Jervis, *The Illogic of American Nuclear Strategy* (Ithaca : Cornell University Press, 1984), pp.

137~140, 155와 McGeorge Bundy, "Existential Deterrence and Its Consequences," *The Security Gamble*, pp.3~13을 보라.

55) 그런데 현존하는 핵억지 정책은 의미있는 도덕적 함축을 지니는 것이 분명하다. 그러한 정책은 상대자들의 힘이 균등하지 않은 경우에도 억지가 이루어질 수 있다는 것을 시사하므로 가령 무기경쟁을 부분적으로나마 억제할 수도 있다. 더욱 일반적으로는 그러한 정책이 완전한 핵무기 폐지에 이르게 하는 움직임들을 지지하기도 할 것이다. 이 책에서도 언급하고 있는 것처럼 핵폐지는 도덕적 문제에 대한 현실성 있는 한 가지 대응책이라고 할 수 있다.

56) Cf. Lackey : "핵심적인 문제는 핵에 의한 위협이 도덕적으로 허용 가능한 '문지방 수준'을 넘어서까지 행해질 가능성을 높이는 것인가 하는 것이다." (p.176) 래키가 자신이 염두에 두고 있는 문지방 수준을 정확히 규정하고 있는 것은 아니다. 그러나 그가 미국의 핵계획이 그러한 수준을 넘어선다고 생각하고 있는 것은 분명하다.

57) Lewis, p.152.

58) 상호보장된 파괴가 명백한 위협이 아닐 수도 있다. 그러나 전략가들이 시사하는 것처럼 그러한 위협이 "사실상 정책과 무관하게" 존재한다면 (Jervis, pp.146, 150) 그것 역시 도덕적으로 잘못된 것이다.

59) John Steinbrunner, "Nuclear Decapitation," *Foreign Policy*, 45 (1981 ~82), pp.21~23.

60) H. A. Feiveson, "Can We Decide about Nuclear Weapons?," *Dissent* (Spring 1982), pp.183~194를 보라.

61) Robert Dahl, *Controlling Nuclear Weapons : Democracy versus Guardianship* (Syracuse, N.Y. : Syracuse University Press, 1985), pp.69~89를 보라.

62) *The Challenge of Peace*, pp.17~19.

63) Richard H. Ullman, "Denuclearizing International Politics," *Ethics* 95 (April 1985), pp.567~588. 또한 Joseph Nye, Jr., *Nuclear Ethics* (New York : Free Press, 1986), pp.120~131을 보라.

제 2 장
여러 손과 도덕적 책임

홀로 고뇌하며 도덕적 선택을 하고, 역시 홀로 그것을 실행하는 고독한 인물, 그것이 바로 공직자들의 도덕적 딜레마에 관한 논의들이 그리고 있는 공직자의 초상이다.[1] 그러나 그것은 정치적으로 매우 의미있는 한 측면을 사상해 버리고 있는, 그래서 정치윤리학의 중요한 문제 —여러 손의 문제(the problem of many hands) — 를 모호한 것으로 만들어버리는 그림이다. 정부가 결정을 내리고 정책을 수립하는 데에는 많은 공직자들이 다양한 방식으로 관여했기 때문에, 그러한 정치적 결과에 책임을 져야 할 사람이 누구인지를 가려내는 것은 원리적으로 어려운 일이다. 설령 한 정책이 도덕적으로 잘못된 것이라는 결정을 우리가 내릴 수 있다 해도, 그러한 정책을 수립한 사람이 누구라고 확정하기는 어려울 수도 있는 것이다.

필자가 1장에서 제안했던 것은 시민들이 특정한 종류의 정책들에 대해서는 그 내용이 무엇인지를 알 수 없기 때문에 민주주의에서도 더러운 손의 문제가 발생한다는 것이었다. 책임을 물을 수 있는 가능성을 애초부터 배제하는 것이 바로 그러한 정책들의 본성이다. 정책결정에 다수가 개입되어 있는 경우에도 민주주의와 관련된 문제가 발생한다. 그러한 경우에는 정책의 본성상 문책이 어려운 것이다. 어떤 정책의 해명을 요구하기 위해서 시민들이 공직자를 찾을 때, 그러한 정책을 단독으로 수립한 사람을 발견할 수 있는 경우는 매우 드물다. 그러한 정책을 보증해 주거나 그것으로 인해 비난받아 마땅한 정도로 그러한 집단적 정책의 산출에 관여한 사람을 시민들이 발견할 수 없는 경우도 종종 있다.

이 장(章)에서는 정치학에서 책임을 귀속시키는 전통적인 방식 — 위계적·집단적 모델이 대표적이다 — 이 여러 손의 문제에 대한 대응책으로는 만족스럽지 못하다는 점과, 나의 분석이 타당하다면 공직자들에게 이러한 모델들이 함축하는 것보다 더 많은 경우에 개인적인 책임이 부과될 수 있다는 것을 보이고자 한다. 여기에서 받아들이고 있는 개인적 책임의 기준은 광범위한 도덕이론들에 공통적인 것이다. 이러한 기준은, 그것이 부지중에 행한 것이거나 강압에 의해 행한 것이 아닌 한, 그러한 결과를 야기한 사람이 결과에 대해 책임을 진다고 보는 것이다. 이러한 기준에 따르면 법에서처럼 잘못의 정도가 그에 비례하는 보상분에 일치한다거나 형사적 책임의 표준적 범주에 정확히 맞아떨어진다는 주장을 하지 않고도 한 공직자가 또 다른 공직자보다 더 책임을 진다거나 덜 책임을 진다고 말할 수 있게 된다. 법적 책임은, 설령 그것이 시사하는 바가 있다 해도, 도덕적 책임의 존재 여부를 가려줄 수 있는 믿을 만한 안내자가 아니다.[2]

개인적 책임의 기준을 어떻게 보는가에 따라 공직자들이 정치적 결과에 대한 그들의 책임을 제거하거나 완화하기 위해 사용하는 변명들을 유형별로 분류해 볼 수 있다.[3] 그러한 변명들을 수용할 수 있게 하거나 수용할 수 없게 하는 조건들을 조사함으로써, 우리는 집단행위의 맥락에서 개인적 책임의 소재를 어떻게 확정할 것인가 하는 문제에서 개인적 책임의 기준들이 어떤 기능을 하는지를 알 수 있다. 우리가 여기에서 정치적 책임에 대한 일반 이론이나 심지어는 정치적 변명에 대한 일반이론처럼 어떤 체계적인 것을 이끌어낼 수 있으리라고 기대해서는 안된다. 그러나 다양한 구체적인 정치적 상황에서 개인적 책임의 소재를 확정하는 데에 도움이 될 수 있는 일군의 고려사항들을 정식화할 수는 있어야 한다. 그러한 고려사항들의 토대가 되는 사례들은 대부분 행정분야에서 찾아볼 수 있다. 행정분야에서는 공직자들이 매우 규칙적으로 여러 손의 문제에 부딪치게 되기 때문이다.[4]

대부분의 정치적 맥락에서 이러한 고려사항이나 기준, 그리고 그 대응사례들은 정의나 공동선 같은 개념들에 기반한 정치이론의 실질적인 원칙들로 보충되어야 할 것이다. 그러나 변명에 대한 분석은 그 자체만으로도 우리를 통치하는 사람들에 대한 우리의 판단을 형성하는 데에 공헌할 수 있고, 따라서 정치적 책임에 대해 우리가 더 많은 것을 이해할 수 있게 해줄 수 있다.[5] 그러한 분석내용을 직접 적용함으로써 공직자들의 처신에 영향을 줄 수 있을지도 모른다. 개인적 책임이라는 말을 진지하게 받아들이는 사람들은, 결정을 내릴 때에 아마도 더 주의하게 될 것이다. 그들이 그렇게 하지 않는다 해도 그러한 말을 받아들이는 다른 공직자와 시민들이 변명에 대한 그러한 분석이 요구하는 바를 강제할 수 있을 것이다. 또 이러한 공직자와 시민들은 공적인 비판이나, 공직으로부터의 은퇴, 파면, 또는 (3장에서 제안하는 것처럼) 형사처벌 등을 포함하는 제재조치를 강구할 수도 있을 것이다.

위계에 따른 책임

위계적 모델(hierarchical model)에 따르면 정치적 결과에 대한 책임은 권위의 형식적, 또는 비형식적 연결망에서 가장 상층부에 서 있는 사람에게 있다. 위계적 모델에 대한 베버의 다음과 같은 진술들은 이제 하나의 고전이 되어버렸다. 먼저 그는 고위 공직자가 하위 공직자를 감독하는 "고정된 관할영역"과 "공직의 위계"를 근대정부가 인정하고 있다고 주장한다.[6] 둘째, 그는 행정과 정치를 엄격하게 구분한다. 행정가들은 정치가들이 마련해 놓은 정책을 단지 실행할 뿐이라는 것이다.[7] 마지막으로, 행정가와 정치가는 그러므로 "서로 정확히 반대되는 책임원리"에 속해 있는 것이다. "공복의 명예는 더 우월한 권위자의 명령을, 마치 그것이 그 자신의 신념과 정확히 일치하는 것처럼 양심적으로 실행하는 그의 능력에 있다. … 그러나 정치지도자의 명예는 … 그의 행위에 대한 배타적인 개인적 책임, 즉 거부하거나 양도할 수 없는, 또 거부해서도 안되고 양도해서도 안되는 바로 그러한 책임을 지는 것에 있는 것이다."[8]

베버의 모델은 공직자에게 책임을 귀속시키는 문제를 너무나 단순화하고 있다. 베버의 모델에 따르면 거의 언제나 대부분의 공직자들은 도덕적 책임을 지지 않게 되기 때문이다. 공직자들이 상급자의 명령과 조직의 절차를 따르는 한은, 그들의 행동으로 인해서 아무리 해로운 결과가 나오더라도 그에 대해 책임지지 않는 것이다. 물론 우리에게는 아직도 행정가들이 실행하는 정책을 작성한 여러 정치가들의 책임을 분류하는 허드렛일이 남아 있다. 그런데 그 정치가들의 수는 행정가들의 수보다 더 적고 담당구역도 잘 정해져 있으므로 문제를 다루기가 더욱 쉬워지는 것이다.

그런데 베버의 모델은 공공정책의 수립에 대한 근대의 연구성과들이 보여주는 정치학적 조망에 부합되지 않는다. 공직자들은 잘 정해진 담당구역과 확정된 권위체계 내에서 행위하는 대신에 항상 변화하면서 부분적으로는 정부 외적인 요인에서 비롯된 중

첩적인 "쟁점들의 그물망" 속에서 주어진 업무를 처리한다.[9] 그들이 참여하고 있는 '협상게임'에서 승리하기 위해서 공직자들은 그들이 위계 안에서 점하고 있는 그들의 지위보다 "협상상의 이점이나 다른 협상자들이 갖고 있는 정보를 활용하는 솜씨와 의지"에 의존하고 있다.[10] 관료들은 정치와 행정 간의 분명한 구분을 존중하는 대신에 그들에게 위임된, 또는 단순히 그들 자신이 위임받았다고 가정한 재량권, 즉 정책을 구체화하고, 많은 경우에는 정책을 수립하기까지 할 수 있는 권한을 행사한다. 한편 선출된 정치가들은 정책수행의 세부적인 것들에만 관여한다.[11]

위계적 모델에서 경험적으로 결함들이 발견된다고 해서 위계적 모델이 반드시 규범적 표준이 될 수 없는 것은 아니다. 베버 자신도 위계적 모델에 어긋나는 제도적 변화들 중의 일부를 예견한 바 있다.[12] 베버 이후의 학자들은 근대국가에서의 행정적인 재량권 증가와 권위의 분산에도 불구하고 — 또는 그것 때문에 — 위계적 모델을 계속해서 찬미했다.[13] 그렇지만 정부가 더욱 위계적인 구조를 갖추는 것이 설령 바람직하다고 해도, 지금 많은 나라에서 받아들이고 있는 정부구조하에서 책임을 귀속시키기 위한 토대로서 위계적 모델은 만족스럽지 못하다. 재량권이 충분히 보장되고 권력분산도 충분히 이루어지는 곳에서 위계적 모델은 실제로 힘을 행사하는 공직자들이 어떤 사람들인지 확인하기 어렵게 만들어버리는 것이다.

위계의 최상층부에 있는 공직자들이 정치적 결과들을 통제할 것이라고 생각할 수 없는 한, 위계적 책임은 도덕적 책임과 일치하지 않는다. 이러한 상황에서 위계적 지위에 따라 책임을 귀속시키는 것은 도덕의 기본전제 — 사람들을 [도덕적으로] 비난하려면 그들이 달리 행위할 수 있었어야 한다 — 를 어기는 것이다. 문제는 최상층부 공직자들조차 통제할 수 없는 실패에 대해서도 그들에게 책임이 있다고 여기는 것은 공정하지 못하다는 것이 아니다. 공직자들은 그들이 거의 또는 전혀 영향을 미칠 수 없었던 사건으로 인해 일자리를 잃을 수도 있다는 것을 이미 알고 있었고, 따라서 그들은 이러한 종류의 정치적 '처벌'을 받을 수도 있다는 위험에 암묵적으로 동의한 것이다. 더욱이 그러한 위험은 정치제도의 구도상 유용한 특징일 수 있다. 그러한 위험은 공직자들로 하여금 실수를 피하기 위해서 모든 가능한 예방책을 강구하도록 하는 촉매로 작용할 것이기 때문이다.

이러한 고려사항들이 보여주는 것은 정치에서 엄격한 책임을 부과하는 것이 도덕적으로도 정당화 가능한 경우는 그렇게 흔치 않다는 사실뿐이다. 이러한 고려사항들로 인해 그러한 책임이 바로 도덕적 책임과 동일하다는 사실이 입증되지는 않는 것이다. 이렇듯 정치적으로 공직자들이 엄격한 책임을 져야 한다고 볼 때, 일반적으로 우리가 그들을 도덕적으로 비난하는 것은 아니다. 그러한 문책은 시민들이 비판하고 싶어할 법한 많은 결정사항과 정책들을 포괄하기에 충분하지도 않다. 고위직이면 고위직일수록 그 공직자의 행동에 대한 전반적인 평가에서 어떤 개별적인 결정이 갖는 비중은 점점 더 작아진다. 예를 들어, 시민들이 전체적으로는 대통령에 대해 긍정적으로 생각하지만 복지정책에 관한 그의 결정은 부도덕한 것이라고 믿는다면 위계적으로 책임을 지우는 방식으로는 문책을 받아야 할 사람을 찾을 수 없는 것이다.

위계에 따라 책임을 묻는 방식이 도덕적으로는 거의 무력하다는 사실을 감안하면 정치지도자들이 종종 일부 결정이나 정책의 해로운 결과에 대해 스스로가 충분한 책임을 져야 한다고 선언할 준비가 되어 있는 이유를 설명할 수 있게 된다. 책임을 수용하는 것은 지도자에게 부정적인 효과를 미치지 않는 일종의 정치적 요식행위(要式行爲)이다. 사실, 지도자들은 종종 이러한 요식행위를 그들에게 유리하게 전환할 수 있다.[14] "내가 모든 책임을 지겠습니다"라는 통상적인 주문으로 공중에게 누군가가 책임지고 있다는 것을 재확인시킴으로써, 그리고 다른 사람에게 책임을 전가하지 않는 용기 있는 지도자의 이미지를 투영함으로써 그는 자신의 정치적 입지를 공고히 한다. 또한 지도자가 하위 공직자에 대한 비난을 떠맡는 사람으로 알려지게 될 때, 그 지도자는 하위 공직자의 감사와 충성을 얻을 수 있는 것이다.

그러한 요식행위가 비난과 연관된 모든 공직자의, 특히 지도자의 도덕적 책임에 관한 조사를 계속하지 못하도록 가로막음으로써 논쟁을 불러일으킨 결정사항이나 정책에 관한 공적인 논의를 종종 잠재워 버린다는 것은 매우 의미있는 사실이다. 픽스만 침공이 실패한 후에 케네디 대통령은 사적으로 CIA와 육해군 공동참모본부, 그리고 침공을 사전에 알았던 모든 사람들을 비난했다. 그러나 공적으로 그는 "혼자서 책임을" 떠맡았고 그에게서 "책임을 면하게 하려는 그 어떤 이의 시도"에도 반대했다.[15] 책임을 떠맡는 요식을 강화할 때, 가령 케네디의 예에서 위계적 모델은 침공의 실패에 대한 다른 공직자의 책임에 대한 공적인 조사를 가로막을 뿐 아니라 이러한 종류의 국가전복이 도덕적으로 정당화 가능한지를 고려하지 못한 공직자의 태만에 대한 공적인 논의마저 앞질러 막아버리는 것이다.

일반적으로 미국 정부에서는 책임의 수용이 사직하는 것까지 의미하는 것은 아니다. 유럽의 정치관행에서는 사직이 오히려 일반적인 것이지만 말이다. 미국에서 책임을 떠맡는 행위는 사직에 대한 요구를 잠재우려는 시도인 경우가 더 많다. 공직자가 개인적으로 비난받아 마땅하면 할수록 그가 위계적 책임을 더 열정적으로 강변할 가능성도 높아진다. 1973년 봄, 워터게이트 사건의 여파가 대통령 자신에게로 점점 더 밀려들어오자 닉슨은 가장 순수

한 형태의 요식행위, 즉 혼자서 책임을 떠맡는 방식의 요식행위에
의해 곤경을 벗어나고자 했다. "이번 사건에서 일어난 일에 대해
누가 비난을 받아야 합니까? … 가장 손쉬운 길은 내가 선거운동
을 맡긴 사람들을 내가 비난하는 것입니다. 그러나 그렇게 하는
것은 비겁한 일일 것입니다. … 어떤 조직에서든 정상에 있는 사
람은 책임을 감내해야 합니다. 그러므로 그러한 책임은 여기 이
자리에 속하는 것입니다. 그것은 나의 책임인 것입니다." [16]

집단적 책임

집단적 모델(collective model)을 뒷받침하는 논변은 여러 손의
문제의 한 형태를 제시함으로써 시작된다. 많은 정치적 귀결들은
많은 사람들의 행위결과이다. 그런데 우리는 그들의 개인적인 기
여도를 확인할 수 없음은 물론, 그들이 기여한 것과 다른 사람들
이 기여한 것을 의미있게 구분할 수도 없다. 두번째 단계는 이러
한 결과들에 대해 어떤 개인도 도덕적으로 비난받을 수 없다는
주장이다. 마지막 단계에서 이러한 논변을 주장하는 사람들은 두
가지 다른 결론을 주장하면서 갈라서는 듯이 보인다. 한편에서는
집단과 결합된 모든 개인들이 도덕적 책임을 져야 한다고 하고,
다른 한편에서는 오직 집단에게만 책임이 부여될 수 있다고 주장
한다. 그러나 그러한 결론들(그리고 그것들이 뒷받침하는 두 가지
형태의 집단적 책임)은 근본적인 전제를 공유하고 있다. 그 어느
편에서도 각각의 사람들이 결과에 어떻게 연결되어 있는지를 근
거로 하여 그들에게 책임을 귀속시키지는 않고 있는 것이다.

첫번째 형태의 집단적 모델은 관료적인 '형식주의(red tape)'의
귀결들에 대해서 모든 시민들을 비난의 표적으로 삼으려고 하는
카우프만(Herbert Kaufman)의 노력에서 예시될 수 있다. "[공직자

와 공무원들이] 단지 희생양이라 해도, … 나는 놀라지 않을 것이다. 직관적으로 볼 때, 우리가 죄의 소재를 진정한 원인, 즉 우리 자신과 다른 곳에서 찾으려고 하기 때문에 그들을 비난하는 것일 수도 있다. … 공직자를 포함한 국민들 중의 일부가 이러한 모든 형식주의에 대해서, 아니면 상당수의 형식주의에 대해서라도, 책임을 진다고 할 수는 없다. … 우리 모두가 형식주의에 한 발을 담그고 있는 것이다." [17)]

한 철학자는 이러한 종류의 책임분산이 개인에게 책임을 돌리려고 하지 않는다는 이유에서 부분적으로 이를 옹호한다. 그는 도덕적 책임에 관한 모든 비집단적 사고를 거부하는 것이다. 비집단적 사고는 부당하게도 개인들이 "필요한 것을 모두 갖추고 있어서 자립적으로 살아갈 수 있다"고 가정하고 있기 때문이다.[18)] 우리는 우리와 어떤 '특별한 관계'를 맺고 있는 사람들의 행위에 대해 도덕적 책임을 진다.[19)] 그 특별한 관계라는 것은 우리의 모든 동료 시민들은 물론 이전 세대까지도 포함한다. 다행히 모든 인류를 포함하는 것은 아니지만 말이다. 이러한 철학자도 우리가 칭기즈칸의 행동으로 인해 비난을 받는 것은 아니라는 것을 인정한다. 이러한 접근방식은 위와 같이 시민들의 책임은 현저하게 확대하는 반면에 공직자의 책임은 급격히 감소시킨다. 공직자들은 대리인으로 행동하기 때문에 그들의 결정은 시민들의 요구와 전임자들이 만들어놓은 장기간에 걸친 관행들(long-standing commitments)에 의해 제약받고 윤곽이 정해진다. 그래서 공직자들이 그러한 결정들에 대해 전적으로 책임을 진다고 하기는 어려운 것이다.

이러한 형태의 집단적 모델은 우리가 신뢰를 표하거나 비난하고자 할 때, 직관적으로 끌어들이고자 하는 많은 기준들을 설명할 수 없다. 우리는 보통 정부나 그에 준하는 다른 집단의 행동에 대한 시민의 책임과 공직자의 책임을 구분한다. 예를 들어 부정의한 정책에 대해 항의하지 않는 사람들은 항의를 한 사람들보다 그 정책에 대해 더 많은 책임을 져야 한다고 일반적으로 생각하는 것이다. 항의하지 않은 사람들 중에서도 더 큰 영향을 행사할 수 있는 사람에게 더 큰 책임이 있다. 이러한 기준 및 이와 유사한 많은 다른 기준들은, 결과에 대한 책임은 부분적으로 개인이 실제로 기여한 바, 또는 기여할 수 있었던 바에 달려 있다는 원칙을 전제하고 있다. 그런데 집단적 모델은 (적어도 시민들에 대해서) 이러한 원칙을 거부해야 하는 것이다.

두번째 형태의 집단적 모델 — 집단의 구체적인 성원보다는 집단 자체를 비난하는 것 — 은 때때로 옛날 열차강도의 가상적 사례에 의해 서술된다.[20] 한 무장강도가 열차 한 량의 손님들을 꼼짝 못하게 하고 돈을 가진 채 도망친다. 승객 모두, 아니 그 중의 몇몇이라도 힘을 합하기만 하면 강도질을 막을 수 있었을 것이다. 승객들은 이렇듯 그들 자신의 손실에 대해 책임이 있다. 그러나 강도에게 저항할 의무는 어떤 승객에게도 없기 때문에 개인적으로는 누구에게도 책임이 없다. 잘못은 개별적인 행위 유무에 있는 것이 아니라 집단의 구조에 있는 것이다.[21]

이와 유사하게 정치체계에도 도덕적으로 훌륭한 목적을 달성하려는 개인의 노력을 가로막는 구조적인 결함으로 인해 문제가 발생할 수 있다. 그러한 예는 행정부에서 널리 이용되는 사례집의 서론격인 사례, 즉 '센트레일리어(Centralia) 5번 구역의 폭발사고'에서 찾아볼 수 있다. "[111명이 사망한 광산 재해의] 책임은 개인을 넘어서는 것이다. 센트레일리어의 광부들은 그들의 목숨이 위험하다는 그들의 확신에 귀를 기울여줄 누군가를 찾는 도중에 관료사회라는 거대한 불사(不死)의 유기체에 대면하게 되었다는 것을 발견했다. … 재해에 대해 책임을 지우려고 노력하는 사람은, 광부들이 그랬던 것처럼, 또다시 어떤 개인이 아니라 거대하고 접

근 불가능한 감정 없는 유기체로 엉겨 붙어 있는 개인들의 무리
에 대면하게 된다. 아마도 이렇듯 감정 없는 절대자야말로 진정한
악일 것이다." [22]

그러나 이러한 사례 및 대부분의 실제 사례에서 비공직자와 공
직자의 책임은 열차강도 예에서 승객들의 책임과 다르다. 공직자
는 지속적인 제도적 맥락에서 행위하는 것이지 고립적인 우발적
사건의 맥락에서 행위하는 것이 아니다. 그러므로 우리는 제도의
구조적 결함을 창출했다는 점에 대해, 그것들에 주목하지 않는 점
에 대해, 또는 그것들을 교정하려고 적절한 노력을 기울이지 않는
점에 대해 그들이나 다른 공직자들을 비난할 수 있는 것이다. 공
직자의 책임이 시간적으로 제한되지 않는 것은 그들의 행위가 이
루어지는 제도의 존재가 시간적으로 제한되지 않는 것과 마찬가
지인 것이다.

두 가지 형태의 집단적 모델 모두가 책임개념을 왜곡하므로 그
중에 어느 것도 공직자들에 대해 우리들이 판정을 내리는 근거가
될 수 없다. 첫번째 형태는 여러 공직자들뿐 아니라 공직자와 시
민들 사이의 도덕적 차이점을 보여주지 못한다. 두번째 형태는 구
조적 비판과 구조적 개혁을 뒷받침하기 위해서는 구조적 결함과
개인적 책임을 연결시켜야 한다는 사실을 인식하지 못하게 만든
다. 위계적 모델은 책임의 소재를 분명히 할 수 있다는 이점을 갖
고 있지만 여러 손의 문제를 무시했다. 집단적 모델을 주장하는
이들은 여러 손의 문제를 너무 진지하게 받아들인 결과, 모델 자
체에서 그 문제를 재생산했고 따라서 민주적 문책을 어렵게 만들
었다. 집단에 속해 있는 전부나 집단 자체만이 책임을 져야 한다면
시민들이 책임을 물을 수 있는 사람이 아무도 없게 되는 것이다.

위계적 입장이 책임을 부과하는 데에 적합하다든지, 집단적 책
임이 때때로 의미있다는 사실을 부인할 필요는 없다. 그러나 민주

적 정부의 수립을 목표로 한다면 개인적으로 책임을 물어야 한다
는 전통적인 사고틀을 유지해 주는 접근방식을 추구해야 할 것이
다. 정책이나 결정에 많은 공직자들이 기여하는 정치적 과정의 복
잡성을 전통적인 접근법이 수용할 수 있다면 민주적 문책의 문제
를 해결하는 데에 전통적 접근방식이 더 우월하다는 사실이 명확
해질 것이다.

개인적 책임

단순히 특정한 직위를 점유한 사람이나 집단의 성원으로서가
아니라 개인(persons)으로서의 공직자에게 책임을 귀속시키는 것
은 도덕적 책임의 두 가지 기준에 근거한 것이다. 공직자가 결과에
대해 도덕적으로 책임을 져야 하는 것은 다음과 같은 두 가지 조
건이 충족되었을 때뿐이다. (1) 공직자의 행위 유무가 결과의 원인
일 때, (2) 이러한 행위 유무가 부지중에 행해진 것도 아니며 강압
에 의한 것도 아닐 때.[23] 첫번째 조건은 인과적(causal) 책임과 연관
된 것이며 두번째 조건은 의지적(volitional) 책임과 연관된 것이다.

여기에서 해석되는 것처럼 인과적 책임의 기준은 의도적으로
약하게 설정한 것이다. 어떤 이의 행위 유무가 영향을 미치지 않
았다면 특정한 결과가 발생하지 않았을 경우, 그 사람은 원인의
자격을 갖추었다고 할 수 있다.[24] 어떤 이가 특정한 사건의 원인
이라는 것은 많은 다른 사람들의 행위와 많은 다른 세력들의 영
향력과 더불어서 그 사람의 행위를 결과와 단지 연결시킨다는 것
일 뿐이다. 그 사람이 어떤 사건의 원인이라는 사실은 그가 가장
중요한 원인이라는 사실이나 그가 어쨌든 책임을 져야 하는 행위
자라는 사실을 입증해 주지 못한다. 우리가 이러한 인과의 사슬망
속에 있는 다른 모든 인과적 요인들 중에서 한 개인을 특별히 가

려내고자 한다면 의지적 기준을 포함한 다른 도덕적·정치적 고려사항들에 호소해야 할 것이다.

어떤 철학자들은 조직체에 도덕적 책임을 할당하기 위해 인과적 기준을 이용해서는 안된다는 점을 들어 인과적 기준에 반대한다.[25] 책임문제에 관한 한, 한 명의 공직자가 조직의 결과물에 인과적으로 어떤 기여를 했는가가 중요한 쟁점이 되는 경우는 거의 없다. 그러므로 한 공직자에게 책임을 지우는 필요조건으로 그가 그러한 결과의 원인이기를 요구하는 것은 "책임을 회피하고자 하는 공직자들에게 도움과 위안을 주는 것이다."[26] 이러한 철학자들의 말은 도덕적 책임을 인과적 책임과 동일시하는 것을 거부하려 한다는 점에서는 옳다. 한 공직자의 인과적 기여도가 상대적으로 적다고 해서 그 공직자의 책임도 상대적으로 적어진다고 해서는 안되는 것이다. 그런데 위에서 제시한 약한 인과적 기준은 이러한 의미를 내포하고 있지 않다. 약한 인과적 기준은 도덕적 책임의 충분조건도 아니고 도덕적 책임의 정도를 결정해 주는 것도 아니기 때문이다.[27]

인과적 기준은 도덕적 책임이 부과되어야 하는 그런 상황에서 도덕적 책임을 제거해 버리는 듯이 보일지도 모르겠다. 어떤 개인의 행위 유무와 관계없이 어떤 결과가 발생했다고 할 때, 원인이라고 할 수 있는 사람이 누구이겠는가? 인과적 기준은 이러한 사례들 중의 일부, 그 중에서도 특히 여러 사람의 상호작용으로 결과가 산출된 사례들을 포괄하도록 확장될 수 있다. 아울러 이러한 확장은 정당한 것이기도 하다. 인과적 기준은 결과를 산출하기 위해 한 사람의 행위가 필요하고 그러한 결과를 산출하기에 충분한 또 다른 행위가 존재하지 않는다면 그 사람의 행위는 원인으로 간주될 수 있다고 보는 것으로 이해되어야 한다.[28] 다른 한편으로 결과가 어떻게 서술되는가에 따라 책임소재가 변경되는 사례들도 있다. 우리가 매우 포괄적인 용어 — 가령 베트남에서의 미국정책 — 로 결과를 서술한다면 그때에는 어떤 개인이 그러한 결과의 원인이라고 생각할 수 없을 것이다. 그러나 결과를 더욱 구체적으로 서술한다면 — 북베트남 폭격 — 그러한 결과에 책임을 져야할 개인을 찾아내는 데 성공하기가 더 쉬울 것이다. 도덕적 책임의 귀속은 행위자를 확인하는 것에서 만큼이나 결과를 서술하는 것에서도 구체성을 요구한다. 더욱이 이러한 구체성은 결정 자체나 결정을 내리는 양식에 대해 책임을 물을 수 있는 가능성을 배제하지 않는다. 공직자들은 정부의 계속된 관행이나 구조에도 책임을 져야 하는 것이다.

두번째 기준, 즉 의지에 따른 책임은 일반적으로 한 사람에게 책임을 물을 수 있으려면 그가 달리 행동할 수도 있었어야 한다는 점을 명기하고 있다.[29] 책임의 경계를 설정하기만 하는 인과적 기준과 달리 의지적 기준은 책임의 정도도 결정할 수 있다. 다르게 행동할 수 없다는 것은, (제정신이 아닌 경우와 같은) 포괄적인 무능력에서 (부절제처럼) 특정한 행위에서의 구체적인 결함에 이르기까지 서로 다른 형태로 다양하게 나타난다. 공직자의 행위를 평가하기에 가장 적합한 것은 무지와 강압이라는 전통적인 아리스토텔레스(Aristoteles)적 범주하에서 고려될 수 있는 이렇듯 보다 더 구체적인 결함들이다.[30]

자신의 행위에 대한 무지 — 특정한 서술이 자신의 행위에 적용된다는 것을 알지 못함 — 가 변명으로 간주될 수 있는 것은 그러한 무지가 태만이 아닐 때뿐이다. 공직자의 경우에 태만의 기준은 문제시되는 결과의 중요성이나 주어진 상황에서의 핵억지 효과 같은 도덕적·정치적 고려사항들에 달려 있다.[31] 그러므로 강압이 변명으로 간주되어야 하는지에 대한 의문도 마찬가지이다. 공직자가 자신의 처신을 변명하기 위해 둘러대는 강압이, 철학자나 법률가들이 일반적으로 논의하는 극단적인 신체적·심리적 종류의 강압인 경우는 매우 드물다. 공직자들이 자신들은 선택권을 갖지 못했다고 주장할 때, 우리들은 그 말을 문자 그대로 받아들이지 않는다. 그 말은 일반적으로, 공직자들은 그들이 결정을 내릴 수 있는 대안의 범위를 선택하지 못했다는 것을 함축하는 것으로 이해될 수 있다. 아리스토텔레스의 선장의 예에서처럼 공직자들은 두 개의 바람직하지 못한 선택 ─ 화물을 버리거나, 배를 가라앉히거나 ─ 에 직면하고 있는 것이다.[32] 공직자에게는 내키지 않는 대안들 사이에서 선택할 수밖에 없는 상황을 연출한 자연의 힘에 맞추어서 업무를 수행할 의무가 있다. 대안의 범위에 대한 제한이 공직자의 책임을 제거하지는 못한다. 그러나 그러한 제한은, 우리가 칭찬하려 하든, 비난하려 하든 간에, 현실적으로 어떤 대안에 접근 가능했는지를 우리가 구체화할 수 있도록 해주는 보증서의 역할을 한다.

이러한 두 기준의 의미는 공직자들이 책임을 부인하기 위해 사용하는 변명들의 타당성을 분석해 봄으로써 가장 잘 설명될 수 있다. 두 기준과 그에 대응하는 공직자들의 변명이 정부의 결정에 대해 책임이 있다고 간주되어야 할 공직자를 찾아낼 수 있도록 도와주는 한, 두 기준은 정치에서도 개인적 책임을 물을 수 있다는 것을 명백히 입증하는 데에 일조할 것이다.

대안적 원인들

'센트레일리어 5구역' 사건에서 광부들의 죽음으로 비난을 받아야 했던 사람들 중의 하나는 스캔런(Scanlan) 감독관이었다. 그는 광산을 폐쇄할 권한을 갖고 있었고, 광산이 안전하지 못하다는 것을 알고 있었지만 광산을 폐쇄하지 못한 것이다. 스캔런의 반론은 (부분적으로) 다음과 같았다. "그가 센트레일리어 광산을 폐쇄했다면 [광업부 지도관이] 당장에 그를 해고하고 더 다루기 쉬운 감독관을 임명했을 것이다."[33] 이는 대안적 원인(alternative causes)에 의거하는 변명, 즉 "내가 하지 않았다면 누군가가 했을 것이다" 또는 "내가 하지 않는다면 누군가가 할 것이다"라는 변명의 한 예이다. 그러한 변명은 사생활에서보다 공적인 삶에서 더 빈번하게 나타난다. 조직 속에서는 그러한 변명이 의존하는 경험적 가정이 사실로 나타날 가능성이 더 크기 때문이다. 조직 속에서는 개인들이 대체 가능한 존재들인 경우가 많은 것이다.

그러한 변명은, 일반적이고 무조건적 형태로 이루어질 경우에 부정합적인 것이 된다. 그러한 변명은 한 사람의 책임을 덜어주기 위해 그가 그렇게 행동하지 않았으면 다른 사람 — 대안적 원인의 행위주체 — 이 그러한 행동에 대해 책임을 졌을 것이라고 주장한다. 그러나 그러한 변명이 타당하다면 다른 사람들도 모두 차례차례 첫번째 사람과 동일한 방식으로 책임이 면제될 것이다. 그러한 변명이 타당하다면 아무에게도 책임이 없다. 그러나 누구에게도 책임을 지우지 못한다면 그러한 변명은 타당할 수가 없다. 어느 경우이든 그러한 변명은 민법이나 형법에서 분명히 받아들여지지 않고 있으며,[34] 그런 면에서라면 도덕판단도 법과 일치하는 듯이 보인다.

그러한 변명은 조금 변형시켰을 경우, 때로는 수용할 만한 것일 수도 있다. 그렇게 변형된 형태 중의 하나는 인과적 관련성이라는 기준으로 나타난다. 가령 여기에서 한 공직자가, 누군가 다른 사람도 동일한 실수를 범했을 것이라고 주장하지는 않지만, 누군가 다른 사람이 유해한 결과를 일으키기에 충분한 다른 실수를 범했을 것이라고 주장한다고 하자. 그러한 변명은 그 공직자의 실수가 그러한 결과를 낳은 원인은 아니라는 것을 보이는 데에 이용된다.[35]

그런데 정치에서 인과적 연결이나 인과적 연결의 부재에 관한 판단들은 종종 불확실하다. 차후에 안전하지 못하다는 것이 밝혀진 약물이 정부에서 일반적으로 안전한 것으로 여기고 있는 약물들의 목록에 올라가도록 방치한 FDA(식품의약품관리국) 직원의 사례를 살펴보자. 그 직원이 그 약물에 대한 표준적인 실험실 검사를 명하지 않았다고 가정하자. 우리가 검사를 행할 책임을 맡고 있는 기술자들이 결국 그 약물을 승인했다고 믿는다면 약물 사용자들이 겪어야 했던 해악에 대해 이 FDA 직원을 비난하지 않을 수도 있다. 그러나 인과적 관련성이 불확실한 영역에서는 (가령 우리는 기술자들이 그 약물을 승인했을 것인지를 의심한다.) 다른 요인들이 변명의 타당성에 관한 우리의 판단에 영향을 미칠 것이다.

세밀히 살펴보면, 그러한 잘못이 상대적으로 사소한 것이거나 (검사를 하지 않은 이유가 뇌물을 받았기 때문이 아니라 기술상의 문제였다면) 실수에 연결되어 있다고 생각되는 결과가 상대적으로 해가 적은 것이라면, 그러한 변명을 수용할 가능성이 더 크다. 아마도 이러한 요인들이 우리의 판단에 영향을 미쳐야 한다는 사실이 특이한 것인지도 모른다. 엄밀히 말해서 그러한 요인들은 실수가 그러한 결과의 원인인지를 결정하는 것과 무관하기 때문이다. 그러나 조직 내에서는 인과적 연결이 불확실할 수밖에 없다는 것을 전제한다면, 인과적 변명들을 평가할 때조차도 실천적인 측면에서 이러한 다른 요인들을 참고하는 것이 정당화될 수 있을 것이다.

대안적 원인에 근거를 둔 변명이 특정한 종류의 정당화와 결합된다면 그것은 한편으로 받아들여질 수도 있을 것이다. 다른 공직자들도 어떻게 하든 잘못을 범했을 것이라는 평계에 그들은 더 나쁜 잘못을 범했을 것이라는 (또는 다른 방식으로 결과를 더 악화시킬 수 있었다는) 주장이 부가된다. 이러한 변명은 잘못된 정책을 추구하는 것이 명백한 행정부에서 사임하지 않는 공직자들에게 자연스럽게 적용된다. 베트남전쟁 동안에 험프리(Herbert Humphrey)와 맥나마라(Robert McNamara)를 포함한 많은 공직자들은 사석에서 친구들에게, 그들이 공직에 머무르는 것은 확전으로 인한 사태 악화를 막기 위해서라고 말했다. 프랭클(Charles Frankel, 국무성 교육·문화 서기관보) 같은 다른 이들은 사임하지 않음으로써 그들이 사임했을 경우 전쟁에 미칠 효과를 능가하는 이익을 가져다 줄 수 있다고 말했다.[36]

우리가 그러한 변명에 대해 의구심을 가지는 것은 옳다. 스스로가 훌륭한 일을 한다고 믿으면서 성급하게 권력을 행사하게 되면 대안적 행위의 결과를 냉정하게 평가하기가 쉽지 않다. 그러나 그러한 변명도 때로는 받아들일 수 있다. 공직자가 소속되어 있는 정부가 전적으로 악할 때조차도 사임이 최선의 길은 아닐 수 있다. 독일 친위대 장교 게르쉬타인(Kurt Gerstein)이 제2차 세계대전 중에 그의 자리를 계속 지킴으로써 "더 나쁜 일이 발생하는 것을 막았다"는 주장은 오랫동안 정설로 받아들여져 왔다.[37] 한 공직자가 공직에 남아 있건 (사임하건 간에) 정말 아무런 차이도 나지 않는다면 그 공직자는 그 정권에 대한 책임을 모면할 것이다. 물론 우리는 부도덕한 정책을 촉진하는 정부에서 자신의 자리를 계속 차지하고 있는 공직자를 비판할 수 있다. 그런데 그러한 비판이 책임의 귀속으로, 즉 행위 유무에 의해서 그 공직자가 실제로 정권의 특정한 부도덕한 정책을 더욱 진척시킨다는 것을 주장하는 것으로 간주되어서는 안되고, 오히려 그것은 공모에 대한 고발, 즉 공직자가 이러한 정권과 결합한 것 자체가 부도덕하거나 불명예스러운 것이라고 주장하는 것으로 생각되어야 한다.[38]

그다지 극단적이지 않은 상황에서는 일반적으로 대안의 범위가 넓어진다. 그러나 더 나쁜 대안에 근거를 두는 논변이 여전히 성립 가능한 것처럼 보일 수 있다. 법무장관 리차드슨(Elliot Richardson)과 그의 부관이 워터게이트 특별검사 콕스(Archibald Cox)를 해고하라는 닉슨의 명령을 수행하기보다는 사임하는 쪽을 선택한 후에, 법무차관 보어크(Robert Bork)는 차관직에 머무르면서 콕스를 그만두게 하기로 결심했다. 보어크는 (부분적으로) 닉슨이 그를 대신해서 임명할 그 누구보다도 그 자신이 법무성의 통합성(integrity)과 장차 임명될 특별검사의 독립성을 보호할 가능성이 더 높다고 주장했다.[39] 이런 식으로라면 더 나쁜 대안에 근거를 두는 논변을 이용하는 보어크의 주장이 정당한가는 그의 차후의 행동에 달려 있는 셈이다.

이러한 변명 및 정당화의 타당성이 단순히 한 공직자의 행위결과와 그를 대신할 행위자의 행위결과를 비교하는 것에 달려 있어서는 안된다고 주장할지도 모르겠다. 윌리엄즈(Bernard Williams)는 이런 식으로 책임을 전가하는 방법 — 그는 이러한 방법이 공리주의와 연결되어 있다고 본다 — 은 개인의 인격적 통합성(integrity)이라는 가치를 무시한다고 주장한다.[40] 그는 화학전이나 생물학전에 관해 연구하는 것에 반대하는 청년 과학자는 그러한 연구에 종사하도록 하는 정부출연 실험실의 일자리를 얻지 말아야 한다고 주장한다. 결과적으로 다른 과학자가 그 자리를 얻어서 더 열심히 연구한다 해도 말이다. 행위주체는 그들 자신의 '프로젝트' — 그들의 인격의 일부를 형성하고 있는 태도들에 기초한 행동들 — 에 일차적으로 책임을 져야 하며 단순히 사회적 효율을 위해서 자신의 프로젝트를 포기해서는 안된다.[41] 윌리엄즈가 개인을 지배하는 비개인적(impersonal) 관점을 허용한다는 점에서 공리주의를 비판한 것은 올바른 반면에 개인의 인격적 통합성에 대한 그의 설명은 그가 선호하는 극단적으로 제한된 책임을 뒷받침하기에 아직 불충분하다. 다른 사람에게 심각한, 그러나 회피 가능한 폐해를 끼치면서도 개인의 인격적 통합성을 보호할 수 있도록 행동한다는 것은 한편으로 도덕적 자기만족에 가까운 것이 아닌가 한다. 그러한 행동은 나머지 사람들에게 무슨 일이 벌어지든 자신의 손을 더럽히지 않으려는 것일 수도 있는 것이다.[42]

원인 제공과 자문 역할

인과적 변명의 두번째 범주는 해로운 결과를 낳는 연쇄적인 사건들 속에서 공직자를 완전히 제거해 버리는 그런 형태의 변명들을 포함하는 것이다. 여기에는 실효성 없는 원인(null cause)에 의거한 변명이라는 명칭을 붙여줄 수 있겠다. 이러한 상식적인 변명을 통해서 공직자가 거론하고자 하는 것은 이른바 "새로이 작용하는 간섭효과(novus actus interveniens)"이다.[43] 이것이 지칭하는 것은 첫번째 공직자의 행동이 효과를 나타내게 할 수도 있고 그렇지 못하게 할 수도 있는, 따라서 유해한 결과에 대해서 전적으로 책임을 져야 하는 것으로 추정되는 또 다른 공직자의 후속적 행위이다. 정부 자문위원의 역할이 다양한 모습으로 나타나는 이러한 변명들 중의 일부를 가장 잘 예시해 준다 하겠다.

다른 시간, 다른 장소에서 자문위원들은 종종 그들의 통치자의 결정에서 비롯된 결과에 대해 책임을 지고 보복을 당하기도 한다. 중국에서는 어떤 이유에서든 황제의 결정이 잘못되었을 때에 황제와 의논했던 사람들의 배를 가르고, 발을 자르며, 소금에 절이기도 했다.[44] 오늘날 정부 공직자들에게 자문을 해주는 사람들은 그만큼 걱정할 이유가 없다. 자문위원들은 그들의 자문내용에 엄격한 책임을 지기보다 (적절하게 주어진) 그들의 자문내용을 토대로 내린 결정에서 비롯된 결과들에 대해서 아무런 책임도 질 필요가 없다고 보는 것이 상식이 되었다.[45] 자문이라는 것은 자문을 요청한 사람이 자유로이 받아들일 수도 있고 거부할 수도 있는 것이기 때문에, 자문에 응한 사람이 자문을 요청한 사람의 행동으로 인해 비난받지는 않는 것이다.

인과적 기준에 대한 이러한 해석은 자문과정의 복합성을 설명하지 못한다.[46] 이러한 해석의 핵심적인 전제는 자문을 요청한 사람의 행동에 원인을 제공하는 것과 그들이 자발적으로 행동한다는 것이 양립 불가능하다는 것이다. 이러한 전제가 그럴듯해 보이는 것은 자문위원이 자문을 요청한 사람에게 어떤 행위를 하도록 권유하는 예들만을 집중적으로 살펴보고 자문위원이 자문을 요청한 사람에게 영향을 미칠 수 있는 다른 다양한 통로를 무시할 때뿐이다. 자문에 응한 사람은 종종 자문을 요청한 사람이 최종적인 결정을 내리는 데에 의미있는 기여를 한다. 자문에 응한 사람이 자문을 요청한 사람에게 미치는 모든 형태의 영향 — 대안의 틀을 마련하는 방법, 그가 다양한 논변들에 부여하는 비중, 그가 사용하는 언어적 표현과 예화 (아마도 자문하는 이에게 특히 호소하도록 선택된 것이리라) 등 —은 결국 자문을 요청한 사람으로 하여금 그런 것들이 제공되지 않았을 때와 다른 결정을 내리게 할 수도 있다.

더욱이 자문에 응한 사람이 명시적인 이유나 논변을 제시하는 경우에만 영향을 끼칠 수 있는 것도 아니다. 공직자들이 제안을 채택하는 이유는 그들이 그들의 자문위원들을 개인적으로 신뢰하기 때문일 수도 있다. 루즈벨트(Roosevelt) 대통령이 정치적 후원에 관해서 하워(Loub Howe)의 충고를 따른 것이나, 케네디 대통령이 쿠바 봉쇄를 결정한 이유는 그가 "사적으로 매우 조화로운" 관계를 맺고 있는 사람들이 봉쇄를 추천했기 때문이라는[47] 말들이 있는 것처럼 말이다. 그러한 경우에는 자문위원들에게도 다소의 책임을 돌려야 할 것이다. 물론 이때 그러한 결정을 내린 공직자의 책임을 반드시 면해 주거나 축소해 줄 필요는 없다. 자문을 요청한 사람의 책임이 자문에 응한 사람이 미친 인과적 영향에 의해서 사라지지는 않는다. 그리고 자문을 요청한 사람이 자발적으로 결정했다고 해서 자문에 응한 사람의 책임이 없어지는 것도 아니다.

그런데 자문에 응하는 사람이 자신의 책임을 일정한 범위 내로 제한하는 또 다른 방식이 있다. 그리고 그러한 방식은 '실효성 없는 원인에 의거한 변명'의 두번째 형태를 예시해 준다. 이러한 형태에서는 자문에 응하는 사람이 특정한 결과를 낳는 행동의 사슬망에서 한 자리를 차지한다는 것은 받아들이지만 그것이 그렇게 중요한 것은 아니라고 주장된다. 그것은 매우 사소한 것이어서 도대체 원인으로 인용될 만한 가치가 없다는 것을 암시하고자 하는 것이다.[48] 이러한 형태의 변명의 저변에는 정상적인 기대에 대한 호소가 깔려 있다. 개별적인 행위를 인과적으로 설명할 때, 우리는 일반적으로 일상적 사건의 진행과정에서 벗어나는 요인들에 초점을 맞추게 된다.[49] 자문에 응하는 사람이 단지 그의 직위에 적합한 정도로만 자문에 응하는 한, 그는 우리가 기대한 대로 행동한 것이고, 따라서 우리는 그의 행위 유무를 잘못된 결정의 원인으로 언급하지 않게 되는 것이다.

자문위원이라는 직위에서 비롯되는 요구에 근거하여 자문위원의 책임을 고전적으로 정의한 자료는 「리바이어던(Leviathan)」의 25장에서 찾을 수 있다.[50] 거기에서 홉즈(Hobbes)는 자문위원의 역할이 그로 하여금 충고의 결과에 대한 책임을 면하게 해주는 것이 되려면 특별한 조건이 성립해야 한다는 점을 명기하고 있다. 홉즈는 상담자의 의무에 부합하는 상담과 상담자의 의무에 반하는 상담을 구별하고 있다. 후자는 "격렬하게 억압적인" 상담, 즉 충고자가 "참된 이성적 추론"에 호소하는 것이 아니라 "공통의 열정이나 견해"에 호소하는 상담으로 구성된다.[51] 이런 식으로 직위에 걸맞는 처신에 어긋나게 행동하는 상담자는 기소하여 처벌할 수도 있다. 그리고 무엇보다도 이러한 충고에서 비롯된 결과에 대해 비난을 가할 수도 있는 것이다.

두 가지 종류의 상담에 대한 이렇듯 날카로운 구분은 「리바이어던」의 테두리 안에서는 이해할 수 있는 것이다. 「리바이어던」에서는 표준적인 객관적 추론 방식이 정치에서 널리 받아들여지고 있고, 자문위원은 명령만으로 공공선을 결정하는 한 명의 주권자에게 말하게 되기 때문이다. 이러한 조건들이 결여되어 있는 현대 민주주의에서는 자문위원을 구분하는 근거로서 그러한 구별기준은, 심지어 그 역할이 홉즈의 의무를 잘 따르는 상담자의 역할과 매우 근사한 과학분야의 자문위원에 대해서조차도 그대로 적용하기 어렵다. 그럼에도 불구하고 자문위원들이 단지 기술적인 충고(수단에 관한 충고)를 하는 것에 그친다면 그러한 자문위원들은 완전히 책임을 모면할 수 있고, 역으로 포괄적인 정책을 추천함으로써 (목적에 관한 충고) 이러한 역할을 넘어선다면 비난받을 위험이 있다는 그런 관점이 여전히 존속하고 있다.

1960년대 후반에 벌어졌던 탄도탄요격미사일 체계에 관한 논쟁에서 조작실험 연구*협회의 보고서는 두 종류의 상담자에 대한 홉즈의 대비를 연상시키는 방식으로 분석가와 주창자를 구분했다. 분석가는 "탄도탄요격미사일 문제의 양화가능하고 논리적으로 구조지어질 수 있는 측면에만" 관여하는 것으로 스스로를 제한한 반면, 주창자는 그의 입지의 취약성 여부와 상관없이 "근거 없는 주장"을 제기할 수 있는 사람이다.[52] 이 보고서는 탄도탄요격미사일에 대한 토론에서 주창자가 된 과학분야의 자문위원들을

※ Operations Research, 경영상의 과학적·통계학적 조사방법.

날카롭게 비판했다.

그런데 이런 토론에서는 매우 기술적인 문제들에서조차도, 양 진영의 자문위원들이 도입하고자 하는 문제들 자체의 성격이 무심결에 그들의 편향성을 드러내게 되고 그 결과 그들의 기술적 문제제기 자체가 주장의 한 형태가 되고 만다. 탄도탄요격미사일 체계에 찬성하는 과학자들은 그러한 체계의 필요성에 대한 분석에 집중한다. 반면에 탄도탄요격미사일 체계에 반대하는 과학자들은 이렇게 단언된 필요성을 충족시켜 줄 체계가 부적절하다는 것을 보여주는 증거를 강조한다.[53] 이와 같이 과학적인 문제들에서조차 편향적 분석태도를 지양할 수 없다면, 그보다 경제적·정치적 내용을 더 많이 포함하는 쟁점들에서 자문위원들이 홉즈적인 분석가의 역할을 지탱해 주리라고 기대하기는 거의 불가능하다고 하겠다.[54]

자문위원이 주장하지 않고 분석만 하는 것도 물론 가능하며, 종종 바람직하기까지 하다. 그러나 완전히 중립적인 분석을 하는 자문위원조차도 분석의 결과에 대한 도덕적 책임을 모면할 수 있는 것은 아니다. 비홉즈적인 조건하에서는, 자문위원의 역할이 무엇이어야 하는지에 대해 (도덕적으로) 논쟁의 여지가 있는 경우가 빈번하게 발견된다. 자문위원의 고유한 역할에 대한 절차적 논쟁은 종종 단순히 다양한 자문위원들이 종사하는 실질적인 논쟁을 반영한다. 조작실험 연구협회의 보고서에 대한 반응, 그리고 분석하는 대신에 주장을 제기하는 자문위원들에 대한 비판은 탄도탄요격미사일에 관한 논쟁 자체가 어떤 구도하에서 이루어지는가에 달려 있는 것처럼 보인다. 탄도탄요격미사일에 찬성하는 과학자들은 그 보고서를 우호적으로 생각하고, 탄도탄요격미사일에 반대하는 과학자들은 그 보고서에 찬동하지 않는다.[55] 자문위원의 역할이 본래 어떤 것인가에 대해 그렇듯 심각한 논쟁에 처해 있을 때, 자문위원들은 논쟁에서 특정한 역할을 선택한 결과에 대한 책임을 져야 하는 것이다.

그러한 책임은, 그것이 어떤 것이든, 과학자들 자신이 정부가 적용하려고 한 기술의 발전에 기여했을 때, 더욱 커진다. 특히 [과학적] 발견의 결과가 먼 훗날의 것일 뿐 아니라 애매한 것일 때, 즉 혜택을 주는 것일 뿐 아니라 큰 위험에 빠뜨리게 하는 것일 수도 있을 때, 책임이 어디까지 확장될 수 있는가를 확정하기 어려울 수 있다. 그러나 오펜하이머(J. Robert Oppenheimer)처럼 정치가들이 과학적 성과를 이용하는 방법에 영향을 미칠 기회를 계속해서 가질 수 있다면 과학자들에게 그들의 발견에 대한 책임을 귀속시키는 것을 찬성하는 논변이 보다 더 설득력 있게 주장될 수 있을 것이다. 오펜하이머는 1954년에 자신을 변호하면서 그러한 책임을 부인했다. "나는 나의 일을 했습니다. … 나는 정책을 수립하는 위치에 있지 않았습니다. … 나는 찬성하는 입장과 반대하는 입장을 모두 제시했습니다. 우리의 법률상의 기능은 기술적인 자문에 응해야 하는 것입니다."[56] 그러나 8년 전에 그는 분명히 더 극단적인 형태의 책임을 수용한 바 있다. 트루먼 대통령에 따르면, 오펜하이머는 "나의 사무실로 와서 … 손을 쥐어틀면서 나에게 원자에너지를 발견한 그들에게 인명살상의 책임이 있다고 말하는 데에 대부분의 시간을 보냈다."[57] 한 극단에서 다른 극단으로 치달으면서 오펜하이머는 더 온건하고 현실성 있는 개인적 책임 — 자신의 발견물을 사용하는 데에 영향을 미칠 기회를 이용해야 한다는 지속적인 의무 — 에 대한 요구를 간과했다.

기술적·과학적 분석의 범위를 넘어섰을 때, 자문위원들은 그들의 포괄적 책임을 일정한 범위 내로 제한해 주는 분석과 주장 사이의 구분에 의존하지 않는다. 대신에 주장 자체가 자문위원의 의무가 되고 더 많은 것을 주장할수록 더 좋은 것이다. 우리는 이제 「리바이어던」의 영토를 떠나 「자유론(On Liberty)」의 세계로 들어선다. 정부의 자문체계는 자유주의적 사회에 대한 밀(Mill)의 견해의 축소판으로 보인다. 거기에서는 많은 다양한 관점에서 비롯되는 자유로운 표현이 공익을 증진하는 정책에 도달하기 위한 최선의 기회를 마련해 준다고 가정된다. 이러한 모델에 근거한 자문체계는 정부에 다양한 관점을 지닌 자문위원이 있고, 그들 각자로 하여금 단편적인 전망을 제시하게 만드는 것이다.[58]

그러한 체계에서는 공직자들이 자문위원의 충고를 듣고 난 후에 내린 결정들에 대해 자문위원들이 책임을 지는 것으로 생각되어서는 안된다고 자문위원들이 주장하는 것은 당연하다. 비록 공직자들이 그들의 충고를 따랐다고 해도 말이다. 자문위원들은 그들 자신이 주장한 입장에 동의하지 않고서 단지 자문체계 내에서 그들의 역할이 요구하는 하나의 관점을 제시했을 수도 있다. 그러한 체계가 존재하고 자문위원들과 그들이 자문해 주는 공직자들에 의해 그러한 체계가 존재하는 것으로 이해된다면, 개별적인 자문위원의 책임은 이런 식으로 그럴듯하게 일정한 범위 안으로 제한될 수 있을지도 모른다.

그러나 이런 식의 체계가 잘 조율되어서 (공익에 따르는 결정을 제쳐두고라도) 항상 최적의 균형이 이루어지는 충고를 산출해 낼 수 있을 것 같지는 않다.[59] 이러한 체계의 실패에 대비하기 위해서 우리는 자문위원들의 정상적인 역할, 즉 다양한 주장을 제기하는 역할을 포기해야 하는 것이 언제인지를 구체적으로 지적해 주는 책임의 2차 규칙을 필요로 한다. 자문위원들 자신이 참여하고 있는 자문체계가 견해들 사이의 합당한 균형을 산출하지 못하거나, 그렇지 않으면 결정을 왜곡하며, 편향적인 입장에 대한 자문위원들의 주장이 그러한 왜곡에 기여한다고 믿을 유력한 이유가 있다고 자문위원들이 생각할 때, 그들은 그들의 정상적인 역할을 포기하고 [자문]과정에서의 왜곡을 치유하고자 해야 할 것이다. 그들이 그렇게 하지 못한다면 그들은 단순히 역할상의 규범에 호소함으로써만은 그 체계가 산출한 해로운 결정에 참여한 데 대한 책임을 부인할 수 없을 것이다.[60]

실효성 없는 원인에 의거한 변명의 이러한 제약은 자문위원들에게 적용되는 것일 뿐 아니라 인과적 사슬망에서 자신의 역할을 없애 버리기 위해 "그것은 내 일이 아니다"는 핑계를 대는 모든 공직자들에게도 폭넓게 적용된다. 그것은 일상적인 정부 — 정상적인 기대가 우세할 때 — 에 적합한 역할 규정에 의존하고 있다. 그러나 그러한 변명은 위기에 처한 정부 — 정상적인 기대가 성립할 수 없을 때 — 에는 적합하지 않다. 만약 자신의 일을 다하지 않는 공직자가 다수 존재한다면 몇몇 공직자들은 불가피하게 자신들의 몫 이상의 일을 해야만 할 것이다. 비록 모두가 자신의 일을 다한다 해도 예외적인 상황에서는 몇몇 공직자들이 더 많은 일을 해야 할 것이다. 실효성 없는 원인에 의거한 변명은 사람들이 정상적인 상황에서 공직자들의 직위에 대해 기대하는 바에 따라서만 공직자들의 인과적 역할을 규정함으로써 예외적 상황에서 공직자들이 짊어져야 할 의무들을 무시해 버린다.

"그것은 나의 일이 아니다"는 핑계는 공직자가 영향을 미칠 수 있었던 것인지, 또는 장래에 영향을 미칠 수 있을 것인지에 관한 어떤 논의도 가로막아 버린다. 공직에 부과되는 의무들이 문제시되는 정책과 직접적 연관성을 갖지 않는 것이라면, 그러한 정책에 반대하거나 공직에서 사퇴하는 것과 같은 행동을 취하지 않았다는 사실 자체가 마치 그 정책과는 인과적 관계가 없는 것을 입증하는 것처럼 받아들여지게 된다. 볼(George Ball)이 1973년의 대담에서 말한 것처럼, "단지 내가 베트남 정책에 동의하지 않는다는 것 때문에 항의의 표시로 사임해야만 할 이유가 있는가? … 나의 주된 책임지역은 … 서유럽이었다. 베트남에 소비된 나의 시간은 아마도 5퍼센트 정도 될 것이다. 그것은 다만 나의 책임이 아니었다. 내가 온두라스에서 미국의 군사행동을 승인해야만 할 입장에서 있었던 온두라스 담당자였던 것처럼 그것은 나의 책임이 아니었던 것이다." [61]

공직자의 본성이 공직자의 책임을 어느 정도 한정지어 준다고 볼이 가정한 것은 옳다. 영향을 미칠 수 있는 모든 정책에 대해 비난을 받을 수는 없는 것이다. 볼의 '주된 책임'이 베트남과 관련되지 않았다는 사실은 주된 의무가 베트남을 포함하고 있는 공직자들보다 그를 덜 비난하게 할 적어도 하나의 이유로 간주된다. 같은 방식으로 국무성의 고위 공직자로서 볼은 가령 보건교육복지성의 공직자가 받아야 하는 것 이상의 비난을 받아야 한다. 그러나 책임에서의 이러한 차이는 공직자들의 직위를 변수로 하는 함수이기보다는 그들의 지식과 힘을 변수로 하는 함수이다. 역할에 호소하는 것은 그 자체로 변명이 되기보다는 궁극적으로 다른 변명(무지나 강압)에 의존한다. 공직자들이 직위에 대한 그들의 정상적인 기대로부터 벗어나야 할 때, 작용하기 시작하는 것이 이러한 변명들인 것이다. 어느 경우이든 설사 공직의 규범이 책임의 정도에 영향을 미친다고 해도 그것들이 책임을 완전히 면해 줄 수는 없다. 공직의 규범들이 인과적 사슬로부터 공직자가 벗어날 수 있도록 해주지는 못하는 것이다. [62]

선한 의도

행위자의 의지를 근거로 하는 변명은 인과적 기준에 의해서 특정한 공직자가 한 결과의 원인임을 확정짓고 난 후에야 쟁점화될 수 있는 것이다. 특정한 결과에 대한 비난을 모면하기 위해서 그러한 결과를 야기한 공직자는 무지나 강압에 의한 것이었다고 변명하는 것이 보통이다. 그러나 그 공직자는 자신이 그러한 결과를 낳을 것을 의도한 것은 아니라는 더욱 일반적인 변론에 호소할 수도 있다. 이러한 변론이 타당한 것이라면 무지나 강압에 호소하는 변명은 논외의 문제가 될 것이므로 먼저 이 문제를 살펴보아야 할 것이다.

책임에 대한 몇몇 이론들은, 공직자들이 책임져야 할 것은 그들이 의도한 것일 뿐이지 그들이 내린 결정의 결과로 다른 누군가가 행위한 것에 대해서는 책임을 지지 않거나, 적어도 직접 행위한 사람이 져야 할 책임만큼 많은 책임을 져야 하는 것은 아니라고 주장함으로써 행위자의 의지에 근거한 변명을 뒷받침해 준다. 칸트는 이러한 관점을 매우 절대적인 형식으로 표현하고 있다. 예를 들어 칸트는 당신의 친구, 즉 희생의 목표가 되는 사람이 어디에 숨어 있는가를 묻는 살인자에게조차도 진실을 말해야만 한다고 강변한다.[63] 당신은 당신 자신의 의도적 행위(진실을 말하거나 거짓을 말하는 것)에 책임을 진다. 그래서 만약 당신이 진실을 말한다면 당신의 정직성의 결과로 빚어진 다른 사람의 행위에 대해서 당신이 비난받을 수는 없다는 것이다.

이러한 관점은 일상적인 우리의 도덕적 삶에 비추어볼 때, 결코 성립하기 어려운 것이며, 공적인 생활이라는 면에서 보면 더욱 더 성립하기 어려운 것이다. 아마도 우리는 공직자들이 결과주의적 계산을 함으로써, 거짓말이나 아니면 칸트주의적 관점에서는 절대적으로 잘못된 다른 행위들의 실행여부를 결정하도록 해야 한다는 입장을 거부해야만 할 것이다. 그러나 우리가 공직자들의 행동에 대해 다른 사람들이 예견 가능한 반응을 보였을 때에 그들의 행위에서 비롯되는 유해한 결과를 피할 수 있도록 공직자들이 예방조치를 취하지 못한 점에 대해 공직자들이 도덕적으로 책임을 져야 한다고 생각하고 있는 것은 여전히 확실하다. 결과를 경시하는 전통도덕조차도 특정한 원칙을 따름으로써 어떤 나쁜 결과가 발생하는지, 그리고 어떤 성품들을 발전시킴으로써 그러한 결과를 피할 수 있는지까지 우리가 고려해야 한다는 사실을 받아들이고 있는 것이다.[64]

어떤 철학자들은 칸트적 학설의 한 유력한 형태를 옹호한다. 이는 의도되지 않은 우리 행위결과들 중 몇몇에 대해서 우리가 도덕적으로 책임을 진다는 점은 인정하지만 우리는 우리가 의도한 것에 대해서만 "일차적인" 또는 "개인적인" 책임을 진다는 것을 강변하는 견해이다.[65] 이러한 책임론은 우리가 의도하지 않은 더 큰 해악을 회피하기 위해서 의도적으로 해로운 행위를 할 수는 없다는 것을 분명히 함축한다.[66] 그러나 이러한 식으로 책임을 회피하는 것은 우리가 공직자를 비난하기를 원하는 그러한 많은 해악들에 대해 공직자를 비난할 수 없게 만드는 것이다. 이러한 관점에 따르면 부주의나 부패로 인해, 경찰의 보호업무에 쓰여야 할 돈을 전용한 공직자들이 보호활동이 축소된 결과로 일어난 형사상의 폭행에 대한 도덕적 책임도 물을 수 없게 된다. 그러한 폭행 사건들이 일어날 것이라는 사실을 공직자들이 설령 예견할 수 있었다 하더라도 아무런 책임도 지지 않을 수 있는 것이다.[67]

그러한 이론들이 의도하지 않은 결과들에 대해 도덕적으로 비판할 수 있는 여지를 논리적 모순 없이 남겨둘 수 있다 하더라도, 그러한 이론들은 의도에 우선성을 부여함으로써 의도하지 않은 결과들이 만연하여 그것들이 직무상의 위험으로 간주되는 정부기구에서 책임의 본성을 왜곡하는 것이다.[68] 베트남 전쟁의 확대를 일관되게 반대하며 미군 철수를 촉구했던 존슨 행정부의 공직자들은, 물론 그들의 반대가 전쟁을 계속하려는 존슨의 결심을 강화해 주는 효과를 얻게 하려고 한 것은 아니다. 그러나 확전 반대자들은 "정책결정 과정에 편입되었고", 그들의 이러한 참여는 결과적으로 그들이 반대한 결정을 정당화하는 데 도움이 되고 말았다.[69] 확전 반대자들은 시성조사역※으로 환영받았고, 그들의 입장에 반대하는 대통령과 그의 동조자들의 입장을 재확인해 주는 그들의 존재는 진지하게 고려되었다. 그들 자신의 의도와 반대로 이러한 반대자들은 전쟁 지속 방침을 유지하는 일군의 원인들에 편입된 것이다.

물론 반론이 [오히려] 그것이 반대하려고 하는 바를 진척시키는 요인으로 기능하게 되는 시점이 어디인지는 알기 어렵다. 그러나 그러한 시점이 도래한 것이 분명하다면, 즉 반론이 반론으로써 기능하는 것이 아니라 반대하고자 하는 것을 정당화하는 역할을 하게 되는 것이 분명하다면, 그리고 정치가나 우리가 그러한 반작용을 충분히 알 수 있다면 그때의 반대자들은 도덕적 장신구에 불과하다.[70] 그들의 의도를 고려했을 때, 확실히 우리는 의문시되는 정책을 지지했던 사람들보다 그것에 반대했던 사람들에게 덜 비판적일 수 있다. 그러나 그들이 선한 의도(good intentions)를 가지고 있었다는 것 때문에 결과에 대한 그들이 책임이 완전히 사라지는 것은 아니다. 물론 우리가 그들의 책임을 면해 주거나 덜어 주고 싶다면 그렇게 할 수도 있을 것이다. 그러나 그것은 그들이 선한 의도를 갖고 있었다는 사실을 지적함으로써가 아니라 그들이 반대하는 결과를 촉진시키고 있다는 사실을 알고 있었으리라고 기대할 수 없다는 변명이나, 그들이 그러한 결과를 막기 위해 아무것도 할 수 없었다는 항변을 수용함으로써만 가능하다.

의도가 공직자에게 책임을 부과하기 위한 필요조건이 아니라고

※ devil's advocate, 카톨릭에서 사용하는 용어로, 성결에 올릴 후보자의 자격심사에서 결점을 따지는 사람.

말한다고 해서 우리가 반드시 "모든 결과에 대해 모두가 동일한 도덕적 책임을 진다"는 견해를 수용해야 한다는 것은 아니다.[71] 그것은 단순히, 적어도 공직자들에게는, 책임의 경계가 의도를 기준으로 작성되는 윤곽보다 더 불규칙할 가능성이 높다는 것을 승인할 뿐이다. 책임의 경계를 추적하기 위해서는 다른 기준, 특히 무지와 강압이라는 기준에 주의를 기울여야 한다.

공직자의 무지

무지(ignorance) 일반이 타당한 변명거리가 된다면 무지로 인해 잘못을 저지른 공직자들이 결백하다고 보는 입장에도 아무런 문제가 없을 것이다. 그러나 여러 손의 문제에서의 무지는 한 공직자가 다른 공직자의 행위에 관한 구체적인 정보를 결여하고 있다는 사실에 관련된 것이다. 물론 반대할 만한 결과를 산출하는 데 일조한 공직자는 그 이전에 다른 공직자들이 잘못되게 행동했었는지 또는 잘못되게 행동할 것인지를 알지 못했다거나, 또는 알아야 한다는 요구를 받은 적도 없다고 주장함으로써 자신의 행위를 변명하려 할 것이다. 1961년에 UN 대사 스티븐슨(Adlai Stevenson)이 미국은 쿠바 침공과 무관하다고 말했을 때, 그는 그의 말이 거짓이라는 것을 모르고 있었을 것이다. 그는 그때 범해진 모든 잘못에 대해 어떤 책임도 지지 않는다.[72] 스티븐슨에게 진실이 말해졌어야 하는가는 또 다른 문제이다. 그러나 대사, 공보관, 그리고 이와 유사한 역할을 담당하는 이들은 그들에게 진실이 말해지고 있다고, 적어도 그들의 권한 안에서 정부의 활동에 관해 그들이 알 필요가 있는 모든 것이 말해지고 있다고 믿어야만 한다.

인과적 사슬의 다른 쪽 끝에서는, 어떤 공직자가 정책을 수행함에 있어서 다른 공직자들이 범하게 될 잘못들을 예견할 수 있다고 생각할 수 없을 때, 때로는 그러한 결과에 대한 그 공직자의 변명이 수용될 수 있다. 독일이 항복한 후에, 트루먼 대통령은 무기 및 물자 대여법에 의해 미국의 동맹국들이 받고 있던 음식, 의류, 그리고 다른 상품들의 선적을 종식시키는 법령에 서명했다. 이러한 공급품의 돌연한 중단은 트루먼이 그러한 법령을 철회할 때까지 동맹국의 많은 시민들이 고난을 겪을 위험에 처하게 하는 것이었다. 트루먼은 그의 보좌관들이 그의 원래 법령을 너무나 문자 그대로만 실행했다고 주장함으로써 그의 원래 법령을 옹호했다.[73]

그러나 공직자들 자신이 스스로 무지의 원인일 경우에는 그러한 변명이 성립되지 않는다. 예를 들어 공직자들은 하급자들에게 다른 사람들이 반대할 만한 특정한 계획들에 대해서는 자신에게 말하지 말도록 은근히 권유할 수 있다. 계획들이 신통치 않았을 경우 그러한 계획을 알고 있었다는 사실을 부인할 수 있도록 말이다. 그렇지 않으면 공직자들은 때때로 부지중에 그들이 어떠한 종류의 결론을 듣고 싶어하는지를 지적함으로써 하급자들로부터 잘못된 정보를 이끌어낼 수도 있다. 1965년에 미국이 도미니카 공화국에 간섭했을 때를 살펴보면 러스크(Rusk)와 맥나마라는 현직 미국대사에게 도미니카 공화국에 대해 물었다. "반란군이 승리하면 친공산주의적인 정부가 들어설 것이라는 그들의 관점에 대사가 동의하는지"를 물었던 것이다.[74] 현직대사가 동의한 것은 놀라운 일이 아니었다.

우리가 무지라는 평계를 거부하기 위해서 공직자는 몇몇 개별적인 공직자의 구체적인 행위를 예견해야 한다는 사실을 — 예를 들어 보좌관이 법령을 해석할 때 달리 해석하지 않고 바로 그렇게 잘못 해석할 것이라는 사실을 — 입증할 필요가 있는 것은 아니다. 그러한 유형의 실수가 빚어질 가능성이 있었다는 점을 그 공직자가 알고 있어야만 했다는 것으로 충분하다. 관료제하에서 특정한 양식의 잘못은 매우 공통적인 것이어서 유능한 공직자라면 그러한 잘못들을 예상하여 그것들을 회피하거나 적어도 유해한 결과를 최소화하기 위해 합당한 예방조처를 취해야 하는 것이다.

평화봉사단(Peace Corps)이 발족된 지 처음 몇 달 동안 외국 정부가 봉사단 프로그램에 제출했던 요구의 수가 너무 적었던 것에 실망한 쉬리버(Sargent Shriver)는 그의 '프로그램 입안자들'에게 더 많은 요구를 찾아내도록 재촉했다. 한 보고서에 따르면 프로그램을 '주머니 속에' 넣어서 돌아오지 못한 프로그램 입안자들은 해고되거나 냉대를 받았다. 결과적으로 몇몇 프로그램 입안자들은 가공적인 프로그램을 만들었다. 쉬리버는 그 자신의 명령이 그의 참모진들 중 몇몇에 의해서 그러한 행동을 유발할 수 있음을 예견해야만 했기 때문에 이러한 결과들에 대해 그 자신이 다소간 책임을 져야 할 것으로 생각된다.[75] 상급자가 하급자에게 결과를 내놓으라는 압력을 넣고, 문제는 있지만 이러한 결과를 달성하도록 해주는 관행을 눈감아 줄 것 같은 인상을 줄 때 — 1979년 가을에 보고된 추문을 수집하는 군대에서 단언적으로 일어났던 것처럼 — 상급자에게도 하급자와 동일한 수준의 비난이 돌아가게 된다. 무지는 책임을 면해 주는 것은 고사하고 경감해 줄 수도 없는 것이다.

그러나 공직자가 압력을 행사했다는 사실이 — 쉬리버가 행사했던 온건한 관료주의적 압력에 대해서조차도 — 그 공직자가 다른 공직자의 차후의 행동에 책임을 지도록 하는 필요조건은 아니다. 관료주의적 관례에 따라 행위한 공직자들은 그러한 행위의 결과가 나타났을 때, 그들이 더 이상 그러한 과정에 연루되지 않았다 할지라도 그러한 결과에 대한 비난을 모면할 수 없다. 추정컨대 캄보디아에 대한 폭격을 숨기기 위해 키신저(Henry Kissinger)가 1969년에 승인했던 이중장부 체계는 "기계적으로, 그리고 특별히 새로운 결정 없이" 지속됨으로써 1973년에 다른 공직자가 하원에 거짓된 정보를 제공하게 만들기에 이르렀다.[76] 최초의 폭격과 비밀의 유지가 어떻게든 정당화된다 할지라도 키신저는 차후의 기만에 대한 비난을 모면하지 못할 것이다. 관료주의적 관례들이 병적인 것이든 관습적인 것이든, (아니면 양자 모두이든) 그것들은 예견될 수 있다. 관료주의적 관례들이 종종 그것들의 원래 목적을 넘어서 조직 속을 배회하고 그들 자체가 살아 있는 것처럼 존속하는 것은 공직자들이 인식해야만 하는 조직 운용상의 특성이다. 한 결정의 결과가 그러한 관료주의적 양태에 적합하면 적합할수록 무지로부터의 변명에 근거한 공직자의 호소는 비현실적인 것이 되고 만다.

직위상의 강압

그러나 공직자에게는 아직도 책임을 모면하는 길이 남아 있을 수 있다. 가장 일반적이고, 결코 사람들의 예상을 벗어나지 않는 그런 관료적 행동양식들은 변화되기 어려운 것인 경우가 많다. 아울러 이런 행동양식들 중 일부는 공직자가 유해한 방식으로 행위하도록 계속하여 강요하는 것일 수도 있다. 설령 그러한 행위의 결과가, 즉 해로운 결과가 예견 가능한 것이라고 해도 말이다. 무지에 근거하는 변명이 뒷걸음치기 시작하는 바로 그때, 구원의 사도로서 강압(compulsion)에 근거한 변명이 등장한다. 공직자들이 결정에 대한 그들의 책임을 축소하기 위해 끌어들이는 많은 종류의 제약들 중에는 다른 공직자들의 행위에서 비롯되는 제약들이 공공대중의 본성이나 반응에서 비롯되는 세력분포에서 이끌어져 나오는 제약들보다 여러 손의 문제에 더 직접적인 영향을 미친다. 물론 책임의 문제가 대두되는 것은 특정한 공직자가 도덕적으로 반대할 만한 정책을 수행하라는 명시적인 명령을 내렸을 때이다. 그러나 현대관료 체계 속에서 일하고 있는 행정관들의 일상적인 활동 중에 이러한 종류의 강압은 상대적으로 드문 일이다.[77] 더욱 일반적인 것은 명시적인 명령이 주어진 것은 아니지만 하급자들이 상급자가 그들에게 도덕적으로 의심스러운 행위를 추구할 것을 기대하고 있다고 믿는 경우들이다. 이는 명령과 자유재량 사이의 회색지대이다. 상급자가 아무런 명령을 내리지 않았다고 해도 하급자의 행동여하에 따라 하급자를 신뢰할 때, 상급자가 하급자의 행위에 대해 책임을 져야 하는 것은 하급자가 자신의 행위에 대해 책임을 져야 하는 것과 마찬가지이다. FBI 국장 그레이(L. Patrick Gray)에게 헌트(E. Howard Hunt)의 금고에서 유죄를 입증할 수 있는 파일을 파괴하라는 명령을 내린 사람은 아무도 없다. 그러나 후에 그레이가 증언한 것처럼, "분명한 암시는 … 이러한 두 파일이 파괴되어야 한다는 것이었다." [78]

상급자의 명령이나 기대보다 더 일반적인 유형의 제약은 이제 더 이상 누구인지를 확인할 수도 없는 공직자들이 수립해 놓은 다양한 관행들에 의해 창출된 것들이다. 그러한 관행들은 공직자의 선택범위를 특정한 영역 안으로 제한할 수 있으며, 그렇게 함으로써 자신의 책임을 덜 수도 있는 것이다. 뉴욕 시의 공채시장이 붕괴하기 직전인 1975년 봄에 발생했던 뉴욕 시의 재정위기 기간 동안 비임(Beame) 시장이 겪어야 했던 딜레마를 살펴보기로 하자.[79] 비판가들은 다른 비난 중에서도 특히 비임이 시 재정의 진정한 상태를 알리지 않음으로써 공중을 오도했다는 사실을 들어서 그를 비난했다. 비임은 예산이 뉴욕 시의 재정상황을 오도하고 있는 것은 사실이라고 해도 그것은 자신의 잘못이 아니라고 강변했다. 그는 예산을 오도하게 만든 의문스러운 회계관행 — 비판가들은 그것을 '트릭'이라고 불렀다 — 을 물려받았다는 것이다.

그는 그러한 관행에 대해서 알고 있었지만 그가 그러한 관행을 변화시키거나 공표하려고 하면 시 재정이 무너지거나 수백만 주민들의 생계와 복지가 위험에 처할 것이라고 믿었다는 것이다. 예를 들어 시 예산은 시에서 받고자 하는 연방 보조금 및 주(州) 보조금의 총계를 과도하게 설정하고 있다. 연방 및 주 공직자들은 할당하려고 하지 않는 금액을 시 공직자들은 '수취 가능한' 것으로 기록하고 있기 때문이다. 비임은 그가 장부에서 논란이 될 만한 수취금액을 제거하거나 아니면 그것들에 논란의 여지가 있다는 것을 인정하기라도 했다면, 그는 연방정부나 주정부로부터 이러한 자금을 모을 수 있는 기회를 상당히 잃게 되었을 것이라고 주장했다. 바꾸기가 어려운, 그러면서도 비임 자신이 만든 것은 아닌, 그런 다른 '트릭'들이 존재한다는 것이다.

우리는 이러한 관행들의 존재에 대해 시장으로서 비임을 용서해 주고, 이러한 관행들이 그가 결정할 수 있는 범위를 제한했다는 사실을 들어서 그에 대한 비난의 정도를 낮춰줄 수도 있을 것이다. 전임자들에게 더 많은 책임을 돌리는 것이 정상적인 태도일 것이다. 그러나 이러한 경우에도 문제가 있다. 그의 전임자들 중에는 회계감사관 에이브 비임[1969~73, 1962~65], 예산국장 에이브 비임[1952~61], 그리고 예산부국장 에이브 비임[1946~52]이 들어 있는 것이다. 개인적 책임은 역할에 관련된 책임과 달리 언제나 공직자들을 따라다니는 것이다.

의도상으로는 반대할 이유가 없는 일부 관료주의적 관행들이 공직자의 업무 수행을 잘못된 방식으로 제약하고 있는 것으로 나타난다. 그러한 관행들은 특히 "대민업무에 종사하는 관료들"— 사회복지부서의 공직자, 경찰관, 그리고 시민들과 빈번히 만나거나 불특정한 상황에서 상당한 자유재량권을 행사하는 다른 공직자들— 에게 영향을 미친다.[80] 이러한 공직자들에게는 업무수행에 있어서 모범을 보일 것이 요구되는 반면에 그들이 그러한 요구를 충족시키기에 충분한 재원을 갖는 경우는 드물기 때문에 그들의 실패에 대한 책임을 회피하기 위해 '관료주의적 메커니즘'을 발전시킨다. 직업교육 프로그램을 담당하는 공직자는 프로그램을 수료한 후에 일자리를 얻은 훈련원생들의 숫자에 의해서 평가받기 때문에 공직자들은 곧바로 일자리를 얻을 수 있는 것처럼 보이는 청소년들을 모집하는 경향이 있다. 이렇게 모집된 청소년들은 하위계층적 성향을 지닌 청소년들보다는 중산층적인 성향을 지닌 청소년들이라는 것이 판명되었다.[81] 이렇게 하여 외관상으로는 중립적인 평가절차가 공직자의 차별적인 관료주의적 행위를 야기했던 것이다.

이러한 상황에서라면 우리는 그러한 절차를 구성한 고위 공직자들에게 주요한 책임을 돌리고자 할 것이다. 그러한 공직자를 우리가 확인할 수 있기만 하다면 말이다. 그러나 대민업무에 종사하는 관료들 자체를 비난할 수 없다고 생각할 수도 없다. 고정된 관행에서 비롯되는 제약 내에서도 어떤 공직자는 다른 공직자보다 업무를 더 어설프게 처리한다. 그리고 이러한 개별적 공직자들 간의 차이 때문에 그들에게도 책임을 부과할 여지가 남는 것이다. 이러한 차이들 — 가령 평균적인 업무성과 — 을 측정한다고 해서 개별적인 공직자들의 책임을 평가하는 만족할 만한 기준이 도출되지는 않을 것이다. 심지어는 고정된 관행에서 비롯된 제약들을 전제할 때조차도 모든 공직자들이 자신들이 할 수 있는 것보다 더 훌륭히 업무를 처리하지는 못할 것이기 때문이다. 우리에게는 가상적인 평균적 업무성과에 기초한 기준, 즉 그러한 상황에서라면 평균적인 공직자들이 업무를 어느 정도나 처리하리라고 기대하는 것이 합리적이겠는가에 대한 물음('합리적인 관료' 테스트?)이 필요할 것이다. 더욱이 이러한 하위 공직자들이 어떻게 해서 특정한 관료주의적 관계가 그들로 하여금 도덕적으로 의문스러운 방식으로 업무를 수행하게 했는가를 인식하기에 이르렀다면, 그들은 결함 있는 구조 내에서 일하는 다른 공직자들과 마찬가지로 결함에 주의를 기울일 구체적인 책임을 얻게 된다. 비록 그들이 그런 결함을 교정할 수는 없다고 해도 말이다.

우리가 공공정책에 대해 개인적으로 책임을 지는 공직자가 누구인가를 가려내는 한, 우리는 민주시민으로서 정부에 대한 칭찬과 비난을 구체적이고 강력하게 퍼부을 수 있게 된다. 결정 및 정책들과 매우 밀접히 연결된 개인들을 발견하기 위해서 우리는 위계적·집단적 책임이라는 보다 더 단순한 기준들은 물론이고 대안적 원인이나 순수한 의도를 강조하는 변명들처럼 개인적 책임 자체를 과도하게 단순화하는 정식화도 피해야 한다. 개인적 책임이라는 개념은 공직자들의 행위에 대해 많은 것을 알고 그들의 행동에 대해 더욱 세밀한 판단을 내릴 것을 시민들에게 요구할 것이다. 그러나 그러한 개념은 민주적 문책을 위한 더욱 확고한 토대를 제공한다.[82]

개인적 책임이라는 개념은 현재 일하고 있는 공직자들보다 관료구조에 더 책임이 있다고 할 결정이나 정책들에 대해서도 책임을 물을 수 있게 해준다. 개인적 책임은 공적인 지위나 집단에 결부되는 것이 아니라 개인에게 결부되기 때문에 공직자들이 가는 곳에는 어디나 그것이 따라다니게 된다. 우리는 언제나 그것을 추적할 수 있다. 시장이 감독관이었던 과거에나, 아니면 자신이 가장 덜 나쁜 대안이었다는 법무장관의 주장이 올바르다는 것을 실증해 줄 미래에나 말이다. 더욱이 우리가 결함 있는 구조에서 이루어진 유해한 결정에 대해 특정한 공직자의 책임을 평가하려 할 때, 우리는 그러한 구조를 비판하고 변화시키려 했던 그들의 노력을 참작한다. 비록 공직자들이 자신들이 만들어낸 것은 아닌 상황에서 그들이 할 수 있는 한에는 최선을 다한다 하더라도, 만약 그들이 그러한 상황들을 단순히 그리고 막연히 수용한다면 그들은 비난을 피할 수 없을 것이다.

이런 방식으로 도덕적 책임을 확장하는 근거는 의지적 기준에서 마련된다. 잘못된 정부기구를 운용하는 공직자들은 그 잘못에 대해서 다른 사람들보다 더 많은 것을 안다고 추정될 수 있다. 무지로부터의 변명은, 그러므로, 그들이 일반적으로 이용할 수 있는 것이 아니다. 그들은 또한 종종 그러한 잘못들에 대하여 무엇인가를 할 수 있는 사람은 아무도 없었다는 주장을 실현시키거나 꺾어버릴 수 있는 최상의 위치에 있다. 그러므로 강압에 의거한 변명도 공직자가 비판과 개혁을 촉진시키지 못했을 경우에는 현실성이 떨어지게 되는 것이다. 그래서 우리는 책임을 확장하기 위해서 개인적 책임에 관한 우리의 관습적인 관행 중의 몇몇을 이렇듯 일반적인 방식으로 변화시켜야 한다. 이렇게 확장된 책임이 요구하는 구체적인 종류의 변형과 그에 대응하여 그것이 정부관행에서 요구하는 변화는 공직자의 책임을 강화하기 위한 형법의 적용에서 ─ 이것이 다음 장의 주제이다 ─ 분명히 나타난다.

우리가 정부에서 비롯된 모든 종류의 악덕들에 대해서, 아니면 적어도 가장 극악한 악덕들에 대해서라도, 책임을 져야 할 공직자를 모두 찾아내리라고 기대할 수는 없다. 그것은 우리가 정부가 이따금 이룩해 내는 훌륭한 성과들에 대한 찬사를 돌려야 할 공직자를 항상 확인할 수는 없는 것과 마찬가지이다. 그러나 개인적 책임을 물으려고 함으로써, 좋은 정부와 나쁜 정부에서 인간이라는 행위주체(human agency)가 수행하는 역할을 이해하기 위한 최선의 토대가, 그리고 민주주의가 정부의 공직자들에게 요구하는 책임감을 제고하기 위한 가장 강력한 기초가 마련되는 것이다.

[원 주]

1) 심지어는 공공정책에 관한 연구에서 최근의 윤리적 전회에 가장 많은 기여를 한 학자들 사이에도 여전히 외로운 지도자의 패러다임이 폭넓게 영향력을 행사하고 있다. 이러한 패러다임은 '더러운 손'에 대한 토론에서와 같이 명시적으로 드러나기도 하지만, 정상적인 경우라면 어떤 행위주체에 대한 언급 없이 이루어지는 공공정책에 관한 분석에서와 같이 암묵적으로 받아들여지고 있는 경우가 더 많다. 예를 들면 Charles W. Anderson, "The Place of Principles in Policy Analysis," *American Political Science Review*, 73 (Sept. 1979), pp.711~723, Brian Barry and Douglas Rae, "Political Evaluation," *Handbook of Political Science*, ed. Fred Greenstein and Nelson Polsby (Reading, Mass. : Addison Wesley, 1975), pp.337~401, Sissela Bok, *Lying* (New York : Random House, 1979), Joel Fleishman and Bruce Payne, *Ethical Dilemmas and the Education of Policy Makers* (Hastings-on-Hudson, N.Y. : Hastings Center, 1980), Stuart Hampshire et al., *Public and Private Morality* (Cambridge : Cambridge University Press, 1978), David E. Price, "Assessing Policy : Conceptual Points of Departure," *Public Duties*, ed. Jole Fleishman et al. (Cambridge, Mass. : Harvard University Press, 1981), pp.142~172, John Rohr, *Ethics for Bureaucrats* (New York : Dekker, 1978), 그리고 Michael Walzer, "Political Action : The Problem of Dirty Hands," *Philosophy and Public Affairs*, 2 (Winter 1973), pp.160~180 등을 보라.

2) H. L. A. Hart, *Punishment and Responsibility* (New York : Oxford University Press, 1968), pp.211~230, and Jole Feinberg, *Doing and Deserving* (Princeton, N.J. : Princeton University Press), pp.24~54.

3) 오스틴의 고전적인 글 "A Plea for Excuses," *Proceedings of the Aristotelian Society*, 57 (1956~57), pp.1~30은 이 주제에 관한 가치 있는 자료이다. 그러나 더욱 직접적인 것은 *Causation in the Law* (Oxford : Clarendon Press, 1959)의 Feinberg, H. L. A. Hart, A. M. Honoré 등의 글이다.

4) 입법과정에서의 유비를 위해서는 4장의 '입법윤리에서 일반성 요구가 갖는 특수성(The Particulars of Generality)'에 대한 절을 참조.

5) 정치적 책임은 정치체계에 따라서 당국에 대해 누군가가 책임을 진다는 판단을 포함하는 것이다. 정치적 책임은, 도덕적 책임과 유사하게 그러나 법적 책임과는 달리, 어떤 한 결과에 대해서 특정한 사람이 그러한 결과를 실제로 야기하지 않았거나 그러한 결과가 발생하는 것을 막기 위해서 아무런 일도 할 수 없었다고 해도 그 사람에게 책임이 있다고 여길 수 있는 그런 종류의 것이다. 이 장의 목적들 중의 하나는 정치적 책임을 도덕적 책임과 더욱 유사하게 만들어야 한다고 제안하려는 것이다. 비록 또 다른 중요한 목적이 정치적인 맥락에서 일상적인 우리의 도덕적 관념들을 일부 수정해야 한다고 제안하는 것이기는 하지만 말이다.

6) Max Weber, "Bureaucracy," in *From Max Weber*, trans. H. H. Gerth and C. Wright Mills (New York : Oxford University Press, 1958), pp. 196~197.

7) Weber, "Politics as a Vocation," ibid. p.95, "Bureaucracy," pp.214~216.

8) Weber, "Politics as a Vocation," p.95. 이러한 구분이 베버의 진일보한 주장, 즉 정치 지도자는 '궁극적인 목적의 윤리'에 따라 행동하기보다는 '책임의 윤리'에 따라 행동해야 한다는 주장에 의존하는 것은 아니다.

9) Hugh Heclo, "Issue Networks and the Executive Establishment," *The New American Political System*, ed. Anthony King (Washington, D.C. : American Enterprise Institute, 1978), pp.87~124.

10) Graham Allison, *Essence of Decision* (Boston : Little, Brown, 1971), pp.144~184.

11) Alan A. Altshuler, "The Study of American Public Administration" *The Politics of the Federal Bureaucracy*, ed. Alan A. Altshuler and Norman C. Thomas (New York : Harper and Row, 1977), pp.2~17, Theodore J. Lowi, *The End of Liberalism*, 2nd ed.(New York : W. W. Norton, 1979), pp.92~126, Francis E. Rourke, *Bureaucratic Power in National Politics*, 3d ed. (Boston : Little, Brown, 1978), p.253.

12) Weber, "Bureaucracy," pp.232~233.

13) 예를 들면 Lowi, pp.295~313.

14) Victor Thompson, *Modern Organizations* (New York : Random House, 1961), pp.129~137, Murray Edelman, *The Symbolic Uses of Politics* (Urbana : University of Illinois Press, 1964), p.79.

15) Arthur M. Schlesinger, Jr., *A Thousand Days* (Boston : Houghton Mifflin, 1965), pp.289~290.

16) 1973년 4월 30일에 이루어졌던 닉슨의 대국민담화 CBS 방송 녹화 테이프에서 채록하였다.

17) Herbert Kaufman, *Red Tape* (Washington, D.C. : Brookings, 1977), pp.27~28. 전쟁범죄의 맥락에서 유사한 논변들에 관한 논의에 대해서는 Peter A. French, ed. *Individual and Collective Responsibility* (Cambridge, Mass. : Schenkman, 1972)를 보라.

18) W. H. Walsh, "Pride, Shame and Responsibility," *Philosophical Quarterly*, 20 (January 1970), p.4.

19) Ibid., p.5.

20) Feinberg, p.248. 이 장의 원본을 공표한 이래로 집단적 모델에 대한 더 많은 옹호논변이 나타났다. Peter A. French, *Collective and Corporate Responsibility* (New York : Columbia University Press, 1982), Ronald Dworkin, *Law's Empire* (Cambridge, Mass. : Harvard University Press, 1986), pp.167~175, 187 등을 보라.

21) 그로부터 도덕적 책임을 그러한 여건에 처해 있는 집단에 귀속시켜야 한다는 결론이 필연적으로 도출되는 것은 아니다. 더욱이 한 집단이 도덕적 책임을 지는 것으로 여기는 것이 의미있다 해도 집단적 잘못에 대한 개별적 책임이 필연적으로든 일반적으로든 사라지는 것은 아니다.

22) Richard J. Stillman, ed., *Public Administration : Concepts and Cases*, 2nd ed. (Boston : Houghton Mifflin, 1976), p.34. 다른 예로는 Edward Weisband and Thomas Franck, *Resignation in Protest* (New York : Penguin, 1976), pp.79~80을 보라.

23) 이러한 기준들은 난해하기로 악명 높은 철학적 쟁점들을 부각시킨다. 여기에서는 이러한 쟁점들 중에서 겨우 몇 개만 언급되었을 뿐이다. 주해에 인용된 최근의 성과물들에 덧붙여 다음과 같은 고전적인 자료들을 참조하라. 여전히 시사적일 것이다. Aristotle, *Ethica Nicomachea*, *The Works of Aristotle*, ed. W. D. Ross (Oxford : Oxford University Press, 1963), bk.III.1~5. 또한 Richard Sorabji, Necessity, *Cause and Blame : Perspectives on Aristotle's Theory* (Ithaca ; Cornell University Press, 1980)을 보라.

24) 그러한 기준에 대한 해석은 여기에서 지적된 것보다 훨씬 복잡할 뿐

아니라 책임이론에 관한 가장 훌륭한 두 성과물 사이의 논쟁의 주요한 초점이기도 하다. Cf. Hart and Honoré, pp.61~62, 103~122, and Feinberg, pp.184, 201~202. 여기에서 나의 해석은 파인버그의 것을 더 밀접히 따르고 있다.

25) 예를 들면 John Ladd, "Morality and the Ideal of Rationality in Formal Organizations," *Monist*, 54 (Oct. 1970), pp.513~515.

26) Ibid., p.514.

27) 파핏은 우리의 도덕적 사고를 개조함으로써 집단적 행위의 결과에 도덕적 책임을 귀속시키는 문제를 일부 해결할 수 있도록 해주는 데 찬동한다. Derek Parfit, *Reasons and Persons* (Oxford : Clarendon Press, 1984), pp.67~86. 그는 한 개별적인 행동이 다른 사람에게 해를 끼치지 않을 것이라고 해도 그러한 행동이 다른 사람에게 해를 끼치는 집단적인 행동의 일부일 경우 그러한 행동은 여전히 잘못된 것이라는 이론을 발전시킨다. 이러한 이론의 합당한 근거는, 인류가 작은 공동체를 이루며 살았을 때와는 달리 현대사회에서는 개별적인 행동들 하나하나가 과거보다 더 많은 사람들에게 영향을 미치기 때문이라는 것이다 (pp.85~86). 더욱이 파핏의 이론은 공직자들에게 적용되어야 한다. (비록 그가 그러한 적용을 시사한 바는 없다고 해도 말이다.)

28) Hart and Honoré, p.117.

29) 정치 이론가는 이러한 기준에 의해 제기된 유관한, 그러나 복잡한 형이상학적 문제들을 무시해 버릴 많은 핑계거리를 갖고 있다. (실제로 그것들 중 몇몇은 타당한 것이다.) 이와 관련된 현대의 논의들 중에서 가장 훌륭한 것 두 가지는 다음과 같다. Harry G. Frankfurt, "Freedom of the Will and the Concept of a Person," *Journal of Philosophy*, 68 (Jan. 14, 1971), pp.5~20, P. F. Strawson, "Freedom and Resentment," *Studies in the Philosophy of Thought and Action*, ed. P. F. Strawson, (Oxford : Oxford University Press, 1968), pp.71~96.

30) Aristotle, bk.III.1, 1109b~1111b. Cf. Jonathan Glover, *Responsibility* (London : Routledge and Kegan Paul, 1970), 특히 pp.60~61, Alan Donagan, *The Theory of Morality* (Chicago : University of Chicago Press, 1977), pp.112~142.

31) 3장의 개인적 책임에 관한 논의 중 후반부를 보라.

32) Aristotle, bk.III.1, 1110a, 8~15.

33) Stillman, p.33.

34) Hart and Honoré, pp.225~226.

35) 이러한 형태에서는 대안적 원인에 근거한 변명이 이후에 이른바 원인 무효에 근거한 변명으로 전환된다. 두 종류의 변명 모두 부가적인 원인에 근거하는 변명과는 구별되어야만 한다 (Hart and Honoré, pp.216~225).

36) Weisband and Franck, pp.92~93.

37) Saul Friedlander, *Kurt Gerstein* (New York : Knopf, 1969), p.199.

38) Thomas E. Hill, "Symbolic Protest and Calculated Silence," *Philosophy and Public Affairs*, 9 (Fall 1979), pp.83~102.

39) J. Anthony Lukas, *Nightmare* (New York : Bantam, 1977), p.592.

40) Bernard Williams, "A Critique of Utilitarianism," *Utilitarianism : for and against*, ed J. J. C. Smart and Bernard Williams (Cambridge : Cambridge University Press, 1973), pp.97~98.

41) Ibid., p.116.

42) 그러나 Bernard Williams의 *Moral Luck* (Cambridge : Cambridge University Press, 1981), pp.40~53을 보라.

43) Hart and Honoré, pp.69~78, 94, 295를 보라.

44) Han Fei Tzu, *The Complete Works* (London : Probsthain, 1939), 1:113~133 (Herbert Goldhamer, *The Adviser* (New York : Elsevier, 1978), p.118에서 인용).

45) William R. Nelson, ed., *The Politics of Science* (New York : Oxford University Press, 1968), p.119, Lyman Bryson, "Notes on a Theory of Advice," *Reader in Bureaucracy*, ed. Robert K. Mreton et al. (New York : The Free Press, 1952), p.203.

46) 하트와 호노레는 (자문을 포함하는) '사람들간의 교류'가 그들의 일반원칙, 즉 차후의 자발적인 개입이 인과적 연결과 책임을 '부정한다'는 원칙에 예외가 된다는 사실을 인식하고 있다(pp.48~55, 171~172). 그러나 그들은 여전히 (적어도 법이론에서는) 자문을 요구한 사람이 자문위원의 자문에 기초하여 행동한 것에 대해 자문위원이 책임을 지는 것은 아니라고 강변하고 싶어한다. 그들은 그러므로 자문을 다른 형태의 영향력 행사, 즉 그들이 보기에 책임귀속을 보증하기에 충분한 영향력 행사 — 가령 권유 — 와 구분해야 한다. 그러나 구분을 설명하

기 위해서 그들은 또 다른 사람의 영향력 행사의 '결과에 따른' 행위라는 개념에 의존한다(pp.51, 78, 338~340). 그러나 어떤 개별적인 예에서 이러한 개념을 해석해 내기 위해서는 비인과적 요인들, 구체적으로는 자문위원의 의도나 주어진 자문의 종류 등에 호소하게 되고 마는 것이다.

47) Arthur M. Schlesinger, Jr., *The Coming of the New Deal* (Boston : Houghton Mifflin, 1959), pp.514~515, Allison, pp.203~204.

48) 그러한 변명은 위에 주어진 개인적 책임의 인과적 기준에 대한 보다 더 약한 해석을 거부하거나 적어도 보충하지 않고는 순수한 형태 그대로 사용될 수 없다. 행위나 행위결여가 원인으로 자격을 갖추기 위해서는 결과를 낳는 사건의 사슬 속에서 단지 많은 인과적 요인들 중의 하나 이상의 그 어떤 것이어야 할 것이다. 즉, 그것은 유의미한 요인이나 두드러지는 요인, 다시 말하면 그 변칙성에서 다른 '원인들'과 구분되는 것이어야 할 것이다. 그 문헌에서 그러한 변명에 대한 비판은, 이렇듯 더욱 많은 것을 요구하는 기준은 조직에 몸담고 있는 공직자들에게 책임을 귀속시킴에 있어서 치명적인 한계를 갖는다는 것이다. 그런데 그러한 기준은 또한 거의 모든 종류의 인간행위에 책임을 귀속시키기 위해 적용되었을 때에도 (순환성 같은) 더욱 일반적인 문제로 어려움을 겪는다.

49) Cf. Feinberg, pp.201~205.

50) Thomas Hobbes, *Leviathan*, ed. Michael Oakeshott (New York : Macmillan, 1962), pp.191~197. 적절한 종류의 상담이 무엇인지를 규정하기 전에 홉즈는 상담과 명령을 구분한다. 명령은 명령자의 혜택을 위한 것인 반면에, 상담은 상담을 받은 사람의 혜택을 위한 것일 뿐이다. "상담내용대로 행위해야 할 의무를 지닌" 사람은 아무도 없다. "상담내용을 따르지 않았을 때 상처받는 사람은 그 자신이기 때문이다." 따라서 상담내용 때문에 비난받을 (또는 고소당하거나 처벌받을) 사람도 아무도 없다. 이러한 구분은 새로이 작용하는 간섭효과(novus actus interveniens)와 동일한 결과를 낳기 때문에 실효성 없는 원인에 의거한 변명의 최초의 형태만을 지지할 것이다. 상담 유형에 대한 홉즈의 진척된 구분은 그러한 변명의 두번째 형태를 뒷받침한다.

51) Hobbes, pp.192~193. 마키아벨리는 또한 자문위원들이 "어떤 기획을 너무 열성적으로 주창하지" 않고 그들의 충고를 "조용히, 그리고 온건

하게" 제공하기를 원한다. 그러나 그가 그런 것을 원하는 이유는 그것이 상담자들이 그 역할에서 비롯되는 공통적인 딜레마에 대처할 수 있는 유일한 길이라고 보기 때문이다. 상담자들이 "공화국이나 군주에게 이로운 듯이 보이는 것을 충고하지 않는다면 그들은 그들의 의무를 다하지 못하는 것이고, 반면에 그들이 충고를 감행한다면 그들의 지위와 삶이 위험에 처하게 될 것이다." Niccolò Machiavelli, *The Discourses, in The Prince and The Discourses*, trans. Christian Detmold (New York : Random House, 1950), bk.Ⅲ, chap.35, p.514.

52) Operations Research Society of America, "Guidelines for the Practice of Operations Research," *Operations Research*, 19 (Sept. 1971), pp. 1134~1135, 1144~1148. 또한 "Reactions to the Guidelines," *Operations Research*, 20 (Jan./Feb. 1972), pp.205~244를 보라.

53) Paul Doty, "Can Investigation Improve Scientific Advice? The Case of the ABM," *Minerva*, 10 (April 1972), pp.282~287. 다른 예로는 Robert Gilpin, *American Scientists and Nuclear Weapons Policy* (Princeton : Princeton University Press, 1962), pp.262~298을 보라.

54) 가령 Edward S. Flash, Jr., *Economic Advice and Presidential Leadership* (New York : Columbia University Press, 1965), pp.276~325, T. E. Cronin and S. D. Greenberg, eds., *The Presidential Advisory System* (New York : Harper and Row, 1969), 그리고 Morton H. Halperin, *Bureaucratic Politics and Foreign Policy* (Washington : Brookings, 1974), pp.158~172를 보라.

55) Doty, p.281.

56) U.S. Atomic Energy Commission, *In the Matter of J. Robert Oppenheimer* (Cambridge, Mass. : MIT Press, 1971), p.236.

57) Robert J. Donovan, *Conflict and Crisis* (New York : Norton, 1977), p.97.

58) Alexander George, "The Case for Multiple Advocacy in Making Foreign Policy," *American Political Science Review*, 66 (Sept. 1972), pp.751~785, Aaron Wildavsky, *The Politics of the Budgetary Process*, 2nd ed. (Boston : Little, Brown, 1974), pp.166~167.

59) 최근 몇 년 동안 정치학자에 의해 제안된 가장 영향력 있는 구도는 충고가 적절히 기능하도록 하기 위해 필요한 일군의 정교한 구조적 조건들을 명시하는 것이다. George, pp.784~785를 보라.

60) 자문위원이 이런 식으로 자신의 역할을 넘어서는 것을 허용하거나 (또는 요구하는) 것은 자멸적인 자문체계를 창조하는 것이라는 점에서 반대가 있을지도 모르겠다. 한 자문위원이 특정한 시기에 다른 자문위원들이 집단적으로 균형감각을 상실한 충고를 제공하고 있다고 판단하고 자신은 적절한 균형을 맞추기 위해 자신의 충고를 교정하였다. 그런데 중도에 다른 자문위원들이 자신들 나름대로 최초 상황에서의 불균형을 동일한 방식으로 감지하고 균형을 맞추려고 했다면 그 결과는 잘해야 최초 상황의 불균형을 재생할 뿐이고 잘못하면 혼돈에 빠지게 될 것이다. 이러한 반론은 자문위원들이 독립적이고 동시적으로 행위하는 체계, 그리고 자문을 요청한 사람들에게 자문결과가 자문체계의 특정한 결함을 고려한 것이라는 정보를 제공하는 사람이 없는 체계를 가정해야만 한다. 현실세계에서는 이러한 가정들이 일반적으로 기능하지 않기 때문에 자문위원들은 그들이 실제 자문체계에서의 결함을 보충하지 못한 것에 대한 변명으로 제시되는 이러한 반론에 호소할 수 없다. 비록 그들의 일반적인 역할은 그러한 체계상의 결함들을 무시한 채 이루어지는 것이라고 해도 말이다.

61) Weisband and Franck, p.139.

62) 온두라스 담당 공직자에 대한 볼의 언급은 얼마간 다른 방식의 변론, 즉 역할이 요구하는 결정의 영역보다는 결정의 직접성에 기초한 변론을 제안한다. 그것은 유해한 결정으로부터 직무상 멀리 떨어져 있다는 사실이 그러한 결정에 대한 책임을 감소시켜 준다는 생각에서 비롯된 듯이 보인다. 베트남 문제를 처리한 모든 공직자들 중에서 군사적 행동은 승인하고 수행한 사람들이 군사적 행동을 외교적으로 지원한 사람들보다 더 큰 책임을 진다는 것이다. 그러나 정치에서는 조직이 개별적인 행동의 결과를 확대시키고, 또 조직에서는 직무상의 거리가 조직에 속하지 않은 개인들 간의 관계에서보다 더 무관한 요소가 되어 버린다. 1장 '민주주의 체제에서 발생하는 결정권자와 사태 간의 거리에 근거하여 더러운 손의 역설을 설명하려는 논변의 한계' 절 참조.

63) Immanuel Kant, "On a Supposed Right to Lie from Altruistic Motives," in *Critique of Practical Reason*, ed. Lewis White Beck (Chicago : University of Chicago Press, 1949), pp.346~350.

64) Donagan, pp.206~207.

65) Charles Fried, *Right and Wrong* (Cambridge, Mass. : Harvard Univer-

sity Press, 1978), pp.1~2, 20~28.

66) Fried, pp.21~22, 26, 28, 42, 168.

67) Fried, pp.22n, 160.

68) 이러한 이론들에 대한 표준적인 반례들은 어떤 목적에 대한 수단이 빚어내는 결과와 단지 부수적으로 발생한 결과가 구분될 수 있는 것인가를 의문시하는 것들이다(Cf. Fried, pp.23~24, 202~205). 이러한 예들에서 행위자는 의도된 목적을 달성한다. 문제는 예견 가능한 특정한 결과들에 대해 행위자가 책임을 지는가, 그렇지 않은가 하는 것이다. (그러한 결과들이 '수단'인가, 아니면 '부작용'인가?) 정부에 이러한 종류의 예들이 존재한다는 것은 의심할 수 없는 사실이라고 해도 더욱 일반적이고 연구에 도움을 주는 예는, 자문위원이 자신이 의도한 목적을 달성하지 못하고 사실은 정반대의 목적을 의도했음직한 경우의 사례들이다.

69) James C. Thomson, "How Could Vietnam Happen? An Autopsy," *Atlantic Monthly*, April 1968, pp.47~53, and George Reedy, *The Twilight of the Presidency* (New York : World, 1970), p.11. Cf. Albert O. Hirschman, *Exit, Voice and Loyalty* (Cambridge, Mass. : Harvard University Press, 1970), pp.115~119.

70) 사피어(William Safire)는 '거부된 조언'에 대해 다음과 같이 회고하고 있다. "백악관 참모의 임무는 위기의 시기에 대통령 집무실로 들어가서 '대통령 각하, 인기를 얻을 수 있는 일을 하십시오. 쉬운 길을 택하십시오'라고 말하는 것이다. 그러면 대통령은 '나의 자문위원들 중의 몇몇은 나에게 정치적으로 인기를 얻을 수 있는 일을 하라고 꾸준히 제안해 왔다. 나는 그러한 제안을 거부했다'고 말할 수 있게 된다." ("Rejected Counsel's Return," *New York Times*, Dec. 31, 1979, p.15.)

71) Fried, pp.34~35. 리건(Donald Regan)은 행위자의 책임을 전통적인 결과주의보다는 더 제한하고 프라이드의 이론 같은 이론들보다는 덜 제한하는 결과주의적 이론을 전개하고 있다. 리건의 "협동적 결과주의는 협동하지 않는 사람들의 행태를 전제하고," 각각의 행위자가 "가능한 한 최선의 결과를 낳는 데에 협동하고 있는 사람 누구와도 협동하도록" 하게 하는 것이다. *Utilitarianism and Cooperation* (Oxford : Clarendon Press, 1980), pp.164~189. 리건은 그의 이론을 일반적인 도덕이론으로 제시하고 있지만 그러한 이론은 특히 구조화된 활동들,

예를 들면 행위자가 협동에 필요한 협동자들과 행위들을 더욱 명료히 확인할 수 있는 그런 조직에서 행위하는 것에 적합한 듯이 보인다.

72) Robert J. Muller, *Adlai Stevenson* (New York : Harper and Row, 1967), pp.283~284.

73) Harry Truman, *Memoirs, Years of Decisions* (New York : Doubleday, 1955), 1:97.

74) John Bartlow Martin, *Overtaken by Events* (Garden City, N.Y. : Doubleday, 1966), p.659.

75) Charles Peters, "The Culture of Bureaucracy," *Washington Monthly*, 5 (Sept. 1973), pp.22~24. 다른 설명을 위해서는 Brent Ashabranner, *A Moment in History* (Garden City, N.Y. : Doubleday, 1971), pp.19~42 를 보라.

76) Henry Kissinger, "Letters," *Economist*, 272 (Sept. 8~14, 1979), pp.6~7, and *White House Years* (Boston : Little, Brown, 1979), pp.239~254.

77) 그것의 함축에 대해서는 또한 더욱 확장하여 논의되어 왔다. 특히 Michael Walzer, *Just and Unjust Wars* (New York : Basic Books, 1977), pp.287~327은 전쟁범죄에 관한 주목할 만한 작품이다. 또한 조직적 이견들에 대한 논의들을 살펴보라 (가령 Sissela Bok, "Blowing the Whistle," *Public Duties*, ed. Joel Fleishman et al. (Cambridge, Mass. : Harvard University Press, 1981), pp.204~220).

78) Congressional Quarterly, *Watergate* (Washington, D.C. : Congressional Quarterly, 1975), p.226.

79) Dennis F. Thompson, "Excuses Officials Use : Moral Responsibility and the New York City Fiscal Crisis," in Fleishman et al., pp.266~285.

80) Michael Lipsky, *Street-Level Bureaucracy* (New York : Russell Sage, 1980), pp.81~156.

81) Gedeon Sjorberg et al., "Bureaucracy and the Lower Class," in *Bureaucratic Power in National Politics*, ed. Francis E. Rourke (Boston : Little, Brown, 1978), pp.42~43.

82) 개인적 책임의 기준과 유사한 기준들을 채택한 정부 보고서의 최근 예 들에 대해서는 the Commission of Inquiry into the Events at the Refugee Camps in Beirut, 1983, *Final Report*, authorized translation reprinted in the *Jerusalem Post*, Feb. 9, 1983, pp.3~50을 보라.

제 3 장

공직자 범죄와 처벌의 문제

　자유주의적 전통에 따르면, 공직자들이 그들에게 맡겨진 일을 제대로 처리하지 못했을 때 시민들은 궁극적으로 "하늘에 호소" 해야 한다.[1] 이 말은 결국 하늘에 호소해야 하는 바로 그만큼 지상의 심판에 호소할 준비는 되어 있지 않다는 것을 의미한다. 이러한 현상이 공직자의 범죄를 처벌해야 하는 경우보다 더 분명하게 나타나는 경우는 없다. 형법은 시민들에 대한 정부의 범죄보다 시민들에 대한 시민들의 범죄를 처벌하는 기능을 더 잘 수행해 왔다. 그렇게 된 이유 중의 하나는 의심할 바 없이 처벌수단을 관장하는 쪽이 정부이기 때문이다. 그러나 여기에는 더 근본적인 이유가 있다는 것을 밝히는 것이 3장의 초점이다. 그리고 그 이유는 정부의 범죄는 형사적 제재조치의 적용을 정당화해 주는 도덕적 조건들을 만족시키지 않는 듯이 보인다는 것이다.

　기원이나 원리라는 면에서 볼 때, 형법은 일반시민으로서 행위하는 개인들에 의해 저질러지는 위반사항들에 대처하기 위한 것이다. 정부의 범죄는 종종 개별적인 범죄자나, 시민인 범죄자, 또는 그 양자 모두를 결여하고 있다. 범죄가 개인들의 의도적 결정의 산물이 아니라 조직적 구조의 산물일 때, 개별적인 범죄자가 존재하지 않을 수도 있는 것이다. 공적인 영역에서만 활동하는 개인들이나 조직들에만 범죄가 전가될 때, 시민인 범죄자들이 존재하지 않을 수도 있다. 정부의 범죄와 일상적 범죄 사이의 이러한 두 가지 차이가 여기에서 살펴보게 될 이론적 문제를 야기하는 것이다.

첫번째 차이는 도덕적 책임의 문제를 발생시킨다. 도덕적인 측면에서 요구되는 '범의(犯意, guilty mind)'를 결여하고 있는 것처럼 보이는 구조적 범죄를 저지른 개인이나 조직을 형법에 따라 처벌하는 것을 우리가 어떻게 정당화할 수 있는가? 이 문제는 정부뿐 아니라 복합적인 조직이나 법인을 통제하기 위해서 형법을 사용하는 경우에도 영향을 미친다. 두번째 차이는 정치적 책임의 문제를 지칭하는 것이다. 민주정부의 대리인으로서 그들의 직무 범위 내에서 저질러진 범죄에 대해 개인이나 조직체를 처벌하는 것을 우리가 어떻게 정당화할 수 있는가? 이러한 문제는 다른 조직체보다 정부에 형법을 적용하는 경우에 더 많은 영향을 미친다. 정부와 공직자들에게는 모든 시민을 위해 사용할 수 있는 재량권이 주어지며, 사사로이 사용될 경우에는 처벌의 대상이 될 수 있는 (폭력 같은) 방법도 때로는 허용된다. 정부와 공직자들은 그들의 더러운 손에 면책권을 주고자 하는 것이다.

이 장(章)에서 논의할 것은 이러한 문제들 중에서 어떤 것도 공직자에게 형법상의 제재조치를 적용하는 것을 가로막지는 않는다는 것이다. 그러나 이 두 문제는 개인적 책임과 공직에 대해서 더욱 광범위하게 생각해 볼 필요가 있다는 사실을 드러내주며 아울러 처벌에 대한 대부분의 견해에서 생각되고 있는 것처럼 정부의 범죄에 대해 조직이 책임을 져야 한다는 생각을 근본부터 부정하게 한다.[2] 이러한 논변의 한 가지 함축은 2장의 중심적 내용을 강화하는 것이다. 정부에 개인적 책임을 법적으로 강제하기 위해 형사적 처벌이라는 엄격한 제재조치를 가하는 것이 정당화될 수 있으려면, 보다 더 온건한 제재조치들이 더 많은 경우에 적용되어야 할 것이다. 그러나 그 자체만으로도 형사적 제재조치는 문책의 무기가 될 수 있는 자격을 충분히 갖추고 있다. 공직자들에게 책임을 묻고자 하는 어떤 다른 수단도 그것이 혁명과 복종 사이에 들어 있는 것인 한에는 형법과 동일한 목적을 이행하지 못한다. 형법을 적용할 수 없다면 시민들은 범죄에 대한 식별능력이 더욱 더 떨어지고 보다 더 엄정하지 못한 법령들을 적용할 수밖에 없을 것이다. 형사적 처벌이야말로 민주적 공동체를 위해 시민들이 공유하고 있는 표준적인 공직자상을 위반하는 사람들을 처벌하는 구체적이면서도 엄격한 수단인 것이다.

도덕적 책임의 문제

정부에서 도덕적 책임의 문제는 정부가 다른 복합조직과 공유하고 있는 특성에서 비롯되는 것이기 때문에 우리는 조직체 일반의 맥락에서 이 문제를 고려해야 한다. 법에서 이 문제에 관한 가장 지속적인 토론을 불러일으킨 것은 바로 법인(corpoation)이다. 최근에 몇몇 학자들은 법인에 구조적 범죄가 존재한다는 사실을 지적하고 표준적인 형태의 형법은 이러한 종류의 범죄에 제대로 대처하지 못한다는 점에 주목했다.[3] 이러한 관찰 자체는 여기에서 옹호하고 있는 관점을 포함해서 다른 많은 책임이론들과도 정합적인 것이다. 물론 그러한 범죄의 원인을 발견하려는 조사과정이나 그러한 범죄의 재발을 막으려는 개혁이 개인들에게만 초점을 맞출 수는 없다. 구조적 범죄의 존재는 훨씬 더 광범위한 함축을 갖는다고 단언하는 사람들이 상당히 많이 있다. 복합조직에서 일반적 책임문제를 다룰 때에는 구조적 범죄에 대한 구체적인 대답이 요구된다는 것이다. 우리는 이러한 주장에 "구조주의적 입론(the structuralist thesis)"이라는 이름을 붙일 것이다.[4]

구조주의적 입론을 옹호하는 사람들은 두 가지 특징적인 주장을 한다. 첫째, 그들은 조직체의 많은 범죄들에 대해 개인들에게 형사적 책임을 지울 수 있다는 것을 부정한다. 둘째, 그들은 조직체가 형사적 책임을 지는 것으로 간주될 수 있다는 것을 긍정한다. 이러한 두 가지 주장이 구분되어야 하는 이유는, 첫번째 주장은 많은 경우에 두번째 주장을 함축하지만 두번째 주장은 첫번째 주장과 상관없이 단독적으로 제기될 수 있기 때문이다. 예를 들어 우리는 각기 다른 유형의 범죄, 또는 심지어 동일한 범죄에 대해서도 개인과 법인 양자 모두가 책임을 진다고 주장할 수도 있는 것이다.[5] (우리가 첫번째 주장만을 받아들이는 것은 더욱 더 비현실적이다. 그것은 결과적으로 매우 조직적인 범죄에서는 어떤 행위주체도 책임을 지는 것으로 여길 수 없다는 것을 함축하게 된다.)

구조주의자들은 2장에서 논의된 집단적 책임모델의 몇몇 가정들을 공유한다. 그러나 그들의 주장은 더욱 제한적인 것이다. 구조주의자들은 특정한 조직의 범죄에 대해 그 조직의 성원들에게 책임이 있다고 말하는 것이지 모든 종류의 잘못에 대해 전 사회 성원들이 책임을 져야 한다고 주장하는 것은 아니다. 구조주의자들은 조직 차원에서 이루어진 결정이나 정책의 유해한 제반 결과들에 대해 아무도 도덕적으로 책임을 지지 않는다거나, 모든 사람이 책임을 진다는 결론을 수용하는 태도를 취하지 않는다. 그럼에도 불구하고 2장에서 집단적 모델에 반대하기 위해 사용되었던 개인적 책임의 개념이 구조주의적 입론의 첫번째 주장을 반박하는 논거에도 또한 사용된다.

개인적 책임

그러면 조직에서 일어난 범죄에 대해서는 개인적 책임을 추궁하는 행위가 정당화될 수 없다는 주장을 검토해 보기로 하자. 도덕적 책임처럼 형사상의 책임도 위반의 책임을 떠맡는 개인이 실제로 행위한 것과 다르게 행위할 능력과 지식을 갖고 있기를 요구한다. 많은 범죄에서 범의(犯意)를 확인한다는 것은 "행위나 그 결과와 관련하여, 그러한 행위를 직접적으로 행할 의사, 또는 범죄와 같은 그러한 무모한 결과를 야기할 의사가 있었던 것인지를 물어보는 것이다." [6)]

조직 차원에서 이루어진 범죄에 대한 책임을 개인들에게 귀속시키는 것을 거부함으로써 구조주의자들이 말하고자 하는 것이 아마도 조직에 속해 있는 개인들에 대해 법적으로 정당하게 형사적 책임을 지울 수 없다는 것은 아닐 것이다. 공직의 영역을 명백히 벗어난 불법적 행위가 처벌될 수 있다는 것조차 구조주의자들이 부정할 필요는 없다. 조직이 별도로 그럴 권한을 부여하지도 않았고, 그러한 행위를 조장한 적도 없는데도 뇌물을 받거나 민원인의 돈을 강탈한 공직자는 분명히 개인적으로 범죄를 저지른 것이다. 개인적 범죄와 직위에 따른 범죄 사이의 차이가 항상 분명한 것은 아니다. 그러나 이러한 차이는 프랑스 행정법에서의 개인적 실수(개인에게만 책임이 있는 실수)와 복무상의 오류(조직이 또한 비난받아야 하는 실수) 사이의 구분을 참조함으로써 가장 잘 이해될 수 있다. 개인적 실수에서는 "개인의 나약함과 정념, 경솔함"이 드러난다. 반면에 복무상의 오류에서는 그 사람의 개인적 특성과는 상관없이 "다소간 오류를 범하기 쉬운 존재로서 비개인적인" 공직자의 모습이 나타난다. [7)] 그러한 특성이 일차적으로 (자신의 목적을 위해서, 또는 조직의 목적을 위해 작용하는)

동기에 관련된 것은 아니다. 조직에서 대부분의 불법적인 행위는 아마도 동시에 많은 다른 동기들을 구현하려는 것이기 때문이다.[8] 직위상의 범죄는 형식적으로는 지시와 절차를 통해서, 형식 외적으로는 조직의 규범과 관행을 통해서 조직에 의해 권한이 부여되거나 뒷받침되는 행동이라고 할 수 있겠다.

그러나 모든 직위상의 범죄가 이러한 의미에서 책임문제를 발생시키는 것은 아니다. 보통의 경우라면 공직자가 단지 명령을 따르고 있다는 사실이 그가 형사적 책임을 면할 수 있도록 그를 보호해 주지는 못할 것이다. 심지어는 그 공직자가 그러한 명령이 조직의 고위 공직자에서 나왔다고 믿을 이유를 갖고 있을 때에도 말이다.[9] 엘스버그(Daniel Ellsberg)의 심리치료사 사무실 침입과 관련하여 공모를 했다는 혐의로 기소된 어리취먼(John Erlichman)은 자신은 대통령이 가택 침입을 인가했다고 믿고 있었고 그것은 합당한 믿음이었다고 변명했다. 연방직할지구의 법원은 설령 대통령이 그렇게 했다 하더라도 그는 침입이 법을 어긴다는 점을 인식하지 못한 데 대해 여전히 책임을 져야 할 것이라고 판정했다.[10]

단순히 많은 개인들이 하나의 범죄에 참여하기 때문에 책임의 문제가 발생하는 것은 아니다. 형법이 참여의 정도 — 이는 공모 및 다른 비조직적 범죄에서 개인의 역할을 포함한다 — 를 분간하는 방식은 도덕적 책임의 원칙에도 어느 정도 부합하는 것이다.[11] 집단적 행위결여(omissions)가 있었을 경우 — 한 조직의 모든 공직자가 그들 중 누구이든 막을 수 있었던 해악을 막아야 할 의무를 다하지 못했을 때 같은 경우 — 에서조차 보통법은 일반적으로 그들 각각 모두에게 책임이 있다고 여긴다는 점에서 도덕과 일치한다.[12] 구조주의적 입론이 현실성을 가지려면 개인적 책임에 대한 구조주의적 반론이 더욱 구체적으로 전개되어야만 한다. 구조주의자를 염려스럽게 만드는 듯이 보이는 문제는 조직의 두 가지 특성 — 전문화와 관례화 — 에서 비롯된다. 전문화로 인해 어떤 범죄에 대해 알고 있는 개인들(일반적으로 하위 공직자)이 그 범죄에 대해서 특정한 조치를 취할 수 있는 능력을 갖지 못할 수 있으며, 능력을 지닌 개인들(고위 공직자)은 그러한 범죄에 대해 알지 못한다. 조직적 노동의 분화가 이렇게 해서 도덕적 행위의 분화가 된다. 어떤 특별한 역할로 인해서 개인은 도덕적·법적 책임에 필요한 조건들 중에서 단지 하나만을 충족시키게 되는 것이다. 예를 들어 경찰직 공무원들은 뇌물을 받은 동료들을 보고서도 보복이 두려워서나 아니면 그들의 감독관들이 부패에 대해 아무런 조치도 취하지 않을 것이라는 믿음에서, 그러한 사건을 보고하지 않을 수도 있다.[13] 하급자들은, 종종 올바르게도, 상급자들이 조직에서 일어나는 불법적인 행동에 관해 알고 싶어하지 않는다고 믿는다.[14] 그러한 경우에 책임을 부과할 수 있게 해주는 조건을 매우 확실하게 충족시키는 공직자들만을 기소하는 것은 부패를 방지하지도 못하고 정의로운 처벌을 하는 것도 아니다. 개인적 책임을 강변하는 한, 우리는 범죄를 보고하지 않는 사람에 대해서는 가벼운 문책밖에 할 수 없고 그것에 대하여 아무것도 모르는 상급자에게는 아무런 문책도 할 수 없는 듯이 보인다.

조직 차원에서 이루어진 범죄에 개인적 책임을 귀속시키는 데에는 관례화도 장애물이 된다. 한 조직의 규범과 관행이 사람들의 의도와는 무관하게 범죄행위에 기여할 수 있다. 원래는 좋은 의도에서 만들어진 관행이 결국에는 범죄를 양산하게 할 수도 있다. 레이폴 웨스트에 위치하는 한 시(市)는 레스토랑과 카바레에 엄격한 보건안전기준을 적용하기로 했다. 아마도 시민들의 건강과 안전을 더 잘 보호하기 위해서였으리라. 그러나 그 기준이 너무나 엄격해서 어떤 사업체도 그 기준을 만족시킬 수 없었다. 시의 검사관, 경찰, 그리고 검사는 위반업체를 결정할 때에 많은 재량권을 누릴 수 있었다. 엄격한 조건이 선별적인 기소, 갈취, 뇌물을 불러들인 것이다.[15] 이와 유사한 다른 예들에서도 의식적으로 그렇듯 좋지 못한 관행을 확립한 사람은 아무도 없다. 관례는 단순히 조직의 비형식적 문화의 일부로서 수년 동안 조금씩 발전된 것이다.[16] 조직적 관례는 스스로 유지되고 범죄를 창출하는 데에 어떤 개인의 결정보다 더 큰 역할을 하는 듯이 보인다. 구조주의적 관점에 따르면 이러한 상황에서 개인에게, 형사상의 책임은 물론이고, 도대체 책임을 전가한다는 것 자체가 아무런 의미도 없는 것이다.

그런데 심지어는 구조적 범죄의 경우에도 구조주의자들의 주장이 정당화되는 것처럼 보이지는 않는다. 구조주의자의 실수는 한 번에 오직 하나의 범죄만을 봄으로써 조직적 행동에 대해 과도하게 정태적인 관점을 수용했다는 것이다. 만일 우리가 더욱 역사적인 관점에서 이 문제를 들여다보게 되면, 관례화와 전문화는 실제로 개인에게 책임을 귀속시키는 데에 도움이 된다. 조직이 관례를 발전시키기 때문에 조직의 실수는 예상 가능한 방식으로 재발한다. 우리가 조직의 구도를 파악할 수 있음에도 불구하고 조직 차원에서 이루어진 범죄가 반복되는 것이다.

조직 이론가들에게 알려지는 병리의 패턴은 조직에서 일하는 사람들에게도 똑같이 알려질 수 있고, 또 종종 그렇게 알려진다. 고위 공직자들이 그들의 조직에서 빚어지는 세세한 범죄들을 알아채지 못할 수도 있다. 그러나 그들은 (엄격한 기준을 강제하는 경우의 재량권처럼) 특정한 구조적 조건들이 조직의 부패를 초래한다는 것을 알고 있거나 알아야 한다. 이러한 조건들에 대해서 알고 그것들을 교정하는 조치를 취하리라고 우리가 기대해도 좋았던 개인들은 그렇게 행동하지 않았을 경우 도덕적으로 비난받아 마땅하며 어떤 경우에는 형사적 제재조치를 감수해야 한다. 적어도 우리는 이러한 조건들이 부패에 기여할 수 있다는 사실을 입법의원들에게 알릴 것을 공직자들에게 요구할 수 있는 것이다.

원인 또는 조건들이 미리 진단될 수 없는 곳이나 고위 공직자들이 하위 공직자들에게 의존함으로써만 부패를 보고받고 부패를 저지할 수 있는 경우에도, 여전히 우리는 개인에게 책임을 할당할 수 있다. 여기에서는 전문화가 개인적 책임의 귀속에 도움을 줄 수 있다. 조직들이 자신의 조직에서의 범죄를 발견하고 방지하며, 거리에서 범죄행위를 보고하고자 하는 공직자를 보호하는 책임을 구체적으로 전담할 직위를 설립하도록 법으로 정할 수 있다. 감찰관, 능력별 임용 보호국, 민원조사관, 의회위원, 그리고 취약성 평가 전문위원회 등이 조직 차원에서 이루어진 범죄를 미리 방지하지 못한 데 대해 특정한 개인에게 책임을 지울 수 있는 제도, 그리고 실제로 조직에 있는 모든 개인들에게 적어도 그러한 범죄를 보고할 책임을 지울 수 있는 제도를 설립하는 방향으로 나아가고 있다.[17] 범죄를 드러내는 것을 돕는 제도를 유지하고 보호하지 못하는 것 자체가 하나의 범죄일 것이다. 고립된 범죄에 대해 개인들이 형식적으로 책임을 지도록 하는 것을 어렵게 하는 바로 조직의 그러한 특성들 덕분에 조직에서 반복적으로 발생하는 범죄들에 대해 다양한 방식으로 개인들에게 책임을 부과할 수 있게 되는 것이다.

그러나 한 가지 문제가 남는다. 우리가 이런 식으로 편리하게 활용할 수 있는 개인적 책임이라는 개념은 형법이 정상적인 경우에 요구하는 범의(犯意)의 기준을 충족시키지 못한다는 것이다. 공직자들이 알았어야 했을 범죄에 책임을 지게 함으로써 그들이 실제로 그것에 대해 알고 있는지 여부에 상관없이 그들의 부주의(negligence)를 형사상의 유죄요건으로 인정하게 되는 것이다. 부주의를 벌하는 법체계를 갖춘 나라들이 상당수 있기는 하지만 그런 경우에도 대부분의 나라들은 심각하고 직접적인 신체적 위해를 포함하는 위반사례에만 제한적으로 그러한 관행을 적용하고 있으며, 이렇듯 제한된 형태조차 지속적인 비판을 받아왔다.[18] 우리가 부주의를 처벌할 때, 우리는 형법의 기본적인 도덕원칙— 사람들을 처벌하려면 그들이 "잘못이라고 알고 있는 행위를 의식적으로 선택했어야" 한다 — 을 어기는 것이라는 말이 있다.[19] 비판가의 관점에서 보면 형사적 책임의 경계가 무모함(위험에 대한 의식적 무관심)까지 확장될 수 있을지는 몰라도 부주의(사리에 밝지 못해서 위험을 알아채지 못함)까지 포함하지는 못할 것이다.[20]

(일반적으로 그런 것처럼) 이러한 형태로 진술되었을 경우, 부주의 처벌에 대한 반론은 너무나 광범위한 것이다. 형사적 책임의 근거로 작용하는 도덕원칙이 행위자가 법에 의해 금지된 해악에 대한 욕구나 앎을 염두에 두고 있어야만 한다는 것을 함축하지는 않는다. 오히려 그러한 원칙이 요구하는 것은 그 사람이 달리 행동할 수 있었다는 의미에서 그의 행위가 자발적인 것이어야 한다는 것이다.[21] 하트(H. L. A. Hart)가 보여준 것처럼 "결정적인 것은, 우리가 처벌하는 사람들이 행위시에 법이 요구하는 것을 행하고 법이 금지하는 것을 삼갈 정상적인 육체적·정신적 능력 및 이러한 능력들을 행사할 공정할 기회를 가졌어야만 한다는 사실이다."[22] 만약에 피고가 예방조치를 취하지 않았고, 그렇지만 분별 있는 사람이라면 그러한 예방조치를 취했을 것이고, 아울러 피고가 그러한 예방조치를 취할 능력을 갖고 있었다면, 법에 의해 그의 부주의를 정당하게 처벌할 수 있을 것이다. 이러한 접근법에 따를 때, 우리는 부주의와 엄격한 귀책성(liability) 사이에 형사적 책임의 경계를 그을 수 있을 것이다. 엄격한 귀책성은 도덕적 책임과 무관한 반면에(피고가 행했거나 행할 수 있었을 노력과 무관하게 위반행위를 처벌), 부주의는 여전히 도덕적 책임을 중시한다.

부주의가 몇몇 범죄를 처벌할 수 있도록 해주는 정당화 근거일 수 있다는 사실이, 부주의가 조직 차원에서 이루어진 범죄를 처벌할 수 있도록 해주는 토대라는 사실을 보여주는 것은 아니다. 부주의도 범죄일 수 있다고 보는 논평가들도 그 대부분이 합리적인 일처리의 기준으로부터 일상적으로 벗어난 경우보다 '크게' 벗어난 경우에만 제한적으로 그러한 시각을 적용하고 있다. 그런데 많은 조직 차원에서 이루어진 범죄는 아주 일상적인 듯이 보이는 부주의에서 비롯된다.[23] 회사에 순종함으로써 불공정한 기록을 가진 회사에 검사관을 할당하지 못한 광업국의 과장이나 지금 막 승인되려고 하는 약의 위험을 경고하는 내부기록을 무시한 FDA 직원이 "일반적으로 우리가 부주의하다고 규정하는 사람에 버금갈 정도로 일처리를 잘못한" 죄를 지은 것처럼 보이지는 않는다.[24] 더욱이 감독관의 태만을 범죄시하는 개량된 형태의 미국 형법 같은 경우도 부주의보다는 무모함('의지적인 태만')을 기준으로 채택하고 있다.[25]

그럼에도 불구하고 조직 차원에서 이루어진 범죄를 판정함에 있어서 부주의라는 보다 더 엄격한 표준을 채택해야 할 몇 가지 이유가 있다. 첫째, 부주의에 대한 처벌을 정당화하는 관점을 수용함으로써 우리는 범죄자의 현재 마음상태와 범죄가 즉각적으로 발생한 상황을 넘어서서 그를 부주의하게 만든 이전 상황에 주목할 수 있게 해준다. 이런 식으로 이러한 관점은 도덕공동체에서의 인간관계를 더욱 잘 나타내주는 책임 개념을 보여준다. 이러한 관점에서는 우리가 공직자들을 고립적인 개인으로, 그리고 의도적으로 다른 사람들에게 해를 입히지 말아야 한다는 의식을 공유하고 있는 그런 사람들로 생각하지 않는다. 대신에 우리는 그들을 오랜 시간 동안 서로 함께 일함으로써 형성된 특성을 갖고 있는 사람들로, 그리고 시민들에게 더 엄정하고 항구적인 관심을 보일 의무가 있다는 것에 대한 이해를 공유하고 있는 그런 사람들로 간주한다. 그런 공동체에서는 시민들이 그 공동체가 발전시켜 온 관리기준에 따라, 그리고 그러한 기준을 충족시키기 위해 기울여 왔던 노력에 의해 공직자들을 판정할 것이다. 조직은 그러한 기준을 뒷받침하기 위해 필요한 질서체계 및 연속성을 제공한다. 형법이 실용적인(practical) 이유에서 범죄의 즉각적인 맥락에 주목할 수도 있다. 그러나 도덕적 책임의 개념은 기본적으로 적어도 조직 생활에 적용되었을 때에 시간적으로 더 넓은 범위에서 이해되어야 한다.

조직에서의 부주의에 형사적 제재조치를 취해야 할 두번째 이유로는 부주의가 야기할 수 있는 해악의 본성을 들 수 있다. 업무수행 기준이 요구하는 주의의 정도는 업무의 위험도에 비례하여 정해지는 것이 전통이다. 그러한 위험도는 조직 차원에서 이루어진 범죄에서 더 높을 수 있다.[26] 거대한 조직체에서는 하나의 부주의한 행위에서 비롯된 해악의 크기와 지속성이 일반적으로 개인 자신들만의 행위에서 비롯된 것들보다 더 크다. 더욱 큰 위험은 규모의 효과에서 나오는 것일 뿐 아니라 기능의 효과로부터도 나온다. 예를 들어 '공직자 의무 불이행에 관한 법'이라는 보통법에서 '공중의 평화, 건강, 안전'을 포함하는 의무를 지니고 있는 공직자들은, 다른 공직자들은 전혀 비난받지 않을 그런 부주의에 대해서 형사적 책임을 져야 하기도 한다.[27] 더 큰 해악을 낳는, 조직 차원에서 이루어진 범죄의 성향으로 인해 표준에서 그리 크게 벗어나지 않는 일탈행위에 대해 보다 더 심한 형벌을 부과하는 것이 정당화될 수도 있다. 일탈의 수준이 일상적인 것이라 하더라도 잠재적 해악은 막대할 수 있는 것이다.

조직에 보다 더 엄격한 표준을 부과하는 또 다른 이유는 공직자들의 부주의가 야기할 수 있는 해악을 공직자들 자신이 과소평가하는 경향을 갖고 있기 때문이다. 노동 분화로 인해 자신의 행동이 어떤 결과를 낳을지를 잘 알 수 없게 됨에 따라 예방조치를 취하려는 노력이 실제보다 더 중요하지 않은 것처럼 보일 수도 있게 만드는 심리적 거리가 생겨난다.[28] 이러한 평가절하 효과를 보충하기 위해서 법에서는 어떤 개별적인 사례에서 산출되는 해악이나 이러한 유형의 부주의 일반에 의해서 산출되는 직접적 해악 중의 하나보다 부주의에 더 심한 제재조치를 가해야만 할 수도 있다. 부주의에 의한 해악이 의도적인 해악보다 그렇게 더 심한 제재조치를 필요로 하는 것은 아니라고 때때로 주장되기도 한다. 부주의한 행위는 그에 상응하는 의도적 행위보다 반복될 가능성이 더 적기 때문이다.[29] 일상적 생활에서 이러한 구분을 하는 것이 어떤 장점을 갖든 간에 조직활동에서는 이것이 성립하지 않는다. 조직활동에서는 부주의함으로써 영구적인 해악이 일어날 가능성이, 의도적으로 영구적인 해악이 일어날 가능성과 적어도 동일하기 때문이다. 아마도 부주의한 관료가 악한 의도를 가진 관료보다 더 많을 것이다.

끝으로 '동의(consent)'라는 개념은 공직자들에게 더욱 엄격한 부주의 처벌기준을 부과하는 것을 정당화해 준다. 동의를 통해서 우리는 조직에서의 부주의한 행동이 자발적이라고 주장할 더욱 강한 토대를 갖는 것이다. 공직자가 준수해야 할 것으로 추정되는 표준들은 비조직적 행위에서보다 조직적인 행위에서 더욱 명료하게 잘 알려질 수 있다. 또한 한 사람이 조직체에서 일정한 직위를 차지하기로 결정했다는 사실은 그러한 표준들의 수용을 의미하는 것으로 받아들여질 수 있다. 이러한 고려사항들이 우리가 부주의한 행위를 자발적인 것으로 간주하는 우리의 생각을 얼마나 정당화해 주는가는 조직과 법이 그러한 표준을 얼마나 강하게 뒷받침해 주는지에 달려 있다. 그것은 또한 공직자들이 조직 차원에서 이루어진 범죄를 막기 위한 조치, 또는 그러한 범죄에 참여하는 것을 피하기 위한 조치를 사전에 얼마나 손쉽게 행할 수 있는가에도 달려 있다.

공직자가 그러한 조치를 취하리라고 우리가 예상하는 것이 합당하지 않을 때, 우리는 법이 단지 지속적으로 범죄를 저지르는 행위만을 유죄로 판결하기를 바랄 수도 있다. 그러나 그럴 때조차도 법은 범죄 가담자들에게 범죄에 지속적으로 가담하지 않을 것 이상의 행위를 요구할 수도 있을 것이다. 적절한 공직자 또는 조직 외부의 사람들에게 보고하거나, 아마도 공직에서 물러나야겠지만, 그러한 행위를 공개적으로 널리 알릴 것을 그들에게 요구할 수도 있다. 공직자들이 범죄에 연루될 위험을 예견하게 되면 언제든지 스스로 사임해야 한다고 우리가 강변하고자 하는 것은 아니지만, 공직자들이 거기에 한몫을 해야 할 가능성이 높은, 그리고 그들이 사임하지 않는다면 회피할 수 없는 범죄양식을 보게 되었을 때, 그들이 사임하기를 바랄 수 있다는 것은 분명하다. 권력을 고수하는 것에 대한 가장 뻔뻔스러운 변명가 중의 한 사람인 텔리랜드(Talleyrand)조차도 이같이 인식한다. 그는 범죄를 저지르라는 명령을 받았을 때, 공직에 남아 있기로 한 그 자신의 결정을 합리화했지만, 동시에 그는 그 범죄가 근절되지 않는다면 공직자가 사임해야 한다는 점을 인정했다.[30] 게다가 공직에서 비롯되는 도덕적 책임은 사임으로 완전히 끝나지 않는다. 우리가 전임 공직자들이 또한 그들의 전임 공직자들의 부주의를 공중이 적어도 주목할 수 있도록 하게 하기 위해 다소의 노력을 해야 한다는 점을 강변한다고 해서 문제될 것은 아무것도 없다. 사임 후에도 도덕적 인생이 있으며, 아마도 법적 책임도 있어야만 할 것이다.

부주의라는 기준은 우리가 특별히 주목해야 할 만큼 복합적인 것임에도 불구하고, 우리는 일상생활에서의 부주의보다 조직에서의 부주의를 형사적으로 처벌해야 할 더욱 강한 이유를 갖는다. 이러한 이유들이 더 널리 인식된다면 시민과 공직자들은 공직에서의 부주의를 지금보다 더 엄격하게 바라보게 될 것이다. 공직자의 부주의를 처벌하는 더 강한 법률을 통과시킬 수 있을 것이다. 실천적으로도, 부주의한 공직자를 더욱 성공적으로 기소할 수 있게 될 것이다. 어느 경우이든, 이러한 이유들은 조직에서 공직자들의 형사적 책임을 확장시킬 이론적 기반을 제공함과 동시에, 개인들이 조직 차원에서 이루어진 범죄에 대해 개인적으로 책임을 진다고 생각해서는 안된다는 구조주의적 주장은 적어도 이런 면에서는 근거 없는 것이 되고 만다.

조직 차원에서의 책임

두번째 구조주의적 주장은 조직 자체가 형사적 제재조치의 대상이라는 것이다.[31] 조직을 투옥할 수는 없지만, 형벌로 벌금이 부과되거나 보호관찰을 선고하거나, 형사적으로 유죄선고를 받았다는 오명을 얻게 할 수 있다. 일부 구조주의자들은 잘못이 있다고 생각되는 특정한 사람들을 가려낼 수 없을 때조차도 조직에 책임을 물을 수 있다고 본다. 그러나 대부분의 구조주의자들은 수혜자 우월성(respondeat superior)의 원칙에 따라 조직을 대신해서 행위하는 개인이 잘못을 저질렀을 경우에만 조직에 책임을 물을 것이다.[32] 그래서 사실상 대부분의 구조주의자들은 조직이 유죄임을 확정하기 위해서 개인적 책임이라는 개념을 다시 끌어들여야 하는 것이다.

조직의 책임은 개인적 책임보다 더 효과적인 억지책을 제공한다고 주장된다. 조직은 그 조직에 속한 공직자들의 잘못된 행위를 발견하고 지도할 가장 좋은 위치에 있으며, 따라서 법이 충분히 엄격한 형벌로 조직을 위협한다면 조직이야말로 가장 효율적으로 공직자들의 잘못을 방지할 위치에 있다는 것이다. 이러한 주장에 비판적인 사람들은 법인을 억지할 정도로 충분히 큰 벌금은 일반적으로 법인의 지불능력을 초과할 것이라는 점을 지적해 왔다. 그러므로 종종 그러하듯이 발견될 위험은 적고 기대되는 이익이 클 때에는 그런 벌금이 전혀 억지수단이 되지 못할 것이다.[33] 또한 형벌이 높으면 높을수록 불법적 행동에 대해서 어떤 조치를 취할 가능성이 있는 공직자에게 불법적인 행위를 숨기려고 하는 내부의 압력이 더 커진다.

이러한 비판들이 조직에 책임을 부여하는 방법의 효과를 의심스럽게 하기는 하지만 그것들이 결정적인 것은 아니다. 개인을 처벌하는 것과 조직을 처벌하는 것의 효과를 비교할 수 있게 해주는 경험적 증거를 우리가 갖고 있지 못하기 때문이다. 그러므로 조직 차원에서의 책임이 갖는 도덕적 지위에 대한 의문이 비판의 핵심으로 자리잡게 된다. 조직에 도덕적인 책임이 있다고 여기는 것에 대한 반론들 중에서 살펴볼 필요가 있다고 생각되는 것들은 다음과 같다.[34]

첫째, 조직은 그 본성상 형법에서 요구되는 의미의 도덕적 행위 주체가 될 수 없다는 주장이다. 조직은 정신을 결여하고 있기 때문이라는 것이다. "조직은 정신상태를 소유하고 있지 않기 때문에, 정신적 상태"라는 개념은 "법인 피고에 적용되었을 때 무의미하다."[35] 부분적으로는 이러한 이유로 인해 민법이 있는 모든 나라에서 법인은 형사적 책임을 지지 않는 것으로 간주하는 것이 통상적인 규칙이다.[36] 조직은 인간과 동일한 의미에서의 정신을 소유하고 있지 않다. 그래서 법인이 개인들의 정신상태와 유사한 특성을 갖는다는 것을 보이려는 노력은 이러한 어려움을 해결하지 못한다.[37] 결정을 내리는 구조나 장기계획을 수립하는 능력의 존재는 고작해야 부분적으로 유사하다는 것을 보여줄 수 있을 뿐이다. 조직의 '정신'이라는 '의도'가 존재하는 것은 조직에서 특정한 위치를 차지하는 개인들의 진술과 행위가 조직의 목적을 대표하는 것으로 간주된다고 보는 관습의 덕분일 뿐이다.

조직들이 그 자신의 정신을 갖지는 못한다 해도 여전히 도덕적으로 비난받을 수 있을지도 모른다. 법이 사람들에게 범의(犯意, mens rea)를 요구하는 것은 그들이 정신을 가졌기 때문이다. 그러나 이러한 요구로부터 정신을 갖지 않은 실체를 처벌할 때에도 범의(犯意)가 필요하다는 사실이 따라나오는 것은 아니다. 조직의 '정신'은 개인의 정신과 다르기 때문에 우리는 조직에 책임을 귀속시키는 기준도 다르리라고 예상해야만 한다. 그러한 기준이 개인 ― 예를 들면 법인의 주요 공직자 ― 의 정신상태를 부분적으로 지칭할 가능성도 있다. 그러나 그러한 기준이 개인들만을 지칭하는 진술로 환원될 수 있다고 가정할 이유는 없고, 그래서 우리가 그 조직의 성원들에게 전가하고 싶어할 수도 있는 책임과는 독립적으로, 조직에 집단으로서의 책임이 있는 것으로 생각할 수 있다는 것을 부정할 이유도 없다.[38] 위험한 화학쓰레기를 러브 운하에 버린 데 대해 후커(Hooker) 화학회사를 비난하거나 나이아가라 폭포에 학교건립을 허가한 데 대해 나이아가라 폭포 교육위원회를 비난할 때, 우리가 부분적으로 그 법인과 위원회의 (과거 및 현재) 공직자들을 비난하고 있다는 것은 사실이다.[39] 그러나 우리는 그 이상의 행위도 하고 있다. 우리는 또한 관행의 수립에 참여한 사람들이 계속 변화함에도 불구하고 지속되어 온 조직의 관행 ― 관계의 내적, 외적인 양식 ― 을 비판하고 있는 것이다.

그런데 우리가 조직을 도덕적으로 비난할 수 있다고 해서 조직을 처벌해야만 하는 것은 아니다. 조직 차원에서의 책임에 대한 두번째 반론은 조직을 처벌한 결과가 공정하지 못하다는 것이다.[40] 불공정성은 도덕적 주체일 수 없는 조직을 직접적으로 처벌한 데서 비롯되는 것이 아니라 도덕적으로 책임을 지지 않아도 되는 개인들, 즉 조직과 결합되어 있는 개인들에 대한 간접적 처벌에서 비롯된다. 법이 법인에 벌금을 부과할 때, 범죄를 막기 위해서 아무런 행동도 취할 수 없었던 사람들 — 그들 중에는 주주, 피고용인, 고객들이 포함되어 있다 — 이 고통을 겪게 된다. 더욱이 법인의 잘못으로 가장 많은 혜택을 입은 사람이 필연적으로 가장 무거운 부담을 지게 되는 것도 아니다. 어떤 사건에서든 법에서는 잘못된 행위에 의해 혜택을 본 것과 특정한 행위 유무에 의해서 잘못된 행위를 하게 되는 데에 일조한 것은 도덕적으로 구분해야 한다. 어느 곳에선가 비용을 징수할 필요가 있을 때, 잘못된 행위의 수혜자가 손해의 비용을 부담하게 하는 것과, 범죄에 대해서 알지도 못하고 어떤 행동을 취할 능력도 갖지 못한 사람에게 응보적 손해를 입히고 처벌당했다는 오명을 부과하는 것에는 큰 차이가 있다.

이러한 반론이 타당한지는 명백히 법이 규정하는 처벌에 달려 있다. 법이 조직의 업무수행에 차질을 빚게 하는 벌금이나 벌칙을 부과하고 이러한 비용을 조직과 연결된 모든 이들에게 무차별적으로 부과할 때, 이러한 반론은 가장 설득력 있는 것이 된다. 이러한 반론은 법이 법인의 보호관찰이나 형평벌금*에서처럼 제재조치를 범죄행위의 원천과 더욱 구체적으로 연결시켰을 때에는 설득력이 떨어지게 된다.[41] 그러나 아무리 정확하게 제재조치를 받을 만한 사람들에게만 제재조치를 가한다 해도 유죄평결의 오명은 어느 정도 조직과 결합된 모든 사람에게 해당되는 것이다. 제재조치가 어떤 의미에서든 그 조직에 몸담는 것은 잘못된 것이

※ equity fine, 인종차별, 성차별 등의 차별에 벌금을 매기는 것.

라는 생각을 전하려는 것이 아니라면 제재조치는 민사적 형벌에 불과한 듯이 보일 것이다. 그러나 제재조치가 처벌이 지니는 도덕적 힘을 전하는 것이려면 그것은 정당화 가능한 처벌이라는 제약조건을 존중해야 한다. 조직을 처벌하는 것은 비난의 범위를 책임질 수 있는 영역 이상으로 확대하는 것이고, 그러한 확장이 이루어지는 한에는 도덕적으로 정당화되지 않는 것이다.

　조직에 책임을 부과하는 것에 대한 세번째 반론은 조직의 자율성에 대한 함축과 관련되어 있다. 우리는 법인의 처벌을 정당화하는 몇몇 철학자들의 저술에서 이러한 함축이 지닌 위험을 보게된다. 그들은 법인들이 법을 어긴 데 대해 충분한 도덕적 책임을 묻기에 적합한 대상이라고 가정할 수 있다면 법인들에는 또한 가치 있는 특권들도 부여해야 한다고 주장한다. 법인이 형사적 책임을 진다는 점에서 "사람과 동일하다면, 조직은 사람들이 갖는 권리도 똑같이 가져야 하고", 따라서 그렇게 세세히 "관찰되고 규제될" 필요가 없다는 것을 함축한다고 한 철학자는 말한다.[42] 조직에 책임을 부과한다는 것이 법인에게 인격성 및 그에 수반하는 부수적인 권리를 부여한다는 것을 함축하지는 않는다. 그러나 조직에 책임이 있다고 여기는 관행은 실제로 처벌되는 조직뿐 아니라 처벌될 수 있었던 조직들에 대해서도 곤란한 함축을 갖는다. 그러한 관행은 모든 조직들 — 적어도 도덕적 주체의 지위를 갖는 것들 — 이 시민들이 향유하는 자율성과 유사한 항목들에서 존중되는 자율성을 가질 만한 자격을 갖고 있다는 명제를 함축한다. 법인의 책임을 주장하는 이들은 범죄를 저지른 법인을 처벌하고자 할 때, 그들이 많은 바람직한 형태의 법적·정치적 통제에 저항할 특권을 모든 법인들에게 부여했다는 것을 발견하게 될 것이다.

　단지 우리가 법인을 처벌한다는 것 때문에 사람에게 부여하는 모든 권리를 법인체에 부여할 필요는 물론 없다. 문제는 다만 민사적 형벌의 대상에 불과한 것이 아닌 처벌의 대상으로서 법인들이, 그것들이 가져야만 하는 것보다 더 강한 도덕적 토대 — 자율성에 대한 요구를 강조하는 토대 — 를 가진다는 것이다. 내가 반대하는 것은 권리의 확장이 아니라 그러한 권리 확장의 토대이다. (법인을 구성하는 사람들의 권리와 구분되는 것으로서) 법인의 법적 권리는 주로 사회적 효용에 의존하는 것이어야 한다. 그리고 그러한 권리는 그것들이 시민 대다수의 정당한 권리와 갈등할 때에 폐기되어야 한다.[43] 인간의 권리는 독립적인 도덕적 토대를 갖는 것이고, 따라서 그렇게 직접적으로 무시될 수 없는 것이다.[44]

법인과 개인 모두가 도덕적으로도 형사적으로도 유사한 책임을 지는 것으로 간주될 수 있다는 가정은 법인과 개인 사이의 도덕적 토대와 관련된 차이 및 다른 중요한 차이들을 모호하게 만든다. 그러한 가정은 법원과 논평가들이 광범위한 인격적 권리를 — 종종 이러한 권리들이 개인의 권리와는 근본적으로 다른 토대에서 정당화되어야 한다는 것을 강변하지도 않고 — 법인들에게 확대적용하게 한다. 이러한 경향은 특히 형사적 소송절차에서 잘 나타난다.[45] 그러나 그것은 또한 심지어 미국의 헌법 보칙 제1조의 권리를 포함한 다른 영역들에도 관계하는 것이다.[46]

조직에 책임을 부과하게 되면 도덕적으로 책임을 져야 할 필요가 없는 사람에게도 처벌이 가해지고, 아울러 법인에게 정당화될 수 없는 자율성이 주어지기 때문에, 우리는 각별히 주의해야 한다. 대신에 우리는 각 개인에게 책임을 부과함으로써 조직에서의 범죄를 처벌할 수 있는 토대를 마련해야 하는 것이다.

정치적 책임의 문제

정부는 특별한 조직이다. 정부와 정부기구들은 다양한 형태의 초법적 면책권을 요구한다. 그러나 정부가 특별한 지위를 차지한다는 것 때문에 다른 조직의 성원들은 모두 떠맡아야 하는 개인적 책임을 정부 공직자들이 면제받아서는 안된다. 그리고 그것이 바로 내가 여기에서 논증하고자 하는 것이다. 반대로 정부 공직자들에게는 더 엄격한 기준에 기초한 책임이 부과되어야 할 것이다. 이와 유사하게 조직에 형사적 제재조치를 가하는 것에 대한 반론들이 정부조직에 그러한 제재조치를 가하는 것에 대한 반론으로 활용될 수 있으며 그럴 경우 그것은 더욱 강력한 반론으로 기능한다. 그 이유는 정부가 특별한 면책권을 향유하기 때문이 아니라 오히려 정부가 특별한 의무를 수용해야 하기 때문이다.

정부 밖의 공조직 종사자나 조직들이 정부 내에서의 공직자나 조직체들의 특성을 공유하는 한, 이러한 결론은 정부 밖의 공조직 종사자와 조직들에도 역시 해당되는 것이다. 우리가 정부와 비정부 사이 — 또는 공조직과 사조직 사이 — 에서 어디에 경계를 그을 수 있는가 하는 문제가 위와 같은 논변에 심각한 영향을 주지는 않는다. 여기에서 중요한 것은 정부 공직자에게 형사적 책임을 부과하는 것을 저해하는 면책권 요구, 또는 정부조직에 그러한 책임을 유보하기 위한 토대를 제공해 주는 면책권 요구 등을 우리가 허용하지 않는다는 사실이다.

정부조직에 대한 면책권의 근거는 공직자에 대한 면책권의 근거와 다소 차이가 난다. 그러나 양자 모두 정부의 동일한 특성 — 법을 제정하고 강제하는 것에 대한 정부의 주권 — 에 호소한다. 홈즈(Holmes) 판사는 그러한 근거에 대한 고전적인 판결문을 제시하고 있다. "권리의 근거로서의 입법의 권위에 대항하는 법적 권리란 존재할 수 없다."[47] 그는 이러한 원칙에 대한 권위 있는 근거자료로「리바이어던」의 26장을 인용했다. 거기에서 홉즈는 "주권은 … 시민법(civil laws)에 종속되지 않는다"[48]라고 주장하고 있다. 홉즈가 선호하는 국가에서는 주권자가 군주이고, 시민들은 그에게 저항할 (효과적인) 권리를 갖지 못한다. 그러므로 민주주의자들이 이러한 근거에서 주권자 면책권의 학설을 받아들이는 것은 거의 불가능하다.

그러나 주권자가 시민 다수로 구성된다는 사실을 강조하는, 민주주의 형태에 더욱 가까운 학설이 있다.[49] 그러한 다수 그리고 그러한 다수의 이름으로 행동하는 공복들은 특정한 법으로부터의 면책권을 포함하는 최고권력기관의 특권을 향유한다. 그러한 주권자는 정부의 권위를 적절히 행사하는 기준을 정하고 권위의 남용에 대한 형벌을 수립할 수 있다. 그러나 그러한 기준이 미리 세세한 부분까지 모두 규정될 수는 없기 때문에, 공직자는 주권자를 위해서 행동하기 위해 상당한 재량권을 가져야만 한다. 정부의 어떤 다른 공직자들에게 그들이 이러한 재량권의 남용으로 간주하는 것들을 고소하도록 한다는 것은, 민주주의의 주권자를 직접 대행하는 공직자의 판단을 그들의 판단으로 대체하는 것을 허용한다는 것이다. 주권자 자신이 처벌에 권위를 부여할 수도 있을 것이다. 그러나 지각 있는 주권자라면 그렇게 하지 않을 것이다. "공직자들의 행동을 과도하게 위축시킬 위험"[50]이 존재하기 때문이다. 과도한 위축은 주권자의 대행인들 사이에서 산출될 수 있는 단지 일반적인 처벌의 위협과 갈등이 자신의 의무를 정열적으로 수행하려는 양심적인 공직자를 낙담시킬 수도 있고, 훌륭한 사람이 공직에 임명되는 것을 거부하도록 할 수도 있다. 그러므로 민주주의적 형태의 면책권 학설은 공직의 범위를 완전히 넘어서 잘못이 발생하는 가장 극악한 경우에서만 정부요인들과 공직자들에게 형사적 제재조치를 취하게 될 것이다. 모든 다른 잘못된 행위들에 대해서도 정치적 절차 ─ 선거, 행정적 규율, 입법적 감독, 탄핵 ─ 에 의한 제재조치가 적용될 것이다.

주권자가 면책권을 갖는다는 생각은 이따금 미묘한 방식으로 현대 민주주의의 많은 다른 관행에 그 흔적을 남겨 왔다. 이러한 사고의 편린은 형법보다 민법에서 더욱 종종 나타난다. 그런데 심지어 민법의 경우에서조차 판사들은 종종 주권자 면책설을 매우 광범위하게 서술해서 그것이 진지하게 받아들여진다면 형사적 책임으로부터도 공직자를 보호할 수 있을 정도이다. 닉슨과 피츠제럴드(Fitzgerald)의 경우에서도 주권자 면책설의 반대자들에 따르면 법원의 견해는 대통령을 법의 상위에 위치시킨다는 것이다. 이러한 견해는 '군왕은 무치(the king can do no wrong)'라는 입장을 부활시키는 것이다. "액면 그대로 받아들일 때, 대통령은 절대적으로 면책된다는 법원의 입장은 대통령이 손해배상을 요구하는 행동으로부터 면책된다는 것뿐 아니라 구제명령, 형사적 고발에 대한 소송, 그리고 어떠한 종류의 사법절차로부터도 면제된다는 것을 의미해야 한다."[51] 국회의원들은 연설과 토론에서의 면책권을 향유하는데, 최근의 해석에 따르면 이것이 (뇌물처럼) 국회의원직의 테두리를 분명히 넘어서는 범죄로 그들을 고발하는 것조차 가로막고 있다.[52] 행정부의 공직자들은 엄청난 개인적 범죄로 기소당하는 것은 그렇게 쉽게 모면할 수 없는 반면에, 공적인 범죄에 대해 책임을 지는 경우는 드문 것이다.[53]

심지어 공직자들을 시민과 똑같이 대우한다 해도, 공직자들이 종사하는 활동들에만 면책권을 부여하는 결과를 낳을 수 있다. 이러한 종류의 면책권을 가장 설득력 있게 드러내 주는 예들은 공직자와 관청들이 야기한 해악들 — 부패 통제, 광산 조사, 위험한 약의 증명 등에서 감독 부주의로 발생한 해악들 — 을 금지하는 조항의 대부분이 법에 존재하지 않는다는 점에서 찾을 수 있다. 형법이 공직의 특별한 의무에 대해서 주목하는 경우는 거의 없다. 미국 형법에서 공직자를 다루는 부분은 거의 배타적으로 뇌물, 개별적 이해관심을 우선시하는 행위, 사기 등만을 언급하고 있다.[54] 공직자의 잘못된 처신을 보통법에 의해서 금지하는 경우는 매우 드문 것이다.

비록 우리가 다른 근거에서 면책관행들 중의 몇몇을 유지하고자 한다 하더라도 가장 민주주의에 근접한 형태에서조차도 주권자 면책권이라는 근거에 의존해서는 안된다. 그러한 근거에는 몇 가지 심각한 결점이 있다. 홉즈나 호움즈가 암시하고 있는 것처럼, 하나의 단위체로서의 정부에 대해 형사적 책임을 지운다는 생각은 국제적 체계를 제외하고서는 이해할 수 없는 것이다. 우리는 스스로가 책임이 있다고 여기는 정부, 즉 처벌하는 것과 동시에 처벌을 받는 정부를 상상해야만 할 것이다. 그러나 우리가 정부를 나눌 수 없는 실체로 보는 대신에 다양한 부분 — 행정부, 사법부 또는 지방관할구역과 주(州) 관할구역 — 으로 구성되어 있는 것으로 생각한다면 그러한 불합리는 사라진다. 이러한 관점에서 정부의 책임은 단순히 정부의 한 부분이 다른 부분에 대해 판정하고 제재조치를 부과하는 것을 의미한다. 민주 헌법이 이러한 의무를 검사와 법원에 할당하면 검사와 법원은 그들이 판정하는 공직자와 마찬가지로 민주주의 주권자의 이름을 빌어 업무를 처리한다. 형법과 헌법체계가 민주적 절차를 통해서 재검토가 가능한 것으로 남는 한, 우리는 민주정부라는 개념 자체가 어떤 사람에게 형사적 면책권을 줄 것을 요청한다고 논증하기는 매우 어렵다.

잘못된 처신에 대한 기소 가능성이 공직자와 관청의 행위를 "과도하게 억지한다"는 논변은 어떤 실질적인 증거로도 뒷받침되지 않는 경험적 가정에 크게 의존하고 있다. 공직자들과 사법부에 소속되어 있는 그들의 동조자들은 민사적 면책권을 옹호하기 위해 그러한 논변에 반복적으로 호소하고 있다. 그러나 그들은 민사적 책임이 공직자의 정당한 행동에 대해 갖는 실제 결과를 결코 보여주지 못했다. (예를 들면, 큰 면책권을 수여하는 행정구와 보다 더 적은 면책권을 수여하는 행정구를 비교함으로써 말이다.)[55] 약간의 간접적 증거는 그러한 결과가 일어날 수도 있다는 것을 암시하고 있고, 이것이 공직자에게 민사적 면책권을 수여하는 이유를 제공할 수도 있을 것이다.[56] 그러나 그러한 사실이 형사적 제재조치가 공직자의 행위를 과도하게 억지한다는 주장을 확고히 해주지는 못한다. 민사적 행동의 금지효과는 형사적 책임의 금지효과보다 더 확장될 가능성이 높다. 보다 더 많은 사람들이 민사소송을 제기할 수 있기 때문이다.

공직자 위법행위에 대한 형벌 때문에 공직자가 되려는 다소의 사람들이 낙담한다 하더라도 그러한 형벌은 또한 공공봉사를 더욱 명예로운 소명으로 만듦으로써 더욱 훌륭한 사람들이 공직자가 되도록 격려할 수도 있을 것이다. 예를 들어 공직자 윤리법의 엄정한 폭로조항 및 개별적 이해관심을 우선시하는 행위를 금지하는 조항이 정치적 행정관들의 충원을 방해해 왔다는 일반적인 믿음을 뒷받침해 주는 증거는 존재하지 않는다. 이러한 법은 사실상 정직한 공직자들에게 부당한 책임을 떠넘기지 못하도록 보호함으로써 그들로 하여금 공직에 계속 머물도록 설득하는 데에 도움이 될 수도 있는 것이다.[57]

결국 정치적 제재조치는 면책권을 주장하는 사람들이 생각하는 것만큼 효과적이지 않다. 근본적인 문제는 정치적 판단이 공직자와 조직의 모든 업무수행과 그 성격이 갖고 있는 어떤 특성에도 확고하게 작용하게 될 것이라는 점이다. 영리한 공직자라면 보통 다른 업적을 지적할 수 있다. 비록 그것이 그 공직자의 범죄를 덮어주기에 충분한 것은 아니라고 해도 그들의 심판관들의 주의를 분산시킬 수 있도록 말이다. 로마평의회가 스키피오(Scipio)에게 "청구서에 적힌 대금을 지불하도록" 요구했을 때, 그는 그가 거둔

위대한 군사적 승리에 대해 말함으로써 사람들이 지불을 요구하는 대신에 신에게 감사 기도를 드리러 주피터의 신전으로 가게 만들었다. 벤담(J. Bentham)은 "내가 만약 그 당시에 살았다면 나머지 사람들과 함께 신전에 갈 가능성이 매우 높았을 것이다. 그러나 나라면 항상 그 청구서에 대해 약간의 호기심을 가졌을 것이다"[58]라는 주석을 달았다.

오늘날의 정치가들은 군사적 승리로 투표자들을 혼란스럽게 할 필요가 없다. 심지어는 면책권이 없거나 유죄평결이 내려진 후에도 공직자들은 정치적 처벌을 피할 수 있다. 머스토(William V. Musto)는 뉴저지 주 유니언 시의 시장으로 재직하던 중에 뇌물을 받았다는 이유로 유죄판결을 받게 되자, 그의 범죄는 '피해자 없는(victimless)' 범죄이며, 그의 잘못도 다른 시들에서 계속되고 있는 부패에 비교하면 사소한 것이며, 그 또한 이미 공중으로부터 충분히 고통을 당했다고 변명했다. 재판관은 설득당하지 않았지만, 충분히 많은 투표자들이 설득당한 것은 분명했다. 그들은 그를 단호하게 재선출했던 것이다.[59] 그들이 선택한 누군가를 선출하는 시민의 권리를 우리가 아무리 관대하게 해석한다 해도, 형사적 제재조치와 정치적 제재조치가 정확히 동일한 목적에 봉사한다고 가정하지는 말아야 한다.

탄핵 같은 준사법적 절차도 형사적 고소를 적절히 대신할 수는 없다. 그것들은 성공적일 때조차도 단지 공직자를 공직에서 물러나게 하고 (때때로) 그 물러난 공직자가 장래에 공직을 가지는 것을 금지할 뿐이다. 그것들은 더 이상 아무런 형벌도 부과하지 않는다. 더욱이 탄핵 가능한 위반사항이 범죄와 동일한 것도 아니다.[60] 또한 상임 공직자들에 대한 징계소송은 공직자 위법행위를 처벌하는 방식들 중에서 비효과적인 것으로 악명이 높은데, 이는 부분적으로 고발된 공직자가 많은 절차상의 보호책을 갖고 있기 때문이다. 사실 형사적 책임의 가능성이 요구되는 것은 공직자가 위법행위를 하려는 유혹을 느끼더라도 망설이게 하기 위해서이다.[61]

정부에서의 개인적 책임

공직자 책임의 토대를 마련하기 위해서는 홉즈 대신에 로크(Locke)에 주목해야 한다. 홉즈나 로크 모두 시민과 정부 사이의 관계를 하나의 계약, 즉 서로의 권리를 승인하는 계약으로 엄밀히 파악하지는 않았다. 홉즈가 그렇게 하지 않은 이유는 시민들이 주권자에 대항하는 효과적인 권리를 갖는다는 것을 부정하고자 했기 때문이다.

로크에게서 시민과 행정부의 관계, 그리고 시민과 입법부의 관계는 신탁(信託, fiduciary trust)과 유사하다.[62] 로크는 결과적으로 사법의 개념을 공법에 도입했다. 신탁인과 수혜자를 하나의 집단(시민)으로 묶으면서 말이다. 피신탁인으로서 정부는 시민들에게 시민의 이익을 위해서 행위할 일방적인 의무를 진다. 그러한 개념은 시민들이 언제든지 신탁의 조건을 변화시키거나 신탁에 수여한 권력을 철회할 수 있다는 것을 함축한다.[63] 우리가 신탁의 개념을 공직자 책임의 토대로 채택한다면 우리는 정부에 면책권을 주어야 한다는 주장에 귀기울이지 않을 것이다. 우리가 비록 현실적인 이유에서 특정한 직위나 특정한 기능에 다소의 보호조치를 취하기로 (민주적으로) 결정할 수 있다고 하더라도 우리는 공직에 독립적인 권리나 특권을 부여하는 원칙을 이론적으로 수용하지 않을 것이다.

신탁이라는 착상은 더욱 큰 함축을 지닌다. 그것은 더욱 엄격한 공직관을 정당화해 준다. 카르도조(Cardozo) 판사가 적고 있는 것처럼 "일상생활에서 보통사람들에게는 허용 가능한 많은 형태의 행위들이 피신탁인들에게는 금지된다. 피신탁인은 장터의 도덕보다 더 엄격한 어떤 것을 고수해야 한다. 정직만이 행위표준이 되는 것이 아니라 명예에 구애받는 태도 또한 반드시 지켜져야 하는 것이고, 따라서 그러한 태도 또한 행위표준이 된다."[64] 그래서 하나의 신탁으로 간주되는 공직은 시민권보다 더 높은 행동표준을 요구한다. 사적인 시민들에게는 허용되거나 민사상으로만 잘못되었다고 볼 수 있는 행위도 공직자들이 행했을 경우에는 형사적으로 잘못된 것일 수 있는 것이다.

이러한 견해는 공직자 불법행위의 보통법 위반 문제를 다시 부각시킨다. 가장 표본적이라고 할 수 있는 영국의 소송사례를 하나 살펴보자. 회계상으로 반드시 있어야 할 항목 하나를 등한히 하고 공개하기를 거부했다는 이유에서 기소된 정부의 회계 담당자는 그의 행위가 '민사상의 손해'에 대해서만 책임을 지게 하는 것일 뿐이지 '공적인 위반'에 대해서도 책임을 지게 하는 것은 아니라고 변명했다.[65] 맨스필드(Mansfield) 경은 이와 반대로 다음과 같은 결론을 내렸다. "어떤 이가 공중의 신뢰와 확신을 전제로 하는 공적인 지위를 수용한다면 … 그는 그러한 직위의 행사에 대해 왕에게 책임을 진다. 그리고 그가 왕에게 책임을 질 수 있는 것은 오직 형사적 기소에서 뿐이다. 그렇게 하지 않는다면 그가 공직의 의무에 반하여 행위한 것과 관련하여 왕이 그의 비행을 처벌할 수 없기 때문이다."[66]

공직이 신탁이라는 생각은 최근 미국법에서 연방우편물 사기법이라는 흥미로운 방패를 쓰고 다시 나타났다.[67] 공중을 속이려는 계획을 꾸몄다는 이유로 기소된 3명의 주지사에게 신탁의 불이행과 관련한 원칙에 따라 유죄가 선고되었다.[68] 이러한 사례들이 암시하는 것은 그러한 계획이 어떤 사람에게서도 돈이나 재산을 사취하지 않았고 누군가를 부유하게 만든 것도 아니며 그러한 의도를 지닌 것도 아니라고 하더라도 신탁의 조건을 위반할 수 있다는 것이다. 그 계획이 특정한 방식으로 시민들에게서 "… 사심 없고 정직한 정부에 대한 권리"를 사취했다면 그것으로 충분한 것이다.[69] 메릴랜드 주지사 맨들(Mandel)의 경우, 그가 그의 친구들에게 정치적 혜택을 제공한 것과 관련된 "구체적 정보를 은폐"한 것만으로도 유죄평결을 받기에 충분한 듯이 보인다.[70]

몇몇 비평가들은 신탁의 개념을 이러한 방식으로 사용하는 것에 반대해 왔다.[71] 그들은 신탁 개념을 이런 식으로 사용하면 일반적인 공직자들의 열정적인 행위가 형법상 금지되기 때문에 이러한 신탁개념은 공직자들의 '건강한' 정치행위를 위협하여 단념하게 만든다고 주장한다. 그렇게 볼 수 있는 이유는 우선 현직에 있는 사람이 그에게 도전하는 사람이나 다른 정치적 반대자를 당혹스럽게 하기 위해 애매한 표준을 개발하여 사용할 수 있기 때문이고, 나아가 그러한 표준은 사람들을 정치적 참여에 냉담하게 하는 효과를 낳으며 "연합체 형성이라는 미묘한 과정, 즉 밀약의 체결을 요구하는 과정에 개입"할 수도 있다는 것이다.[72]

정치의 진행과정을 과도하게 범죄화하는 것에 관한 이러한 관심들을 쉽사리 사라지게 할 수는 없다. 그러나 공직자의 법적인 책임을 확장하는 것이 합법적인 정치적 행위를 금지하게 될 것인지, 그렇지 않을 것인지는 우리가 다양한 공직자에 대해 어떤 신탁표준을 수립하는지, 그리고 얼마나 정확하게 우리가 그러한 표준들을 정식화하는지에 달려 있다. 현재 가장 일반적인 방법인 사법적 해석보다 명시적인 입법에 의해서 우리가 공직자의 법적 책임을 확장해야 하는 것은 당연하다. 우리가 물론 형사적 제재조치의 힘을 빌어서 정치에 관한 우리들의 모든, 또는 대부분의 도덕적 판단을 뒷받침하려고 해서는 안된다. 그러나 부패한 주지사의 사례 — 자신의 직위를 이용하여 친구들에게 비밀스럽게 혜택을 제공한 것과 관련된 사례 — 에서 예시된 행위를 처벌한 것으로부터 모든 정치적 밀약 및 모든 정치적 후원을 금지하기에 이르기까지는 먼 여정이 남아 있다. 설령 이러한 식의 결정이 갖는 함축이 한 비평가가 두려워하는 것처럼,[73] 우편물 사기법을 '정부에서의 진실(truth-in-goverment)' 법령으로 전환시키는 것이라 하더라도 그러한 결과는 시민들이 관용하고자 하는 밀약과 혜택의 유형이 어떤 것인지를 결정할 수 있도록 해줌으로써 어떤 종류의 '건강한' 정치가 계속될 것인지를 시민들이 더 잘 알 수 있도록 도와줄 것이다.

공직자에게 더욱 엄격한 책임표준을 부과하는 방향으로 나아가기 위해서는 우리가 적어도 두 가지 종류의 포괄적인 공직자 위법행위를 고려해야 한다. 첫째, 부주의에 대한 앞절에서의 분석에 따라 이미 범죄로 지칭된 행위를 발견하고 방지하는 합당한 조치를 취하지 못한 것을 벌할 수 있을 것이다. 범죄가 발생하는 구체적인 행위에 대한 감독을 명시적으로 요구하는 직위를 공직자들이 받아들였다면 그들은 감독 부주의에 대한 책임을 져야 할 것이다. 그러한 감독이 특정한 공직자의 배타적인 관심사항일 필요는 없다. 그러나 포괄적 감독의무에 속하는 사항일 수는 있을 것이다.

이러한 접근방식은 몇몇 법원에서 이미 법인의 근무자들에게 적용한 적이 있는 학설을 다소 변형하여 정부공직자에게 확장하는 것일 것이다. 범죄에 "책임을 져야 하는 관계"를 맺고 있던 공직자들은 그들이 비록 범죄에 참여하지 않았다고 해도 책임을 져야 한다.[74] 이러한 관계가 실제로 무엇을 요구하는지는 아직 명료하지도 않고, 추정컨대 법인과 정부에서 각기 다를 것이다. 그러나 정부조직체에서 책임관계를 어떻게 결정해야 하는가는 바로 민주주의론이 입법부에 할당한 그런 종류의 과제이다. 입법부는 자유재량권의 타당한 척도 및 차후의 사법적 검토를 참작하는 방식으로 이러한 책임관계들을 확정하기 위해서 존재한다. 입법부는 또한 너무 큰 감독책임을 부과함으로써 지나치게 조심스럽고 규칙에 얽매인 행정을 조장하지 않게 할 가장 좋은 위치에 있다. 입법부는 행정상의 부주의에 대한 형벌의 반대급부로 업무처리에 훌륭한 사람에게 포상조치를 취할 수도 있을 것이다.

공직자 위법행위의 두번째 종류는 공직을 이용하여 민주주의의 진행과정을 방해하는 것이다. 우리의 관심은 법과정, 선거과정에서 절차의 보호 — 이것은 이미 많은 형법에 반영되고 있는 문제들이다 — 를 위주로 하는 것에 있는 것이 아니라 개방성이나 접근의 용이성 같은 정치적 진행과정의 보다 더 광범위한 특징들을 촉진하는 데에 있다. 그러한 방해의 첫째 가는 사례는 공직자가 중요한 정보를 공중이나 관련당국에 알리지 않는 것이다. 예를 들면 진정한 시(市) 재정상태를 은폐하는 것은 그 과정에서 위증이 없었다 하더라도 범죄로 분류되는 것이 마땅하다. 금융시장에서 특정한 정보를 투자자에게 드러내지 않는 것은 불법적인 것인 반면에 정치적 투기장에서 시민들에게 정보를 드러내기를 거부했다고 해서 처벌을 받는 경우가 드문 것은 미국 사회에서 아마도 그렇게 놀라운 일이 아닐 것이다.[75] 물론 공직자들은 정당한 이유를 갖고 있는 기밀정보를 보호할 필요가 있다. 그러나 공직자들이 개인적인 이유나 정당 차원의 동기에서 은폐하는 정보는 기밀정보를 보호할 필요가 있는 것과 마찬가지 이유에서 공중에게 알릴 필요가 있는 것이다. 법은 후자보다 전자에 더 많은 주의를 기울인다. 미국 형법에는 정보에 대한 공개권한이 부여되지 않는 부분을 세세하게 규정하는 많은 항목이 있다. 그러나 정보공개를 요구하는 부분에 대한 항목은 사실상 아무것도 없다.[76]

공직자들이 시민들로 하여금 정부기관에 대한 정보를 공개하거나 그에 대한 그들의 관점을 표현하지 못하게 하는 것은 민주주의를 혼란에 빠뜨리는 것이다. 그러한 협박은 법이 지금 정상적으로 금지하는 것보다 더 미묘한 형태를 취할 수도 있을 것이다. 워커(Cora Walker)가 뉴욕 시의 주택검사관이 그녀에게 새로이 하숙집을 개설해도 된다는 직업증명서를 발부하는 조건으로 뇌물을 받고자 했다는 것을 보고한 즉시, 주택감독관은 적절한 허가 없이 방을 임대했다는 이유로 그녀에게 형사적 책임을 물었다. 결국 그녀가 승리했음에도 그녀에 대한 형사적 소송을 주도한 감독관이나 다른 공직자들은 아무런 문책도 받지 않았다.[77]

공직자들은 때때로 부당하게 시민들이나 다른 공직자들이 중요한 정보를 공표하지 못하게 한다. 피츠제럴드의 사례는 공직자의 민사적 책임이 쟁점이었기 때문에 법원과 소송인들은 피츠제럴드가 그의 일자리를 잃고 헌법이 정한 권리를 침해당했다는 점에 초점을 맞췄다.[78] 그들은 그러한 예화의 가장 곤란한 효과—피츠제럴드처럼 동료들의 실수와 불법행위를 노출시켜야만 하는 미래의 공직자들에 대한 억지효과—에는 그만큼 주의를 기울이지 않았다. 그러한 협박을 억지하고 처벌하기 위해서는 원칙적으로 (비록 실천적으로도 항상 그렇지는 않더라도) 형사적 제재조치가 민사소송보다 더 적절하다.

민주적 절차의 진행을 방해하는 또 다른 형태는 적절하게 법제화된 정부의 규제사항을 위반하도록 조장하는 것에서 찾을 수 있다. 1982년, 환경보호국의 한 행정관이 어느 작은 기름 정제소 관계자에게 납의 함량에 대한 연방의 표준을 위반하더라도 처벌하지 않겠다고 사적으로 약속했을 때, 그 행정관 스스로가 어떤 법도 위반하지 않았다는 것은 자명하다.[79] 민주적 절차를 따르기 위해서는 행정관이 상당한 자유재량권을 가져야 하지만, 반면에 그것이 행정관들에게 시민들이 합법적 규제를 무시하도록 조장하는 권한을 선별적으로 부여하도록 한 것은 물론 아니다. 설령 행정관이 장래에 그러한 규제를 변화시킬 계획을 갖고 있다고 해도 말이다. 공직자 위법행위의 이런저런 예들은 공무원의 형사적 책임을 확장시켰을 경우에 위반의 후보가 되는 사례들이라고 할 수 있다. 지금까지 우리가 살펴본 것처럼 면책개념보다는 신탁개념이 올바른 접근방향을 지시해 준다고 할 수 있겠다.

정부와 조직 차원의 책임

정부가 저지른 몇몇 범죄들에 대해 공직자들이 형사적인 책임을 져야 한다고 해서 반드시 정부조직체도 형사적 책임을 져야 하는 것은 아니다. 공직자와 정부조직체 양자 모두에게 면책권을 주는 논변을 거부한다고 해서 정부조직체만은 보호해야 한다는 주장까지 거부된 것이라고 볼 수도 아직 없다.

'처벌법 모델'과 '국립위원회의 신연방형법 연구초안' 양자 모두는 정부조직에 형사적 책임을 면제해 주고 있다. 그런데 그러한 면제의 이유는 모호하다. 법안의 입안자들은 "그러한 경우에 법인 책임은 일반적으로 무의미하다"고 말하고 있을 뿐이다.[80] 위원회의 임원진이 제시하는 유일한 이유는 정부조직이 사법인(私法人)보다 더 면밀한 조사를 받는다는 것이다. 그들도 이미 인식하고 있는 것처럼 이는 공조직과 사조직에서 발생하는 범죄행위의 배경조건들 간의 유사성을 고려하면 언제나 무시할 수 있는 작은 차이에 불과하다.[81]

미국에서 정부조직이 형사적으로 피고가 된 경우는 거의 찾아볼 수 없다. 다만 법원에서 정부조직이라는 지위가 제기하는 이론적 쟁점을 심각하게 조사한 적이 단지 한 번 있을 뿐이다. 그러한 경우에 오스트레일리아 고등법원은 정부가 저지른 범죄의 종범 (從犯, accessory)으로 기소된 정부소유 공장의 관리자에 대한 유죄 평결을 번복했다.[82] 다른 고려사항들이 부분적으로 작용했다 하더라도, 5명 중에서 3명의 판사가 형사적인 위반에 대해 (적어도 그것을 처벌하라는 성문법이 명시적으로 존재하지 않는 경우에는) 정부에 유죄평결을 내리지 말도록 하자고 제안했다. 오스트레일리아 법의 기술적인 쟁점들과는 별도로, 그러한 판결을 내리게 된 주요한 논변은 "행정부가 강제하거나 면제하는 처벌을 받기 위해 행정부가 … 치안판사 앞에 서는 것을 가정하는 것은 불합리하다는 점"[83]에 호소하는 것이었다. 이러한 주장은 부분적으로 위에서 거부된 홉즈적 취지에 의존하고 있다. 그러나 그것은 또한 처벌의 수단과 사면의 힘을 통제하는 권위를 갖고 있는 조직을 처벌하는 것의 실천적인 역설성에 호소하고 있다. 이러한 '불합리'는 권력분산체계가 존재하지 않는 경우에 더욱 피하기 어려운 것인 듯이 보일 수도 있다. 그러나 이 경우에는 그러한 역설을 인정한다 해도 그러한 역설이 원리적으로 극복 불가능하다고 생각한 판사는 단지 한 명뿐이었다. 소수의견을 낸 판사들 중의 한 명이 지적한 것처럼 입법부는 벌금을 지불할 자금을 인가할 권한을 가질 수 있다. 그리고 법원은 지불된 돈의 일부를 괴로움을 당한 당사자들에게 전해 줄 수 있다.[84]

정부에 조직 차원에서의 책임을 부여하는 것에 대한 가장 실질적인 반론은 이미 조직 차원에서의 책임 일반에 대해서 제기된 여러 반론들 중 두 가지의 변형이다. 불특정다수를 처벌하는 결과가 발생함으로서 빚어지는 문제는 다른 조직에서보다 정부에서 더 심각하다. 법인의 주주나 피고용인처럼 범죄와 무관하며 장래의 유사한 범죄에도 아무런 영향을 미칠 수 없는 시민들에게 처벌이 가해질 뿐 아니라, 그러한 범죄에 참여할 기회도 거의 갖지 못하는 시민들에게도 종종 매우 무거운 처벌이 가해진다. 일부 개혁가들이 주장하는 것처럼[85] 자기 소임을 다하지 못한 관청에게 벌금을 부과하거나 배상금을 물리는 것은 그 관청에 대해 정치적 영향력을 가장 적게 지닌 이용객들이 그나마 정부에서 받고 있었던 혜택을 최대한 축소시키는 결과를 낳을 뿐이다. 아마도 몇몇 관청의 경우에는 이러한 결과를 우리가 그저 담담히 받아들일 수 있을 것이다. 그러나 다른 관청 — 가령 보건인권부 — 의 경우에는 그렇게 할 수 없을 것이다.

　몇몇 법률 개혁가들이 법인에 종종 부과하는 보호관찰조치도 정부조직에는 불합리한 것인 듯이 보인다.[86] 여기에서 우리는 입법부나 시민들이 더욱 일반적으로 행사해야 할 기능들을 사법부가 전용하곤 하는 것에 대해 합당하게 반대할 수 있을지도 모른다. 심지어는 '전문가'를 사용하는 방향으로 점점 더 나아가는 사법부의 감독이 몇몇 예에서는 정당화될 수 있을 것이다. 그러나 관공서 전체의 집단적 구조와 절차가 영속적 범죄의 원천이라면, 그러한 관공서는 재조직과 지속적인 재검토를 필요로 하게 될 가능성이 높다. 이렇듯 재조직과 재검토 등으로 나타나는 광범위한 간섭은 입법부의 소관이다. 입법부는 다른 부서들의 필요나 다른 공공 정책의 긴급성에 비추어 어떤 변화가 적절한지를 고려할 수 있는 것이다. 더욱이 입법부가 이런 식으로 특정한 정부기구를 일시적으로 통제한다면 그 정부기구에 대한 형사적 유죄평결의 오명은 아마도 그 의미를 대부분 상실할 것이다. 그 정부기구는 문제시되었던 부분에서 이전과 다른 조직이 되었을 것이기 때문이다.[87] 정부기구가 범죄를 저질렀다는 오명을 아직 벗지 못했을 경우, 그러한 오명은 그것을 개선하기 위해서 일하고 있는 그 기구의 공직자들을 부당하게 불신하게 하고 그 기구에 들어갈 것인지를 고려하고 있는 사람들을 낙심하게 만들 수 있다. 이러한 효과로 인해 사회적 해악은 법인에서보다 정부에서 더 클 수 있다. 불신당하는 정부기구가 시민들을 위해 본질적으로 필요한 편의를 제공하는 유일한 존재일 수도 있기 때문이다.

처벌의 관행이 그 제재조치가 잠재적으로라도 영향을 미치는 모든 행위주체의 권리에 대한 존중까지 포함하는 것이라면 우리는 다른 종류의 조직에 대한 처벌관행보다 정부조직체에 대한 처벌관행을 수용하는 것에 대해 더욱 주저하게 될 것이다. 우리가 인격체에 인정해 주는 유형의 자율성을 조직에도 부여하는 데에는 위험이 따른다. 그러나 정부와 무관한 조직체는, 그것이 사회의 특별한 개인이나 집단들의 권리를 표현하는 한, 때때로 정부에 대해 독립적인 권리를 주장할 수 있다. 적어도 자유주의적 형태의 민주주의 이론은 개인과 집단들이 그들의 자율성을 정당화하기 위해 그들이 추구하는 모든 행동이 전체사회의 선에 긍정적으로 기여한다는 것을 보여줄 필요는 없다고 가정한다. 그러나 정부조직이 향유하는 자율성은 바로 이러한 기반에서만 정당화되어야 한다. 한 부서가 정부의 나머지 부서에 대해 자신의 권리를 합법적으로 주장할 수 있는 것은, 시민들이 민주주의적 절차에 의해 이러한 권리가 궁극적으로 집단적 목적에 봉사할 것이라고 결정할 때뿐이다.

우리가 정부조직을 우리의 공통목적을 위한 유일한 수단으로 취급하고자 하는 한, 우리는 그것들이 도덕적 행위주체라는 지위를 갖고 있다는 사실을 부정하고, 따라서 처벌의 관행에서 정부조직을 배제해야만 한다. 이러한 배제가 우리는 그러한 조직에 제재조치를 부과하지 말아야 한다는 것을 함축한다는 것은 아니다. 사실, 중대한 범죄가 반복되는 경우에는 비유컨대 사형을, 즉 그 조직의 폐기를 언도할 수도 있다. 그러나 이것 및 이와 유사한 제재조치는 처벌로 이해되지도 않고, 또 그렇게 이해되어서도 안된다.

그러한 제재조치는 정치적 정책이고, 따라서 처벌의 관행과 동일한 도덕적 제약을 존중하는 것일 필요도, 또 그와 동일한 도덕적 힘을 표현하는 것일 필요도 없다. 이렇게 생각하지 않는다면 그것은 형사적 책임의 도덕적·정치적 토대를 오해하는 것일 것이다.

형사적 책임의 한계

(공조직체는 그만두고라도) 공직자를 처벌하는 관행은 도덕적 책임과 민주적 문책을 뒷받침하는 데에 도움을 줄 수 있다. 그러나 그러한 관행에는 몇몇 중요한 한계가 뒤따른다. 가장 명백한 한계는 법적 강제 및 억지와 같은 실천적 문제에서 비롯된다.[88] 정부의 범죄는 거의 흔적을 남기지 않을 것이다. 희생자들이— 때로는 전 시민들이 — 해를 입는다는 것을 깨닫지 못하기 때문이다. 기소 자체가 그 범죄가 백일하에 드러나기를 바라지 않는 공직자의 손에 달려 있을 수도 있다. 고위 공직자들은 조사의 진척 상황을 추적하여 비밀리에 그것을 뒤집어버릴 수 있다. 그리고 배심원들은 종종 단지 자신의 의무를 다했을 뿐이라고 변명하는 피고들, 즉 겉보기에는 존경을 받을 만한 것처럼 보이는 피고들에게 유죄평결을 내리기에 주저하며, 판사들도 그들에게 엄한 형량을 부과하려고 하지 않는다. 이러한 문제들은 (특별검사에게 권한을 부여하는 것 등의) 제도적 개혁과 (공직에서 부주의의 심각성을 인정하는 것 등의) 공적인 태도 변화에 의해서 어느 정도 극복될 수 있다. 모든 그러한 문제들은 자신에게 주어진 조건에 따라 그 자신의 목적을 달성하려는 능력, 즉 형사적 소송절차의 능력에 관련된 것이다. 더욱 근본적인 것은 그러한 형사소송절차가 도덕과 민주주의라는 다른 목적에 봉사함에 있어서는 매우 제한적인 능력밖에 발휘하지 못한다는 사실이다.

무엇보다 먼저, 정부의 잘못들 중에서 대부분은 본성상 형사적 제재조치가 미치는 범위를 넘어서는 것이다. 이러한 잘못들 중의 일부가 형사적인 것으로 간주되지 않는 이유는 그러한 잘못들을 낳게 한 공직자들의 결정이 그 자체로는 잘못되지 않았거나, 그러한 잘못들을 낳게 한 결정 자체가 아예 존재하지 않았기 때문이다. 2장의 논리를 확대할 때, 여기에서의 분석이 제안하는 것은 공직에서의 책임문제를 우리가 적절히 이해한다면 이런 이유에서 형사적 제재조치를 피할 수 있는 잘못은 거의 없다는 것이다. 그러나 여전히 이러한 이유에서 형사적 제재조치를 모면할 수 있는 잘못들도 다소간 존재한다는 것은 의심할 수 없는 사실이다. 가장 명백한 것들은 정부의 교정능력을 넘어서 있는 잘못들이다. 정부는 질병과 기근을 발생시키는 사회경제적 구조를 유지하고 있다. 그러나 정부와 공직자가 이러한 고통을 개선하거나 때로는 악화시킬 수는 있다 하더라도, 정부가 그 밑바닥에 깔려 있는 구조를 변경시킬 수 있는 경우는 거의 없다. 적어도 정부는, 구조를 변경해야 한다는 생각이 아무리 널리 받아들여진다 해도, 원칙적으로 형사적 심판을 해야 하는 경우에는 그렇게 할 수 없다.

확인 가능한 결정들의 산물이지만 범죄일 수 없는 잘못들도 있다. 그러한 잘못들이 얼마나 심각한 것인지, 그것들이 도대체 잘못인지에 관해서 사회성원들의 견해 자체가 서로 매우 다르기 때문이다. 뒤르껭(Durkheim)이 주장한 것처럼[89] 한 행위를 사회성원 모두가 "보편적으로 거부해야만" 그 행위가 잘못된 행위가 되는 것은 아니지만 사회성원들의 상당수가 어떤 행위를 광범위하게 승인하는 경우도 매우 드물다. 우리가 범죄로 간주하고 싶어하는 많은 관행들은 단지 도덕적·정치적 비난의 대상으로만 남게 될 것임에 틀림없다. 현대사회에서 부의 분배와 관련하여 발생된 부정의는 부분적으로 정부정책과 공직자의 결정에 기인한 것으로 볼 수 있을 것이다. 그러나 그 가해자들이 아직 모두 범죄자인 것은 아니다. 결국 거의 모든 사람들이 범죄라고 생각하는 잘못들을 처벌하는 것이 가능하지 않을 수도 있는 것이다. 예를 들면 형사적 정의의 국제적 체계가 마련되지 않고 있으므로 전쟁과 관련된 범죄를 저지른 고위 공직자는 형사적 제재조치를 모면할 가능성이 높은 것이다.

두번째 한계는 보상적 정의(compensatory justice)와 관련된 것이다. 공직자들에 대한 형사적 유죄평결이 정부범죄의 직접적인 희생자를 도와주지는 못한다. 손해에 대한 민사소송이 이러한 목적을 달성하기 위한 것이라고 추정된다.[90] 시민들은 민사소송을 스스로 주도할 수 있다. 해악이 의도적이었다는 것을 보이거나 형사적 심판의 번거로운 절차를 겪지 않고도 그렇게 할 수 있다. 고통을 당한 시민은 여전히 주권과 공직자 면책권에 대한 (더욱 명시적인) 원칙에 마주치게 될 것이다.[91] 그러나 그러한 원칙이 민사소송에서도 형사소송에서와 동일한 함축을 갖는 것은 아니며, 적어도 그래서는 안된다. 최적의 체계에서는 한 소송에 수여된 면책권들이 다른 소송에서 주어진 면책권의 역(逆)일 것이다. 공직자들은 민사적으로는 책임을 면제받지만 형사적으로 책임을 지고, 정부는 형사적으로는 책임을 면제받지만 민사적으로 책임을 지는 경우가 많다.

이러한 면책권들 및 억지와 정의에 대한 그 면책권들의 효과 사이의 상호관계는 복합적이다. 그러나 형사소송과 민사소송이 정부와 공직자를 다르게 대우하는 기본적인 이유는 언급될 수 있다. 민사적 제재조치는 형사적 제재조치보다 정부(모든 세금지급자)에게 더욱 효과적이고 정의로운 제재수단이다. 그러나 그것은 적절한 구도를 갖춘 형사적 제재조치보다 개별적 공직자들을 '과도하게 억지할' 가능성이 더 높다. 정부에 대해 민사적 책임을 지우는 적절한 구도는, 물론 형사적 제재조치를 확장시킨 체계에 거의 의존할 것이다. 그러나 희생자들을 만족시킬 의도에서보다는 공직자들을 억지할 의도에서 말이다.

형사소송절차가 무고한 시민들에게 정의의 유용성을 알려주기는 어려울지도 모른다. 그러나 형사소송절차가 범죄를 저지른 공직자에게는 정의의 유용성을 알려줄 수 있는 그런 것이기를 우리가 기대해야 하는 것이다. 공무원들을 심판하는 중요한 이유는 전통적으로 모든 시민들이 법 앞에 평등하다는 것을 증명하려는 의도에서였다. 이것은 범죄가 정치적이고 그 형벌이 사형(死刑)인 경우에도 마찬가지이다. 루이 16세의 사형집행 이전에 이루어졌던 토론에서 지롱드당(Girondin)의 지도자들은 그를 초법적으로 대우하는 것에 강력히 반대하고, 법에 따라 기소하는 것에 강력히 찬성했다. "모든 사람이 시민이므로 모든 사람이 또한 범죄자일 수 있다. 특별한 사람은 아무도 없으므로 누구도 재판에서 면제되지 않는다." [92]

사용할 수 있는 자료를 훨씬 더 많이 가지고 있음에도 불구하고, 오늘날 공직자들이 다른 격투장에서보다 법정에서 일반 시민보다 더 우호적인 대우를 받을 가능성은 더욱 적다. 사실 공직자들이 불공정한 대우를 받을 더 큰 위험에 처해 있는 것을 염려해야 할 수도 있다. 공직자들은 공중에게 많이 노출되어 있고 그래서 아마도 정치적 동기에서 비롯된 비난에 타격을 받을 가능성이 더 높은 것이다. 근대적 정부에서 '정치적 판결'은 (전적으로 무가치하지는 않다 해도) 오랜 역사를 갖고 있다.[93] 그러나 대부분의 민주정(民主政)들은 순전히 정치적으로 기소당하는 것으로부터 시민들, 또는 공직자들을 보호하기 위해 사법제도에 충분한 독립성을 부여해 왔다. 의원들에 대한 ABSCAM 조사에서 사용했던 방법에 대해 우리가 어떻게 생각하건간에 유죄판결을 받은 입법의원들은 그들이 불공정한 대우를 받았다고 주장하지만 적어도 그와 유사한 상황에서 시민들이 향유했던 것 정도의 공정한 사법적 재검토를 받았다는 사실을 잊지 말아야 한다.[94]

전임 공직자들은 형사적 유죄평결이 그 이후에 미치는 효과로 인해 일반 시민들만큼 많이 고통받지 않는다. 워터게이트 범죄자의 대부분, 특히 고위직에 봉사했던 사람들은 사적인 부분에서는 다시 괜찮은 자리를 차지할 수 있었다.[95] 일부는 그들의 경험에 관한 강연과 책으로부터 수익을 올렸고, 일부는 공직에 대한 추천권을 다시 얻었다.[96] 그러나 워터게이트 유죄평결에 이르게 한 연쇄적 사건들의 단서를 처음 발견한 조심성 있는 야간경비원 윌즈(Frank Wills)는 수년 동안 정규적인 일자리를 얻을 수 없었다.[97]

유죄평결은 다른 사람들보다 공직자에게 더욱 큰 불명예를 가져다준다고 종종 이야기되곤 한다. 그러나 그렇다 하더라도 그것은 공직자의 범죄행위가 발견되지 않고 남아 있는 동안에 그 공직자가 향유했던 부당한 특권을 벌충하는 것으로 생각되어야만 한다. 더욱이 많은 공직자들은 적어도 그들에게 중요한 영역에서는 불명예를 교묘하게 회피한다. 상원 위원회에서 "충실히, 완전히, 그리고 정확하게" 증언하지 못했다는 비난을 받았을 때 CIA 국장 헤엄즈는 [항변은 않으나 유죄는 인정치 않는다라는] 불항쟁(nolo contendere) — 그 자체가 정부 및 법인의 공직자들이 유죄평결의 오명을 피하기 위해 공통적으로 사용하는 고안물이다 — 으로 변명했다.[98] 헤엄즈의 태도가 암시하는 것은 그가 이러한 유죄평결을 '명예의 상징'으로 받아들인 것이다. "나는 불명예스럽다고 전혀 느끼지 않는다"고 그는 말했다. "나는 내가 다르게 행동했다면 불명예스럽다고 느꼈으리라 생각한다."[99] 헤엄즈는 스스로가 CIA 및 그가 이끈 요원들에 대한 충심에서 행위했다고 믿었다. 정부에서 개인적인 범죄를 범한 공직자들에게 충분한 처벌을 하기는 매우 어렵다. 동료들의 승인을 받아 범죄를 저지른 국가 공무원들에게 충분한 처벌을 행하는 것은 더욱 어렵다. 형사적 제재조치가 정부에서 그 목적을 달성할 수 있는 것은, 공직자들이 공직의 통합성에 대한 그들의 관심을 공유하는 동료와 시민들의 후원에 의지할 수 있고, 공직자들이 이러한 목적을 향한 조직적 협동을 촉진하는 제도에 의지할 수 있을 때뿐이다.

공직자를 처벌하는 관행은 제한된 방식에서나마 민주주의의 실행과정에 기여한다. 공직자에 대한 재판은 대중으로 하여금 정부의 범죄에 극적으로 주목하게 하는 데 도움이 될 수 있다. 때때로 그것은 언젠가는 시민들이 공직자들의 책임이 더 크다고 평가할 수 있도록 하는 보다 더 광범위한 개혁을 자극할 수 있다. 워터게이트 및 1970년대 초반의 다른 조사활동은 FBI 및 CIA에 대한 통제를 강화하고 선거에서 뿐 아니라 공직에서도 연방정부 및 입법부의 재정적 거래를 통제하는 기준을 강화하는 노력에 박차를 가했다.[100]

그러나 형사적인 조사와 기소가 그렇게 정열적인 개혁운동을 발생시키는 경우는 매우 드물다. 한 설명에 따르면 미국의 정치적 권위를 좌우했던 일련의 사건들이 국민들에게 공개된 것은 "현대 역사에서 혁명정권이 전임자들을 조사한 경우를 제외하면 유일한" 것이었다.[101] 어느 경우에든 형사적 심판 자체는 특정한 개인들이 구조적 범죄로 기소되었을 때조차도 그 개인들에게 주의를 고정시킨다. 검사와 증인이 우발적으로 공무원들이 불법행위를 저지르는 패턴을 노출시킨다 하더라도 그들은 일차적으로 스스로를 개인적 위반사항 및 형사적 소송절차의 엄정한 기준에도 저촉받지 않을 사실들에만 국한시키는 것이다.

공직자들에게 책임을 물을 수 있다고 주장하려고 함에 있어서, 시민들은 중죄를 지은 공직자들을 비난하는 것만큼 임무에 충실한 공직자들을 기리는 것에도 관심을 기울여야 한다. 적어도 베커리어(Beccaria) 이후의 법률 개혁가들이, 처벌에 대한 광범위한 집착으로 인해 그에 상응하는 보상을 무시하게 되었다는 점을 비판한 것은 사실이다. 그럼에도 불구하고 우리의 형식적인 제도는 선고 자체보다는 위협에 더 적합한 형태로 남아 있다. 그런데 보상이라는 조치는 처벌이 갖고 있지 못한 몇 가지 이점을 갖고 있다. 벤담은 보상이 '적극적인 행위'를 취하게 할 수 있으며 자기 강화의 가능성 또한 더 높다는 점에 주목했다. 후보자들은 필요한 증거를 제시할 자극제를 갖기 때문이다.[102] 보상체계는 또한 공직자들이 형사적 제재조치의 위협을 의식하면서 일할 때에 보여주게 되는 과도한 조심성에 반작용함으로써 과도한 억지의 위험을 저지하는데 도움을 줄 수 있는 것이다.

루소(Rousseau)는 보상체계의 더욱 중요한 이점을 확인해 주었다. 그러한 체계에서 시민들은 "고립된 행위보다는 인간 자체에 더 많은 고려를 하게 되고 [그럼으로써] 지속적이고 규칙적인 행위들, 자신의 지위에 주어진 의무에 대한 충실한 이행, … 요컨대 사람의 품성과 원칙에서 흘러나오는 행위들을 영예롭게 할 수 있다는 것이다."[103] 아마도 루소와 벤담이 염두에 두었던 '살랑시의 소녀'*같은 건강한 보상체계는 오직 작고 동질적인 공동체에서만 가능할 것이다.[104] 그러나 그러한 제도에서 이루어지는 인성과 경력에 대한 보다 더 광범위한 평가 같은 것이 민주주의의 진행과정에는 꼭 필요하다. 처벌제도는 이러한 기능에 도움이 되지 못할 뿐 아니라, 공적인 재판과정에서의 탁월한 위치로 인해 다른 제도가 이러한 기능에 도움이 되는 것을 막을 수도 있는 것이다.

※ Rosière de Salency, 18세기 프랑스의 살랑시 지역에서 덕망 높고 순결한 소녀를 지명하는 축제로서 미덕을 찬양하고 고무하고자 하는 당시 사람들의 충동을 반영하는 축제의 한 단면이라고 할 수 있겠다.

형사소송절차가 때때로 추정되듯이 그렇게 민주적 참여에 적대적인 것은 아니다. 결국 그것은 본질적인 (제5의) 민주주의적 제도 — 배심원제 — 의 고향인 것이다. 시민들이 형사소송절차의 초기단계에 참여하게 고무하는 방법들이 또한 있을 것이다. 어떤 정치학자들은 (의료혜택이나 복지 같은) 정부혜택의 수령자들이 이러한 프로그램의 실행과정에서 부패를 발견하고 보고할 수 있도록 조직될 수 있을 것이라고 제안하기도 했다.[105] 그럼에도 불구하고 형사소송절차는 보통 정부가 형식적 책임을 주도해야만 하고, 능동적으로 참여하는 시민은 거의 없으며, 선고된 범죄의 많은 중요한 함축에 대해 아무도 공적으로 토론하지 않는 그런 절차로 남아 있다.

정부에서 형사적 제재조치를 사용할 때에 발생하는 이러한 한계들 중에서 어떤 것도 형사적 제재조치가 그 자체로 정당화되지 않는다는 것을 보여주지는 않는다. 단지 그것이 보여주는 것은 공무원의 도덕적 책임과 민주적 문책을 가능하게 하는 방법으로서 그것이 불충분하다는 것뿐이다. 우리가 이러한 목표들을 추구함에 있어서 형사적 제재조치에 얼마나 의미있는 자리를 할당해야 하는가는 대체로 우리가 민사적·행정적·정치적 제재조치의 장점들에 비교해서 그것의 장점을 어떻게 평가하는가에 달려 있다. 형사적 제재조치의 가장 가치있는 역할 중의 하나는 다른 제도들에 대한, 더욱 일반적으로는 시민들에 의해서 확립되고 강제되는 표준들에 대한 최후의 의지처로서의 제재조치라는 것이다. 예를 들면 미국 윤리청은 행정부의 고위 공직자들이 의회가 제정한 개별적 이해관심을 우선시하는 행위를 금지하는 의회제정 규칙에 따라 제출한 재정공시 보고서를 재검토하고 부정의 혐의가 있는지를 조사한다. 전임 청장에 따르면 이러한 절차는 "피해를 입지 않기 위해서는 스스로 조치를 취할 것을 [공직]후보자에게 요구함으로써 형법을 미리 강제하는 결과를 낳는다." [106) 많은 다른 상황에서처럼, 여기에서 어떤 공직자도 처벌될 필요가 없다면 공무원을 처벌하는 관행은 최상의 기능을 하게 된다.

그 한계에도 불구하고 형사적 책임은 민주적 정부를 심판하고 제어하는 중요한 자산으로 남는다. 공무원을 처벌하는 관행을 수립함으로써 민주 공동체는 공직자의 불법적 행위를 억지하려는 것뿐 아니라 공적 표준의 집단적 의미를 규정하려 하는 것이다. 처벌이 내포하고 있는 공적인 비난은 그러한 표준의 위반이 공동체에 무엇을 의미하는지에 대한 가장 엄숙한 성명서이다. 그렇듯 비난받아야 하는 공직자를 우리가 항상 발견할 수는 없을 것이다. 그러나 우리가 도덕적 책임의 원칙이나 정치적 민주주의의 원칙이 그러한 공직자들을 법에 비추어 처벌하는 것에 방해가 된다고 가정하지는 말아야 한다. 민주정부의 조직적 복합성이나 주권적 지위로 인해 우리가 정부의 범죄에 대해서 공직자들이 개인적으로 책임을 진다고 생각하지 말아야 할 이유는 없는 것이다.

[원 주]

1) John Locke, *Second Treatise*, in Two Treatises of Government, ed. Peter Laslett (New York : Cambridge University Press, 1963), sess. 240~243.

2) 여기에서의 논변은 처벌에 대한 광범위한 이론들과 양립 가능하다. 정당화 가능한 처벌의 본성과 관련하여 이러한 논변이 가정하는 것은 단지 두 가지뿐이다. 첫째, 정당한 처벌관행은 제재를 받는 사람에게 특정한 권리를 주어야만 한다. 예를 들어 범죄를 자발적으로 저지르지 않은 사람을 처벌해서는 안되는 것이다. 둘째, 처벌은 사회적으로 분개하는 태도와 질책의 판단을 의미하는 표현적 기능을 갖는 것을 특징으로 한다. 의심할 바 없이 처벌이 범죄를 억제하는 작용을 한다고 보는 이론은 이러한 가정들을 수용할 수 없다. 그러나 공리주의를 포함한 더욱 세련된 이론들은 이러한 가정들을 수용할 수 있다. 이러한 가정은 다음에 서술하는 두 책에 따른 것이다. H. L. A. Hart, *Punishment and Responsibility* (Oxford : Oxford University Press, 1968), pp.1~27. Joel Feinberg, *Doing and Deserving* (Princeton : Princeton University Press, 1970), pp.95~118.

3) 이에 관한 가장 훌륭한 논의는 Christopher D. Stone, *Where the Law Ends : The Social Control of Corporate Behavior* (New York : Harper and Row, 1975)에서 살펴볼 수 있다.

4) 가령 "Developments in the Law — Corporate Crime," *Harvard Law Review*, 92 (April 1979), pp.1241~1243, Note, "Structural Crime and Institutional Rehabilitation," *Yale Law Journal*, 89 (Dec. 1979), pp.357 ~360, Peter French, "The Corporation as Moral Person," *American Philosophical Quarterly*, 16 (July 1979), pp.207~215, David T. Ozar, "The Moral Responsibility of Corporations," in *Ethical Issues in Business*, ed. Thomas Donaldson and Patricia H. Werhane (Englewood Cliffs, N.J. : Prentice-Hall, 1979), pp.294~300, Thomas Donaldson, *Corporations and Morality* (Englewood Cliffs, N.J. : Prentice-Hall, 1982), pp.18~34, Albert J. Reiss, Jr., "Organizational Deviance," in *Corporate and Governmental Deviance*, ed. M. David Ermann and Richard J. Lundman (New York : Oxford University Press, 1978), esp.

pp.33~35. 스톤(Christopher Stone)은 구조주의적 입론들의 여러 측면들을 옹호한다. 그러나 궁극적으로는 '표준들'을 위반하는 것을 처벌하는 접근법을 강조하고 있다. "The Place of Enterprise Liability in the Control of Corporate Conduct," *Yale Law Journal*, 90 (Nov. 1980), pp.28~55). 후자의 접근법은 여기에서 전개된 것과 같은 개인적 책임이라는 개념과 일관된 것인 듯이 보인다. 스톤은 이후의 논문에서 계속하여 구조주의적 입장들의 여러 측면을 옹호하고 있다. "A comment on 'Criminal Responsibility in Government'," in *Criminal Justice*, Nomos XXVII, ed. J. Roland Pennock and John W. Chapman (New York and London : New York University Press, 1985), pp.241~266. 스톤의 논문은 그 책에 실려 있는 — 사실상 이 장과 동일한 — 나의 글에 대한 논평이다. 구조주의적 입장에 대한 최근의 글로는 Peter A. French, *Collective and Corporate Responsibility* (New York : Columbia University Press, 1982), pp.173~202, Ronald Dworkin, Law's Empire (Cambridge, Mass. : Harvard University Press, 1986), pp.167~175, 187을 보라.

5) 예를 들어 John C. Coffee, Jr., "'No Soul to Damn : No Body to Kick' : An Unscandalized Inquiry into the Problem of Corporate Punishment," *Michigan Law Review*, 79 (Jan. 1981), pp.386~459를 보라.

6) Granville Williams, *Criminal Law* (London : Stevens and Sons, 1961), p.31. 또한 Hart, pp.19~22, 143~146, 193~195, George P. Fletcher, *Rethinking Criminal Law* (Boston : Little, Brown, 1978), pp.439~449, Hyman Gross, *A Theory of Criminal Justice* (New York : Cambridge University Press, 1979), pp.22~23, ¶55~156, 167~169를 참조하라.

7) Edouard L. J. Laferrière, *Traité de la jurisdiction administrative* (Paris : Berger Levrault, 1887), p.648. 이러한 구분에 대한 해석을 개관해 보려면 H. Street, *Governmental Liability* (Cambridge : Cambridge University Press, 1953), pp.58~62를 보라.

8) Cf. Edward D. Banfield, "Corruption as a Feature of Governmental Organization," *Journal of Law and Economics*, 18 (Dec. 1975), pp. 587~588.

9) "Developments in the Law," p.1259, n.80.

10) U.S. v. Ehrlichman, 376 F. Supp. 29 (1974) AT 35. 에어리히먼의 명

령을 실행했던 사람들에 대한 유죄판결을 뒤집은 법원의 결정의 이유들에 대한 논의를 참조하기 위해서는 Fletcher, pp.756~758을 보라.

11) Williams, pp.346~427, Gross, pp.160~161, 423~436.

12) Paul Finn, "Official Misconduct," *Criminal Law Journal*, 2 (Dec. 1978), p.315.

13) 뉴욕 경찰의 부패를 조사하는 냅 위원회(Knapp Commission)에서의 증언에 의하면 각 급의 모든 공직자들은— 심지어 시장의 보좌관조차도 — 부패에 대한 보고들을 오랫동안 무시하거나 축소한 후에야 그것들을 고려하는 태도를 보였다. New York City Commission to Investigate Allegations of Police Corruption ··· Commission Report, Dec. 26, 1972 (New York : George Braziller, 1973), pp.5~7, 210~213.

14) 8천 명의 연방공무원에 대한 통계조사에 따르면, 아무런 조처도 취해지지 않을 것이라고 믿었기 때문에 부패를 관찰하고도 보고하지 않은 사람이 전체의 53퍼센트에 달했다. U.S. Merit Systems Protection Board, *Whistleblowing and the Federal Employee* (Washington, D.C. : Government Printing Office, 1981), pp.27~31.

15) William J. Chambliss, "Vice, Corruption, Bureaucracy and Power," in *Official Deviance*, ed. Jack Douglas and John Johnson (New York : Lippincott, 1977), pp.316~325.

16) 예를 들면 Peter M. Blau, *The Dynamics of Bureaucracy*, rev. ed. (Chicago : University of Chicago Press, 1963), pp.187~193을 보라.

17) Inspectors General Act(1978), 92 Stat.1101(Public Law 95-452), Civil Service Reform Act(1978), 92 Stat.1111(Public Law 95-454), Bernard Schwartz and H. W. R. Wade, Legal Control of Government (Oxford : Clarendon Press, 1972), pp.64~75, U.S. Department of Labor, Office of the Inspector General, *Semiannual Report of the Inspector-General* (March 31, 1981), pp.28~29, 35~36, 72, 94, and Jameson W. Doig et al., "Deterring Illegal Behavior in Complex Organizations," *Criminal Justice Ethics*, 3 (Winter/Spring 1984), pp.31~34, 44~45. 보통법으로 범죄 은닉을 처벌하는 것의 어려움에 대해서는 William, pp.422~427을 보라.

18) George P. Fletcher, "The Theory of Criminal Negligence : A Comparative Analysis," *University of Pennsylvania Law Review*, 119 (Jan.

1971), pp.401~402.

19) Note, "Negligence and the General Problem of Criminal Responsibility," *Yale Law Journal*, 81 (April 1972), p.979.

20) *Uniform Laws Annotated* (St. Paul, Minn. : West Publishing, 1974)의 *Model Penal Code*, sec.2.02 pp.464~467을 보라. 최근에 미국 대법원은 태만한 국가 공직자로부터 보상을 받을 헌법적 권리의 영역에 유사한 경계를 설정한 바 있다. Davidson v. Cannon 88 L. Ed. 2d 677 (1986)을 보라.

21) Hart, pp.136~157.

22) Hart, p.152. 또한 Gross, pp.419~423을 보라. 하트에 대한 비판으로는 Richard A. Wasserstrom, "H. L. A. Hart and the Doctrines of Mens Rea and Criminal Responsibility," *University of Chicago Law Review*, 35 (Autumn 1967), pp.102~104를 보라.

23) Hart, pp.148~149. Note, "Negligence …" p.979. *Model Penal Code*, sec.2.02.

24) '커다란' 부주의에 대한 정의는 William Prosser, *Handbook of the Law of Torts*, 4th ed.(St. Paul, Minn. : West Publishing, 1971), p.183에 따른 것이다. 그러한 예들은 Jethro K. Lieberman, *How the Government Breaks the Law* (New York : Stein and Day, 1972), pp.194~195에서 논의되고 있다.

25) U.S. National Commission on Reform of Federal Criminal Laws, *Working Papers*, July 1970 (Washington, D.C. : Government Printing Office, 1970), vol. I, pp.166, 186~187. 그러나 U.S. v. Park, 421 U.S. 658 (1975)를 참조하라.

26) Prosser, p.180.

27) Finn, p.317.

28) 1장에서 보여진 것처럼, 이러한 심리적 거리가 도덕적 거리와 동일한 것으로 간주되어서는 안된다. 이 글에서 보다 더 엄격한 제재조치를 제안한 의도는, 부분적으로, 심리적 거리가 도덕적 차이를 나타낸다는 잘못된 느낌을 되받아치기 위한 것이다.

29) Anthony Kenny, "Intention and Purpose in the Law," in *Essays in Legal Philosophy*, ed. R. S. Summers (Oxford : Blackwell, 1970), p.158.

30) *Memoirs of the Prince de Talleyrand* (New York : Putnam, 1891), 3:

216~217.

31) French, "The Corporation as Moral Person," p.207, Donaldson, pp.30, 124~126, Stone, "The Place of Enterprise Liability," p.31, 그러나 pp.21~28과 "Development in the Law," pp.1247~1248도 참조하라. 이른바 시카고 학파는 효율성을 근거로 법인의 제재조치에 우호적인 태도를 보인다. Richard Posner, *Economic Analysis of Law*, 2nd ed. (Boston : Little, Brown, 1977), pp.165~167을 보라.

32) 미국 연방법원들은 피고용인이 법인에게 책임을 물을 수 있다는 입장을 지지해 왔다. 그러나 대부분의 주법(州法)이나 모범형법, 영국법에서는 일반적으로 고위직 관계자가 포함될 것을 요구한다. U.S. Senate, Judiciary Committee, *Criminal Code Reform Act of 1977*, 95th Cong., 1st sess. (Washington, D.C. : Government Printing Office, 1977), pp. 74~78, *Working Papers*, pp.176~181, 그리고 W. Friedman, *Law in a Changing Society*, 2nd ed. (New York : Columbia University Press, 1972), pp.207~210을 보라.

33) Coffee, " 'No Soul to Damn'," pp.390, 407~408, Coffee, "Corporate Crime and Punishment," *American Criminal Law Review*, 17 (Spring 1980), pp.419~476.

34) 조직체들을 도덕적 행위주체로 간주하는 것의 의미와 함축을 명쾌하게 분석한 자료로는 Susan Wolf, "The Legal and Moral Responsibility of Organizations," *Criminal Justice*, Nomos XXVII, ed. J. Roland Pennock and John W. Chapman (New York : New York University Press, 1985), pp.267~286, French, *Collective and Corporate Responsibility*, pp.94 ~111, 164~172 등이 있다.

35) "Development in the Law," p.1241, *Working Papers*, pp.184~185, Williams, pp.856~857.

36) Gerhard O. W. Mueller, "Mens Rea and the Corporation," *University of Pittsburgh Law Review*, 19 (Fall 1957), pp.28~35.

37) 그러나 노력의 예로는 Donaldson, pp.125~126이 있다.

38) French, "The Corporation as Moral Person," pp.207~215, Feinberg, pp.222~251, 그리고 D. E. Cooper, "Collective Responsibility," *Philosophy*, 43 (July 1968), pp.258~268을 참조하라.

39) U.S. House, Committee on Interstate and Foreign Commerce, Sub-

committee on Oversight and Investigations, *Hazardous Waste Disposal*, Sep. 1979, 96th Cong., 1st sess. (Washington, D.C. : Government Printing Office, 1979), 특히 p.18.

40) Stone, "The Place of Enterprise Liability," pp.26~27, Coffee, " 'No Soul to Damn'," pp.401~402. 그러나 French, *Collective and Corporate Responsibility*, pp.188~190을 보라.

41) "Structural Crime," p.364, Coffee, " 'No Soul to Damn'," pp.413~424, 448~457.

42) Donaldson, pp.18, 26, 209.

43) Robert Dahl, *Dilemmas of Pluralist Democracy* (New Haven : Yale University Press, 1982), pp.194~202 참조.

44) 효용과 권리의 구분에 대한 최근의 입장들에 대해서는 Ronald Dworkin, *Taking Rights Seriously* (Cambridge, Mass. : Harvard University Press, 1978), pp.184~205, T. M. Scanlon, "Rights, Goals, and Fairness," *Public and Private Morality*, ed. Stuart Hampshire et al. (Cambridge : Cambridge University Press, 1978), pp.93~111, 그리고 Samuel Scheffler, *The Rejection of Consequentialism* (Oxford : Clarendon Press, 1984)를 보라.

45) Howard M. Friedman, "Some Reflections on the Corporation as Criminal Defendant," *Notre Dame Lawyer*, 55 (Dec. 1979), pp.188~201. 더 일반적으로는 Arthur S. Miller, *The Modern Corporate State* (Westport, Conn. : Greenwood Press, 1976)을 보라.

46) 법인이 미국 헌법 보칙 제1조에 명시된 권리를 갖는가에 관한 유익한 사법적 논의들을 살펴보기 위해서는 First National Bank of Boston v. Bellottei, 55 L Ed 2nd 707 (1978)을 보라.

47) Kawananakoa v. Polyband, 205 U.S. 834 at 836(1907). 이는 한 지역의 토지 ― 그 일부는 소송 면책권을 주장했던 하와이의 영토에 양도되었다 ― 의 저당권 상실에 관한 논쟁과 관련된 민사소송이었다.

48) Thomas Hobbes, *Leviathan*, ed. M. Oakeshott (Oxford : Blackwell, 1946), p.173, 그리고 포괄적으로는 chap.26, pp.172~189. 호움즈는 또한 절대적 주권에 관한 장 보댕(Jean Bodin)의 유명한 변론을 인용했다. *Six Books of the Commonwealth*, trans. M. J. Tooley (New York : Barnes and Noble, 1967), chap.8. "다른 사람이 만든 법에 복종

할 수는 있다. 그러나 스스로를 구속하는 것은 불가능하다."(p.28) 그리고 그러한 기준으로는 또 다른 두 명의 절대주의자 — Sir John Eliot (1592~1632)와 Baldus(추정컨대 Baldo degli Ubaldi)(1327?~1400)— 를 끌어들였다.

49) Hobbes, p.121, 그리고 포괄적으로는 chap.19, pp.121~129.

50) 민사적 책임을 지나치게 제한하는 문제에 대해서는 Ronald Cass, "Damage Suits Against Public Officers," *University of Pennsylvania Law Review*, 129 (May 1981), pp.1153~1160을 보라.

51) Nixon v. Fitzgerald, 50 LW 4797 at 4806, 4810(1982). 판사들의 조처를 참고하라. Stump v. Sparkman, 98 S. Ct. 1099(1979).

52) Congressional Quarterly, *Congressional Ethics*, 2d ed. (Washington, D.C. : Congressional Quarterly, Inc., 1980), pp.169~175.

53) Association of the Bar of the City of New York, Committee on Federal Legislation, *Remedies for Deprivation of Constitutional Rights by Federal Officers and Employees* (New York : Association of the Bar, 1979), p.28, 그리고 Cass, p.1167.

54) U.S. Code, Title 18, chaps.11, 29, 93을 참조하라.

55) 실제로 과도한 억지에 대한 민사적 책임을 경고하는 최근의 모든 저작들은 경험적 검사에 종속되지 않은 분석적 논변들에 의존하고 있다. Cass, pp.1153~1160을 보라.

56) Peter H. Schuck, *Suing Government* (New Haven : Yale University Press, 1983), pp.59~81.

57) J. Jackson Walter, "The Ethics in Government Act, Conflict of Interest Laws and Presidential Recruiting," *Public Administration Review*, 41 (Nov./Dec. 1981), pp.663~665.

58) Jeremy Bentham, *The Rationale of Reward* (London : Robert Heward, 1830), p.59n.

59) U.S. v. Musto, J.S. District Court for New Jersey, No.81-144, May 10, 1982 [법원 사본]. 유죄판결을 받은 공직자는 공직을 상실하게 되어 있는 주법(州法)에 따라 머스토는 결국 상원직과 시장직을 동시에 상실하게 되었다. 비록 그의 아내가 그를 대신하여 시 위원회에서 봉사할 수 있도록 선출되었고 그의 상원직은 그의 입법보좌관이 차지하게 되었지만 말이다.

60) Raoul Berger, *Impeachment : The Constitutional Problems* (Cambridge, Mass. : Harvard University Press, 1973), pp.59~61, 63.

61) Institute for Social Research, *Organizational Assessments of the Effects of Civil Service Reform*, Second Year Report for U.S. Office of Personnel Management (Ann Arbor : University of Michigan, Institute for Social Research, 1981), pp.22~23.

62) Locke, sess.135~136, 139, 142, 153, 156, 160, 164, 210, 221~222, 239~240. 비록 최근의 학자들은 로크를 해석함에 있어서 피신탁인의 직위라는 개념을 무시해 비렸지만 초기의 논평가들은 그러한 개념의 중요성을 인식하고 있었다. C. E. Vaughan, *Studies in the History of Political Philosophy* (Manchester : University of Manchester Press, 1939), pp.143~157, 그리고 J. W. Gough, *John Locke's Political Philosophy* (Oxford : Clarendon Press, 1950), pp.136~171을 보라.

63) 로크 자신은, 피신탁인이 신탁조건을 위반할 때에만 행정관의 신탁이 취소될 수 있다고 주장하면서 후자의 함축을 거부하고 있다. Locke, sess. 100, 149, 156, 164, 그러나 sec.153을 보라.

64) Meinhard v. Salmon, 249 N.Y. 458 at 464, 164 N.E. 545 at 546 (1928).

65) R. v. Bembridge, 22 State Tr. 1(1783). Finn, pp.308~309를 보라.

66) R. v. Bembridge at 155~156.

67) John C. Coffee, Jr., "From Tort to Crime : Some Reflections on the Criminalization of Fiduciary Breaches and the Problematic Line between Law and Ethics," *American Criminal Law Review*, 19 (Fall 1981), pp.117~172, 그리고 W. Robert Gray, "The Intangible Rights Doctrine and Political Corruption Prosecutions Under the Federal Mail Fraud Statute," *University of Chicago Law Review*, 47 (Spring 1980), pp.562~587.

68) U.S. v. Isaacs, 493 F. 2d 1124(7th Cir.), cert. denied, 417 U.S. 976 (1974) (Otto Kerner, Illinois), 그리고 U.S. v. Mandel, 591 F. 2nd 1347(4th Cir.), cert. denied, 100 S.C.+ 1647(1980) (Marvin Mandel, Maryland). 테네시 주의 주지사 블랜턴(Blanton)은 1981년 6월에 우편물 사기와 다른 혐의들로 인해 유죄판결을 받았다(*New York Times*, June 10, 1981, A19를 보라). 이 소송에서 주의 공직자들에게 연방뇌

물방지법이 적용될 수는 없었다.

69) U.S. v. Mandel, 1359~1360.

70) Ibid.

71) Coffee, "From Tort to Crime," pp.132, 141, 142~148, 그리고 Gray, pp.566, 587.

72) Coffee, "From Tort to Crime," pp.64, 144.

73) Ibid., p.143.

74) U.S. v. Dotterweich, 320 U.S. 277 (1943), 그리고 U.S. v. Park, 421 U.S. 658(1975)를 보라.

75) Rule on "manipulative and deceptive devices"(issued by the Securities and Exchange Commission in accord with the Securities and Exchange Act of 1934)를 참조하라(17 C. F. R. 240.10b-5). 공개가 요구되는 정보를 공개하지 않은 공직자들을 정보공개법에 근거하여 처벌하지 못한다. J.U.S.C., sec.552를 보라.

76) 가령 U.S. Code, sess.1902~1908을 보라.

77) Note, "Constitutional Law — Equal Protection — Defendant permitted to Prove Discriminatory Enforcement …," *Harvard Law Review*, 78 (Feb. 1965), pp.884~887.

78) Nixon v. Fitzgerald, at 4798~4799, 그리고 Harlow and Butterfield v. Fitzgerald, 50 LW 4815 at 4819(1982).

79) U.S. Environmental Protection Agency, Office of Inspector General, Office of Investigations, Report of Investigation, Thriftway Company (File #1-82-045, April 5, 1982). dl 보고서를 복사하고자 했던 나의 요구는 정보공개법에도 불구하고, "그러한 기록의 생산은 법을 강제하는 소송에 간섭할 것이라는" 근거에서 거부되었다(Richard M. Campbell, Assistant Inspector General, E.P.A., July 19, 1982가 저자에게 보낸 편지에서 인용). 나는 다른 통로를 통해 복사본을 구했다.

80) American Law Institute, *Model Penal Code*, Proposed official draft, July 30, 1962 (Philadelphia : American Law Institute, 1962), sec.2.07, comment, p.38.

81) *Working Papers*, p.165.

82) Cain v. Doyle, 72 Commonwealth Law Reports 409(1946). 프리드만은 원리적으로 정부조직도 형사적 위반사항에 대해 책임을 질 수 있다

는 입장을 거부한 판사는 오직 한 명뿐이었다는 사실을 강조함으로써 이 소송을 다소 다르게 해석하고 있다. *Law in a Changing Society*, pp.210~212.

83) Cain v. Doyle at 424.

84) Ibid. at 433~434.

85) U.S. Senate, Committee on Judiciary, Subcommittee on Citizens and Shareholders Rights and Remedies, and Subcommittee on Administrative Practice and Procedure, *Joint Hearing on the Federal Tort Claims Act*, 95th Cong., 2d sess., 1978, p.358.

86) Coffee, " 'No Soul to Damn'," pp.448~457, 그리고 "Structural Crime and Institutional Rehabilitation," pp.364~374.

87) 조직 차원에서 이루어진 범죄에서 유죄평결의 오명이 갖는 중요성에 대해서는 Association of the Bar, pp.20~21과 Friedman, p.211을 보라.

88) 가령 U.S. House, Committee on the Judiciary, *New Directions for Federal Involvement in Crime Control* (Washington, D.C. : Government Printing Office, 1977), pp.62~67을 보라.

89) Emile Durkheim, *The Division of Labor in Society* (Glencoe, Ill. : Free Press, 1964), pp.68~132.

90) 범죄와 위법행위 간의 원칙적인 구분은 일상적인 위반행위에서는 행해지기 어려운 것이며, 정부의 범죄에 대해서는 더욱 문제시되는 것이다. 공직자들이 저지르는 대부분의 심각한 잘못들은 사회 전체에 대한 위법행위, 즉 정부에 의해 기소되고 형벌에 의해 억지되는 그런 위협행위로 간주될 수 있을 것이다. 물론 이러한 위법행위는 전통적으로 범죄의 몇몇 특징들을 반영하고 있는 것들이다. 범죄와 위법행위에 대한 이러한 구분에 대한 사려 깊은 최근의 분석자료로는 다음과 같은 것이 있다. Richard A. Epstein, "Crime and Tort : Old Wine in New Bottles," *Assessing the Criminal*, ed. Randy Barnett and John Hagel Ⅲ (Cambridge, Mass. : Ballinger, 1977), pp.231~257.

91) Schuck, pp.59~121, Cass, pp.1110~1188, 그리고 Jerry L. Mashaw, "Civil Liability of Government Officers," *Law and Contemporary Problems*, 42 (Winter 1978), pp.8~34를 보라.

92) Michael Walzer, *Regicide and Revolution* (Cambridge : Cambridge University Press, 1974), p.77.

93) Otto Kirchheimer, *Political Justice* (Princeton : Princeton University Press, 1961), pp.3~118, 419~431.

94) 가령 U.S. Senate, Select Committee on Ethics, *Investigation of Senator Harrison A. Williams, Jr.*, Sep. 3, 1981 (Washington, D.C. : Government Printing Office, 1981)을 보라. 더욱 일반적인 것으로는 Congressional Ethics, pp.5~13을 보라. 그러한 조사가 시작되었어야만 했는가라는 특징적인 물음에 대해서는 pp.26~27을 보라.

95) Nicholas D. Dristoff, "The Success of the 'President's Men'," *New York Times*, July 13, 1986, sec.3, pp.1, 8.

96) 가령 리건 대통령은 해외민간투자법인(Overseas Private Investment Corporation)의 중역으로 스탠스(Maurice Stans)를 지명했다. 비록 무죄를 선고받기는 했지만, 스탠스는 1972년에 닉슨 선거운동에 관여하면서 5건의 경미한 기부금 위반으로 고소를 받은 바 있다. *New York Times*, Dec. 10, 1981, p. A30.

97) Kristoff, p.8.

98) Thomas Powers, *The Man Who Kept Secrets : Richard Helms and the C.I.A.* (New York : Simon and Schuster, 1979), pp.382~395. 불항쟁의 사용에 대해서는 Marshall Clinard et al., Illegal Corporate Behavior (Washington, D.C. : Dept. of Justice, National Institute of Law Enforcement and Criminal Justice), pp.207~208을 보라.

99) Powers, p.391.

100) Sameel P. Huntington, *American Politics : The Promise of Disharmony* (Cambridge, Mass. : Harvard University Press, 1981), pp.141~142, 188~189, Bruce Jennings, "The Institutionalization of Ethics in the U.S. Senate," *Hastings Center Report*, special supplement, 11 (Feb. 1981), pp.5~9, 그리고 John T. Elliff, *The Reform of F.B.I. Intelligence Operations* (Princeton : Princeton University Press, 1979), pp.3~13.

101) Huntington, p.189.

102) Bentham, pp.21, 43.

103) Jean Jacques Rousseau, *Government de Pologne*, chap.13 in *Political Writings*, ed. C. E. Vaughan (Oxford : Blackwell, 1962), 2 : 498n (필자의 번역).

104) Daniel Mornet, Les origines intellectuelles de la Révolution Fran-
çaise, 1715~1787 (Paris : Collins, 1933), p.263. 더욱 일반적으로는
William J. Goode, The Celebration of Heroes (Berkeley : University
of California Press, 1978), pp.151~180, 313, 394를 보라.
105) Doig et al., p.32.
106) Walter, p.662.

제 4 장
입법의 윤리

입법의 윤리(legislative ethics)가 가능한가? 이러한 물음이 제기하고 있는 의심은 우리가 정치가들에 관해서 습관적으로 표출하는 냉소보다 더 뿌리깊은 것이다. (정치권력을 행사하는 이들의 탐욕과 야심에 못지않은) 일부 입법의원(legislator)의 탐욕과 야심이 공적인 삶에서 윤리를 추구하는 데에 방해가 된다는 것은 의심의 여지가 없는 사실이다. 그러나 입법의 윤리가 가능한가라는 물음은 더욱 일반적인 문제 ― 모든 입법의원들이 윤리적으로 행위하려고 했다 하더라도 발생하곤 하는 문제 ― 를 지적하려는 것이다. 문제는 입법의원의 역할에 대한 윤리적 요구가 윤리 특유의 요구와 갈등한다는 것이다. 윤리는 포괄적인 전망을 가질 것을 요구한다. 그러나 입법의원들은 또한 그들 자신을 선출해 준 지역구 주민들을 배려해 주어야 할 의무를 갖고 있는 것이다. 윤리는 자율적 판단을 요구한다. 그러나 다른 한편으로 우리는 입법의원들이 선거결과를 존중하기를 바란다. 윤리는 공공원칙에 따른 행위를 요구한다. 그러나 입법의원들은 항상 공적으로 행위한다고 해도 전체의 이익을 고려하지 못하거나 자율적이지 못할 수 있다.

입법의원이 아닌 공직자들도 또한 특정한 사람들의 복리에 대한 의무와 공적인 복리에 대한 의무 간의 갈등에 직면한다. 공직자들의 역할은 그들이 공직에 있지 않을 때에 행했다면 잘못된 것일 행위들을 때로는 허용하고 심지어 요구하기까지 한다. 그러나 입법의원의 곤경은 특히 당혹스러운 것이다. 그들은 지역구 주민과 선거를 통해서 연결되어 있을 뿐 아니라 그들의 동료들과도 특정한 관계를 맺고 있기 때문이다.[1] 행정가들에 비해서 입법의원들은 동료들로부터 더 많은 독립성을 향유한다. 그들은 보통 누가 입법의원이 될 것이며 누가 입법의원으로 남을 것인지를 그들 스스로 통제하지 못한다. 그들의 관계는 위계적이라기보다는 동반자적인 것이다. 그러나 (그들과 유사하게 독립적인 것으로 간주될 수 있는) 대부분의 판사나 일부 행정가들과 비교해 보았을 때, 입법의원들은 그들의 주요한 기능을 달성하기 위해 그들의 동료들에게 더 크게 의존하고 있다. 입법의원들은 동료들의 협력 없이는 전혀 입법활동을 할 수가 없는 것이다. 그래서 입법의원들은 서로를 더 많이 필요로 함과 동시에, 서로에 대한 통제력은 더 약화되는 것이다.

동료관계에서의 이렇듯 더욱 극심한 긴장으로 인해 입법윤리의 문제는 보다 더 복합적인 것이 되고 만다. 이러한 긴장은 그 문제가 동료들로부터 고립되어 있는 입법의원들 — 개인으로서이든, 지역구 주민에 관계된 개인으로서이든, 또는 원칙들에 관계된 개인으로서이든 간에 — 을 고려해서는, 해결되는 것은 그만두더라도, 이해될 수조차 없다는 것을 의미한다. 이 문제에 대한 관습적인 접근방식들은 모두 이러한 세 가지 관점들 중의 하나를 채택하고 있어서, 입법활동의 조직적인 차원을 진지하게 고려하지 못하고 있다.

최소주의적 윤리

가장 친숙한 형태의 입법윤리는 재정적으로 개별적 이해관심을 우선시하는 행위를 금지하는 규칙[※]으로 구성되어 있다. 이는 상원, 하원 및 대부분의 주(州) 입법부에서 채택하고 있는 윤리관행이다.[2] 최소주의적 윤리(minimalist ethics)가 호소하는 바는 매우 분명한 것이다. 그것은 오직 최소한의 행위들만 금지하고, 근본적인 도덕관이나 정치관을 달리하는 입법의원들도 수용할 수 있는 비교적 객관적인 규칙들을 제시한다. 최소주의적 윤리가 시민의 대표자들이 따라야 하는 특별한 역할이나 실질적인 정치이론을 지칭하는 것은 아니다. 이런 방식으로 윤리의 영역을 제한함으로써 최소주의적 윤리는 다원주의적 정치의 특징인 거래(give-and-take)에 더 큰 역할을 부여한다.[3] 이렇게 하여 윤리의 특유한 요구와 입법부의 대표성에 근거한 요구 사이의 갈등이 축소되는 것이다.

그러나 최소주의적 윤리는 그 근거 또한 매우 빈약하다. 최소주의적 윤리는 요구사항을 절제한 대가로, 설령 정합적이라고 할 수는 있어도, 정당화의 요구를 충족시키지 못한다. 민주적 대표체계에서 개별적 이해관심을 우선시하는 행위를 금지하는 규칙이라는 발상은 그 자체로 역설적이다. 개별적 이해관심을 우선시하는 행위가 발생하는 것을 회피하려면 입법의원들이 그들 자신의 이익

※ conflicts of interest, 이 말은 원래 입법부에서 자신, 또는 자신과 가까운 사람들의 개인적인 이득을 위해 특정한 법안을 지지하는 행위를 방지하기 위해 삽입된 조항을 지칭하는 것이다. 그런데 이를 문자 그대로 '이해관심의 갈등'으로 번역할 경우, 우리말로는 거의 의미가 통하지 않으므로 조금 길지만 본문에서와 같이 '개별적 이해관심을 우선시하는 행위를 금지하는 규칙'이라고 번역해 보았다.

을 추구하는 듯이 보이는 행동을 하지 말아야 한다고 생각된다. 그러나 매디슨(Madison)이 강조한 것처럼 입법의원은 그의 지역구 주민들과 "이해관심상의 친교(communion of interest)"를 나누어야 한다.[4] 입법의원이 그 자신의 이해관심을 조금이라도 표명하지 않는다면 지역구 주민의 이해관심도 적절히 대변할 수 없는 것이다.

이러한 역설을 해소하는 가장 상식적인 방법은 대표자들이 개인적으로 특정한 입법조항으로부터 일정한 방식으로 다른 사람들이 얻지 못한 종류의 이익이나 다른 사람이 얻지 못한 정도의 이익을 얻었을 때에만 개별적 이해관심을 우선시하는 경향이 존재한다고 보는 것이다.[5] 그런데 실제로 그러한 규칙이 금지하고 있는 유일한 행동은 의원들이 입법부에서 그 자신의 지역구에 관한 논쟁이 벌어졌을 때 그 문제에 대해 투표하는 것이다. 그러므로 이러한 방식으로 역설을 해소하는 것은 개별적 이해관심을 우선시하는 행위를 금지하는 조항 및 재정공개 조항을 정당화하는 것에도 도움이 되지 않을 것이다. 더 최근의 윤리법령은 "의원들이 그들 자신 또는 그들의 가족이나 친구의 '특유한 이해관심'을 증진시킬 것을 주된 목적으로 하여 법안을 지지해서는 안된다"는 취지로 그 기준을 약간 변경했다.[6] 분명히 그러한 기준은 확립되고 법적으로 강제할 만한 가치가 있는 것이다. 우리가 개인적인 이익이 입법생활의 주요한 목표가 되어야 한다고 말하고 싶어하지는 않을 것이기 때문이다. 그러나 이러한 기준들 중에서 입법의 윤리가 방지해야 하는 행위들을 포착하는 기준이나, 심지어는 그러한 행위와 관련된 측면들을 다루는 기준은 아무것도 없다.

재정적으로 개별적 이해관심을 우선시하는 행위에만 초점을 맞추는 것은, 비록 그것이 역사적으로 완전히 이해 가능하다 할지라도, 입법윤리의 원리를 왜곡하는 것이다. (심지어는 개별적 이해관심을 우선시하는 행위를 금지하는 조항에 대한) 근거도 이러한 초점이 암시하는 것보다는 협소하면서 동시에 광범위함에 틀림없다. 우리가 반대하는 이유가 단순히 입법의원이 공직을 점함으로써 개인적으로 얻는 바가 있기 때문은 아니다. 결국 많은 공직 보유자들은 공적인 생활에서 뿐 아니라 개인적 생활에서도 그들의 경력과 재산을 위해 그들의 지위와 제도상의 특권을 이용한다. 입법의원들이 뇌물을 받지 않는 한, 그들이 공적인 봉사를 통해 얻어지는 재정적인 혜택을 향유해서는 안될 이유가 있는가? 반론의 초점은 개인적인 득실 자체에 대한 것이 아니라 개인적 득실이 입법판단에 미치는 효과에 대한 것이다. 그러므로 단지 몇몇 종류의 재정적 이득만이 금지되어야 한다. 금지되어야 할 재정적 이득이 어떤 종류의 것인지를 결정하기 위해서 우리는 단순히 개별적 입법의원의 재정상태에 주목할 것이 아니라 그의 재정상태가 입법에 미치는 영향력의 패턴에 주목할 필요가 있다.

개별적 이해관심을 우선시하는 행위를 금지하는 중심적인 의도가 입법판단을 보호하는 것이라면 그러한 금지는 재정적 이득의 영역 너머에까지 적용되어야 한다. 자신들이 관계하고 있는 사적인 압력단체들※의 입법목표를 추구하기 위해 자신의 직위를 부단히 이용하는 입법의원들은 특별한 이해집단들로부터 기부를 받는 사람들에 못지않게 입법판단을 왜곡하고 있다고 보아도 좋을 것이다. 사적인 압력단체들의 대표가 비난받아야 할지는 부분적으로 얼마나 많은 입법의원들이 거기에 참여하고 있는지, 그리고 입법결과에 어떤 효력을 미치는지에 달려 있다. 입법판단에 영향

※ single-issue groups, 자신들의 특정한 이해관심을 실현시키기 위해 입법부에 로비를 하는 단체들을 지칭하는 용어로써 시민단체들처럼 특정한 입장에 따른 입법활동을 목표로 하는 것이 아니라 가령 동성애자협회처럼 특정한 법안들의 통과를 목표로 한다는 점에서 '사적인 압력단체'라고 번역해 보았다.

을 줄 수 있는 요인은 다양하다고 할 수 있다. 그래서 어떤 종류의 영향력이 배제되어야 하는지를 결정하기 위해서는 입법윤리가 하나의 전체로서의 입법과정에 주의를 기울일 필요가 있다.

우리가 개별적인 입법의원의 개인적인 재정적 동기에 집중하는 한, 우리는 최소주의적 윤리를 주장하는 사람들이 찬동해 마지않는 대표적인 조항, 즉 개별적 이해관심을 우선시하는 행위를 금지하는 조항들조차 이해할 수 없게 된다. 우리가 그러한 조항들에 대한 근거를 정식화하자마자 우리는 입법의원들과 그들이 대표하는 사람들 간의 행위 패턴을 조사할 수밖에 없게 된다. 은행구좌에만 좌우되는 개별적인 입법의원은 입법윤리의 주요한 대상이 될 수 없는 것이다.

기능주의적 윤리

입법의원의 역할─지역구 주민에 관계된 개인─을 검토함으로써 입법윤리의 보다 더 적합한 대상을 알 수 있게 되는가? 입법의원의 역할에서 가르침을 구하는 자연스러운 정치이론은 대의제 이론(theory of representation)의 전통에서 찾을 수 있다. 더 구체적으로 말하자면 피신탁인 이론과 대리인 이론이 가장 전통적인 형태의 이러한 이론이라고 할 수 있다.[7] 그러한 전통은 이른바 입법윤리를 기능주의적으로 정초하는 데에 필요한 최상의 자료를 제공해 준다. 기능주의적 윤리(functionalist ethics)는 대표자로서의 기능에 의해 입법의원의 의무를 정의하는 것이다.

어떤 입법의원들은 대리인(delegate)과 피신탁인(trustee)이라는 개념에 호소하여 그들의 입법활동을 지역구 주민들뿐 아니라 자신들 스스로에게도 정당화한다.[8] 그런데 많은 대표자들은 스스로를 대리인이나 피신탁인 중에서 어느 한 쪽으로 보는 것을 거부하고 그들이 이러한 역할들 사이의 갈등을 경험한다는 것을 부정한다. 그들은 자신들이 그들의 지역구 주민들이 생각하는 대로 생각한다고 믿는다. 그리고 그들 자신이 판단하는 것과 지역구 주민의 욕구를 따르는 것을 구분하는 것은 무의미하다고 본다.[9] 의원들에게 그들이 대리인으로 행위해야 하는지, 아니면 피신탁인으로서 행위해야 하는지를 물어본 한 정치학자는 다음과 같은 반응을 얻었다. "누가 이런 어리석은 질문을 생각해 냈는가?" 그리고 "고등학생에게나 적합한 이런 질문에는 대답하지 않겠다." [10]

많은 대표자들이 대리인과 피신탁인이라는 범주에 저항감을 갖는 것은 놀라운 일이 아닐 것이다. 대리인이라는 개념은 대표자로서의 역할을 지역구 주민들의 의사를 단순히 실행하는 것에 한정한다. 그리고 피신탁인이라는 개념은 특정한 입법윤리에 따라 활동하는 것만이 대표자의 역할이라고 본다. 결국 이 양자는 모두 대표자의 역할을 특정한 방향으로 단순화해 버리는 것이다. 대의제 이론, 적어도 버크(Burke)와 밀의 이론처럼 세련된 이론은 대표자의 역할에 대한 더 복합적인 관점들을 많이 포함하고 있다. 그러한 이론들은 어떤 대표자이든 한 역할의 몇몇 측면이나 (우리가 말할 수 있는) 서로 다른 몇몇 역할들 사이에서 선택해야만 한다는 사실을 반영하고 있다. 버크가 강조한 것처럼 대표자는 많은 다른 원칙과 많은 다른 집단들에게 충실해야 할 의무가 있다. 우리 시대에는 이렇듯 서로 다른 원칙, 집단의 수, 그리고 집단의 다양성이 상당히 확장되었다. 우리가 주목해야 하는 대표자들의 역할은 적어도 다음과 같은 세 가지 측면 이상인 것이다.

첫째, 피신탁인과 대리인 사이의 전통적인 대비에 상응하는 구분이 존재한다. 우리는 그들이 결정을 내리게 되는 이유에 따라, 즉 그들이 대표하는 사람들의 겉으로 드러난 선호에 따라 결정하는지, 또는 그들이 대표하는 사람들의 이해관심에 대한 대표자의 판단에 따라 결정하는지에 따라 대리인과 피신탁인을 구분할 수 있을 것이다. 선호와 이해관심이 일치할 수도 있기 때문에, 대리인과 피신탁인이 때로는 사실상 동일한 방식으로 행동할 수도 있다. 그러나 선호와 이해관심이 일치하지 않을 때에는 문제가 발생한다. 그리고 그 문제는 윤리학 전공자들 사이에서 논의되는 간섭주의의 문제와 유사한 것이다.[11] 도대체 어떤 조건에서 그리고 어떤 이유에서, 대리인이 피대리인의 소망을 넘어서서 또는 소망에 반하여 행위해도 되는 것인가? 윤리학 전공자들 사이에서처럼 우리는 피대리인의 선호를 무시하는 것에 강하게 반대해야 할 것이다. 반면에 우리는 피대리인의 선호를 무시할 수 있는 상황이 존재할 수 있다는 것을 부정하고 싶어하지도 않는 것이다.

입법의원의 역할이 논의되는 또 다른 차원은 시민들을 어떻게 대표해야 하는지에 대한 것이 아니라 어떤 시민들을 대표해야 하는지에 관한 것이다. 국가 전체와 특정지역이라는 전통적인 범주와 더불어 입법의원의 활동을 복잡하게 하는 다른 문제들이 존재한다. 때때로 입법의원들은 당에 복종할 의무를 지닌다. 소속정당의 이름을 내세운 덕분에 당선되었거나, 아니면 그들이 자신의 입법 프로그램을 통과시키기 위해서 당의 후원을 필요로 하기 때문이다. 몇몇 입법의원들은 적절하게도 스스로를 흑인이나 여성처럼 부분적으로 입법부에서 제대로 대표되지 못하는 집단들의 대표자로 본다. 지역에 대한 의무는 일반적으로 생각되는 것보다 더욱 복합적이다. 대표자의 지지층은 지난번 선거에서 그를 지지한 유권자의 다수라고 할 수 있으므로 대표자들은 그가 다른 집단들, 즉 그에게 반대표를 던진 사람들과 현재 선거가 이루어진다면 다수를 차지할 사람들을 포함하는 집단들의 덕을 얼마나 많이 입었는지에 대한 물음에 직면한다. 더욱이 많은 입법의원들은 그 지역의 다른 사람들과는 이해관심을 달리하는 지역 유지들에게 스스로가 얽매여 있는 것을 알게 된다. 그러한 유지들을 대표하는 것도 때로는 — 가령 유지들이 그 지역의 빈민들에게 혜택이 돌아가는 경제발전을 촉진할 때 — 정당화될 수 있다.

지금까지 우리는 종종 제안되는 것처럼 대표자의 단지 두 가지 역할을 살펴본 것이 아니라 적어도 8가지 역할 — 국가, 정당, 지역, 지역의 다수자를 대리인 및 피신탁인의 범주와 조합시킨 것 — 을 살펴보았다. 이것조차도 대표자의 역할을 단순화한 것이다. 더욱 정확한 설명이 이루어지기 위해서는 세번째 차원 — 대표자가 다루어야 하는 문제의 유형을 지적하는 것 — 이 부가되어야 한다. 가령 특정지역의 빈민들에게 구호자금을 할당하는 문제와 같은 복지문제에 접하게 되었을 때, 우리는 특정한 입법의원이 대리인으로서 행위해야 한다고 주장하고자 할 것이다. 그러나 특히 그 지역구 주민들이 가난하면서도 호전적이라면 의료정책을 수립할 때에는 그 입법의원이 외교정책의 피신탁인으로 행위해야 한다고 말하고자 할 것이다. 그 입법의원이 시민권에 의거하여 그 지역의 다수자의 견해를 따르기로 결정한다면, 우리는 하나의 역할 선택의 문제에서 비롯되는 복합성을 보기 시작하는 것이다.

어떤 한 명의 입법의원이 정당하게 선택할 수 있는 많은 역할들과 그러한 선택에 영향을 미치는 많은 요인들에 직면해서 대표자가 어떤 역할을 선택해야만 하는지를 입법윤리가 정해 주리라고 기대해서는 안된다. 한 역할, 또는 역할들의 조합을 처방전처럼 제시해 주는 일반원칙이 적절한 것으로 입증될 가능성은 없다.[12] 그러한 원칙이 파악되기 어려운 이유는 선택해야 할 역할이 너무 많이 있기 때문만이 아니라 그러한 선택이 입법체계에서 발생하는 다른 문제들에 의존하고 있기 때문이기도 하다. 이상적인 체계에서는 각각의 입법의원이 자신이 해야만 하는 것을 하고, 그 체계는 하나의 전체로서 그것이 기능해야만 하는 만큼 기능하고 있다고 가정할 수 있다. 그러나 실제로는 이러한 가정 중에서 어느 것도 성립하지 않는다. 그러므로 입법의원은 그 역할에 따른 의무를 이행하는 방법을 선택함에 있어서 다른 행위주체의 행위 및 하나의 전체로서 정치체계의 일반적인 특징 외에도 다른 입법 의원들의 실제 행위를 고려해야만 한다.

일부 전통적인 대의제 이론가들은 대의제가 단순히 지역구 주민과 입법의원 간의 1 대 1 관계가 아니라 다른 역할들을 갖고 있는 많은 사람들 사이의 체계적인 상호작용을 포함하는 집단적인 과정이라는 점을 주지하고 있다. 입법윤리에 대한 우리의 판단을 궁극적으로 결정해야 하는 것은 바로 하나의 전체로서 대의제에서의 이러한 행동양식이다. 밀(Mill)이 의회에서 활동하고 있는 동안, 그는 단지 그의 지역구 주민이나 그가 속한 정당의 대변인이기를 거부했다. 그 대신에 그는 법제화의 기회를 얻기 전에도 여성의 참정권 같은 대의명분을 주창함으로써 마치 공상가인 것처럼 행동했다. 그러나 그가 모든 대표자들이 자신처럼 독립적이어야 한다고 생각한 것은 아니다. 그 자신의 대의제 이론에 따르면 입법의원들은 '근본적 신념들'을 포함한 제반 문제에서 지역구 주민들의 소망을 따라야 한다.[13] 그 자신이 했던 역할을 하는 입법의원들도 있어야 하기는 하지만, 대부분의 입법의원은 그렇게 행동하지 말아야 한다고 그는 생각했다. 우리가 추구해야 하는 것은 다양한 종류의 대표자들 사이에 균형이 잘 잡혀 있는 국회라고 밀은 제안한다. 대표자의 의무는 다른 대표자들이 행하는 것, 또는 행하지 않는 것에 달려 있다. 그래서 특정한 대표자의 고유한 역할을 확정하기 위해서는 입법체계의 상태를 언급하지 않을 수 없는 것이다.

입법의원들은 많은 다른 역할들 중에서 선택을 해야 하기 때문에, 그리고 그러한 선택의 올바름은 그들의 선택이 이루어지는 체계의 상태에 달려 있기 때문에, 입법윤리가 대표자를 위해서 개별적인 일군의 의무를 미리 지정해 줄 수는 없다. 입법윤리는 대표자들에게 문제가 주어졌을 때조차도 피신탁인으로 행위해야 하는지, 대리인으로 행위해야 하는지를 말해 줄 수 없는 것이다. 따라서 입법윤리는 역할 선택 및 정책결정에 있어서 입법의원들에게 상당한 자유재량권을 부여하게 된다. 이러한 면에서 버크나 그의 동료들처럼 입법의원에게 독립적 판단을 할 수 있는 자리를 마련해 주는 이론가들의 주장은 올바르다고 할 수 있다. 그러나 그것으로부터 입법윤리가 입법의원의 품성에 대한 연구로 환원된다는 결론이 나오는 것은 아니다. 우리가, 버크의 이론이 제안하는 것처럼, 시민들은 최선의 사람들을 추구하여 그들로 하여금 최선의 판단을 행하게 해야 한다고 단순히 주장하는 것은 아니다. 많은 자유재량권이 필요하다는 사실은 자유재량권이 행사되는 조건이 중요하다는 것을 함축한다. 입법윤리의 일차적 조건은 그래서 다시 입법과정 자체가 되어야 한다.

합리주의적 윤리

세번째 접근법 — '입법윤리에 대한 합리주의적(rationalist) 토대'라는 명칭이 적당할 듯하다 — 은 다른 방식으로는 입법과정을 진지하게 고려할 수 없다고 생각하는 사람들이 수용하는 접근법이다. 합리주의자는 입법윤리를 정의, 자유, 공동선 등과 같은 정치이론의 실질적인 원칙들에 기초하곤 한다. 그러한 원칙들은 다른 접근법들이 제공하는 것보다 더욱 포괄적이고 안전한 토대를 제공하는 듯이 보이기 때문에 더욱 매력적이다. 그러한 원칙들은 최소주의적 윤리의 금지사항들보다 더욱 정합적이다. 그러면서도 기능주의적 처방에서 드러나는 가변성의 문제에는 덜 취약하다.

그러한 원칙들의 타당성은 다른 입법의원들의 행위나, 입법체계에서 발생하는 다른 일들에 그렇게 많이 의존하지 않기 때문이다.

그런데 합리주의적 윤리원칙들의 문제는 그 원칙들이 우리가 일반적으로 의미있는 것이라고 여기는 많은 입법행위를 불확실한 것으로 만들며, 동시에 우리가 정당하다고 생각하는 많은 입법적 선택을 제약한다는 사실에 있다. 어느 경우에나 입법과정은 경시된다. 입법과정에서 발생할 것이 분명한 사태들에 대해서 합리주의적 원칙은 너무 적게 말하거나 너무 많이 말하는 것이다. 잘 알려진 정의론의 잘 알려지지 않은 부분이 이러한 난점을 예시해주고 있다.

롤즈(John Rawls)는 "합리적 입법의원은 정의의 원칙들에 가장 적합한 법과 정책이 어떤 것인지에 대한 그의 견해에 따라 투표한다"고 주장한다.[14] 피신탁인 이론처럼 이러한 관점은 입법의원들에게 지역구 주민들이 무엇을 선택하는지와 상관없이 다양한 법과 정책들 중에서 선택할 수 있도록 해주는 재량권을 제공한다. 그러나 이러한 재량권 자체가 정의의 원칙에 의해서 제한될 수도 있다는 점에 주목하라. 입법의원은 어떤 법이 정의의 원칙을 만족시키는가에 관한 '그의 견해를' 지닐 권리를 갖는 것이지, 어떤 원칙들이 정의의 원칙들인가에 관한 그의 견해를 지닐 권리를 갖고 있는 것은 아니다.

입법의원이 직면하는 많은 결정들이 정당한 정책과 부당한 정책 사이에서의 선택, 또는 다른 것보다 어느 정도 더 정당한 정책과 그렇지 않은 정책 사이에서의 분명한 선택이라고 할 수는 없다. 세제개혁, 관세율, 사회보장규칙, 직업상의 안전규제, 그리고 이런 것들과 유사한 복지정책들이 공정의 문제를 제기할 수도 있을 것이다. 그러나 그것들은 롤즈의 정의론만큼 잘 정리된 정의론에 근거한 명료한 대답들은 거의 인정하지 않는다. 롤즈 자신이 그러한 정책들은 "보통은 합당한 견해 차이를" 보이는 것이고, 그래서 "종종 우리가 법이나 정책에 대해 말할 수 있는 최선의 것은 그것이 적어도 명백히 부정의한 것은 아니다"는 것이라는 점을 인정하고 있다.[15] 더욱이 롤즈의 입법체계에서 입법의원들은 이러한 유의 사회경제적 정책들을 고려하는 데에 그들 시간의 대부분을 소비한다. 그들의 주요한 임무는 권리의 보호가 아니라 복지의 증진인 것이다.[16]

정의의 물음이 적절한 것이고 결정 가능한 것일 때, 롤즈의 이론은 정반대의 어려움을 낳는다. 롤즈의 이론은 대표의 역할을 너무 많이 제한한다. 입법의원들은 롤즈의 정의론이 시민들이 신뢰해도 좋은 다른 이론들과 갈등할 때에 롤즈의 정의론 전체에 따라, 그리고 오로지 그것에 따라서만 행위해야 한다. 롤즈가 많은 다른 가치관을 포용하는 문제를 어떤 다른 철학자보다 더 진지하게 받아들였다 할지라도, 그의 이론은 중요한 몇몇 관점들을 정치적 협의사항에서 배제해 버릴 것이다. 롤즈의 정의론에 의해서, 널리 받아들여지고 있고 훌륭한 철학적 계보를 지니고 있는 이론들을 포함하고 있는 많은 다른 정의론들이 배제되는 것이다. 그가 배제하기 위해서 가장 많은 관심을 기울이는 대안적 이론은 공리주의이다. 그리고 공리주의는 현대 공공정책을 정당화하는 근거로 다양하게 이용되고 있다. 우리가 대표자의 역할을 단일한 (그러나 논쟁의 여지가 있는) 정의론에 따른 행위에 제한하는 것을 정당화할 수 있을지 의심스럽다.

롤즈의 이론이 대안적 이론들보다 철학적으로 우월하다는 것을 입증한다고 해서 대표자들이 그 원칙에 따라서만 행위해야 한다는 명제까지 확정해 주는 것은 아니다. 그렇게 하기 위해서는 그러한 원칙들이 언젠가 시민들에 의해서 실제로 수용되어야 한다. 수용되지 않는다면 그것이 우리 사회의 원칙인지를 의심해 볼 이유가 있는 것이다.[17] 대표자들이 공리주의적 원칙에 의해서만 정당화될 수 있는 정책을 법제화하는 것은 잘못되었을 수도 있다. 그러나 그것이 잘못되었다는 사실은 다른 공적인 토론을 통해 입법부에서 논증되어야 하는 것이다. 롤즈의 원칙에 반대되는 원칙들이 입법부의 숙고대상이나, 윤리적 입법의원들의 행위원칙에서 배제될 수는 없다. 대표자의 의무들을 규정할 때에 정의론을 거기에 포함시키는 것은 철학적 명령에 의해 집단적 선택이 이루어지도록 하는 것이다.[18]

대표자들이 선택할 수 있는 실질적인 원칙들에 대해 더욱 조심스러운 제약들을 가함으로써 이러한 어려움을 회피할 수 있다고 생각해서는 안된다. 다른 시민들의 '소극적'인 권리가 침해되지 않는 한, 대표자들이 그들의 지역구 주민들의 선호를 따라도 된다고 보는 관점을 살펴보기로 하자.[19] (특정한 방식으로 대우받지 않고자 하는 요구들인) 소극적 권리들은 여전히 실질적 정의론으로부터 유도된다. 그러나 그것들은 (특정한 가치에 대한 요구들인) '적극적' 권리들이 요구하는 것보다 더 적은 것을 요구한다. 전술한 것처럼 문제는 우리 사회에서 권리로 간주되어야 할 것이 무엇인지를 정의하는 것이 어느 정도는 입법과정에서 결정되어야 하는 물음이라는 데에 있다. 입법의원들에게 소극적 권리를 침해하지 말라고 명하는 원칙은 입법의원들이 새로운 권리들을 확립하려는 법안을 지지할 것인지를 고려할 때에는 많은 도움이 되지 못한다. 복지국가의 성장은 정부가 시민들에게 특정한 해악을 방지(소극적 권리)하기 위해서 특정한 혜택을 제공해야만 한다(적극적 권리)는 진보적 인식에 의해 종종 설명되고 옹호되어 왔다. 그러나 복지국가에 반대하는 사람들 — 예를 들면 재산소유자들 — 은 복지국가가 다른 시민들의 소극적 권리를 침해한다고 주장한다. 우리는 다른 사람들 중에서도 입법의원들이 그러한 논쟁을 해소하기를 기대한다. 그리고 그렇게 함에 있어서 그들은 널리 받아들여지고 있는 적극적 권리와 소극적 권리 사이의 경계를, 단지 따르기만 하는 것이 아니라 때때로 변화시키기도 하는 것이다.

이러한 반론들은 매우 포괄적인 함축을 갖는다. 이러한 반론들은 근본적 가치들에 관한 단일한 실질적 이론들의 명령을 수행하는 것에 대표자의 역할을 제한하는 어떠한 입법윤리설에도 적용된다. 이러한 여러 가치들 중에서 선택하는 것은 입법부가 내리는 가장 중요한 결정이기도 하다. 그리고 그러한 선택이 대표자의 역할을 규정해 버림으로써 미리 결정되어서는 안된다. 합리주의적 윤리는, 모든 입법의원이 따라야만 하는 원칙들이 이미 받아들여진 입법과정 속에 각각의 입법의원을 투사한다. 결과적으로 각각의 입법의원이 전체 입법부가 되는 것이다.

세 가지 접근법 모두가 갖고 있는 문제는 그것들이 입법의원 자신들 사이의 상호관계를 무시한다는 것이다. 최소주의자들은 오직 각각의 입법의원을 정직하게 만드는 것에 대해서만 고민한다. 기능주의지들은 각각의 대표자를 지역구 주민들에게 관계짓는 규칙만을 탐색한다. 합리주의자는 각각의 입법의원이 입법과정에서 어떤 일이 발생한다 하더라도 반드시 추구해야 하는 원칙들을 추천한다. 이러한 접근법들 중의 어느 것도 입법윤리 문제의 열쇠가 되는 동료들 사이의 상호의존성을 심각하게 고려하지 않는다. 입법윤리에 대한 보다 더 적절한 태도는 입법행위뿐 아니라 입법의원들이 전형적으로 종사하는 다른 정치적 행위들을 포함하는 것으로 광범위하게 이해되는 포괄적인 입법과정 안에 입법의원들을 위치시키는 것이어야만 한다.[20]

우리가 입법의원들을 지역구 주민과 상호작용할 뿐 아니라 자신들끼리도 상호작용하는 것으로 본다면 우리는 그들의 역할이 요구하는 것과 윤리가 요구하는 것 사이의 갈등을 더 잘 이해할 수 있다. 윤리의 요구는 입법의원들이 입법과정에서 따라야만 하는 원칙들에 대한 제약으로 이해되어야만 한다. 그러한 제약으로 꼽을 수 있는 가장 유망한 규준은 어떤 원칙이든지 도덕원칙으로서 자격을 갖추려면 충족시켜야만 하는 기준인 것이다. 이러한 목적에 도움이 되는 기준은 이른바 " '도덕적 관점(moral point of view)'의 조건들"로부터 이끌어낼 수 있겠다.[21] 그것들은 입법의 원칙이 일반적이고 자율적이고, 공적일 것을 요구한다.[22] 철학에서 이러한 요구들은 매우 약한 것인 듯이 보인다. 왜냐하면 이러한 요구들은 진지하게 논의되는 도덕이론들을 대체로 배제하지 않기 때문이다. 그러나 정치학에서 이러한 요구들은 더욱 힘을 얻을 수 있다. 그것들은 (적어도 암묵적으로) 널리 주장되는 (이기주의 같은) 관점들을 배제하기 때문이다.

그래서 입법윤리의 문제는 입법과정에서 대표자들의 역할과 이러한 요구들을 조화롭게 하는 문제가 된다. 그러한 요구들은 비윤리적 행위를 광범위하게 금지하는 근거를 제공할 수 있을 정도로 충분히 강한 것이다. 그러나 그것들이 대표자 역할에 근거한 정당한 요구들을 배제할 만큼 그렇게 강해서는 안된다. 그러한 요구들은 입법의원들이 그들의 지역구 주민을 위해서 자유로이 행위할 수 있게 해주고 광범위한 도덕원칙들 중에서도 자유로이 선택할 수 있게 해주는 것이어야 한다.

입법윤리에서 일반성 요구가 갖는 특수성

일반원칙이란 보편화될 수 있는 원칙이다. 즉, 한 사례에 적용되면 그와 관련된 측면에서는 유사한 모든 사례에 적용되는 원칙인 것이다.[23] 일반원칙이라는 개념에 철학적 토대를 제공한 사람은 칸트라고 할 수 있다. 칸트가 말한 다양한 형태의 정언명법은 수용할 만한 도덕원칙이 어떤 것이어야 하는지를 결정하기 위한 것이다. 한 원칙이 "자연의 일반법칙의 형식으로 나타나는 검증기준을 통과하지 못하면 그 원칙은 도덕적으로 허용 불가능하다"라고 칸트는 말하고 있다.[24] 칸트는 이러한 검증을 통해서 공리주의를 포함한 많은 다른 도덕이론들의 기본적 원칙들을 배제할 수 있을 것이라고 생각했다. 그러나 대부분의 현대 철학자들은 이러한 검증기준을 효용의 원칙을 포함한 모든 도덕이론이 만족시킬 수 있는 필요조건으로 재해석하고 있다.[25] 입법윤리에서 칸트의 검증기준은 이러한 형태로 하나의 근사적인 일반성 기준을 제공하고 있는 것이다.

일반성 요구 자체가 입법과 관련된 논의들 중에서 너무 많은 것들을 배제해 버린다고 할 수는 없지만, 그것이 배제해 버리는 것들로 인해 대의제에 다음과 같은 문제가 야기될 수 있다. 본성상 대의제는 대표자들이 특수한 집단의 시민들, 즉 지역구 주민들에게 다소 특별한 책임을 지닌다는 것을 전제한다.[26] 이러한 책임이 대리인 이론이 함축하는 정도로 구체적인 것일 필요는 없다. 그러나 이러한 책임은 입법의원들이 대표하는 사람들과 대표하지 않는 사람들을 구분해 줄 정도로는 구체적이어야 한다. 버크 자신도 그가 워윅(Warwick)이나 스태포드(Stafford)의 유권자들보다는 브리스톨(Bristol) 유권자들의 도움을 더 많이 받았다는 점을 인정했다.[27] 도덕적 숙고를 통해 일반원칙을 추구하는 입법부에서조차 공동선이 입법부의 일반적인 성격에서 곧바로 도출되는 것은 아니다. 공동선은 각각의 입법의원이 사회 내의 특수한 집단의 관점을 표출한 후에야 나타난다. 그리고 특수한 집단을 대표하는 입법의원들에 의해 바로 그들이 대표하는 특수한 집단들에게 비로소 그 공동선이 옹호되어야 하는 것이다.

대표자들이 특정한 시민들을 위해 행위하는 것이 정당한 것이라면, 대표자들이 일반적인 원칙에 따라서만 행위해야 한다고 우리가 주장할 수 있겠는가? 자연스러운 대답은 지역구 주민들에게 우호적인 행위를 하는 것은 다음과 같은 의미에서, 즉 각각의 대표자가 지역구 주민들의 복지에 특별한 비중을 부여해야 한다는 원칙을 보편화시킬 수 있다는 의미에서 일반적이라는 것이다. 다른 대표자들에게 주어지지 않은 특권을 요구할 수 있는 대표자는 아무도 없다는 것이다. 그런데 이러한 대답의 호소력은 그것이 만족시키는 형식적 검증기준에 있는 것이 아니라 그것이 실질적으로 가정하고 있는 것에 있다. 핵심적인 가정은 대표자들이 주로 전체의 일부분들을 위해 행위할 때, 그 과정이 전체의 이익을 위해서도 최선의 기능을 한다는 것이다. 이렇게 하여 특수한 집단의 이익을 추구하는 것이, 그것이 일반에 미치는 결과에 의해 정당화된다.

무엇이 이러한 가정을 정당화할 수 있겠는가? 입법의원들이나 이론가들은 이러한 일반적인 정당화 방식이 올바른 것처럼 행동하지만 실제로 이러한 정당화 방식은 잘못된 것이다. 이러한 정당화 방식은 특수한 이해관심의 총합이 공동선이라는 견해에 기초하고 있다. 이것이 공동선에 대한 적절한 견해라고 할지라도 그것은 우리가 특수에서 일반으로 나아가고자 할 때에 필요한 연결고리를 제공해 주지 않는다. 이러한 견해를 외곬으로 주장하는 사람도 이와 같은 문제를 인정하고 있다. 벤담에 따르면 공익(공동선에 대한 그의 개념)이 무엇인지를 발견하는 유일한 길은 각각의 대표자가 그의 지역구 주민들의 관점을 표현하는 것이다. 그러나 지역구 주민들의 관점은 잘못된 것일 수도 있기 때문에 대표자들은 자신의 공직관에 따라 행위할 수 있어야 한다. 벤담은 대표자들에 대한 이런 모순적인 요구를 그의 특유의 기계적 공식 중의 하나 ― 대표자들은 공익에 대한 그의 관점을 옹호해야 하지만 지역구 주민들의 관점에 따라 투표해야 한다[28] ― 에 의해 해소하고 있다.

벤담의 제안은 그것의 명백한 부적절성에도 불구하고 하나의 중요한 통찰, 즉 공익은 단순히 특수한 이익의 총합이라는 그의 가정에 의존하지 않는 통찰을 포함하고 있다. 공익을 대변하는 것은 단지 공중에 대한 의무를 이행하는 방법일 뿐 아니라 지역구 주민들의 "견해에 변화를 일으키고 이후에" 그들의 대표자와 "동일한 견해를 갖게 하는 효과를 가질" 수도 있는 것이다.[29] 공익은 단지 주관적인 선호를 합산함으로써 나타나는 것이 아니다. 공익은 입법과정에서 창출되어야 하는 것이다.

이러한 공익의 창출은 반복되는 4단계의 과정을 거쳐 이루어지는 것으로 생각해 볼 수 있다. (1) 대표자들이 개별적 관점을 표현한다. (2) 다른 대표자들이 말한 것에 의해 관점들을 수정한다. (3) 수정된 관점에 따라 행위한다. (4) 그것들을 지역구 주민들에게 정당화시킨다. 이러한 과정은 지역구 주민들이 설득되었다면 그들의 새로운 관점에 따라, 설득되지 않았다면 그들의 원래 관점에 따라 다시 시작된다. 이러한 종류의 입법과정에서 개별적인 요구는 그것이 공동선을 추구하는 입법과정에 기여하는 것으로 정당화될 수 있을 경우에 일반원칙으로 간주될 수 있을 것이다. 이는 입법의원들이 지니고 있는 제반 원칙들이 거의 만족시킬 수 없는 강한 단서조항이다. 물론 공동선에 대한 많은 개념들이 있다. 그리고 입법 과정 자체가 공동선을 추구하지 못하는 방식으로 작용하는 경우도 무수히 많다. 그러나 일반성 요구가 함축하는 바는 그것이 금지하는 세 가지 종류의 특수한 주장에 의해서 예시될 수 있다.

첫째, 입법의원들이 특정한 집단의 특수한 요구를 대표하는 것이 정당화될 수 있으려면 그만큼 확정되지 않은 집단들이 입법부에서 얼마나 잘 대표되고 있는가를 살펴보아야 한다. 자유주의적 대의제의 영속적인 결함은 일부 시민들, 즉 자신의 요구를 전혀 관철시킬 수 없거나, 아니면 더 많은 재산을 갖고 있는 시민만큼 효과적으로 그렇게 할 수 없는 시민들의 이해관심이 무시된다는 것이다. 사실, 어떤 집단이 정치적 과정에서 결코 자신의 관점을 표현하지 못했다는 이유로 입법의원을 비난하는 것이 합당한 경우는 거의 없다. 이렇듯 침묵하는 집단을 찾기 위해 최선을 다하는 입법의원조차도 그런 집단들을 발견하기는 쉽지 않다. 그의 지역구를 이따금 순회하는 입법의원의 관점에서 '그러한 사람들'을 발견하기는 더욱 어렵다. 비록 '어떤 특정한 사람들'을 발견하는 것은 그렇게 어렵지 않을 수 있다 해도 말이다. 한 의원이 관찰한 것처럼, "당신은 사람들이 모이는 곳으로 간다. 그것은 당신이 이 거리에 그대로 살고 있는 사람들과 대화하는 것보다 상공회의소 같은 집단과 대화하는 데에 더 많은 시간을 쓴다는 것을 의미한다. 당신이 다가가지 않은 일반인들은 매우 많다. 그들은 조직되어 있지 않다. 지도자들과 엘리트들은 모든 제도의 정점에 위치하고 있다. 그래서 당신은 그들에게 쉽게 다가갈 수 있다. 그러나 일반적으로 일반인들에게는 다가갈 수 없는 것이다." [30]

그러나 '일반인들'의 자리를 찾아주는 것이 어렵기 때문에 입법 윤리가 하나의 전체로서의 입법부에서 대표되는 목소리들을 균형 잡아 주도록 주의를 환기시켜 준다는 사실이 더욱 중요해진다. 입법의원들은 자신들의 특수한 요구를 관철시키려고 하는 제대로 대표되는 집단들의 압력이 그렇지 못한 집단들의 필요를 충족시키는 것과 양립 가능하다는 것을 보여야만 할 것이다. 이를 보이기 위해서는 입법과정에서의 구조적인 결함을 교정해 주는 절차를 밟도록 하는 입법의원들이 있어야 할 것이다. 그리고 그들은 또한 조직되지 않은 사람들을 찾고 그들이 그들의 공정한 요구를 정부에 반영하는 것을 돕는 데 특별한 주의를 기울여야 할 것이다.

둘째, 일반성 요구는 입법윤리의 법적 강제에 대한 함축들을 갖는다. 일반성 요구가 입법의원들은 그들 자신의 지역구 주민들의 일에만 관심을 가져야 한다는 것을 근거로 하여 그들이 동료들의 공적인 불법행위를 무시하는 것을 허용하지는 않을 것이다. 입법의원들은 제도적 표준을 일탈했다는 이유로 그들의 동료들을 비판하고 처벌하는 것을 과거처럼 그렇게 혐오스럽게 여기지는 않게 될 것이다. 최근 몇 년 동안 미국의 상하원이 입법윤리나 형법을 크게 위반한 죄를 지은 그들의 동료들에게 반감을 갖는 경향을 다소 더 띠게 되었음에도 불구하고, 의원들에 대해 엄정한 행동기준을 열정적으로 확립하고 강제하려고 한 의원은 아무도 없었다. 많은 관측자들은 현재 법규와 같은 보다 더 강력한 규칙들을 통과시킴으로써 1977년에 임금동결이라는 위기상황이 초래되었고 그후에 이러한 규칙들 중의 몇몇이 느슨해졌다고 믿고 있다. 많은 입법의원들은 상원 윤리위원회나 하원의 공직자 행위표준에 관한 위원회에서 일하지 않으려고 부단히 노력한다. 입법의원들이 동료들의 부당성을 보고하는 경우는 ― 심지어는 동료들의 참모진의 부당성을 보고하는 경우도 ― 거의 없다. 그리고 입법의원들이 입법윤리를 무시했다는 이유에서 그들의 동료들을 공개적으로 비판한 경우는 더욱 드물다.

어떤 개혁가들은 주로 재정적으로 개별적 이해관심을 우선시하는 행위, 선물, 외부 수입 등과 관련된 현재의 정교한 일군의 금지조항들이 재정적 이해관심 및 여타의 이해관심의 공개만을 요구하는 법령으로 대체되어야 한다고 주장한다.[31] 이러한 접근방식에서는 의원이 개별적 이해관심을 우선시하는 행위를 했거나 다른 윤리적으로 부당한 죄를 지었는지를 의회나 윤리위원회가 판정할 필요가 없을 것이다. 입법부는 단순히 그러한 판단을 내리기 위한 모든 정보가 공중에게 이용 가능하다는 것을 보증하기만 할 것이다. 각 의원의 지역구 주민들이 선거라는 제재조치를 통해서 윤리적 표준에 대한 그들 자신의 해석을 법적으로 강제할 것이다. 이러한 접근법의 주요한 매력 중의 하나는 ― 어떤 윤리법령을 법적으로 강제하는 임무를 매우 단순화할 수 있다는 이러한 접근법의 잠재력과 더불어 ― 그것이 더욱 민주적인 듯이 보인다는 점이다. 이러한 접근법은 그들의 지역구 주민들에 대한 의원들의 엄격한 책임을 강조하는 대리인 이론에 호소하는 듯이 보인다.

그런데 이러한 외양은 기만적인 것이다. 대리인 이론은 한 지역구나 한 주(州)의 지역구 주민들만이 그 구역이나 주의 대표자를 통제해야 한다는 것을 함축하지는 않는다. 대리인 이론에서는 어느 주(州)나 어느 구역의 지역구 주민들도 입법절차를 통해서 모든 대표자들의 행위를 통제할 표준을 추구하라는 지극히 온당한 명령을 그들의 대표자들에게 내릴 수 있다. 이렇게 하여 대리인 이론조차도 적절히 해석되기만 하면, 입법의원의 상호의존성을 인정하는 것이다. 그런데 그러한 이해관심의 공개만으로 충분하다고 여기는 접근법은 입법의원의 상호의존성을 인정하지 않는다. 이해관심의 공개만을 요구하는 법령은 다른 의원들 ― 그리고 하나의 전체로서의 그 제도의 도덕적 건강성과 정치적 판단에 관해 염려하는 모든 시민들 ― 을 불과 몇몇 의원들과 그들의 지역구 주민의 도덕적·정치적 판단에 맡겨버리는 것이다. 이는 컨벤션*과 같은 대표자회의("서로 다르고 적대적인 이해관심을 지닌 대사들의 의회" [32])를 위해서는 적절한 것일 수도 있다. 그러나 미국 의회처럼 비교적 우호적인 관계의 절차로 기능해야 하는 제도에는 부적절한 듯이 보인다.

입법윤리의 법적 강제에 있어서 또 다른 쟁점은 외부의 위임자

※ convention, 1660년과 1688년에 국왕의 소집 없이 열린 영국 의회.

가 그 역할을 맡는 문제에 관한 것이다.[33] 이러한 제안들에 반대하는 논변은 물론 찬성하는 일반적인 논변도 대체로 정치적인 것이었다. 아마도 투표인들은 입법의원들이 직무를 모두 스스로 수행하는 것보다 외부의 어떤 독립적인 조직이 윤리법령의 강제에 참여한다면 입법의원들이 윤리법령 조항을 더 잘 준수할 것이라고 믿을 가능성이 높다. 그러나 입법윤리의 법적 강제에서는 외부 참여에 찬성해야 하는 더욱 심오한 이유가 있다. 신뢰성이 단순히 윤리적 표준을 효과적으로 만들기 위해서만 중요한 것은 아니다. 신뢰성은 또한 윤리적 표준을 타당한 것으로 만들기 위해서도 필요한 것이다. 우리는 두 종류의 도덕적 의무를 구분해야 한다. (1) 사람들이 그 의무를 준수하거나 그 의무에 따라 행동하는 것과 상관없이 타당한 의무(예를 들어 다른 사람에게 상처를 입히지 않을 의무, 또는 곤경에 처해 있는 다른 이를 도와줄 의무). (2) 다른 사람들이 그 의무를 준수하고 있다고 믿을 유력한 이유가 없으면 타당하지 않은 의무(예를 들면 세금을 지불할 의무, 경기의 규칙을 따를 의무).[34] 두번째 종류의 의무의 타당성은 모든 사람이 실제로 의무를 이행하는가에 달려 있지 않다. 그러나 그것은 그 의무를 해석하고 법적으로 강제할 권위체계가 존재할 것을 전제한다. 그러한 권위체계가 존재하지 않는다면 자신의 의무를 다하는 사람이 의무를 다하지 않는 사람보다 부당하게 불리한 대우를 받을 것이라는 주장은 합당하다고 할 수 있다. 입법윤리의 금지조항 중에 많은 것들은 이러한 종류의 의무에 대해 언급하고 있는 것처럼 보인다. 금지조항들이 의무적이라는 것은 다른 의원들이 그것들을 이행하려고 할 것이라는 입법의원들의 합당한 기대에 부분적으로 의존하고 있다.

하나의 전체로서의 입법부에 신뢰할 수 있는 형태의 법적 강제가 결여되어 있을 때, 어떤 입법의원들은 가령 우편물 무료 송달권 사용의 제한, 외부 수입에 대한 제한, 개별적 이해관심을 우선시하는 행위의 금지 등이 도덕적으로 갖는 힘에 대해 의심할 유력한 이유를 갖는다. 이러한 고려사항들이 이러한 법적 강제의 외부 위임에 찬성하는 강력한 옹호논거라고 할 수는 없다. 외부조직에 의한 규제에 대해서는 헌법의 성격에 근거한 반론도 가능하다. 그리고 입법부 자체가 신뢰할 만한 강제자라는 것이 언젠가는 입증될 수도 있을 것이다. 그러나 그러한 고려사항들이 암묵적으로 제시하는 것은 각 입법의원의 개별적인 행동이 입법부의 전체적 행위에 연관되어야만 한다는 요구를 만족시키기 위해 필요한 유형의 논변들이다.

일반성 요구의 세번째 예시는 개별적 입법의원이 입법부의 집단적 산물을 책임지지 못한다는 것이다. 일반성 요구는 "의회에 충돌함으로써 의회에 순응하는" 입법의원들에 대한 비판을 함축하고 있다.[35] 페노(Richard Fenno)는 이러한 관행을 다음과 같이 서술하고 있다. "각각의 의원이 그의 지지자들에게 집단의 행위로 인해 그를 비난할 수 없는 이유를 설명하기는 쉽다. … 그러한 전략의 매력은 각자 모두가 그것을 사용할 수 있으며 책임을 지기 위해 아무도 소환되지 않을 것이라는 점이다. … 요컨대 누구나 시합을 하고, 거의 누구나 승리하는 것이다. 그러나 그러한 제도는 435개의 분리된 단면에서 흘러나온다. 그러므로 결국 누군가는 패배할 것이다.[36]

대표자들은 그들이 입법을 막는 데에 기여했거나 도움을 주었을 수도 있는 입법상의 실패에 대해 집단을 비난할 뿐 아니라, 그들이 거의 기여하지 못하거나 거의 아무런 결과도 나타내지 못한 활동에 대해서 칭찬을 구한다. 그들은 입법활동 이상의 것을 취하는 자리에 종사하고 있는 것이다.[37] 그들이 법을 만들 때, 그들은 그들이 개인적으로 신뢰를 획득할 수 있게 해주는 법안에 우호적이다. 의원 각자는 "추정컨대 그에게 책임추궁이 이루어질 것으로 보이는 정부와 관련된 업무는 가급적 회피하려" 한다.[38] 의원들의 그러한 행위들이 낳는 결과는 '개별화된 혜택' — 그 구역의 새로운 댐, 지방산업을 위한 관세, 행정구역의 군사기지 — 을 주는 법을 제정하게 되는 것이다.[39]

이러한 종류의 행동에 대한 비난은 가장 비근한 것이어서 현대 정치학은 정치적 대의제에서의 규범적인 금지규준을 확정하기에 이르렀다.[40] 그러나 우리는 이러한 비난의 합창에 입법윤리를 포함시키기 전에 그것이 노래되고 있는 음조를 주의깊게 들어야만 한다. 입법 개인주의를 비판하는 사람들 중에서 상당수는 능동적 정부와 다수결주의적 정책을 주장한다. 수동적 정부, 그리고 사적인 압력단체들에 영합하는 정책이 악의 진원지인 것처럼 주장하는 것이다.[41]

수동적 정부나 그러한 정책들이 입법 개인주의의 귀결일 수도 있을 것이다. 그러나 그것들이 입법 개인주의를 억누를 가장 긴요한 이유를 필연적으로 구성하지는 않는다. 이러한 귀결들에 반대하지 않는 시민들 — 정부가 소수에게 더욱 민감하게 반응하게 만들고자 하는 시민들뿐 아니라 정부를 더욱 제한적으로 만들려고 하는 시민들 — 도 여전히 입법의원들의 개인주의적 행동을 개탄해 마지않을 수 있다. 그러나 많은 사람들이 입법 개인주의의 치료책으로 간주하는 더 강한 정당을 우리가 아무런 제약 없이 수용해서는 안된다.[42] 그러한 정당들이 필요할 수도 있다. 그러나 그러한 정당들이 입법의원들로 하여금 독립적 판단을 행하지 못하도록 가로막는다면 그것들은 입법의 일반성을 촉진하는 대가로 입법의 자율성을 희생하는 것이다. 제도를 통해 이러한 요구 양자를 만족시키려면, 두 요구를 섬세하게 균형 잡는 과정이 반드시 있어야 할 것이다.[43]

자율적 입법의원

대표자들이 법을 제정할 때, 그들은 그 법의 옳고 그름에 따라 법을 제정해야 한다. 이러한 원칙은 충분히 단순해서, (적어도 공적으로는) 대부분의 입법의원들이 이러한 원칙에 따른다고 주장한다. 입법의원들은 일반적으로 자신들의 행동을 정당화하기 위한 근거로 시민의 복지와 권리를 언급하지, 로비스트의 압력이나 선거운동 기부자의 영향력을 언급하지는 않는다. 법의 옳고 그름에 따라 법을 제정해야 한다는 원칙은 입법의원들이 명백히 그들이 지지하는 법규보다 그들이 받은 돈과 관련된 이유들에 따라 행위하게 되는 상황을 연출해 내는 뇌물이나 직무상 부당취득을 분명히 배제한다. 그러나 뇌물이나 직무상 부당취득처럼 명백히 잘못된 사례들을 제외하면 이러한 원칙은 수수께끼로 가득 차 버린다.

대부분의 일반인들처럼 입법의원들은 그들의 행동을 합리화한다. 그들이 제시하는 이유가 그들의 실제 이유가 아닐 수도 있는 것이다. 그들의 합리화가 정치가들에게 일반적으로 귀속되는 조잡한 종류의 것인 경우는 드물다. 의원들이 진정한 이유는 혼자서만 간직하고 공중에게는 또 다른 일군의 이유들을 제시하지는 않는다. 그들에게는 어떤 입장을 갖기 위해 그들의 진짜 이유가 아닌 이유들을 수용함으로써 스스로 어리석게 되는 경향도 없다. 의원들과의 광범위한 대담을 해설하면서 킹던(John Kingdon)은, 대부분의 사람들은 "그들이 결정하려 하는 공공정책에 대해 모종의 합리적인 고려를 마쳤다고 믿기를 좋아한다" 결론을 내린다. "그들은 스스로가 그들의 통제를 넘어서는 세력에 의해서 조작되었거나 조종된 것으로 보려고 하지 않는다. … [의원은] 스스로 및 다른 이들에게 그의 의결권 행사를 정당화해 줄 유형의 논변을

포착해야 한다. 어떤 의원들에게 이것은 강요이고, 다른 의원들에게는 설득이다." [44]

이유들에 대한 이러한 모색이 이루어질 뿐 아니라 그것이 의결권 행사에도 영향을 미친다는 것은 의심할 수 없는 사실이다. 그러나 그러한 때조차도 이러한 모색이 대표자가 제시하는 이유들이나 그들의 행동원칙들에 대한 우리의 의심을 가라앉힐 수 있는 경우는 거의 없다. 킹던 자신의 예 중의 하나가 그 이유를 보여준다. 그에 따르면 담배 생산 지역의 의원들은, 흡연이 암을 유발한다고 스스로 믿고 있다면 담배광고 금지 법안에 반대할 수 없을 것이다. 그들은 공중위생국 장관의 보고서에 제시된 증거를 반박하려는 청문회에 많은 시간을 바친다. 그들은 결국 흡연과 암 사이의 인과적 고리가 확립되지 않았다고 스스로를 납득시키기에 충분한 정도로 좋은 증거들을 모으고, 그렇게 하여 양심에 따라 그 법안에 반대투표하게 되는 것이다. [45]

이러한 의원들이 성실할 수도 있고 그렇지 않을 수도 있다. 그러나 여기에서 대표자들의 성실성은 쟁점이 아니며 심지어는 그들의 동기도 쟁점과는 거리가 있다. 양자 모두 개인적인 상호작용에서 평가하기는 상당히 어렵다. 정치인들의 관계는 멀면서도 매개적인 것이므로 대표자의 성실성이나 동기들이 입법윤리의 신뢰할 만한 판단기초라고 할 수 있는 경우는 거의 없다. 의원들이 제시하는 이유가 입법의 옳고 그름을 지칭하는 것인지, 아니면 그와는 무관한 명분들로부터 발생한 것인지를 확실히 하려고 한다면 우리는 대표자들이 이유를 제시하는 배경조건에 초점을 맞춰야지, 대표자들이 제시하는 이유와 개별적인 경우에 그 대표자들이 갖는 동기 사이의 관계에 초점을 맞춰서는 안된다. 우리는 그들의 선거운동에 사용했던 기부금 중 상당 부분을 담배와 관련된 수입에 의존하고 있는 의원들의 입법행위와 그렇지 않은 의원들의 행위를 다르게 판단해야 한다. 담배 수익에 별로 의존하지 않는 의원들이 — 아마도 그들의 지역구에서 노동자들의 일자리를 보호하기 위하여 — 담배 보조금 지급에 찬성하는 투표를 하기로 결정할 수도 있다. 그러나 그들의 결정은 건강의 가치와 고용의 가치 사이에서 선택한 바를 표현한 것으로 이해될 수 있다. 그것을 이런 식으로 이해할 수 있는 것은 그러한 의원들은 건강이나 고용이라는 가치와 무관한 압력에 의해 별로 오염되지 않은 상황에서 행위할 것이기 때문이다.

입법윤리는 대표자들이 이유를 제시하는 배경조건에 더욱 포괄적인 주의를 기울여야 한다. 시민들이 그들의 대표자들의 행위를 평가할 수 있는 가장 신뢰할 만한 토대를 구성해 주는 것은 바로 그러한 배경조건들이기 때문이다. 대표자들은 정책의 선택에서 뿐 아니라 역할과 원칙의 선택에서도 재량권을 향유해야 한다. 그런데 시민들은 수년 동안 이러한 선택의 결과들을 심판할 수 없을 수도 있다. 시민들이 평가하기 더 좋은 것은 대표자들이 선택을 하는 여건이다. 자율성의 요구는 입법의원의 판단에 부적절한 영향력을 주는 여건을 배제하도록 의도된 것이다.

그런데 대의제가 자율성(autonomy) 개념을 기꺼이 받아들이는 것은 아니다. 우리가 자율성에 대한 지도적인 철학적 표준 중의 특정한 몇몇을 채택한다면 양자간의 긴장으로 인해 우리는 양자를 동시에 수용할 수 없게 될 것이다. 칸트가 주장하는 것처럼 자율성이 행위의 토대로서 모든 욕구를 배제하는 것으로 생각된다면, 자율성은 정치적 삶과 거의 아무런 관련도 맺지 못할 것이다.[46] 심지어는 롤즈의 개념 — "우리가 자유롭고 평등한 이성적 존재로서 동의할 원칙에서 행위하는 것" — 조차도 대표자들에 대한 부적절한 표준으로 보인다. 그것은 "[대표자들이] 원칙들을 선택할 때, 그들 스스로가 처해 있는 여건의 특이성에 얽매이지 않도록 강요할" 것이다.[47] 예를 들어 지역구 주민에 대한 특별한 의무는 대의제가 거부할 수 없는 특이한 여건 중의 하나이다. 결국 입법의원들은 선거를 위해 입장을 정해야 한다. 현대 정치에서 거의 회피할 수 없는 또 하나의 의무는 정당에 대한 의무이다.[48]

그러므로 자율성의 표준은, 하나의 이상(理想)으로서라도, 전적으로 얽매이지 않은 입법의원, 즉 정치적 압력이나 당에 대한 충성심에 의해 흔들리지 않는 입법의원을 요구할 수 없다. 그러나 자율성의 표준은 대표자의 행동을 정당화해 줄 이유들이 어떤 종류의 것이어야 하는가에 다소 제약을 가할 수 있다. 그러한 표준이 요구하는 것은 대표자의 행위이유가 입법의 옳고 그름이나 입법에 필요한 수단과 유관한 것이어야 한다는 것이다. 그리고 그때 그 수단들은 일반적으로 옳고 그름에 따른 입법을 고려하는 입법절차와 양립 가능한 것이어야 한다. 이러한 표준에 의해서 입법의원들은 마치 거래를 하는 것처럼 그들이 더욱 중요하다고 생각하는 법규를 통과시키기 위해 그들이 덜 중요하다고 생각하는 법규에 찬동해 줄 수 있을 것이다. 다만 그러한 협력이 더욱 중요한 법안에 대한 고려를 막지 않을 경우에 한해서 말이다. 이와 유사하게 재선의 욕구나 정당에 대한 충성심도 그것들이 이러한 종류의 입법적 숙고와 일관된 것일 때에는 또한 주요한 이유로 간주될 수 있을 것이다.

금전적 유착

돈이 입법과 관련된 모든 악의 뿌리는 아니다. 이데올로기, 야망, 그리고 순전한 무능력 등이 입법의원의 판단을 왜곡시키는 데에 일익을 담당한다. 그러나 미국의 문화에서 돈의 영향력은 입법의 자율성에 대해 매우 악명 높은 — 그리고 입법윤리의 목적상 가장 표본적인 — 장애물이다. 다른 종류의 왜곡들은 돈에 의해 야기되는 왜곡에 병행하는 경향이 있다. 우리는 이미 입법윤리가 금전적 영향을 통제하고자 했던 관습적인 방법들이 부적절했다는 사실에 주목한 바 있다. 우리의 관심거리는 입법의원의 개인적인 재정적 이득이 아니라 재정적 영향력이 입법부에서 그들의 행동에 미친 결과이다. 우리가 더욱 일반적으로 초점을 맞춰야 할 것은 잠재적 영향력과 입법판단 간의 관계이다.[49]

우리가 찾아야만 하는 것이 어떤 종류의 관계인가? 대부분의 정치영역에서 정치학자들은 의원들에게 제공된 정치자금과 의회에서의 그에 상응하는 호명투표 사이에 강한 상관관계가 있다는 사실을 발견해 내지 못하고 있다. 상관관계가 나타나는 정치영역은 매우 협소한 경향이 있다(예를 들면 우유가격 지원, 해상화물 관세특혜 등). 그리고 그 효과도 지역구 주민의 성향이나 이데올로기 같은 다른 요인들보다 더 약한 경향이 있다.[50] 심지어는 보다 더 강한 상관관계도 반드시 잘못된 것만은 아니라고 주장되어 왔다. 인과관계가 작용하는 방향은 비판가들이 의심하는 것과 역(逆)의 관계가 있는 것 — 기부자들이 단순히 그들에게 우호적인 정치적 입장을 지닌 입법의원들에게 표를 주는 것 — 일 수도 있다.[51] 선거운동에 기부하는 것은 표를 사는 행위가 아니며, 흔히 말해지듯 "그들이 구매하는 최상의 것은 입법의원들에게 접근할 수 있는 능력"이라고 할 수 있다.[52]

이러한 결론들은 그것들이 일반적으로 받아들여지는 것만큼 확실한 것은 아니다. 단순히 최종투표에 영향을 미치는 것이, 적어도 규모상으로는, 입법과정에 반하는 최악의 위반은 아니다. 보통 투표에 이를 때까지 의원의 판단에 손상을 가하는 행위가 지속적으로 이루어진다. 특정한 의원의 선거운동에 많은 돈을 기부한 사람들이 그 의원의 입법생활을 지배한다면 그러한 기부자들은 입법의원들이 진지하게 받아들이는 정보, 입법의원들이 그 쟁점에 할당하는 우선성, 그리고 의사당에서 뿐 아니라 위원회에서 입법의원들이 채택하는 의제 등에 영향을 미치는 방법을 사용할 것이다. 의원에 대한 접근이 이러한 방식으로 입법의 윤곽을 강력하게 형태지을 수 있는 것이다. (입법의원들이 개인적으로나 비공식적으로 떠맡은 활동 — 예를 들면 행정관청의 결정에 영향을 미치는 것 — 에서 의원들과의 면담이 가능하다는 사실의 가치는 더욱 돋보인다.) 큰 기부자가 영향력을 행사한다는 사실에 우리가 반감을 갖는 것은 그것이 단순히 소수 시민들에게 과도한 영향력을 행사할 기회를 제공하기 때문은 아니다. 그것은 단순히 정치적 기부자의 합창대가 "강한 상류사회의 음색으로 노래하기" 때문만도 아니다.[53] 우리의 목적이 반드시 모든 이해관심에 대해 평등한 영향력을 행사하는 다원주의적 이상인 것은 아니다. 문제는 입법의 옳고 그름과 거의 무관한 요인이 실질적으로 영향력을 행사한다는 것이다. 현대 미국의 불완전한 시장에서 부유한 정도에 따라 욕구가 강하다거나 신중한 사고를 할 수 있다는 것을 증명한 사람은 아직 아무도 없다.

입법의 옳고 그름과는 무관한 모든 영향력을 제거하기 위해 우리는 정치적 과정에 포괄적인 변화를 일으킬 필요가 있다. 하나의 시작으로서 우리는 돈 — 더욱 정확히 말하자면 특정한 이해관심에 따른 돈 — 에 대한 입법의원의 의존성을 감소시키는 선거운동 재정체계를 추구할 수 있다. 어떤 이들은 1971년의 연방선거운동법과 그 후의 보칙들이 가장 주목할 만한 유산으로 삼은 정치개혁 10개년 계획에서 이러한 예들을 찾아볼 수 있다고 한다.[54]

그러나 그러한 개혁의 결과가 입법의 자율성에 반드시 우호적인 것만은 아니었다. 의도되지 않은 결과들 중에는 정치행위 위원회들(Political Action Committees)의 성장이 있다. 이는, 논의의 여지가 있기는 하지만, 입법의원들이 또 다른 형식으로 특정한 이해 관심에 영속적으로 종속되게 만들었다.[55] 개혁은 자율성에 그렇게 직접적인 것은 아니지만 아마도 더욱 은밀히 작용하는 또 다른 효과를 미쳤다. 지금처럼 선거자금의 기부와 소비에 대해서 제약하는 것은 (적어도 하원 경쟁에서는) 도전자보다 현직자에게 더욱 더 우호적인 경향이 있다.[56] 후보자에게 이용 가능한 돈의 총량을 제한하는 것은 현직자에게 이로운 것이다. 총량을 제한하지 않을 경우, 현직자들이 도전자들보다 더 많은 돈을 쓸 수 있다고 해도 말이다. 일종의 자금사용 문턱, 즉 도전자가 그만큼 돈을 씀으로써 현직자를 위협하기에 충분한 정도의 인지도를 확보할 수 있지만 현직자가 그 이상의 돈을 쓴다고 해도 투표자들에 대한 자신의 입지를 개선하지 못할 정도의 지점이 존재할 듯하다.

결과적으로 기부와 씀씀이에 상한선을 두는 것은 의원의 교체를 지연시키는 것 같다. 교체가 그 자체로서 가치있는 것은 아니지만 교체에 대한 합당한 전망은 입법의 자율성을 위해 필요하다. 자율성이 요구하는 것은 적극적인 반대에 노출되는 것이지 정치적 압력으로부터 절연되는 것이 아니다. 다른 관점을 진지하게 고려하게 해주는 자극이 없다면, 아마도 입법의원들은 그들의 원래 선택이유들이 여전히 적합한지와 무관하게 그들이 입법부에 들어올 때에 선택했던 역할과 원칙에 따라서만 계속하여 행동할 것이다. 장기간의 임기에 비해 개별적 입법의원들의 관점과 투표성향은 시간에 비해 많이 변하지 않으므로 입법의원들이 따르는 역할과 원칙에 변화를 창출하거나 적어도 변화를 고려하게 하는 유일한 길은 입법의원을 교체하는 것이다.[57]

따라서 선거운동 자금을 규제함으로써 입법부에서의 교체가 적어도 어렵게 되어서는 안된다. 선거운동 기부에 상한선을 설정하는 대신에 우리는 먼저 하한선을 만들어야 한다. 지난 10년간의 개혁은 국회의원 선거운동에서 그러한 하한선을 뒷받침하기 위해 요구되는 공공자금을 제대로 제공하지 못한 채로 멈추고 말았다. 공공자금 제공에 주요한 장애물이 이론적으로 정초되는 것처럼 보이지는 않는다. 적어도 직접적으로는 말이다. 공공자금의 제공은 도전자들에게 혜택을 준다. 그것이 바로 의원들이 공공자금 제공을 법제화하기 위해 달려들지 않는 한 가지 이유이다. 그러나 그것은 시민들이 수용해야 하는 이유는 아니다. 시민들이 입법의 자율성에 대해 관심을 갖고 있다면 말이다.[58] 물론 공공자금 제공 체계는 선거를 통해서 이미 평가를 받은 후보 및 정당과 어느 정도 입증된 대중적 지지를 얻고 있는 새로운 도전자들 사이에 균형 있게 자금을 할당해야 한다.[59] 그러나 그것은 체계의 구도에 대한 제약사항이지 그러한 체계의 수립에 반대할 이유는 되지 못한다.

공공자금 제공은 또한 많은 양의 돈을 필요로 할 것이다. 개혁가들뿐 아니라 비판가들도 선거에 들어갈 상당량의 돈 — 그들이 '대소비'의 '더러움'으로 간주하는 것[60] — 을 소비한다는 생각에 의해 불쾌감을 갖게 되는 것처럼 보인다. 그들은 "문명화된 국가가 그 대표자들을 선거하는 데에 많은 돈을 소비하도록 허용하는 것은 부끄러운 일이다"고 믿고 있는 듯이 보인다.[61] 물론 우리는 그 돈들이 유용하게 소비되었다는 것, 그리고 더 적은 비용으로는 우리의 목적을 달성할 수 없었다는 것을 확인하고자 해야만 한다. 그러나 공공자금 제공이 금전적 손실만큼 값어치가 있는 것인가를 결정할 때, 우리는 윤리적 입법과정의 전체적 선이 유의미한 혜택으로 간주될 수 있다는 것을 잊지 말아야 한다. 그러한 과정이 부재함에도 입법의원들이 공공자금에 반대한다면 그들은 그러한 결정 자체를 자율적으로 내리지 못하고 있다는 그야말로 합당한 의심을 받게 될 것이다.

공지성의 필요성

도덕과 공지성(publicity)의 밀접한 연결을 처음으로 강조한 사람은 칸트였다. 그는 공지성이라는 기준을 도덕의 근본적인 검증기준 —정언명법의 형태와 동등한 검증기준 —으로 제시했다. "다른 사람의 권리에 관계된 모든 행위는 그 준칙이 … 공지성을 허용하지 않으면 권리와 법에 반하는 것이다." [62] 원칙이 공지될 수 있다는 사실은 그 원칙을 도덕적인 것으로 만들어주는 충분조건은 아니지만 필요조건이다. 만약 어떤 원칙이 비밀스럽게 유지되어야 한다면, 그것은 그 원칙이 보편적으로 그리고 자유로이 그옳고 그름에 따라 수용될 수 없기 때문이다. 이러한 의미에서 공지성은 입법윤리의 다른 요구들 — 보편성과 자율성 — 의 검증기준이다. 어떤 입법의원이 '그의 재선이 위태로워지지 않는 한, 진리를 말할 것이다'라는 원칙에 따라 행위한다면 그것은 결코 정당화될 수 없을 것이다. 그러한 원칙을 공표하는 것은 그의 목적에 반하는 것이리라. 그러한 원칙이 비밀스럽게 유지되어야만 한다는 사실은 그것이 충분히 보편적이지 않다는 것과(그것은 입법의원에게 우호적이다.) 연관된 근거들을 살펴볼 때에 그것이 수용할 만하지 않다는 것을(그것은 투표자의 무지를 가정한다.) 보여준다.

칸트는 공지성의 기준이 모든 실제적인 조건을 도외시하는 "순수이성의 실험"이라고 생각했기 때문에 정당화가 실제로 공표되어야 한다고 강변하지는 않았다. [63] 이러한 형식성으로 인해 그의 기준은 원래 형태 그대로는 입법윤리의 요구로 기능할 수 없다. 특히 정치에서, 특정한 법안이나 제안에 찬성하는 이유를 공표하는 실제 절차는 가상적 절차와 상당히 다르다. 실제로 청중들을 대면하게 되었을 때, 정치가들은 그들이 이전에 생각해 보지 않은 논변들에 접하게 될 가능성이 더욱 높으며, 따라서 그들이 그러한 논변에 대답할 수 없을 때에는 그들의 마음을 변화시키게 될 가능성이 더욱 높아진다. 그들의 행위근거가 그들이 법제화하는 법규의 시비에 따른 것일 수 있는 가능성이 더 높아지는 것이다.[64]

다른 두 요구와 달리, 공지성은 대의제 자체와 직접적으로 갈등하지 않는다. 대의제의 관행은 그것이 특수성이나 의존성을 법적으로 정당화해 주는 방식으로 비밀유지를 허용하지는 않는다. 반대로 대의제의 관행은 시민들이 그들의 대표자의 행동에 관해 가능한 한 많이 알아야 한다는 내용을 함축하는 듯이 보인다. 이는 대표자들이 그들의 역할을 어떻게 해석할지를 결정함에 있어서 상당한 재량권을 가져야 한다는 초기의 논변을 우리가 염두에 두고 있다면 더욱 더 맞는 말이다. 그들이 재량권을 많이 가지면 많이 가질수록 더 많은 시민들이 그들의 결정에 관해 알아야만 한다.

그 대신에 공지성이 창출하는 문제는 일반성 및 자율성과의 갈등에서 비롯된다. 입법의원의 행동이 공적이면 공적일수록 그들은 개별적인 이해관심을 추구하라는 압력에 더욱 많이 직면하게 되고 외부집단에 대한 의존성도 더욱 심화될 수 있다. 입법의원들이 공개적으로 어려운 결정을 내려야만 할 때에 정치적 압력에 굴복하는 윤리적 겁쟁이라고 우리가 가정할 필요는 없을 것이다. 공지성의 문제는 입법의원들이 양심적으로 행위한다 해도 영속적으로 존재하는 것이다. 사실, 그것은 부분적으로 입법윤리의 다른 표준을 따르려는 것에서 비롯된다. 입법의원들이 항상 공중의 시선 속에서 행위할 때, 그들은 그들의 행동을 정당화할 것을 계속 강요받는다. 결과적으로 그들이 제시하는 정당화는 즉각적인 쟁점이나 그때그때의 청중을 향한 것이 되고 만다. 이러한 두 가지 경향은 입법과정을 임기 내내의 전체적인 기능으로 고려하는 일반성의 요구와, 쟁점의 옳고 그름에 대한 숙고를 요구하는 자율성에 모두 반하는 것이다.

그런데 공지성이 이러한 요구들과 갈등할 수도 있다는 사실이 공지성을 입법윤리에서 제외하는 것을 정당화하지는 못한다. 반대로 이러한 갈등이 있을 수 있다는 사실 자체가 공지성을 유지하는 것뿐 아니라 공지성에 다른 요구들과 동등한 지위를 부여해야 하는 한 가지 이유를 제공해 준다. 이러한 요구들 사이의 갈등은 다양한 가치들의 상대적 중요성에 대한 견해차를 반영한다. 시민들이 양원 합동 위원회에서 무슨 일이 벌어지고 있는지를 아는 것이 더 중요한가, 아니면 의원들이 어깨 너머에서 지켜보고 있는 시민들 없이 자유로이 숙고하도록 놓아두는 것이 더 중요한가? 그러한 질문에 대답하는 것은 과정과 정책 양자에 내재해 있는 근본가치들 중에서 선택한다는 것이다.

특정한 상황에서 입법의원들이 공지성보다는 비밀의 유지를 선택하는 것이 올바르다고 해도, 그러한 선택은 공개적으로 이루어져야만 한다. 비밀 유지를 위한 결정 자체가 비밀스러워서는 안된다. 그러한 결정은 시민들에게 정당화되어야 하고 그러한 정당화는 공적으로만 이루어질 수 있다. 사실, 그러한 정당화는 또한 보편적이고 자율적인 근거에 의해서만 행해질 수 있다. 그러나 시민들은 그 근거들이 보편적이고 자율적인지를 판단하기 위해서 그 근거에 대해 알아야만 한다. 공지성은 우리가 공지성 자체를 포함한 각각의 요구에 얼마나 비중을 두어야 하는지를 결정할 필요조건이다. 그리고 특정한 상황에서 우리가 역시 공지성 자체를 포함한 어떤 요구에 무관심할 것인지를 결정하기 위한 필요조건이기도 하다.

입법의원들은 어떤 종류의 비밀을 유지해야 하는가? 입법의원들은 그들의 건강상태, 동호회 가입, 가족의 재정상태 같은 일들에 관한 정보를 유보하는 것을 정당화하기 위해 사생활권에 종종 호소한다. 그러나 공직자가 일반시민과 동일한 사생활권을 향유해서는 안된다.[65] 공직자가 아니었다면 사적인 것으로 치부될 광범위한 활동들에 대해서 공지성이 정당화되는 이유는 입법의원들이 우리들에게 권력을 행사함에 있어서 상당한 재량권을 누리고 있기 때문이다. 그러한 재량권이 정당하게 행사되었는지를 판정하기 위해서는 그것이 실제로 행사되는 전제조건을 주의깊게 조사해야 한다. 그러한 조건들은 공직의 의무수행에 유관한 정보, 즉 입법의원들이 종종 비밀을 유지하고자 하는 정보를 포함하고 있다.

입법의원들이 비밀스럽게 취급하는 그들 자신들에 관한 정보들이 비록 중요하다고 해도, 그들이 역시 비밀스럽게 취급하는 입법부에 관한 정보들은 더욱 중요하다. 일반적으로 세계에서 가장 많이 공개된 입법부로 간주되는 미국 의회에서, 새삼스럽게 공지성의 중요성을 촉구하는 것은 거의 불필요한 것처럼 보일 수도 있다. 사실 일부 관측자의 판단에 따르면 공지성의 문제란 그것이 너무나 공개된다는 것이다. 1970년대 초반에 하원은 포괄적인 자기 개혁 노력의 일부로서 하원은 모든 위원회의 회합을 (TV 시청자를 포함한) 공중에게 개방했고 실제로 모든 투표에서 투표자의 이름들이 기록될 수 있도록 규정했다. 더욱 최근에 위원회들의 문제를 다루는 특별위원회는 그러한 조치들이 논쟁점에 대한 솔직한 토론을 억제하고 입장의 변화를 불가능하게 하고, 타협에 이르려는 노력을 방해하고, 의원들이 로비스트의 더 큰 압력에 종속되도록 했다고 불평하면서 이러한 '의사공개' 조항을 비판했다.[66]

이러한 결과들 중의 일부는 일반성과 자율성의 요구에 저해될 수 있고, 따라서 공지성을 제한하는 것이 정당화될 수도 있다.[67] 그러나 그러한 정당화가 공개적으로 이루어지고, 열렬히 논의되고, 각각의 사례에 적합하게 정확히 정식화되면 안될 이유가 있는가? 이러한 접근방식에 대해서는 특별위원회나 공지성에 대한 다른 비판가들이 진지하게 탐색하지 않은 것으로 보인다. 비밀유지를 옹호하는 사람들은 또 다른 중요한 특징을 간과하고 있다. 그들은 의사진행 절차를 폐쇄적으로 유지할 필요와 그 절차의 기록을 기밀로 할 필요 사이의 차이를 불분명하게 만드는 경향이 있다. 회기 중의 비공개에 찬성하는 논변은 기밀기록에 찬성하는 논변보다 더욱 강력한 것이다. 그러나 전자가 후자의 기능을 이행하고 그럼으로써 오직 당대에만 보호될 수 있는 비밀을 미래에까지 무한히 확장한다고 가정하는 것은 잘못이다. 미래에 언젠가 그 회기의 기록들을 조사할 수 없다면, 폐쇄된 회기에 대한 정당화를 수용하지 않아도 된다. 비밀유지가 현재 보증되고 있을 때조차도 한 걸음 더 나아간 질문이 항상 가능해야 한다. 시민들이 언제 그 비밀을 알 수 있게 되는가?[68]

비밀 유지가 항상 비공개 회합이나 은폐된 기록의 형태를 취하는 것은 아니다. 의회처럼 공개된 제도에서도 공지되지 않은 채로 공공정책이 확정될 수 있다. 때때로 무지는 시민 자신들의 잘못이다. 그들의 대표자들은 단지 장식품일 뿐으로, 그들에게는 지역구 주민들을 계몽하지 못한 잘못이 있을 뿐이다. 그러나 다른 경우에는 입법의원들이 의도적으로 쟁점에 대한 광범위한 공개토론을 가로막고 그러한 토론이 가져올지도 모를 반응들을 고려하지 않은 채로 법률을 제정한다. 이러한 전략은 대표자들의 동기가 진정으로 자비로운 것일 때 특히 유혹적이다.

적절한 실례는 신장병 치료를 위한 공공자금 제공에 관한 정책이다. 한 설명에 따르면 이 정책에 관한 토론은 1970년대 초기에 '작은 목소리로' 이루어졌다. 그 토론은 "의료-과학 공동체와 정치-정부 체계의 은밀한 회의를 통해 수행되었다. … 반대자와 찬성자 양자 모두가 이러한 쟁점을 공적인 토론에서 충분히 고려하도록 하는 것을 꺼려했다. 그 문제에 대해서는 너무나 의견이 엇

갈렸으므로 정치조직들이 그것을 처리하기 어렵게 되지 않을까 두려워했기 때문이다."[69] 어떤 정치학자들은 생명의 가치를 평가해야 하는 정책들, 특히 부족한 의료재원을 할당하는 일부 정책들을 공적으로 완전히 설명해 버려서는 안된다고 주장함으로써 이렇듯 무언가 거슬리는 비공개 방침을 승인하려고 했다. 한 학자는 의료비 지출을 제한하는 입법부의 결정을 정당화하려 하는 '완전히 합리적인 의원'을 다음과 같이 그려보고 있다. "존스(Jones) 여사, 당신 남편의 고통에 대한 당신의 슬픔에 공감합니다. 그러나 단적으로 우리에게는 당신의 남편이 살아 있도록 하기 위해 매년 3만 달러를 지출할 여유가 없습니다. 더구나 구할 수 있는 사람들이 다른 곳에서 죽어가고 있을 때에 말입니다." [70] 그러한 솔직함은 "품격 있는 사회가 존중해야만 하는 생명유지 규범"을 위협한다.[71] 또 다른 학자는 이와 유사하게 정책 입안자들이 그들이 사실상 생명에 가격을 매긴다고 하더라도 그런 것은 아닌 체하도록 부추긴다. "사람들의 자존감을 보호하기에는 점잖은 허구로 충분할 수 있다." [72]

이러한 논변들은 입법윤리에서 입법의원과 시민들 가운데에 그럴듯하지도 않고 바람직하지도 않은 간격을 만든다. 생명의 가치를 평가하는 문제들을 합리적으로 해결해야 할 경우에 입법의원들이 시민들보다 더욱 유능하다고 가정해야 할 이유는 무엇인가? 신장병 사례에서 입법의원들은 사실상 합리적 경제학자처럼 행위하지 않았다. 의회는 한 종류의 질병과 한 단체의 희생자들에게 너무 많은 재원을 제공함으로써, 결과적으로 다른 종류의 질병으로 고통을 겪고 있는 더욱 많은 사람들을 도울 수 있었던 프로그램에서 자금을 전용하고 말았다.

그런데 입법의원들이 비밀토론을 통하여 설령 효율적인 재원할당과 '생명유지 규범'에 대한 존중 사이에서 올바른 균형을 맞출 수 있었다 하더라도 이러한 관점에서 그들은 여전히 그들이 맞춘 균형의 진정한 근거를 시민들이 이해하지 못하고 있다는 사실을 확실히 해야 할 것이다. 아마도 이러한 순간에 존스 여사가 그녀의 죽어가는 남편의 치료에 관한 손익 분석을 듣고 싶어하지는 않을 것이다. 그러나 그렇다고 해서 그녀가 의원들의 거짓말을 들으려고 하지는 않을 것이다. 이성적 입법의원은 감수성을 결여하고 있다는 말을 들을지도 모른다. 그러나 자비로운 입법의원은 공직의 특성상 더욱 위험스러운 결함 — 솔직함의 결여 — 을 드러낸다. 입법의원들이 따르는 원칙을 시민들이 알 수 없다면, 시민들은 입법의원들이 열망하는 또는 열망하지 않는 윤리적 원칙들이 올바른 것인지를 판정할 수 없을 것이다.

이와 유사하게 성가신 문제로 등장하는 것은 입법의원들은 논쟁의 여지가 있는 특정한 의문들을 고찰하지 않고 조용히 덮어두어야 한다는 주장이다. 어떤 정치학자들은 19세기의 의회를 향수에 젖어 회고한다. 거기에서는 이중 언어 교육에 대한 논쟁처럼 지역구 주민들이 강렬한 관심을 표명할 만한 쟁점들에 대한 토론을 입법부의 지도자들이 "중지시켰던 것이다." 그런 정치학자들은 1960년대 초기에 카톨릭의 교구학교 원조 문제를 의회의 협의 사항으로 상정하지 못하게 했던 의회 내규 위원회를 찬미한다. 그리고 그들은 임신중절 자금 제공의 문제에 대해서 입법부의 지도자들이 동일한 행동을 취해 주기를 소망한다.[73]

입법부가 그러한 쟁점들을 회피해야 할 유력한 이유들이 있을 것이다. 그러나 그것들이 입법윤리의 이유들은 아니다. 더 정확하게 말하면, 우리는 공지성 요구에 따라 입법의원들에게 이러한 쟁점들을 고려하기를 거부하는 이유를 제시하라고 요구해야 한다. 입법과정에서 의제보다 더 중요한 것은 아무것도 없다. 따라서 입법윤리에서 입법의원들이 그러한 의제를 정하는 원칙보다 더 중요한 것은 아무것도 없다. 입법부의 지도자들이 토론되지 말아야 할 문제들에 관한 의제를 피해갈 수 있다면 그들은 **토론되어야 할** 문제들에 관한 의제도 피해갈 수 있을 것이다. 민주당 지도자들이 한 세기 이상 동안 의회가 인종차별의 문제를 진지하게 다루지 못하게 했을 때, 그들은 의제를 관장할 권력을 남용했던 것이다.[74] 오늘날의 입법의원들도 복지와 정의라는 긴요한 문제를 고려하는 것을 거부하거나 그들이 거부하는 이유를 설명하지 않는 한, 이와 유사한 남용의 죄를 짓고 있는 것이다. 그러한 문제가 아무리 불행을 초래한다 해도 말이다.

세번째 종류의 비밀 유지는 구조적인 것이다. 의회 참모진들의 규모가 극적으로 성장하고 위원회 체계에서의 권력분산이 이루어짐으로써 공지성의 요구에 반하는 조건이 창출되었다.[75] 의도되지 않은 정보의 홍수는 의도적으로 정보를 제공하지 않는 것과 동일한 결과를 가져올 수 있다. 수십 명의 참모진들이 많은 보고서를 제출하고 수십 개의 소위원회들이 빈번한 회합을 가질 때, 순전히 정보의 양 때문에 시민들은 입법의원들이 무엇을 하고 있는지를 알려고 하는 노력을 그만두게 된다. 심지어는 언론인들조차 회기 중에 매일 의회에서 쏟아져나오는 사실들의 도도한 흐름 속에서 의미있는 것과 하찮은 것을 구분하기 어렵다. 그들 또한 중요한 정보가 빠졌을 때에 그것에 주목할 가능성이 그렇게 높지 않다. 정보의 대홍수에 직면해서 언론인들은 친숙한 공식에 의존한다. 의원들의 재정공개표가 발표되면, 언론은 10명의 가장 부자인 상원의원의 목록을 신뢰할 수 있게 제시한다.[76] 언론은 일반적인 관행이나 제도적인 패턴보다 특수한 사건이나, 사건의 유형에 집중하는 경향이 있다. 그들은 입법의원의 관비 여행은 보고하지만 입법의 지방색에 대해서는 보고하지 않는 것이다.[77]

이러한 문제들을 교정하기 위해서 정보의 양을 줄여서는 안되겠지만 다량의 정보를 여과하는 더 좋은 방법을 강구해야 할 것이다. 정보 선별의 궁극적인 책임은 정부 밖에 있는 시민과 언론인들에게 있다. 그러나 의회는 이러한 문제에 대한 주도권을 과거보다 더 많이 행사할 수 있게 되었다. 적어도 국회 도서관이나 국회 예산국이 향유하는 정도의 독립성이 주어진다면 공무국(Office of Public Affairs)이 국회활동에 대한 선별적 조사를 손쉽게 할 수 있을 것이다. 우리가 어떤 제도적 장치를 고안하건 간에 그것들은 입법의원들이 내리는 결정과 입법의원들이 그러한 결정을 내리는 전제조건에 관해, 단순히 더욱 많은 정보가 아니라 더욱 많은 중요한 정보를 제공해야만 한다.

입법윤리의 요구사항들이 입법과정의 맥락에서 해석되면 입법윤리가 실현 가능해진다. 입법윤리의 요구들은 입법의원의 행위를 제약하지만 대표자들로서 그들의 적절한 역할을 수행하는 것을 방해하는 방식으로 제약하는 것은 아니다. 이러한 윤리적·정치적 요구들 사이의 긴장은, 비록 양자 모두가 공통의 윤리에 뿌리를 두고 있다 할지라도, 결코 완전히 해소되지는 못한다. 윤리적 입법의원은 항상 개별적인 요구를 만족시키라는 유혹, 입법의 옳고 그름과 무관한 이유들을 따르라는 유혹, 그리고 시민들이 알 권리를 갖고 있는 개인적·정치적 활동을 은폐하라는 유혹을 항구적으로 받고 있으며, 또 종종 그럴 수밖에 없게 된다. 정치적 순간에 이러한 갈등들이 어떻게 해소되어야 하는지는 그 자체가 입법윤리의 요구를 준수하는 입법과정에서 가장 잘 결정된다. 입법의원들이 일반원칙에 따라 공개적이고 자율적으로 행위하는 과정에서 입법의원과 시민들은, 비록 한시적이라 하더라도, 그들이 공유하는 근본적 가치들을 존중하는 해법을 발견할 더 좋은 기회를 얻게 되는 것이다.

1) 입법윤리의 문제는 다른 주요한 역할정향적 윤리 — 직업윤리, 특히 의약분야 및 법과 관련된 직업윤리 — 의 문제와 중요한 점에서 차이가 있다. 그 중 한 차이는 입법의원과 다른 대부분의 공직자들 간의 차이와 유사하다. 입법의원들은 누가 입법의원이 될 것인지를 통제하지 못한다. 그들은 입법의원을 지망하는 사람들에 대한 교육과 인가를 규제하지 못하는 것이다. 두번째 차이는 입법의원의 고객들은 입법의원들이 그들의 소명을 행하지 못하도록 할 수 있는 권력을 가진 한정된 수의 개인들의 집합(지역구 주민이나 투표권자들)이라는 것이다.

2) 가령 U.S. Senate, Select Committee on Ethics, 96th Cong., 2d sess., *Revising the Senate Code of Official Conduct* (Washington, D.C. : Government Printing Office, 1981), U.S. House, Committee on Standards of Official Conduct, *Code of Official Conduct*, 96th Cong., 1st sess. (Washington, D.C. : Government Printing Office, 1976), 그리고 U.S. Senate, Special Committee on Official Conduct, Hearings, *Senate of Code of Official Conduct* (Washington, D.C. : Government Printing Office, 1977), 더욱 일반적으로는 Hastings Center, *The Ethics of Legislative Life* (Hastings-on-Hudson, N.Y., 1985), pp.24~28을 보라.

3) 상원의원 헤플린(Howell Heflin)이 더욱 광범위한 윤리규범에서 결과한 것으로 믿고 있는, '입법기능에서의 냉각효과'에 관한 그의 논평을 참조하라. Select Committee on Ethics, *Revising the Senate Code of Official Conduct*, p.86.

4) The Federalist, ed. Jacob Cooke (Middletown, Conn. : Wesleyan University Press, 1961), no.57, pp.586~587. 상원의원 커(Robert S. Kerr)의 다음과 같은 진술을 참조하라. "나는 오클라호마 농부들을 대표한다. 비록 나의 이해관심은 대농장 소유주의 이해관심이지만 말이다. 나는 오클라호마 정유업자들을 대표한다. 정유업은 오클라호마에서 두번째로 대규모의 사업이고 나 또한 정유업에 종사하고 있기 때문이다. 나는 오클라호마의 경제부처를 대표하고 나는 거기에 관심을 갖고 있으며, 그것이 바로 사람들이 나를 선출한 이유이다. 사람들은 그들과 이해관심을 공유하지 않는 사람은 여기에 보내려고 하지 않았다. 왜냐하면 그런 사람은 그들에게 한푼의 가치도 없을 것이기 때문이다."

(*U.S. News and World Report*, Sept. 3, 1962, p.86.)

5) Robert S. Getz, *Congressional Ethics : The Conflict of Interest Issue* (Princeton, N.J. : Van Nostrand, 1966), pp.57~58.

6) U.S. Senate Committee on Rules and Administrations, *Standing Rules of the Senate*, 96th Cong., 2nd sess. (Washington, D.C. : Government Printing Office, 1980), Rule XXXVII, pp.46~49.

7) 피신탁인 이론, 대리인 이론, 그리고 양자의 혼합이론에 대한 고전적인 예들에 대해서는 다음과 같은 자료를 각각 살펴보도록 하라. Edmund Burke, *Burke's Politics*, ed. Ross Hoffman and Paul Levack (New York : Knopf, 1959), pp.114~120, Jean Jacques Rousseau, *Gouverne- ment de Pologne*, chap.7 in *Political Writings*, ed. C. E. Vaughan (Oxford : Blackwell, 1962), 2, 그리고 John Stuart Mill, *Considerations on Representative Government, in Collected Works*, ed. John M. Robson (Toronto : University of Toronto Press, 1977), 19, 특히 chap.12.

8) Richard F. Fenno, *Home Style : House Members in their Districts* (Boston : Little, Brown, 1978), pp.160~161. 대체로 시민들은 대표자들을 대리인으로 보는 반면에 대표자들은 자신들을 피신탁인으로 보는 경향이 있는 듯이 보인다. Roger H. Davidson, *The Role of the Con- gressman* (Indianapolis : Pegasus, 1969), p.190을 보라.

9) 대부분의 연구조사에서 적어도 대표자들의 반은 '정치꾼'으로 분류된다. 그들은 전통적인 두 역할을 모두 자임할 뿐 아니라 다른 역할들까지 포함시키는 듯이 보인다. 예를 들어 Davidson, pp.110~142와 John C. Wahlke et al., *The Legislative System* (New York : John Wiley, 1962), pp.267~286을 보라.

10) Thomas E. Cavanaugh, "Role Orientations of House Members : The Process of Representation," paper prepared for the 1979 Annual Meetings of the American Political Science Association (Washington, D.C., 1979), p.25. 성원들은 그들의 역할에 관해 더욱 구체적인 질문을 받았을 때 보다 더 유익한 반응을 나타내는 경향을 보였다. 가령 Kingdon, pp.29~71, 110~176을 보라.

11) pp.161~165를 보라.

12) 핏킨(Hanna Pitkin)이 제안한 것처럼 대표자나 대의제 이론가들이 받아들이고 있는 실질적인 정치이론에 따라 그러한 역할의 선택이 변한

다고 주장하는 것은 부적절하다. 핏킨에 따르면 (지역구 주민들에 의해 완전히 구속되는) 대리인과 (지역구 주민들에게 일관되게 반대로 행위하는) 피신탁인은 '대의제의 극단들'"다. *The Concept of Representation* (Berkeley : University of California Press, 1967), p.166. 그러한 극단들 사이에 "좋은 대표자는 무엇을 해야 하고 무엇을 하지 말아야 하는가에 관한 다양한 관점들을 위한 공간이 있는 것이다." 그러한 관점들은 인간본성, 사회, 정치적 삶에 관한 여러 견해들을 체현하는 '정치철학'에 따라 선택된다. 그런데 핏킨이 함축하는 것처럼 보이는 것과는 반대로 '관점들의 다양성'이 대표자의 역할에 대한 수정이론이나 혼합이론에 토대를 제공할 수는 없다. 대표자들은 동일한 정치철학을 유지하면서도 때로는 대리인으로 때로는 피신탁인으로, 때로는 동시에 양자의 역할을 모두 수용하면서 행위한다. 대표자는 이후에 논의될 것처럼 고려중인 쟁점에 따라서 뿐 아니라 특정한 시기에 이루어지는 입법과정의 상태에 따라서 — 이것이 더욱 중요하다 — 다른 역할들을 수용할 수 있고, 또 그래야만 하는 것이다.

13) Mill, 12장, p.510.

14) John Rawls, *A Theory of Justice* (Cambridge, Mass. : Harvard University Press, 1971), p.361. Cf. p.227.

15) Ibid., p.199.

16) Ibid.

17) 롤즈의 이상적인 정치과정에서는 어떤 입법척 심의에도 선행하는 헌법에서 그러한 원칙들이 체현된다(pp.195~201). 그러나 아직은 어떤 실제적인 헌법도 그러한 원칙들을 법제화하지는 않았기 때문에 그러한 원칙들에 대한 사회적 선택은 이후에야 이루어질 것임에 틀림없다. 헌법적 협약을 논외로 한다면 입법부는 그러한 선택을 하기 위한 자연적인 — 아마 실제로는 오직 민주적이기만 한 — 공개토론장인 듯이 보인다.

18) 롤즈가 그의 이론을 해석하고 발전시켜 온 것에 따를 때, 그는 그의 이론의 철학적 토대보다는 정치적 토대를 강조해 왔고, 따라서 이러한 반론은 그의 이론에 점점 더 상처를 입힐 수 없게 되고 말았다. 그는 만족스러운 정의관은 "논쟁의 여지가 있는 철학적·종교적 교설들과 가능한 한 독립적인 것이어야 한다. … 우리는 관용의 원칙을 철학 자체에 적용해야만 한다"고 주장하고 있다. "Justice as Fairness : Political, Not Metaphysical," *Philosophy and Public Affairs*, 14 (Summer

1985), pp.223~251. 또한 "The Idea of an Overlapping Consensus," *Oxford Journal of Legal Studies* 7 (Spring 1987), pp.1~25를 보라. 그런데 롤즈의 이론은 정치적 협의사항에서 광범위하게 수용되고 있는 많은 정의관들 — 가령 공리주의 — 을 여전히 배제하고 있는 듯이 보인다. 그래서 여전히 그의 이론은 입법의원들이 공공정책에 대한 심의과정에서 그러한 정의관들에 따라 행위하지 못하도록 하고 있는 것이다.

19) 예를 들면, Alan H. Goldman, *The Moral Foundations of Professional Ethics* (Totowa, N.J. : Rowman and Littlefield, 1980), pp.24, 76, 88~89를 보라. 대표자들의 의무에 관한 롤즈의 다음과 같은 대안적 서술들을 참조하라. "대표자들은 우선 정의롭고 효과적인 법령들을 통과시켜야만 한다. … 그리고 그 후에 그들의 지역구 주민들의 다른 이해관심들을, 그것들이 정의와 일관된 것인 한에서, 증진시켜야 한다."(p.227)

20) 페노(Richard Fenno)는 대의제가 하나의 과정이라고 생각하는 몇 안되는 정치학자들 중의 하나이다. "전통적으로 대의제는, 시민들의 정책선호와 대표자들의 정책결정 간의 일치가 훌륭한 대의제의 척도로 받아들여지는 그런 구조적 관계로 생각되어 왔다. … 그러나 우리는 보다 더 광범위한 의원활동을 고려해야 할 것이다."(p.240) 그러나 페노는 입법부에서 무슨 일이 일어나는가보다 지역구 주민들에게서 무슨 일이 일어나는가에 집중하고 있다. 최근에 활동하고 있는 정치이론가들 중에서 핏킨은 과정의 중요성에 주목하는 몇 명 안되는 사람들 중의 하나이다. 핏킨은 그녀의 책의 마지막 장에서 최종적으로, 그리고 매우 단순히 다음과 같이 제안하고 있다. "아마도 다양한 개별적 대의제와의 직접적인 유비를 통해서 정치적 대의제에 접근하는 것은 잘못일 것이다."(pp.221~222) 그러면서도 그녀는 우리가 그러한 패턴들을 평가할 기준을 제시하지도 않고 입법과정 자체에 대해서도 거의 논의를 하지 않는다.

21) Rawls, pp.130~136, 그리고 Kurt Baier, *The Moral Point of View* (Ithaca : Cornell University Press, 1958), pp.187~213. 다른 자료를 참조하려면 W. K. Frankena, "Recent Conceptions of Morality," *Morality and the Language of Conduct*, ed. H. N. Castañeda and George Nakhnikian (Detroit : Wayne State University Press, 1965), pp.1~24를 보라. 이러한 요구들에 의해 함축된 도덕관에 관한 의심들에 대해서는 Bernard Williams, *Ethics and the Limit of Philosophy* (Cambridge,

Mass. : Harvard University Press, 1985), pp.71~119를 보라.

22) 비록 그러한 요구들이 롤즈 이론의 목표에 부분적으로 반하는 의도를 지닌 것이라고 해도, 그것들의 정식화는 "권리개념의 형식적 제약들"(pp.131~135)에 관한 롤즈의 논의에 상당 부분 힘입은 것이다. 여기에서 '일반성' 사용은 일반성과 보편성이라는 롤즈의 조건을 결합하고 단순화한 것으로 이해되어도 좋을 것이다. '공지성'은 동일한 이름의 롤즈의 조건을 따른 것이고 '자율성'은 '서열화'에 대한 그의 요구에 들어 있는 가장 유관한 정치적 요인들을 포착하는 것을 의미한다. (즉, 갈등하는 요구들에 서열을 매기는 것은 협박하고 강제할 수 있는 능력과는 독립적이어야 한다는 것을 의미한다.) 궁극성에 대한 그의 조건이 입법단계에서 필수적이거나 적절한 것으로 보이지는 않는다. 이러한 접근방식의 다른 측면들에 대한 의심들에도 불구하고 윌리엄즈는 공지성을 — 적어도 그가 '투명성'이라고 이름지은 것의 형식에서는 — 중요한 윤리적 이상으로 만들었다(pp.101~102, 108~110, 199~200).

23) 이 주제에 대한 선명한 토론과 광대한 참고자료를 위해서는 J. L. Mackie, *Ethics : Inventing Right and Wrong* (New York : Penguin, 1977), pp.83~102를 보라.

24) Kant, *Critique of Practical Reason*, in *The Philosophy of Kant*, ed. C. J. Friedrich (New York : Random House, 1949), 2장, p.259.

25) R. M. Hare, *Freedom and Reason* (Oxford : Clarendon Press, 1963), pp.7~50을 보라.

26) 밀이 상상했던 것처럼 심지어는 국가를 대표하도록 선출된 대표자들마저도 그들에게 표를 던진 사람들과 특별한 관계를 맺게 되는 것이다. *Considerations on Representative Government* 7장을 보라.

27) "Speech on the State of the Representation," *Burke's Politics*, p.229. 그러나 대표자는 버밍험과 같은 지역의 시민들에게, 즉 아직 의원을 갖고 있지는 못하지만 브리스톨의 시민들과 '이해관심'의 일부를 공유하는 시민들에게도 의무를 진다고 또한 버크는 가정하고 있다.

28) Jeremy Bentham, *Constitutional Code*, ed. Frederick Rosen and J. H. Burns (Oxford : Oxford University Press, 1983), 1:VI.1.A11, p.44.

29) Ibid.

30) Fenno, p.235.

31) 예를 들면 상원의원 웨이커(Lowell Weicker)의 해결책(S. Res. 109).

Congressional Quarterly, *Congressional Ethics*, 2nd ed. (Washington, D.C. : Congressional Quarterly, 1980), p.57을 보라.

32) Edmund Burke, *Burke's Politics*, p.116.

33) *Congressional Quarterly Weekly*, April 2, 1977, p.592.

34) Hobbes, *Leviathan*, ed. Michael Oakeshott (Oxford : Blackwell, 1946), pt.1, 15장, p.103과 Kant, *The Metaphysical Elements of Justice*, ed. John Ladd (Indianapolis : Bobbs-Merrill, 1965), sec.42, p.71을 비교하라.

35) Fenno, pp.167～168.

36) Ibid.

37) David Mayhew, *Congress : The Electoral Connection* (New Haven : Yale University Press, 1974), pp.61～73.

38) Ibid., p.53.

39) R. Douglas Arnold, *Congress and the Bureaucracy* (New Haven : Yale University Press, 1979), 특히 pp.207～215.

40) 최근의 자료들을 참조하기 위하여서는 Fenno, pp.164～168, Morris Fiorina, *Retrospective Voting in American National Elections* (New Haven : Yale University Press, 1981), pp.210～211, "The Decline of Collective Responsibility," *Daedalus*, 109 (Summer 1980), pp.26, 39, 40, Kingdon, pp.51～53, Mayhew, pp.114～122, 그리고 James L. Sundquist, *The Decline and Resurgence of Congress* (Washington, D.C. : Brookings, 1981), pp.451, 455를 보라. 보다 더 초기의 자료들로는 Woodrow Wilson, *Congressional Government* (Boston : Houghton Mifflin, 1885), p.318, 그리고 James Bryce, *Modern Democracies* (New York : Macmillan, 1921), 2:494～495를 보라.

41) Fiorina, "Decline of Collective Responsibility," pp.39～44.

42) Ibid., pp.28～39, 그리고 David E. Price, *Bringing Back the Parties* (Washington, D.C. : Congressional Quarterly Press, 1984), pp.104～116.

43) 이러한 요구들을 충족시키기 위해서 필요한 정당체계의 유형에 대한 논의들을 더 살펴보려면 이 글의 모태가 되는 다음 논문을 참조하라. Dennis F. Thompson, "Representatives in the Welfare State," *Democracy and the Welfare State*, ed. Amy Gutmann (Princeton : Princeton University Press, 근간예정).

44) Kingdon, pp.266～267.

45) Ibid., p.267.

46) Immanuel Kant, *The Metaphysical Elements of Justice*, trans. John Ladd (Indianapolis : Bobbs-Merrill, 1965), pp.15~16.

47) Rawls, p.516.

48) 심지어는 버크도 정당에 대한 특별한 의무를 인정하고 있다. 버크는 "자신이 오랫동안 몸담아 왔던 정당을 버리고 나서, 그것은 그 자신의 판단에 따른 것이라고, 즉 자신은 몇몇 법안들의 시비곡직에 따라 행위한 것일 뿐이며 그 자신의 양심을 따를 의무가 있다고 말하는" 대표자는 그가 누구이든 비난한다. 정치에서 어떤 성과를 올리고자 한다면 대표자들은 합주에 참여하듯이 행동해야 하며, 그것은 그들이 그들이 속한 정당의 다른 성원들의 영향력을 인정해야 한다는 것을 의미한다는 것이 버크가 우리에게 상기시키는 것이다.

49) 몇몇 특정한 영역을 제외한다면(가령 제방공사), 의원들이 재정적인 후원을 받았다고 해서 그들이 후원자들의 이익에 보탬이 되는 방향으로 표를 던지게 되는 경향이 있는 것처럼 보이지는 않는다. 사실 어떤 영역에서는 반대의 경향성이 나타나기도 한다. 군수산업에서 많은 지원금을 얻게 된 의원들이 국방예산과 군사적 건설비용을 감축하는 안에 찬성한다. Susan Welch and John g. Peters의, the Annual Meeting of the American Political Science Association, Washington, D.C., August, 1980을 위한 준비 논문 "Private Interests and Public Interests : An Analysis of Congressional Voting and Personal Finance"을 보라. 그런데 선거운동 기부에서 나타나는 것처럼, 그러한 왜곡들은 대표자들이 그들이 받은 기부금에 상응하는 방향으로 투표하는 것에서 나타나는 것이 아니라 그들이 로비스트들에게 부여하는 접근통로나 다양한 원천의 정보자들에게 제공하는 반응에서 나타날 수 있다.

50) W. P. Welch, "Campaign Contribution and Legislative Voting : Milk Money and Dairy Price Supports," *Western Political Quarterly*, 35 (Dec. 1982), pp.478~495, 그리고 Henry Chappell, "Campaign Contributions and Voting on the Cargo Preference Bill," *Public Choice*, 36 (1981), pp.310~312.

51) Ralph K. Winter, *Campaign Finance and Political Freedom* (Washington, D.C. : American Enterprise Institute, 1973), p.5.

52) James F. Herndon, "Access, Record, and Competition as Influence on

Interest Group Contributions to Congressional Campaigns," *Journal of Politics*, 44 (Nov. 1982), pp.996~1019. 또한 Michael J. Malbin, "Of Mountains and Molehills : PACs, Campaigns, and Public Policy," *Parties, Interest Groups and Campaign Finance Laws*, ed. Michael Malbin (Washington, D.C. : American Enterprise Institute, 1980), pp. 152~184를 보라.

53) E. E. Schattschneider, *The Semi-Sovereign People* (New York : Holt, Rinehart and Winston, 1960), p.35.

54) Federal Election Commission, *Federal Election Campaign Finance Laws* (Washington, D.C. : Government Printing Office, 1980). 일반적으로 개혁운동에 대해서는 Gary Jacobson, *Money in Congressional Elections* (New Haven : Yale University Press, 1980), pp.163~200을 보라.

55) Jacobson, pp.193, 196.

56) Ibid., p.194.

57) Morris Fiorina, *Congress-Keystone of the Washington Establishment* (New Haven : Yale University Press, 1977), pp.12~13.

58) 시민들 다수가 선거 공영제에 우호적이라는 증거가 있다.

59) 세부적인 제안사항을 참고하려면 Joel Fleishman and Pope McCorkle, "Level-Up Rather Than Level-Down : Toward a New Theory of Campaign Finance Reform," *Journal of Law and Politics*, 1 (Spring 1984), pp.275~298, 그리고 Jacobson, pp.201~226, 239~243을 보라.

60) Elizabeth Drew, *Politics and Money* (New York : Macmillan, 1983), p.156.

61) Ibid.

62) Immanuel Kant, *Eternal Peace*, in *The Philosophy of Kant*, ed. Carl J. Friedrich (New York : random House, 1949), p.470. 또한 Rawls, *Theory of Justice*, pp.133, 177~182, 또한 "Kantian Constructivism in Moral Theory," *Journal of Philosophy*, 77 (Sept. 1980), pp.535~543, 553~554를 보라.

63) Kant, *Eternal Peace*, p.470. 공지성의 조건에 대한 롤즈의 해석도 그것이 선택을 '원초적 입장' — 행위주체들이 자신들의 특수한 여건을 알지 못하는 상황 — 에 제한한다는 의미에서 또한 가상적인 것이다.

그러나 공지성의 조건에 대한 근거로 그는 실제적인 정치적 생활에 대한 결과, 즉 공적으로 알려진 원칙들이 "사회적 협동의 안정성을 뒷받침한다"는 사실을 언급하고 있다(p.133).

64) Cf. Mill, *Consideration on Representative Government*, p.493. 복 (Sissela Bok)은 도덕의 기준으로서 실제 공지성의 중요성을 강조하고 있다. *Lying* (New York : Random House, 1979), pp.99~108, 그리고 *Secrets* (New York : Pantheon, 1982), pp.112~115를 보라.

65) pp.127~129를 보라.

66) Arthur Maass, *Congress and the Common Good* (New York : Basic Books, 1983), pp.62~66.

67) 헌법의 틀을 마련한 사람들이 대표자회의의 비밀을 포함하고 있는 의사록을 남겨두고 있는 것도 아마 이런 고려들을 했기 때문일 것이다. 매디슨(Madison)은 "토론이 공적으로 이루어졌다면 대표자회의를 통해서는 어떤 헌법도 채택되지 않았을 것이다"고 주장했다. *The Record of the Federal Convention of 1787*, ed. Max Farrand (New Haven : Yale University Press, 1966), 2:33n; 3:28, 73, 386. 그러나 새로운 의회에 그 의사록을 폐기처분할 권리를 주어야 한다고 진지하게 제안한 대리인은 아무도 없다. 어쨌든 많은 현대인들은 대표자회의가 비밀을 갖고 있다는 사실을 비난한다. 제퍼슨은 대표자 회의를 '반신(半神)들의 모임'이라고 명명함과 동시에 그 은밀성을 다음과 같이 비판했다. "대표자들이 성원들의 입을 동여매는 것과 같은 혐오스러운 선례에 의해 숙고하기 시작하는 것은 유감스러운 일이다. 오직 공적인 토론의 가치에 대한 무지만이 이러한 예를 정당화할 수 있을 것이다."(Records, vol.3, p.76)

68) Cf. pp.29~31.

69) Richard Rettig, "The Policy Debate on Patient Care Financing for Victims of End-State Renal Disease," *Law and Contemporary Problems*, 40 (Autumn 1976), p.221.

70) Steven E. Rhoads, "How Much Should We Spend to Save a Life?" *Valuing Life*, ed. Steven E. Rhoads (Boulder, Colo. : Westview Press, 1980), p.304.

71) Ibid.

72) Robert Goodin, *Political Theory and Public Policy* (Chicago : Univer-

sity of Chicago Press, 1982), pp.120~121.

73) Fiorina, "Decline of Collective Responsibility," p.41.

74) Ibid., p.44. 피오리나 자신은 이를 남용으로 생각하기 때문에 입법의원들이 논쟁의 여지가 있는 모든 쟁점들을 '덮어버리는 것'을 그가 좋게 생각하지 않았다는 것은 명백하다. 그러나 그는 억압해야 할 쟁점들과 그렇게 하지 않아야 할 쟁점들을 우리가 어떻게 구분해야 하는지에 대해서는 언급하지 않았고 그러한 구분 문제가 입법부 자체에서 논의되어야 하는지에 대해서도 아무런 말을 남기지 않았다.

75) 의회에서의 이러한 구조적 변화에 대해서는 "Congress and the Quest for Power," *Congress Reconsidered*, ed. Lawrence Dodd and Bruce Oppenheimer (New York : Praeger, 1977), pp.269~307과 Dodd, "The Cycles of Legislative Change," *Political Science*, ed. Herbert Weisberg (New York : Agathon Press, 1986), pp.82~104를 보라.

76) Cf. Daniel Callahan et al., *Congress and the Media* (Hastings-on-Hudson, N.Y. : Hastings Center, 1985), p.6.

77) Ibid., p.15.

제 5 장
공직자의 사생활 ·

　시민들 스스로는 더 많은 사생활권(privacy)을 보장받고자 하면
서도 공직자의 사생활권은 그만큼 보장해 주려고 하지 않는다.[1]
근래에는 공직을 희망하는 사람들과 공직을 보유하고 있는 사람
들에게 그들의 재산상태와 의료기록 등을 공개하라는 요구가 어
느 때보다 더욱 확산되고 있다. 그리고 언론은 그들의 음주습관,
이성관계, 가정생활 등을 더욱 널리 유포시킨다.[2] 공인에 대한 명
예훼손과 사생활권 침해를 방지하고자 하는 몇몇 법적인 보호조
항들은 지켜지지 않는다.[3] 공직자의 사생활권은 일반시민의 사생
활권만큼 존중될 필요가 없다는 것이다. 그러나 이러한 차이를 두
는 이유를 주의깊게 고려해 본 적은 없다. 그 결과, 공직자의 사
생활이 얼마나 보장되어야 하는가에 대한 이해가 부족했으며 그
에 대한 민주적 토론도 제대로 이루어지지 못했다.
　공직자들에게 사생활권에 대한 물음이 발생하는 것은 그들이
자신에 관한 일들 중에서 무엇을 누구에게 공개할 것인지를 결정
하게 될 때이다.[4] 이러한 물음은 또한 다른 공직자들에 관해 무엇
을 드러내며 누구에게 그것을 드러낼 것인지를 결정하곤 하는 많

은 공직자들이 직면하는 것이기도 하다. 특히 인사과에 근무하는 공직자들은 종종 조만간 정부에 고용될 사람이나 지금 고용된 사람들의 사생활을 엄격히 조사할 것인지를 결정해야만 한다. 또한 언론계 종사자들도 공직자에 관해서 무엇을 보도할 것인지를 결정함에 있어서 그러한 물음에 부딪치게 되며, 그것은 공직 희망자를 평가할 때에 무엇을 고려할 것인지를 정해야 하는 투표자들에게도 마찬가지이다. 그러나 공직자들이 일부 정부사업을 위해서 요구하는 비밀 유지나 기밀성이, 단지 유비로서라도, 사생활권의 문제나 사생활의 일부로 취급되어서는 안된다. 공직자들이 정당하게 다른 공직자나 공중에게 정부의 일을 비밀로 한다면, 그 근거는 정책의 본성이나 제도적 효과나 다른 시민들의 사생활권 등에 관련된 것이어야지 공직자 자신들의 사생활권에 관련된 것이어서는 안된다.[5]

공직자의 사생활권 요구를 이해함에 있어서 법률이 약간의 지침을 제공해 주기는 하지만 그것이 그러한 물음을 해결해 주지는 못한다. 사생활권 법은 공직자에 관한 한, 상대적으로 미발전된 채로 남아 있다. 그리고 어떤 경우에도 법적인 권리나 의무는 도덕적 권리나 의무에 미치지 못한다.[6] 더욱이 법정에서 사생활권을 옹호하는 것은 자멸적일 수 있다. 설령 법적인 소송에서 승리한다 할지라도 공직자는 그 대가로 법적 절차에 참여한 사람들에게 그의 사생활을 남김 없이 드러내게 될 가능성이 높다.[7] 그러나 법이 침묵하거나 결정을 내리지 못하는 빈 공간을 정치윤리가 완전히 채워주지는 못한다. 관련된 윤리적 원칙들은 종종 서로 갈등하며, 결론에 영향을 미치는 변수 또한 무수히 많다. 그러므로 공직자의 사생활이 어떤 종류의 활동들인지를 미리 결정해 줄 일군의 규칙들을 발견하는 것은 불가능하다. 그러나 공직자 사생활권의 토대를 확립하는 것, 그리고 그후에 사생활권이 침해될 수 있는 범위가 어디까지인가를 결정할 때에 고려되어야 하는 (또는 고려되어서는 안되는) 요인들을 정식화하는 것은 가능할 수 있다.

사생활은 그 사람의 동의에 의해서만 알려지고, 관찰되고, 침범되는 것이 허용되는 그런 활동들로 구성된다.[8] 사생활권의 범위가 어디까지인지가 항상 분명한 것은 아니다. 부분적으로 사생활권의 범위는 절대적이지도 않고 안정적이지도 않은 관습들에 의존하기 때문이다. 그러나 사생활권이 어떤 특정한 사회에서 어떠한 시기에 어떻게 규정된다 하더라도, 사생활권의 범위 내에서는 시민들이 자신들에 관한 정보를 통제할 권리를 갖는 것이다.[9]

사생활권의 존중이 의미있는 것은, 모든 사람의 사생활은 공적 생활의 요구보다 적어도 일견하기에는 우선시할 만한 가치가 있다고 가정하는 이론을 수용할 때뿐이다. 이러한 가정을 받아들이지 않는 이론들은 사생활권의 문제를 매우 다른 조건에서 고려한다. 예를 들어 플라톤(Plato)의 「국가」는 이상국가를 지배하는 통치자들에게는 사생활의 토대를 파괴하고 있다. 국가의 통합성을 위해 통치자들에게서 가족과 사유재산을 제거하는 것이다. 소크라테스(Socrates)는 통치자들이 사생활의 즐거움을 포기해야 한다면 행복하지 못할 것이라는 반론을 고려하고 있다. [그러나] 그러한 행복은 "무의미하고 유치한" 것이라는 것이 그의 대답이다. 결국 통치자들은 다른 시민들보다 더 훌륭하고 더 명예로운 삶을 향유할 것이라는 것이다. 어쨌든 통치자들의 목표는 전체 사회를 좋게 만드는 것이어야지 사회의 일부분을 행복하게 하는 것이어서는 안된다.[10] 플라톤이 사생활권의 실추를 애도하지 않은 한 가지 이유는 그가 많은 고전사상가들과 더불어 사생활이 공적인 생활에 비해 열등하다는 관점을 공유하고 있었기 때문이다. 사생활 (private life)은 그 어원에서 알 수 있는 것처럼 착취라는 의미를 함축하고 있다.[11] 플라톤이 과도하게 사회적 통합을 추구했다고 생각하는 아리스토텔레스조차도 사생활은 무엇인가가 결여된 것으로 생각했다. 가족과 가사(家事)라는 사적인 영역은 몸의 필요를 충족시켜 줄 수 있다. 그러나 오직 폴리스의 공적 활동에서만 현실화될 수 있는, 인간에게만 특징적인 이성이라는 특성을 그러한 사적인 부문은 만족시켜 줄 수 없는 것이다.[12]

공적인 부문의 우선성은 몇몇 근대 정치사상의 특징이기도 하다. 루소(Rousseau)는 "모든 시민들이 자신들은 공중의 시야에 계속 머물러 있다고 느끼는"[13] 사회를 전망했으며, 헤겔(Hegel)은 "공적인 목적과 사적인 목적이 동일하다"[14]고 주장하며 국가의 윤리적 우월성을 찬미했다. 그리고 맑스(Marx)는 부르주아들의 사생활에 대한 요구가 갖고 있는 계급적 편견을 비판했다.[15] 이러한 관점들 중에서 공직자나 통치자의 사생활권이 시민들의 사생활권의 연장선상에서 손쉽게 정당화될 수 있게 해주는 관점은 존재하지 않는다. 시민들의 사생활권이 의심스러운 것이라면 공직자나 통치자의 사생활권은 더욱 더 의심스러운 것이다. 더욱이 자유주의자들이 추구하는 형태의 사생활권은 보통 크고 다양한 사회에서만 쟁점이 되는 것들이다. 그러한 사생활권은 작고 친밀하게 결합된 공동체에서는 가능하지 않다. 보다 더 동질적이거나 관대하고 인간적인 사회에서는 그러한 사생활권이 불필요한지도 모른다.

초기의 자유주의자들이 개인적 사생활권의 근대적 개념에 대해 명시적으로 토론하지 않았다 하더라도 그들의 이론들은 그것을 용이하게 수용할 수 있는 틀을 제공하고 있다. 초기 자유주의적 이론들은 비교적 반사회적인 개인이나 작은 규모의 가족 개념에서부터 시작하여 개인의 자연적 자유나 사적인 영역에 사회적으로 개입하는 모든 행위에 대해 정당화를 요구했다.[16] 이후의 자유주의적 이론가들과 자유주의적 사회들이 때로는 내키지 않게, 때로는 마지못하여, 이러한 사적인 영역을 제한함에 따라 사적인 영역에 어떤 것들이 남아 있는지는 점점 더 불명료해졌다.[17) 시민들이 좀더 친밀하고 개인적인 관계들을 위해 성역(聖域) — 위에 규정된 좁은 의미에서의 사생활 — 을 유지하는 것이 점점 더 중요하게 되었다. 적어도 이러한 종류의 사생활권이 유지될 수 있다는 것이 희망이었고 (지금도) 희망인 것이다.

여기에서의 목표는 시민의 사생활권에 관한 이러한 관점들을 옹호하거나 공격하는 것이 아니라 많은 이론이나 많은 사회에서 그런 것처럼 우리가 시민의 사생활권을 보장해야 한다는 가정을 수용한다면 공직자의 사생활권에 대해서 어떠한 함축이 뒤따를 것인지를 살펴보는 것이다. 공직자들은 또한 시민들이기도 하므로 이러한 가정은 공직자와 시민들의 사생활이 평등하게 존중되어야 한다는 사실을 아주 자연스럽게 함축한다. 이를 균등한 사생활권의 원칙(the principle of uniform privacy)이라고 명명할 수 있겠다. 그러나 또한 공직자들이 시민들과 똑같은 정도로 사생활권을 보장받아서는 안될 타당한 이유들이 있다. 이러한 이유들이 축소된 사생활권의 원칙(a principle of diminished privacy)의 근거로 작용하는 것이다. 문제는 어떤 유형의 고려사항들이 균등한 사생활권의 원칙보다 축소된 사생활권의 원칙을 우월한 것으로 만들어주는가이다. 단지 개인의 사생활로만 간주될 수도 있는 행위를 공적으로 면밀히 조사될 수 있는 행위로 분류하는 것이 가능한 것은 언제인가?

사생활권의 가치

균등한 사생활권의 원칙은 사생활권이 공직자에게도 일반시민들에게서와 동일한 이유로, 그리고 동일한 정도로 가치있다는 것을 보여주는 논변에 의존하고 있다. 사생활권은 개인들에게 두 종류의 가치 — 도구적 가치와 본래적 가치 — 를 지닌다. 도구적 측면에서 사생활권은 개인들이 관찰, 개입, 금지의 위협 등을 받지 않고 특정한 행동에 종사할 수 있도록 보장해 줌으로써 자유의 확대에 기여한다.[18] 공직자들에게도 그러한 사생활권의 보호가 필요하다. 때로는 심지어 시민들에게서보다도 더 필요로 하는 것이다. 그 이유는 그들의 사생활권이 침해되면, 공개되는 내용이 더 클 가능성이 높기 때문이다. 사생활권은 또한 공적인 의무와 무관한 사적 활동이 공직에 종사하고자 하는 개인의 기회에 영향을 미치지 않게 함으로써 공정과 평등한 기회를 뒷받침한다.[19]

도구적 정당화는, 그것이 설령 중요하다 해도, 사생활권의 특징적인 가치를 충분히 드러낼 수 없다. 그래서 어떤 철학자는 사생활권이 본래적인 역할을 하는 인간관계의 본성에 의해 사생활권을 정당화하려고 한다. 인간관계는 특정한 정도의 사생활권을 전제하는 사랑, 우정, 신의 등을 포함한다는 것이다.[20] 더욱 일반적으로 그것들은 다른 사람들이 그것을 관찰하거나 그것에 대해 알게 될 때, 다른 성격으로 나타나는 관계들이다.[21] 본래 사생활권은 (직업의 상실처럼) 보통 유해하다고 하는 결과들이 뒤따르지 않는 경우에도 정당화된다. 많은 공직자들은 세인의 주목을 받으면서 살고 있기 때문에 그들의 가족 및 친구들과의 시간이 더욱 소중하고 따라서 그러한 시간을 특별히 보호받을 필요가 있는 것이다. 더욱이 공직자들이 그들의 공적인 평판과 독립적인 자신의 인간적 모습을 그대로 간직하려 한다면, 그들에게는 때때로 세인의 눈을 피할 수 있는 공간이 필요한 것이다. 그러한 도피처가 없다면 공직자는 고프먼(Erving Goffman)이 '낙인 찍힘'이라고 명명한 고통을 감내해야 될지도 모른다. "일상의 판에 박힌 일들을 함께 하는 사람들 앞에서 일상적으로 개인이 나타내는 모습은 그의 공적인 이미지에 의해 창출된 가상적인 요구(그것이 우호적이건 비우호적이건 간에)에 의해 위축되고 훼손될 가능성이 높다."[22]

사생활권이 개인에게 가치있는 것이라는 대부분의 논변들은 또한 사생활권이 사회에도 가치있는 것이라는 주장에 찬동하는 논변으로 재정식화될 수도 있을 것이다. 사생활권이 개별적 공직자들의 자유와 기회를 보호해 준다면 그것은 또한 공적으로 사용가능한 재능의 잠재적인 양을 증가시킬 수 있다. 사생활권이 보장되지 않으면 특이하거나 예민한 사람이 공직을 구하거나 차지할 가능성이 더 적어진다. 그리고 정부는 그러한 사람들을 통해 얻을 수도 있을 유능함과 다양성을 상실한다. 또한 공직자의 사생활권을 존중함으로써 공직자들이 시민들의 사생활권을 더욱 더 존중하게 할 수도 있다. 다른 공직자의 사생활권을 명예롭게 여기는 습관을 지닌 공직자는 일반시민들의 사생활권을 존중할 가능성이 더 높다. 공직자들은 그들 자신을 예로 하여 개인적 사생활권의 중요성을 이해한다. 마지막으로 우리는 공적 생활의 보다 더 거시적인 쟁점보다는 호기심을 자극하는 사생활의 세목들에 주의를 기울이는 경향이 있다. 사생활의 선정적 폭로로 인해 공공정책의 실질적인 물음들에 대한 토론이 묻혀버린다면, 민주적 숙고란 하잘것없는 것이 되고 말 것이다.

균등한 사생활권의 원칙은 공직자들의 사생활도 가치있다는 사실을 긍정한다. 그러나 그러한 원칙이 항상 유지될 수는 없다. 공직자들은 단순한 일반시민들이 아니다. 그들은 시민들보다 우월한 권력을 갖고 있고, 그래서 다른 표현을 사용한다면 우리를 대표하는 사람들인 것이다. 이러한 차이로 인해 공직자에 대해서는 축소된 사생활권의 원칙이 적용되어야 한다. 다른 방식을 통해서는 민주적 문책을 할 수 없을 때, 축소된 사생활권의 원칙이 균등한 사생활권의 원칙보다 우선시된다. 공직자들은 우리의 생활에 영향을 미치는 결정들을 내리기 때문에 우리는 그들이 그들의 임무를 수행함에 있어서 육체적으로나 정신적으로 별다른 문제가 없다는 것을 확인하고자 한다. 즉 그들이 사적인 목적을 달성하기 위해서 권력을 남용하지도 않고, 다른 사람들이 부당한 영향력을 행사하려고 할 때에 거기에 쉽게 굴복하지도 않으며, 우리가 승인할 정책을 추구할 가능성이 높은 사람들이라고 확신할 수 있기를 바라는 것이다.[23] 그들의 공적인 행동만으로 우리가 알아야 할 필요가 있는 많은 것들을 알 수도 있다. 그러나 많은 경우에 그들이 행사하는 권력에 대해 책임을 물을 수 있으려면 그들의 사생활에 관해 어떤 것은 알아야 할 필요가 있는 것이다. (정부 외의 기관에 몸담고 있는 많은 공직자들이 우리에게 권력을 행사한다. 그리고 그런 한에서 축소된 사생활권의 원칙은 그들에게도 적용된다.)

어떤 공직자들, 특히 대통령, 대사, 의원 등은 그들의 공적인 결정에서 뿐 아니라 그들의 사적인 행위에서도 우리를 대표한다.[24] 그들은 우리가 공유하는 훌륭한 인간상의 상징이기도 한 것이다. 이러한 관점에서 우리는 정치 지도자들이 개인적으로 "최소한의 공통분모라고 할 수 있는 사회적 표준"이라는 말에서 표현된 것보다 더 높은 도덕적 표준을 준수할 것을 기대한다.[25] 개인으로서 지도자들은, 우리의 행동은 아니더라도, 우리의 열망을 대표한다. 공직자들이 그들의 사생활을 영위해 나가는 방식은, 좋건 나쁘건 단순한 상징의 차원을 넘어서 시민들의 행동방식에 영향을 미칠 수 있다. 혼인문제, 잘못된 출산, 알코올 중독, 폐암, 사랑하는 사람의 죽음 등의 개인적인 어려움들을 기품 있고 용기 있게 처리하는 공인의 모습은 감탄을 자아낼 뿐 아니라 본받을 대상이 되기도 하는 것이다. 사실, 축소된 사생활권의 원칙이 가져다주는 이러한 혜택이 실제로 달성될 수 없을지도 모른다. 그리고 이러한 혜택이 때로는 단순히 위선에 의해 주어진다는 것 또한 의심의 여지가 없는 사실이다. 효과가 나타나도록 해주는 것은 겉모습인 것이다. 그러나 (문책과 관련된) 다른 이유들에서 시민들은 이미 공직자의 사생활에 관해 다소 알고 있기 때문에 타산적으로 보아도 위선의 전략은 사회나 공직자들에게 추천할 만한 것이 못된다.

그럼에도 불구하고 개인적 생활에서의 정직성이 공직에 도덕적으로 임하게 할 충분조건은 아니다. (워터게이트 사건에서도 주요한 공모자들 중의 다수는 명백히 흠잡을 데 없는 사생활을 영위하고 있었다.) 아마도 그것은 필요조건도 아닐 것이다. (가장 칭찬받을 만한 정책들 중의 일부는 개인적 행동이 모범적이지 못한 공직자들에 의해 이루어졌다.) 사실 어떤 문화에서는 사적인 도덕을 무시하는 것이 공적 지도자의 위상을 높이는 것일 수도 있다. 인도네시아에서는 수카르노(Sukarno) 대통령이 "성행위에 굳건하게 몰두하는 것"은 "비난하기보다는 칭찬할 문제, 즉 그의 지속적인 활력, 따라서 그의 정치적 힘의 증명"이라고 말하곤 한다.[26] 공직자가 사적인 덕목에 몰두함으로써 우리가 그들이 공직에서 내린 결정을 통해서 영속화되는 공적인 악덕을 무시하거나, 심지어는 실수로 용서해 주도록 할 수도 있다. 그래서 이러한 결정들을 문책할 수 있기 위해서는 때때로 시민들이 공직자의 사생활에 관해서 실제로 많이 알지 못하거나, 적어도 거기에 주의를 덜 기울이는 것이 요구될 수도 있는 것이다. 공직자는 타산적인 이유에서든, 아니면 초의무적인※ 이유에서든 그의 사생활을 공개하는 쪽을 선택할 수도 있다. 그러나 공직자가 책임을 져야 한다고 생각되는 의무에 직접적으로 관련된 것을 넘어서서 (아래에 설명된 방식으로) 축소된 사생활권의 원칙을 확장 적용하는 것에는 수긍할 수 없다.

※ superogatory, 의무로서 요구되는 것을 넘어선다는 의미. 가령 아주 위험한 상황임에도 불구하고 급류에 휩쓸린 사람을 구하기 위해 물에 뛰어드는 사람의 행위가 이에 해당한다고 할 수 있겠다.

모든 사람의 사생활권이 존중받을 가치가 있는 것이라 해도, 공직자들은 일반시민의 사생활 보호를 포함한 사회 전체의 복리를 증진시키기 위해서 사생활권의 일부를 희생해야만 한다. 축소된 사생활권의 원칙에 찬성하는 논변은 그 특성상 대체로 공리주의적이다. (많은 수의 시민들의 이해관심이 적은 수의 시민들의 이해관심에 선행한다.) 따라서 그러한 논변은 공직자의 개인적 권리를 충분히 존중하지 않게 된다. 공직자들이 그들의 사생활권을 제한하는 것에 동의하리라고 우리가 가정할 수 있다면 우리는 축소된 사생활권의 원칙을 정당화해 주는 더욱 만족스러운 토대를 가지게 될 것이다. 그리고 사실 많은 학자들이 공직을 추구하거나 점유하는 행위가 그러한 동의를 포함한다고 주장해 왔다.[27] 그러한 행위는 단순히 시민이 되는 지위보다 더 많은 실질적 선택을 할 수 있다는 것을 포함하고, 그러한 실질적 선택들이 때때로 (의심스럽기는 하지만) 동의의 증거로 간주되는 것이다.

그러나 일정한 유형의 공직을 점하는 행위에서는 그것 자체에서 보다 더 적은 사생활권을 보장받는 데에 어느 정도 동의했다는 사실이 따라나오는 것처럼 보이기는 하지만, 그러한 동의가 있었다고 해도 그것이 사생활권에 대한 공직자들의 모든 요구를 부정할 수 있도록 해주는 충분조건은 아니다. 첫째, 공직자의 대다수—우체국 직원, 서기, 교사—는 단순히 사회의 다른 일과 차이가 없는 일을 국가의 후원에 의해 수행하고 있다는 사실로 인해 일반시민들이 향유하는 권리를 포기하는 데 동의할 것으로 생각되지도 않고, 또 그렇게 생각되어서도 안된다. 대법원은 한때 정부가 공직자에게 주어진 헌법상의 권리를 부정할 수 있도록 해주는 이론적 근거였던 '특권(privilege)'설을 전반적으로 지금까지 거부해 왔다.[28] 둘째, 축소된 사생활권을 수용하는 것으로 추정될 수도 있을 고위 공직자들에 대해서조차도 동의에 근거한 논변은 이러한 공직자들이 무엇에 동의해야 하는지를 제시해 주지 않는다. 동의에 호소한다고 해서 축소된 사생활권의 영역을 구체화할 필요가 없어지는 것은 아닌 것이다.

축소된 사생활권에 대한 합리적 근거는 공무원을 포함한 시민들이 민주주의의 일반원칙을 수용하는 한에는 수용할 수 있어야만 하는 이유들을 제공한다. 그것들은 문책의 필요성에 호소한다. 그러나 그러한 근거가 어느 누구의 사생활이건 무조건적이고 포괄적으로 공개하는 것을 정당화해 주지는 않는다. 그것은 사생활이, 제한된 특정한 목적에 필요한 범위에서만, 특히 민주적 문책을 보증하기 위해서만 공개되어야 한다는 것을 함축한다. 이러한 함축은 공직자의 사생활에 대한 잠재적인 침해를 제어하는 두 종류의 기준을 산출한다. 첫째는 지위와 활동의 유형에 따라 적용되는 실질적 기준이고, 둘째는 조사방법에 따라 적용되는 절차적 기준이다. 실질적인 기준은 사생활의 (다소간 확정적인) 경계를 그려주는 것인 반면에, 절차적 기준은 그 경계가 어떠하던 간에 사생활을 조사하는 특정한 방식들을 금지하는 것이다.

사생활권의 범위 : 실질적 기준

공직자의 사생활이 공개되려면 그것은 그의 공무와 유관한 것이어야 한다는 것이 일반인들의 생각이다.[29] 이러한 관점은 고작해야 축소된 사생활권의 실질적 기준에 대한 속기록식 진술일 뿐이다. 사생활이 공무와 관련되는 방식은 매우 복합적일 것이다. 한 공직자가 얼마나 많은 사생활을 희생시켜야만 하는지는 그 공직자가 차지하는 지위의 본성과 (추정된) 사적 활동의 본성뿐만 아니라 양자 사이의 관계에도 의존하고 있다. 예를 들어 지위의 영향력이 막대할수록 그 자리를 차지하고 있는 공직자의 내밀한 활동들은 보호받지 못하게 된다. 더욱이 지위의 본성과 활동의 본성은 그 자체가 복합적인 항(項)이어서 각각을 분리하여 분석할 필요가 있다.

지위의 본성이 갖는 가장 중요한 특징은 공직자가 행사하는 권위와 영향력의 수준이다. 우리가 우리들에게 더욱 많은 권위를 휘두르는 공직자들에 대해 더욱 많은 것을 알 필요가 있다고 가정하는 것은 문책의 목적과도 일관된 것이다. 그러한 권위가 형식적이거나 직접적일 필요는 없다. 전형적인 경우를 살펴보면, 백악관 수석 보좌관은 그들이 실제로 행사하는 권한뿐 아니라 대통령과 그들의 밀접한 관계로 인해 다른 공직에 있는 유사한 서열의 다른 공직자들보다 더 많은 검사를 받게 된다. 조던(Hamilton Jordan)이 카터 대통령과 가까운 사람이 아니었다면 사스필드 밴(Sarsfield's Ban)에서의 행동에 대해서나 사적인 파티에서 대사관 부인에 관해 논평한 것에 대해 그렇듯 철저한 공적인 조사를 감내했어야 하지는 않았을 것이다.[30]

우리는 지위의 유형뿐 아니라 그 공직자가 처리하는 문제의 유형도 고려해야 한다. 법무장관으로 임명될 예정이었던 벨(Griffin Bell)은 그가 여성과 흑인을 배제하는 몇몇 사적인 사교모임에 가담했다는 것이 밝혀지자 입장이 난처해졌다. 벨이 이러한 정보를 스스로 공개했다고 하더라도, 그는 스스로가 "법 앞의 평등의 상징"으로 본 법무장관직과 그러한 사교모임이 양립 불가능하다는 점을 인정하고 그러한 모임들에서 탈퇴하고 말았다.[31] 국무장관 밴스와 국방장관 브라운(Harold Brown) 또한 차별적인 사적 사교모임에 참여하고 있었지만 그들에게는 유사한 반론이 제기되지 않았다. 이러한 사실은 대부분의 사람들이 그러한 경우에 법무장관이 다루는 문제들과 그의 사교모임 회원자격 사이의 연결을 의미있는 특징으로 간주하고 있다는 것을 시사해 준다. 물론 각료들 중에서 아무도 차별적 사교모임에 가입하지 않았더라면 더욱 좋았을 것이다. (그런 모임이 아예 존재하지 않았더라면 더욱 더 좋았을 것이다.) 그러나 법무장관에게 이러한 문제에서의 사생활권을 인정하지 않는 이유는 대체로 같은 수준에 있는 다른 공직자에게서 그것을 인정하지 않는 이유보다 더욱 긴요한 것이다.

회원자격과 그 직위에서 다루어지는 문제 사이의 연결이 더욱 미미할 때, (그리고 그 직위가 낮은 수준의 것일 때) 우리는 회원자격의 사생활권을 보호하는 근거로 종종 사용되는 '결사의 사생활권'의 요구에 부딪치게 된다. 예를 들어 법원에서는 한 경찰관이 나체협회에 가입했다는 사실은 그의 '사생활'이지 '그의 고용자의 관심사항'이 아니라고 간주해 왔다. 법원이 엄숙히 관찰한 바에 따르면 나체주의는 경찰관들이 그들의 무장(武裝)을 해제해야 하는 유일한 여가활동은 아니다.[32] 나체주의와 법적 강제는 서로 무관한 것으로 보인다. 그러나 몇몇 정치적 행위는 문제를 일으킬 수도 있다. 몇몇 시에서 경찰관들은, 그들이 원한다면 은밀히, 존 버취 협회※에 가입할 권리를 갖고 있다.[33] 이러한 종류의 조직의 회원이라는 사실이 공정한 법집행에 반하는 영향을 미친다고 믿을 이유를 우리가 갖고 있다면, 그러한 권리는 널리 받아들여지지 못했을 것이다.

지위의 본성이 갖는 또 다른 측면은 임명의 형태 — 예를 들면 그 공직자가 선출된 대표자인지, 정치적으로 임명된 사람인지, 직업적인 행정 사무원인지 등 — 이다. 이러한 측면에서 비롯되는 차이는 일반적으로 생각되는 것보다 훨씬 더 작다. 일단 우리가

※ John Birch Society, 로버트 웰취(Robert Welch)가 1958년에 미국에서 설립한 단체로서, 자유를 최고의 덕목으로 내세우며 정부의 전체주의화, 사회주의화를 반대한다는 기치하에 정부의 역할을 최소화하려고 하는 우익단체.

지위의 수준과 다루어지는 문제의 종류를 고려하면, 다양한 형태의 임명 간의 차이는 대부분 사라진다. 우리는 경영 및 예산업무 분석가보다 의원에 관해서 더욱 많은 것을 알 자격을 갖고 있다. 의원은 일반적으로 더 많은 영향력을 갖고 있고 더 보편적인 범위의 문제들을 다루기 때문이다. 우리가 의원에 관해 얼마나 많이 알아야만 하는가는 부분적으로 우리의 대의제 이론(예를 들어 우리가 그들의 인격을 평가할 것인지, 아니면 쟁점에 대한 그들의 공적 지위를 평가할 것인지)에 달려 있고,[34] 좀더 구체적으로는 우리의 입법윤리 이론(우리가 입법과정에서 그들의 역할을 조사할 것인지 아니면 그들의 재정상태만을 조사할 것인지)에 달려 있다.[35]

그런데 우리가 어떤 이론을 채택하든 간에 입법의원들의 사생활권은 정치적으로 임명된 사람들에게 적용하는 것과 동일한 기준에 의해 확정되어야 한다. 언론과 대중은 존슨(Hugh Johnson) — 루즈벨트 대통령이 전개했던 국가재건 활동의 수석 책임자 — 의 과음 습관을 대체로 무시했다. 후에 많은 상하원의 의원들이 그랬던 것처럼 말이다.[36] 우리는 이러한 사람들이 향유했던 공적인 비평으로부터의 암묵적인 보호에 반론을 전개하고자 해야 할 것이다. 그들의 음주가 그들의 공무수행에 상당한 영향을 미쳤던 것은 자명하기 때문이다. 그러나 한 사람은 정치적으로 임명된 사람이고 다른 사람들은 선출된 대표자라는 이유에서 그러한 주장을 하게 되는 것은 아니다.

특히 베버의 관료제 이론에서 유명한, 정치적으로 임명된 사람과 직업적인 행정관료 사이의 전통적 구분은 (정치적으로 특정한 입장을 취하는) 정치가들보다 (정치적으로 중립적인 것으로 간주되는) 행정관들에게 더 많은 '사생활권'을 제공하는 관행을 정당화해 주었다.[37] 그러나 이제 미연방 고위관료들에게서는 그러한 구분이 대부분의 의미를 상실해 버렸다. 최정상의 행정관료 대부분에게서 정치적 임명과 직업적 행정관 사이의 선은 이제 더 이상 정책을 만드는 정치가(다재다능한 사람)와 그것을 수행하는 행정관(전문가)을 명료하게 나누어주지 못한다.[38] 고위 행정관료들의 사생활이 얼마나 알려져야 하는지는, 그러므로 그들의 임명형태보다는 그들의 영향력과 그들이 내리는 결정의 종류에 달려 있다.

그런데 임명의 형태가 한 가지 중요한 사항 — 무엇을 알아야 하는지가 아니라 누가 그것을 알아야 하는지 — 에서 사생활권에 영향을 미친다. 관료제에 대한 베버의 이론을 완전히 수용하지 않고도 우리는 공직자들에 대한 책임은, 적어도 일차적으로는, 그들의 상급자들과 공직규범에 있다고 가정할 수 있다. 그렇다면 공직자의 사생활에 관해 아는 사람들의 집합은 정치적으로 임명된 사람들 및 대표자들에 관해 알아야 하는 더욱 광범위한 대중보다 더 작고 더 구체적이어야 한다. 어떤 공직자들은 의원이나 차관의 사생활에 대해서보다 정보원이나 전략공군사령부 직원의 사생활에 대해 더 많이 알아야 한다. 그러나 그것을 반드시 많은 사람들이 알아야 할 필요가 있는 것은 아니다.

공직자의 사생활권이 얼마나 축소되어야 하는지는 또한 문제되는 행위의 성격 — 그 성격과 결과 — 에 달려 있다. 사적인 것의 내용이 대체로 관습적이라 하더라도 많은 사적인 활동들의 일반적인 특징은 내밀성이다. 우리가 일반적으로 사적인 것이라고 생각하는 것은 우리의 신체적 상태, 가족, 친구 및 특정한 협력자들 — 우리가 '특별한' 관계를 맺고 있는 사람들 — 과의 관계, 그리고 가정에서 '사적으로' 행해지는 활동 등이다. 내밀한 것의 경계는 정확하지도 않고 절대적이지도 않다. 그런데 공직자들에게 있어서는 가장 내밀한 사실들이라 할지라도 그것이 그들의 공무수행에 많은 관련이 있는 것이라면 보호받지 못할 수도 있다. 그러나 우리는 활동이 내밀하면 내밀할수록 그것이 공직자의 지위와 어떻게 연결되어 있는지가 더욱 더 긴요하다고, 역으로 덜 내밀하면 덜 내밀할수록 그러한 연결상태가 덜 긴요하다고 주장하곤 한다. 지금 입법의원들 및 행정부와 사법부의 고위 공직자들에게 적용되고 있는 법적인 재산공개 요구를 고려해 보자.[39] 그러한 요구를 제기하는 주요한 목적은 개별적 이해관심을 우선시하는 행동을 할 가능성을 미리 드러내는 것, 즉 공직자 문책과 관련된 의도인 것이 명백하다. 그러나 사유재산의 형성과정이 진정으로 내밀한 영역의 핵심적인 요소였다면, 재산형성과정과 잠재적으로 개별적 이해관심을 우선시하는 경향 간의 연관성만으로는 사생활권에 의한 반론을 충분히 극복할 수 없을 것이다. 우리의 태도는 예를 들면 공직자들에게 그들이 모든 친구들과 갖는 모든 모임의 빈도를 모두 열거하라는 요구와는 매우 다른 것이다.

재산공개의 공무 유관성이 사생활권의 요구를 능가한다 하더라도 어떤 방식으로든 그것이 공직자의 재산형성에 관계될 수도 있는 다른 개인적인 모든 정보를 공개하도록 하는 것까지 변명해 주지는 못한다. 매사추세츠 주의 판사가 말했던 것처럼 상원의원 브루크(Edward Brooke)가 그의 빚이 상대적으로 적은 규모인 것처럼 허풍을 떨었는지 여부는 대중의 정당한 관심사이다.[40] 브루크가 그의 자산을 이러한 소송절차에서 잘못 서술했다면, 그는 또한 상원 윤리위원회에서의 재정적 진술에서도 그랬을 수 있을 것이고, 따라서 어느 경우이든 대중은 그것에 관해서 알 자격이 있는 것이다. 브루크는 대중이 "사무소의 모든 서랍, 모든 옷장, 수표책의 모든 항목," 그의 가족 성원들과의 "모든 개인적인 협조"에 간섭할 권리를 갖고 있지는 않다고 불평했다.[41] 그런데 브루크의 불평이 정당한 것은 언론이 그의 개인적 경제생활 및 그것들을 이해하기 위해서 필요한 여타의 것들보다 더 많은 것을 요구하는 한에서이다. 재산공개 요구를 주장하는 사람들 중에서도 몇몇은 의료계산서, 교회헌금, 개인적인 납세신고에 관한 많은 여타의 항목들은 공개될 필요가 없다는 사실을 인정한다.[42] 캘리포니아 법원은 사생활권을 근거로 하여 모든 공직자들에게 주요한 재산상의 투자를 공개할 것을 요구하는 주법(州法)을 뒤집었다.[43] 아마도 그 법이, 공개해야만 하는 공직자의 수를 축소하고 어떤 것이 누구에게 보고되어야만 하는가를 명시하는 더욱 더 구체적인 성문법이었다면 엄밀한 사법적 조사가 이루어졌다 해도 별다른 영향을 받지 않았을 것이다.

평상시 같으면 내밀한 것으로 분류되었을 활동들이 공적 의무를 위반할 위험이 있는 방식으로 수행되었다면, 그러한 활동은 사생활권의 보호를 받지 못한다. 과거의 의원들은 동료들의 성적으로 부적절한 관계들은 일반적으로 보고도 못본 척했다. 그리고 (하원대변인 헨더슨(David Henderson)이 상원의원의 딸과 성적으로 연루되었다는 이유로 다른 의원들이 그의 사임을 강요했던 1903년처럼) 그들이 그렇게 하지 않았을 때에도 언론은 그런 사정을 보도하지 않았다.[44] 그러나 1976년 여름의 초입부터 사람들은 성적 폭로의 주연(酒宴)에 초대되었다. 7명이나 되는 의원들이 불법적 성행위를 했거나 그렇게 하려고 시도한 것으로 보도되었다. 그런 사람들 중에서 6명은 공공자금의 전용을 포함하거나(예를 들면, 헤이즈(Wayne Hays)는 하원 급료 지불 총액을 정부(情婦)를 두는 데 전용했다.) 우연히 법을 위반했으며(예를 들면, 하위(Alley Howe)는 확실히 매춘부로 가장하고 있던 두 명의 여성경찰을 유혹했다.) 따라서 거의 사적인 일로 생각될 수 없었다.[45]

그러나 일곱번째 사례는, 항상 다른 사례들과 구별되는 것은 아니지만, 사생활권의 침해로 간주될 수 있었다. 미시건 주의 상원의석을 놓고 선거운동을 벌였던 1976년 중반에 「디트로이트 뉴스(Detroit News)」지(誌)는 후보자들 중의 하나, 즉 현직의원이 그의 선거운동원인 한 여성 자원봉사자와 7년 전에 성관계를 맺은 적이 있다고 보도했다. 그 사건이 그의 판단력이나 인격적 성숙에 나쁜 영향을 미쳤다는 주장은 그다지 신뢰를 얻지 못했다. (한 목회 종사자는 "기억하십시오, 그는 주교 선거에 나서려는 것이 아닙니다"라는 주석을 달았다.)[46] 그러나 그 사건에 대한 보도에 의해서 후보자들은 선거운동 중에 더욱 실질적인 쟁점, 가령 학교버스나 형법 같은 쟁점에서 다른 곳으로 주의를 돌리게 되었다. 후보자의 사생활권에 대한 영향과는 별개로 그러한 추문들이, 공직남용이나 법률위반을 포함하고 있지 않음에도 불구하고, 쟁점화된다면 일반적으로 공적인 토론의 수준이 저하될 것이다.

공직자가 그의 가정생활의 많은 부분이 사적인 것이라고 주장하는 것은 타당하다고 할 수 있다. 그 공직자의 사생활권뿐 아니라 다른 사람들의 사생활권도 위험에 처하게 된다. 당사자 이외의 사람의 사생활권을 침해하는 관행의 한 예는 '전출기법'이라고 불리는 것이다.[47] 이는 보통 공직자를 그의 가족이 싫어할 지역으로 전출시킴으로써 그에게 사임하라는 설득을 할 수 있는지를 알아보기 위해 그의 가족들의 환경을 조사하는 것을 포함하고 있다. 이러한 종류의 조사는 그 목적이 공직자를 그의 가족이 선호하는 지역으로 전출시키려는 것이라 해도 받아들일 수 없는 것이다.

(결혼이나 이혼처럼) 가정생활에 관한 몇몇 사항들은 물론 공적인 기록의 문제이다.[48] 이러한 사항들이 공직과 유관한 것이라면 공직을 평가할 때에 우리가 사용해 왔던 다른 기준들에 따라서 이것들을 고려해야 한다. 그러나 그 공직자가 공적인 사실 이면의 세세한 생활상을 공개할 의무를 가지는 것은 아니며, 오히려 종종 다른 사람들에게 그렇게 공개하지 않을 의무를 지닌다. 뉴욕 주지사 록펠러(Nelson Rockefeller)가 1963년에 이루어졌던 그의 이혼

과 재혼의 이유를 설명하라는 소송에 저항한 것은 아주 정당한 일이다. (영부인이나 대사의 배우자처럼) 공직자의 몇몇 가족 구성원들은 형식적이든, 비형식적이든 그 자신도 공직자가 된다. 그리고 그들은 그들과 유사한 영향력을 갖고 유사한 기능을 하는 다른 공직자가 갖는 정도의 사생활권만을 기대해야 한다. 다른 경우에도 공직자의 가족 구성원에 관한 사항들 — 배우자의 건강, 아들의 비행, 결혼문제 등 — 이 공직자의 업무수행 능력에 영향을 미칠 수 있을지도 모른다. 그러나 이런 경우에도 (그러한 일이 발생했다면, 그리고 그때에) 그 결과만을 공개하는 것이 원인을 공개하는 것보다 더 나은 행동인 것처럼 생각된다.

그런데 공직을 희망하는 사람이 (예를 들면 스스로를 '가정적인 사람'으로 묘사함으로써) 그의 가정생활을 선거운동의 쟁점으로 부각시킬 때, 그는 자신이 그렇게 하지 않았으면 사적일지도 모르는 일을 대중의 앞에서 검사받고자 하는 것이다. 그런 사람은 언론에서 그의 가정생활을 조사하여 그의 자랑이 사실인지를 밝혀내려 한다고 해도 거의 불평할 수 없을 것이다. 유사한 이유에서 우리는 "누군가의 생활에 큰 부조화가 있는지, 가령 그가 공공연한 여성해방론자이면서 동시에 여자의 꽁무니만 쫓아다니는 사람인지를 알고 싶어할" 수도 있다.[49] 그러나 거기에는 또 다른 제약이 있다. 앤더슨(Jack Anderson)과 흄(Brit Hume)은 애그뉴(Spiro Agnew)가 당시에 미국에서 어버이상에 대해 신명을 바쳐 강의하고 있었던 것을 기화로 하여, 그의 아들이 아내와 헤어져서 남자 미용사와 살고 있다고 보도했다. 그들은 지금 그러한 행동을 후회하고 있다고 한다. "아버지의 (추문을) 들춰내기 위해서 아들의 뒤를 밟았기" 때문이다.[50] 그러나 애그뉴가 한 말로 인해 그의 가족에 대해 조사하게 되었고 그것은 결국 정당화될 수 없는 행위였다는 식의 반론은 이에 대한 진정한 반론이 아니다. (논쟁의 여지는 있겠지만 정당화될 수도 있을 것 같다.) 오히려 진정한 반론은 이야기의 효과가 관습에 어긋나는 스타일의 삶을 살아가는 것에 반대하는 독자의 편견에 의거하고 있다는 것이다.

우리는 다른 경우라면 사적인 것으로 생각되었을 활동이 공무를 수행하는 공직자의 능력에 영향을 미칠 수도 있게 되는 두 가지 다른 방식을 구별해야 한다. 공직자 자신의 사적인 태도나 행위에서 비롯되는 직접적 효과와 공직자의 사생활에 대한 다른 사람들의 태도나 행동에서 나타나게 되는 간접적인 효과가 그것이다. 일반적으로 어떤 효과이든지 간에 그것이 공무를 수행하는 과정에서 나타날 때까지는 공표하지 않는 것이 더 나을 것이다. 공적인 결과가 나타나기 전에 그 원인들을 조사하는 것은 보통 사적인 것으로 정당하게 분류될 수 있는 일들을 공개해 버릴 위험이 있다. 그러나 종종 우리는 이런 원칙에 따를 수가 없다. 특히 고위직을 희망하는 사람을 평가할 때는 말이다.

직접적 효과는 축소된 사생활권의 원칙에 찬성하는 더욱 강한 토대가 된다. 직접적 효과를 미쳤다는 증거가 긴요한 것일 때에는 직접적 효과가 내밀성에 기초한 주장들보다 우선시되어도 좋다. 미국에서 한 사람의 신체적 조건은 관습적으로 특히 사적인 것으로 간주되지만, 공직을 희망하는 사람은 신체검사를 받아야 하며 그 결과도 공개되어야 한다고 주장하는 학자들도 있다.[51] 이제 고위 공직자는, 그가 선출되었든 임명되었든 간에, 만약 심각한 건강상의 문제를 갖고 있다면 그것을 공개해야 한다고 생각하는 것이 보통이다. 건강문제가 심각하지 않다고 믿는 공직자와 그들의 주치의들이 정보공개를 꺼리고, 이를 언론이 의심하게 될 때, 문제가 발생한다. 1981년, 렌퀴스트(Rehnquist) 판사는 어떤 약의 부작용으로 입원하게 되었다. 그런데 그 판사의 주치의는 그것이 어떤 약이었는지를 확인해 주지 않았다. 단지 그것은 그의 만성적인 요통을 치료하기 위해 사용되곤 하던 몇몇 약들 중의 하나였을 뿐이라고 말하면서 말이다.[52] 그 판사는 법정에서 반복하여 말을 더듬었기 때문에, (내과의사들을 포함한) 몇몇 방청인들은 그가 알코올 농도의 저하로 헛소리를 하는 증상을 보이고 있는 것은 아닌지 의심했다. 모든 사실을 남김 없이 공개했더라면 이러한 결론이 내려지는 것을 피할 수 있었을 것이다.

고위 공직 입후보자들에 대해 정신과 검사를 제안하는 것은 더욱 문제가 된다. 우리가 그러한 검사의 타당성이나 객관성을 별로 신뢰하지 않는다는 것이 주요한 이유이다.[53] 그러나 과거에 심각한 정신적·신체적 문제를 겪은 적이 있는 공직자 후보나 공직자가 이러한 전력(前歷)을 숨겨서는 안된다. 부통령이 되고자 했던 상원의원 이글턴(Thomas Eagleton)은 1972년 7월에 맥거번(George McGovern)뿐 아니라 일반인들에게도 정신적 문제로 그가 세 번에 걸쳐 입원한 바 있다는 사실을 공개해야 했다. 아마도 내밀한 세부사항들까지 말할 필요는 없었을 것이다. 그가 초기에 자발적으로 진술했더라도 그가 결국 공개하도록 강요받은 진술 정도로 충분했을 것이다.[54] 미국 사회에서는 여전히 정신병에 일종의 오명이 뒤따르므로, 그것을 공개하기로 결정하기가 결코 쉽지는 않다. 이글턴은 그의 과거의 정신적·신체적 문제가 그 일을 수행하는 자신의 능력에 영향을 미치지 않을 것이라고 본 점에서 옳았을 수도 있다. 그러나 공직자가 그러한 결정을 혼자 내려서는 안되며, 적어도 고위직을 갈망하는 사람이 그러한 결정을 혼자서 내리도록 해서는 안되는 것이다.

좀더 낮은 수준의 영향력을 가진 공직자들과 그리 심각하지 않은 정신적·신체적 문제를 지닌 공직자들이 그러한 정보를 이글턴과 동일한 수준에서 공개할 의무를 가지는 것은 아니다. 특히 일반대중에게는 말이다. 카터 대통령의 가까운 측근이었던 보언

(Peter Bourne) 의사는 그가 사임하기를 강요받을 때까지 메타퀄 런(methaqualone) — 강력하고 여러 가지 논쟁의 여지가 있는 진정제 — 의 처방전에 가명을 사용하여 행정보좌관의 사생활권을 보호하려고 노력했다는 점에서 이러한 차이를 인식하고 있었다. 스스로를 옹호하면서 보언은 미국의학협회 윤리규범을 인용했다. 거기에서는 의사가 환자의 신상에 관한 기밀을 드러내지 못하게 하고 있다.[55] 그러나 그 규범이 법을 어기는 것을 장려하는 것은 아니다. 그리고 처방전에 가명을 사용하는 것은 통제된 약의 조제에 대한 연방법규 — 백악관의 마약문제 수석 자문위원이 특히 민감한 법규 — 를 침해하는 것이다. 그런데 보언의 처신이 그러한 법을 위반할 수도 있다는 사실이 그 문제를 반드시 해결해 주는 것은 아니다. 많은 사람들이 이러한 영역에서 그 법은 너무나 엄격하다고 믿고 있기 때문이다. (처방전에 가명을 사용하는 관행은 워싱턴에 널리 퍼져 있고 거의 고소되지 않았다.) 그러나 그 법 자체의 합리적 근거에는 수긍이 간다. 그리고 그 법의 전반적인 목적을 해치지 않고서도 공직자의 사생활권을 보호할 대안적 수단이 있다. 가령 그럴 권한이 없는 사람에게 환자가 누구인지를 확인해 주는 약사나 다른 이들이 엄격한 처벌을 받도록 할 수 있는 것이다.

공무에 미치는 사생활의 간접적 효과는 더욱 큰 문제를 일으킨다. 그러한 문제가 발생하는 전형적인 경우는 공직자가 보통은 사적인 도덕적 문제로 분류되는, 그러나 논쟁의 여지가 있는 행동을 하는 경우이다.[56] 간음과 동성애는 가장 친숙한 예이다. 그러한 행동이 직무를 수행하는 능력에 직접적으로 영향을 미친다는 증거는 존재하지 않는 경우가 많으므로, 그러한 행동에 대한 반론은 공직자가 그러한 행동을 한다는 것을 알게 된 다른 사람들의 반응에 주목하게 된다. 사람들이 그 사실을 알게 되면 그 공직자가 일하는 부서의 신뢰도가 떨어지고, 그 부서가 수행하는 특정한 정책에 대해 지지하기를 꺼려하게 된다고 주장하는 것이다. 단지 공직자의 그러한 처신이 공개될 수 있다는 가능성만으로도 공직자의 정치적 입지를 약화시킬 수 있다. 어떤 비평가들은 케네디 대통령과 그 형제들이 FBI 국장 후버에게 도전하기를 주저한 이유가 대통령의 간통에 관해서 그가 알고 있는 것을 공개해 버릴 수도 있지 않을까 하는 두려움 때문이었다고 생각하고 있다.[57]

공직자가 그의 행동을 공개하지 않는 것이 합당한 행동이었다 하더라도, 그러한 행동의 간접적인 효과는 사생활권에 반대하는 방향으로 작용할 수 있다. 존슨 대통령의 가까운 측근이었던 젠킨스(Walter Jenkins)가 1964년에 워싱턴 YMCA의 남자 화장실에서 동성애 행위를 했다는 비난을 받았을 때, 그 사건은 널리 알려졌고 젠킨스는 곧 사임했다.[58] 젠킨스가 바로 그때 신경쇠약을 경험하지 않았고 언론이 동성애 사건을 알지 못했다 하더라도, 대통령과 그의 참모들은 심각한 정치적 여파를 초래할 위험이 있다는 사실을 근거로 하여 젠킨스의 성행위는 그 누가 관여할 바가 아니라는 주장을 거부했을 것이다. 그러나 정치적 여파에 대한 책임이 유일한 결정적 요인이어서는 안된다. 우리는 또한 공직자의 지위 및 공직자의 그러한 행동으로 인해 영향받을 가능성이 높은 결정과 정책의 중요성을 고려해야 하는 것이다. NASA의 한 예산분석가가, 들리는 바에 따르면, 1963년에 워싱턴 시의 라파예트 광장 근처에서 동성애적 접근을 했다는 이유로 해고되었을 때, 언론은 올바르게도 그 사건을 공표하지 않았고 워싱턴 시의 항소법원도 그의 복귀를 명령했다.[59]

간접적 효과에 근거한 반론은 도덕적 반대입장을 표명하는 표리부동한(disingenuous) 방식인 경우가 많다. 일반적으로는 그러한 행동을 공개함으로써 많은 정치적 손상을 입게 될 것이라고 믿을 이유가 거의 없기 때문이다. 성행위에 대한 사람들의 태도가 변화하고 있을 때에는 더욱 더 그러하다. 미국의 많은 지역에서 동성애는 정치적으로 이제 더 이상 치명적인 손상을 입히지 못한다. 어떤 곳에서는 정치가에게 우호적인 요인으로 간주되기도 한다. 1980년대 초반에 두 명의 보수적인 공화당원이 동성애적 유혹을 했다는 이유로 체포되었다. 양자 모두가 보수적인 지역구 출신이었지만 한 명만이 재선에서 패배했다. (다른 사람은 재선에 승리했지만 체포되었고, 그후에 도덕적 비난이 비등함에 따라 사임했다.) 1984년에 매사추세츠 주 민주당 소속 하원의원 스터즈(Gerry E. Studds)는 그가 남자 사환과 정사를 벌였다는 것을 고백하고도 재선에 승리했다. 그의 지역구 주민들은 그의 동성애적 성격은 차치하더라도 청소년과 내밀한 관계를 맺었다는 사실을, 아마도 온당하게, 비난할 수 있었다. (또 다른 의원은 같은 해에 여자 사환과의 성관계를 공개하고 나서 선거에 패배했다.) 그러나 지역구 주민들에 대한 스터즈의 헌신적 봉사와 동성애에 대한 그의 개방적 인식은 케이프 코드(Cape Cod)의 지역구 주민들이 그를 지지하도록 납득시키기에 충분했다. 일부는 그에게 투표하는 것을 성적 해방에 찬성하는 정치적 진술로 간주했었을 수도 있을 것이다.

그런데 설령 우리가 그에 대한 정치적 반응이 우호적이지 않을 것이라고 예상한다 해도, 우리는 여전히 공직자의 문제되는 행동에 대해 그의 사생활권이 보호되기를 바라야 한다. 잘못 이해된 도덕원칙과 편견에서 비롯된 간접적 효과들은 무시해야 한다. 밀에 따르면, 엄격한 자유주의자라면 동성애 같은 행위는 자기관련적(self-regarding) 행위이며 따라서 사회의 간섭이 있어서는 안된다고 주장할 것이다.[60] 자유주의자들이 자기관련적 행위와 타자관련적(other-regarding) 행위 사이의 구분을 시민들에게 적용하는 것과 정확히 동일한 방식으로 우리가 그러한 구분을 공직자들에게 적용할 수는 없다. 공직자의 성행위에 관한 공개는 당연히 다른 사람들, 심지어는 그러한 행위를 비난하지 않는 사람들에게조차 유해한 것이다. 공적인 업무의 수행은 종종 일반인의 신뢰를 계속 받을 수 있는가에 달려 있기 때문이다. 그러나 자기관련적 행위와, 타자관련적 행위 간의 구분이 간접적으로 적용될 수는 있다. 공직자의 사생활이 그의 업무수행에 미치는 영향이 단지 그러한 구분을 존중하지 않는 사람들의 반응에서 기인한 것이라면, 그러한 영향은 무시해야 한다고 주장할 수 있었던 것이다.

비판자들은, 이러한 자유주의적 구분을 그대로 유지하는 것은 불가능하며 더욱이 사회는 원칙적으로 어떤 활동이든 항상 자기관련적이거나 사적인 것으로 취급하지 않는 공적인 도덕을 추구해야 한다고 주장한다.[61] 물론 그렇게 구분하는 데에는 많은 문제점이 있지만, 그러한 구분을 어떤 형태로든 그대로 유지하는 것도 그럴만한 가치가 있다고 할 수 있다. 대안으로 제시된 공적인 도덕관들은 비판자들이 어떤 형태를 제안하는 한, 도덕적 다양성을 제거하는 것을 통해서만 달성될 수 있는 공통의 합의를 가정하고 있는 듯이 보인다. 그럼에도 불구하고 공직자의 사생활권에 대해 적절한 기준을 수립하기 위해서 반드시 자유주의적 구분을 수용해야 하는 것은 아니다. 그 대신에 우리는 도덕원칙과 편견 사이의 구분을 택할 수도 있을 것이다. 그러한 구분을 통해서 동성애와 유사한 관행들에 대한 거부가 편견이며 공적 도덕, 또는 사적 도덕에 속하는 것이 아니라는 것을 보여줄 수도 있을 것이다.[62]

어느 경우에서든 우리가 사생활의 간접적인 효과가 사생활권에 대한 요구를 압도하기에 충분한 것으로 간주될 수 있는 것인지에 대한 물음은 간접적인 효과를 낳는 태도들의 위상을 판정하지 않고서는 해결될 수 없다. 그러한 판정은 궁극적으로 도덕관과 정치적 자유에 대한 이론 ― 이는 판단되는 태도에 어느 정도 독립적이어야만 한다 — 에 의존한다. 그러한 태도들이 성실하고 강렬한 믿음을 표현한다 해도, 그것들이 사회의 광범위한 다양한 도덕적 관점들로부터 심각하게 잘못된 것으로 간주될 행동을 지칭하는 것이 아니라면, 그것들이 사생활권보다 더 비중 있는 것이라고 해서는 안될 것이다. 다른 경우라면 사적인 것으로 취급될 행위들에 대한 공적인 태도 자체가 그러한 행동의 공개나, 그렇듯 공개된다면 그러한 행동에 뒤따르게 될 제재조치를 보증하는 것이어서는 안된다.[63]

가장 어려운 사례들은, 부도덕한 것으로 간주되어 마땅하지만 공직자의 업무수행에 직접적으로 영향을 미치지는 않는 행위와 관련된 것이다. 배우자 학대가, 과거보다 지금 더 심각하게 취급되기는 하지만, 이러한 전형적인 사례라고 할 수 있다. 1985년 국방 및 외환 위원회의 법률시행 분과장은 그가 반복해서 그의 아내를 구타해왔다는 신문보도가 있은 지 일주일만에 사임했다. 이혼소송 절차가 시작되었을 때에도 그에 대한 아내의 비난이 공식 기록에 나타났었지만, 「월스트리트 저널」 지가 그의 사임을 부추기면서 1면 기사로 그 사실을 보도했을 때까지 사실상 아무도 주목하지 않았다.[64] 누구에게 들어도 그 공직자의 업무수행은 모범적이었다. 그러나 백악관 공직자는 일단 그가 많은 사람들에게 배우자 학대자로 알려진다면 공직에 남아 있을 수 없다고 결정했다.

그 잡지의 편집국장은 공직자의 사생활을 보호하는 '일반규칙'을 파기했다. 그것은 그 사건과 관련된 다음과 같은 사실들 때문이었다. "그 공직자는 공적으로 아내 구타의 혐의를 인정했다. … 그는 미국에서 가장 중요한 법률시행 공직자들 중의 한사람이다. … 백악관은 가정폭력의 문제를 알고 있었고 거기에 관심이 있는 듯이 보였다. … 그는 사임함으로써 그의 아내가 그를 다시 받아들인다면 국방 및 외환 위원회에서 그의 자리를 내놓을 것이라고 넌지시 자신의 생각을 밝혔다. … 그리고 그의 부채에 관해 제기된 의문들과 남부지방 사례의 쟁점들[거기에서는 그가 아니라, 전(前)법률소송인이 뇌물 음모의 은닉으로 비난받았다]이 제기되었다." [65] 비록 이 편집자의 정당화가 상당 부분은 요인들의 단순한 나열로 보일 것이지만 그것은 다른 언론인들이 제시하는 반응보다 사례의 복합성을 더 가까이에서 인식한 사례라고 할 수 있다. 어떤 이는 그러한 행동이 법원 기록에 나타났다는 사실이 그것을 인쇄하기에 충분한 이유가 된다고 가정하거나, 아니면 공직자가 법원에서 약간의 시간을 소비했다는 사실이 그의 행동이 그의 업무수행에 영향을 주었다는 것을 보여주기에 충분하다고 가정하는 듯이 보인다. [66]

법원 기록에서의 공직자 자신의 인정은 아마도 공개를 정당화하는 필요조건일 것이다. 그러한 인정 (또는 유죄임을 확실히 하기 위한 어떤 독립적 소송절차) 없이는 그러한 혐의를 믿을 합당한 토대를 갖지 못하기 때문이다. 언론인들 중에서 이러한 조건을 명시적으로 언급한 사람은 없지만 언론에 공개할 수 있게 하는 데에 가장 중요한 필요조건은 공직자의 행동이 도덕적으로 매우 잘못된 행위라는 것이다. 그 잡지의 편집자가 인용한 요인들 중에서 필요조건의 자격을 갖춘 것으로 보이는 것은 아무것도 없다. 그러나 이러한 다른 요인들이 유죄라는 사실 및 심각한 도덕적 잘못을 저질렀다는 사실에 대한 스스로의 인정과 결합되면 그들 중 몇몇은 공개를 정당화하기에 충분할 것이다.

다른 요인들 중에서도 공직의 본성과 연결된 요인들이 가장 중요하다. 법의 강제를 감독하는 책임을 지는 공직자가 폭력이라는 잘못된 행위를 반복해서 범했다면 시민들은 이를 알고 있어야 한다. 그러한 처신은 공직자도 강압으로 인해 기소된다는 법을 포함한 법률체계 전반의 기초가 되는 중요한 도덕적 원칙들에 대한 무관심을 드러내는 것일 수도 있다. 그러한 처신은 그 공직자의 과거 업무수행에 결함이 없었다 하더라도 미래 업무수행에 관해서는 합당한 의심을 불러일으킬 수 있다. 더욱 구체적으로 말하자면 배우자 학대가 다른 사람들의 재정상태를 조사하는 업무를 맡고 있는 공직자가 개인적으로 심각한 재정적 어려움을 겪고 있다는 증거를 제공하고 있는 것이라면, 시민들이 그러한 배우자 학대에 관해서 알고자 하는 것은 온당한 태도라고 할 수 있다. 법원 기록에 따르면 이 사례에서는 그러한 폭력은 그 가족의 악화되는 재정적 상황에 관한 염려와 논쟁에 의해서 발생되었다는 것을 밝혀둔다.

일반적으로는 공직자의 사생활에 속하는 사항을 공개하는 것을 정당화해 주는 요인들 중에 사람들의 반응에서 비롯되는 간접적인 효과는 포함되지 않는다. 사람들의 반응은 (심지어 그것이 유관한 것일 때에도) 공직자의 그러한 행동이 야기할 공적인 추문을 지적할 요인도 되지 못한다. 다음과 같은 물음이 항상 제기되어야 한다. 사람들이 분개해야 마땅한가?

사생활권의 범위 : 절차적 기준

몇몇 절차적 기준은 사적인 활동들을 보호해 준다. 그러한 활동들이 사적이기 때문이 아니라, 설령 그 활동이 공적인 것이었다고 하더라도 그러한 활동에 개입하는 방법이 잘못되었기 때문이다. 이러한 기준은 강압과 기만을 금지하는 것으로부터 따라나오며, 항상 그런 것은 아니지만, 종종 법의 위반을 포함하고 있다. 엘스버그(Daniel Ellsberg)의 신용에 해를 입히게 될 정신의학적인 정보를 수집하기 위해 필딩(Henry Fielding) 의사의 사무실에 침입한 것, "누가 누구와 자는지, 누가 마리화나를 피우는지 등의 더러운 자료"를 찾기 위해 맥거번의 선거운동 참모들 사이에 첩보원을 심는 것,[67] 새롭게 선출된 정치가의 신뢰를 얻기 위해 그 정치가의 친구를 기자로 임명하는 것[68] 등의 이 모든 일들은 사생활의 침해가 어떻게 발생했는가와는 완전히 별개로 부당하게 힘에 의존하거나 기만적인 것이라는 반론에 접하게 될 것이다. 그러나 더욱 구체적인 다른 기준들을 사생활권의 가치로부터 유도해 낼 수 있다. 그리고 그것이 이 절에서 집중적으로 살펴보려는 것이다.

많은 경우에, 공무수행의 평가와 관련된 사적인 활동들이 어떤 것인지를 우리가 미리 규정하는 것은 불가능하다. 그러나 이러한 사실이 어떤 유관한 사항이 나타날 수도 있다는 희망에서 사생활을 무제한적으로 조사하는 것을 보증해 주는 것이어서는 안된다. 이것이 또한 단지 독립적 증거 및 공무수행에 관련된 더 이상의 구체적인 증거를 구하려는 조사는 그 과정에서 순수히 사적인 정보를 드러낼 가능성이 높기 때문에 금지되어야 한다는 것을 의미하는 것도 아니다. 그러나 사생활의 경계가 정확하게 그려질 수 없다 하더라도 몇몇 믿음이나 활동들은 (균등한 사생활권의 원칙이 강조하는 것처럼) 보호된다고 추정된다. 그러므로 우리는 그 본성상 공중의 관심을 끄는 문제와 그렇지 못한 문제를 구분하지 않고 잠재적인 사적 행동에 개입하는 것에 반대해야 한다. 우리는 이용 가능한 대안들 중에서 반드시 필요한 최소한의 개입만을 허용할 가능성이 높은 방법을 추구해야 한다. 그리고 우리는 공직자들에게 그들 자신에 관해 어떤 개인적인 정보가 공개되는지를 약간이나마 통제할 수 있도록 해주는 방법을 선호해야 한다. 세 가지의 다른 영역에서의 간단한 분석이 이러한 절차적 기준이 함축하는 바를 예시해 줄 것이다.

사가(私家)에 있는 공직자를 감시하는 것은 일반적으로 절차적 기준에 배치되는 것이다. 이러한 종류의 감시는 불법적일 수도 있다. 가령 1969년, 국가안보에 손상을 가하리라고 추정되는 정보를 유출시킨 출처를 발견하기 위해서 핼퍼린(Morton Halperin)을 비롯한 키신저(Henry Kissinger) 보좌관들의 전화에 도청장치를 설치한 것은 불법적인 일일 것이다.[69] 그러나 그것이 합법적이든 아니든 간에 그러한 감시활동은 도덕적인 가책을 불러일으켜 마땅한 것이다. 1974년에 한 기자가 키신저에게 이러한 도청장치의 "윤리성에 관해 의심했었는지"를 질문했을 때, 키신저는 그의 하급자 중에 누군가가 보안누설의 죄를 범했다는 것이 발견되었다면 그것은 "자신에 대한 평가에도 나쁜 영향을 끼쳤을" 것이라고 대답했다. 그 말이 함축하는 바는 도청장치의 설치가 키신저 자신의 평판을 악화시킬 위험을 포함하는 것이었기 때문에 그것이 도덕적으로 반대할 만한 행위가 아니라는 것이다.[70] 그런데 한 관행이 자신에게 이익이 되는 것이 아니라는 것을 보인다고 해서 사생활권에 기초하고 있는 반론들을 포함한, 그리고 많은 경우에 더욱 중요한, 다른 윤리적 반론들이 폐기되는 것은 아니다.

그들의 개인적인 활동과 재산을 공개하는 공직자들에게 보장되는 사생활권은 아무래도 더 적을 수밖에 없을 것이다. 그러나 그들이 무제한적인 관찰대상이 되는 것은 아니다. 공직자가 그의 단정치 못한 식사예절을 보여주는 사진이 조간신문에 실릴 것인지 염려하지 않고 공원으로 가족소풍을 갈 수 있어야 하는 것은 물론이다.[71] 교회에서 가족의 장례식을 치르는 공직자의 모든 반응이 촬영되거나 논평의 대상이 되어서도 안될 것이다. 키신저 사택의 쓰레기가 사람들의 관심을 끌 만한 정보를 제공해 줄지도 모른다는 사실로 인해, 공개적이든 아니든 간에, 언론이나 그 어떤 누군가가 그 쓰레기를 샅샅이 뒤져도 되는 것은 아니다.

그런데 때로는 공직자가 그의 사무실에 도착하는 순간부터 모든 사생활권에 대한 보호가 사라진다고 생각되기도 한다. 포모너

(Pomona)에 있는 로스앤젤레스 카운티*청의 법률고문들은 공직자들이란 그 업무에 관한 한에는 "사생활에 대한 합당한 기대를 갖지 못한다"고 주장하면서 사무실에서 이루어지는 대화에 대한 지속적 감시를 긍정했다.[72] 정부청사에서 이루어지는 대부분의 일은 공적인 업무인 것이 분명하다. 그러나 여기에서조차도 일정한 영역에서는 사생활권의 유지가 관건이 될 수도 있다. 사생활권을 옹호하는 것의 어려움뿐 아니라 그것을 유지하는 것의 중요성은 오텝커(Otto Otepka)의 사례에 의해서 예시될 수 있다.

오텝커는 국무성 안보국의 직원으로 근무하다가 1963년에 해고되었다.[73] 그를 비판하는 이들은 그가 부당하게도 상원 국제안보 소위원회에 기밀정보를 제공했으며, 그 부서의 상급자들에 대한 불성실은 다른 방식으로도 증명될 수 있다고 비난했다. 그의 옹호자들은 그가 쫓겨난 것은 그가 단지 장래에 임명될 사람들(특히 민주당원들)에 대한 보안검사를 엄격하게 했고 그들 중 몇몇에 대해서는 보안상의 문제가 있다는 점을 지적했기 때문이라고 주장했다. 이러한 논변의 옳고 그름과는 별개로 오텝커의 상급자들이 그에게 불리한 증거를 모으기 위해서 사용했던 방법은 사생활권이라는 측면에서 보았을 때에 문제있는 것이었다. 그의 상급자들은 그의 집을 감시하고 그의 전화를 도청했을 뿐 아니라, 그가 쓰레기통에 버리거나 기밀서류 폐기자루에 버린 쓰레기를 모았고, 밤에 그의 책상을 뒤졌으며, 그가 사적인 글들을 비치해 두었던 그의 사무실 금고에 구멍을 뚫었고, 비서에게 그의 대화를 보고하라는 명령을 내리기도 했던 것이다. 사무실에서의 감시는 정부청사 안에서 이루어졌으며 정부재산과 관련된 것이므로 오텝커의 사생활권을 침해하지 않았다고 주장할 수도 있을 것이다. 더욱

※ 주(州) 바로 하위의 미국 행정단위.

이 조사자들이 찾고자 했던 정보는 정치적인 것이었고, 그것이 비록 기밀유지 규범에 의해 보호된다 해도, 오텝커의 사생활에 속하는 것으로 생각될 수 없다는 것이다.

그러나 공직자들은 심지어 업무에 관한 것이라 하더라도 여전히 몇몇 정보나 활동들에 대해서는 통제를 요구할 수 있어야 한다. 그들은 언제 그들의 사적인 생각 — 또는 글로 쓰여진 것이라 하더라도 — 이 정치적 과정의 일부가 되는지를 어느 정도 결정할 수 있어야만 하는 것이다. 비서나 동료와 나누게 되는 공무와 무관한 대화는 이와 유사한 보호를 받을 만한 가치가 있다. 업무에서 직무상의 것들과 개인적인 것들을 구분하기는 매우 어렵다. 아마도 조사자들이 정부에 근무하는 사람들이 적의 요원들에게 비밀을 건네주고 있다고 믿을 유력한 이유를 갖고 있다면 그러한 구분은 불필요할 것이다. 그러나 일반적으로 업무에 대한 무차별적인 조사와 감시는 허용될 수 없다. 어떤 방법들이 사용되건 간에, 조사나 감시는 사생활의 핵심적인 영역은 유지되도록 하는 것이어야 한다. 사생활이 어떻게 규정되든 말이다.[74]

채용시험과 면담은 때때로 의문스러운 방법이 사용되는 두번째 영역이다. 이러한 시험 중의 몇몇에 대한 반론은 주어지는 질문들이 업무에 관련된 것이 아니라는 것이다. 가령 운전습관을 조사하는 질문, 종교단체 가입 여부, 산아제한 방법, 연애관계, 부모의 결혼생활 및 재산상태 등이 이런 질문이다.[75] 일반적으로 그러한 질문들은 (아마도 민감한 지적인 임무에 종사하려는 사람들을 제외하고는) 우리가 이미 토의한 실질적 기준에 의해서 허용되지 않을 것이다. 그런 검사는 종종 업무와 유관하다고 주장될 수 있는 정보를 추구한다. 그럼에도 불구하고 그것들은 무차별적으로 사생활을 침해한다는 점에서 절차적 기준을 위반하는 것이다.

인성검사는 업무를 수행할 개인의 능력에 중대한 영향을 미칠 수도 있는 품성 — 신뢰도, 자기확신, 일반적인 심리적 안정성 —
을 검사한다. (그러한 검사가 이러한 품성들을 정확하게 확인해
주는지는 별개의 문제이다.) 의회는 평화봉사단이 건전한 정신상
태를 갖고 있는 지원자들을 선별하도록 했다. 그래서 평화봉사단
은 '미네소타 다면적 인성검사표'를 통해서 이러한 지침을 수행했
다. 이 목록에서는 자원자들에게 다음과 같은 질문에 '참' 또는
'거짓'으로 대답하도록 하고 있다. "이따금 나는 음담패설성의 농
담에 웃음을 터트린다", "나는 나의 어머니를 사랑한다", "내가
어렸을 적에 한동안 사소한 도둑질을 한 적이 있다." 다른 검사에
서는 연방 직원들에게 다음과 같은 문장들을 완성시키도록 했다.
"나는 … 때 부끄러움을 느낀다", "나는 비밀리에 …", "나의 어
린 시절 …." [76] 개인의 정신상태에 대한 그러한 무차별적 조사는
일반적으로 축소된 사생활권에 대한 절차적 제한조건을 침해하는
것이리라.

(평화봉사단에서조차도) 놀라울 만큼 적은 수의 피고용인들만이
반대했지만 인성검사가 완전히 자발적인 것으로는 거의 간주될
수 없다. 그러한 검사를 받을 개인들은 그럼에도 불구하고 그들이
공개하는 정보에 대한 통제력을 보유하고 있다. 그렇게 하기 위해
서는 그들이 스스로를 보호하는 책략에 의존할 수밖에 없기는 하
지만 말이다. 이러한 점에서 거짓말 탐지기 검사는 더욱 반대할
만한 것이다. 개인들이 적어도 이론적으로는 자신들에 관한 정보
에 대한 그 정도의 통제력마저도 포기하게 되기 때문이다. 그러한
검사절차들은 때때로 다른 반대할 만한 관행을 또한 포함하고 있
다. 거짓말 탐지기 검사에 찬성하는 내용의 글을 대기실에 놓아두
고서 그것을 읽게 된 피검사자의 반응을 '접수계'가 조사하여 그
렇게 관찰된 기록들을 그에 대한 평가의 일부로 포함시키는 조사
자에게 보고한다. [77] 공무원 채용시험 위원회는 거짓말 탐지기의

사용을 엄격하게 제한하고 있다. 그러나 정부는 매년 상당한 수의 피고용인들에게 그러한 검사를 계속하고 있고 그것을 더욱 확장하여 사용하자는 제안도 여전히 규칙적으로 대두되고 있다.[78]

면담 자체가 사생활을 위협할 수도 있다. 모얼리(Ed Morley)의 사례는 이러한 일이 어떻게 발생할 수 있는가 뿐 아니라 사생활의 문제가 다른 윤리적 문제들과 어떻게 얽혀 있는가를 예시해 준다.[79] 베트남에 근무했던 군무원 모얼리는 1971년 린지(Lindsay) 행정부 환경보호청의 프로그램 분석을 위한 부관리자라는 직위를 얻고자 했다. 청장이 모얼리를 고용하려 할 때, 환경보호청의 임원들이 모얼리의 도덕성에 대해 문제를 제기했다. 임원들은 모얼리가 이전에 전쟁을 지지했다는 이유를 들어서 그의 고용에 반대하고, 아울러 최근에 전쟁에 반대하는 모얼리의 진실성을 의심했다. 모얼리는 그 임원들과 일련의 면담을 갖는 것을 수락했다. 그러나 랜디(Mike Ash Randy) 및 파커(Parker)와의 마지막 면담에는 "사생활권의 침해"라는 이유를 들어 반대했다. 모얼리가 생각하기에 그 면담은 애쉬와 파커가 "매우 근본적인 것들에 대한 그의 관점"을 캐묻는 '취조'의 형태를 띠고 있다는 것이다.

전쟁에 참여한 것이 사적인 문제였다고 모얼리가 불평할 수는 없다. 비록 환경청의 임원들이 그의 전쟁기록을 조사하는 방식에 대해서는 반론을 펼 수 있었지만 (실제로 그는 그렇게 했다) 말이다. 반론들 중에는 다음과 같은 것들이 있다. (1) 환경보호청의 직원들은 그가 전쟁 범죄자인지를 결정할 수 있는 적임자가 아니며, 또 결정할 권한도 갖고 있지 않다. (2) 전쟁에 대한 그의 이전의 관점 때문에 그에게서 자격을 박탈하는 것은 매카시즘의 전술과 유사한 방식으로 정치적 탐문에 이용될 것이다. (3) 임원들이 부당하게 (1)과 (2)를 무시하지 않는다면, 전쟁에 대한 그의 초기의 관점은 행정가가 되는 것과 무관한 것이고 임원들 간의 조화와 사기에 중대한 영향을 미치지 않을 것이다.

엄격히 말하면 이러한 반론들 중에서 완전히, 또는 주로 사생활권에 기초하고 있다고 할 수 있는 것은 아무것도 없다. 그러나 모얼리가 '사생활권의 침해'를 주장했다는 점에서는 잘못된 것이 없다. 이 경우에 사생활권이 유일하게 중요한 쟁점은 아니고 모얼리 자신이 사생활권과 다른 쟁점을 항상 구분한 것도 아니지만 사생활권에 의거한 반론은 어떤 면에서 타당한 것이다. 원칙적으로 모얼리는 반전적인 관점으로의 이러한 전향이 사적인 문제라고 주장해 왔다. 그러나 그는 그의 군복무에 관한 오해를 회피하기 위해서 부분적으로 그가 현재 가지고 있는 신념들을 공개해야 한다고 느꼈다.[80] 그의 개종이 진정하고도 완전한 것인지를 의심하는 참모들이 있었던 것이다. 예를 들어 그들은 모얼리의 전쟁에 대한 반대가 도덕적 근거보다는 단지 실용적인 근거에 의한 것이 아닌지 궁금해했다. 애쉬와 파커는 모얼리가 충분히 영리한 사람이어서 그들이 그에게 전쟁에 관해서만 묻는다면 그것이 설령 자신의 생각과 다르더라도 '올바른' 대답을 찾아서 대답할 수 있을 것이라고 생각했다. 그들은 "그가 어떤 종류의 사람인지를 드러내고자" 했다. 그의 전향의 성실성과 심도를 검사하기 위해 그들은 '기본적 가치'에 대한 그의 전반적인 개인적 관점을 조사하려고 했던 것이다.

그 결과 사생활권의 절차적 기준을 위반하면서 무차별적으로 진행된 것이 분명한 면담이 이루어졌다. 그 면담이 또한 환경보호청에서 그의 업무수행에 유관한 주제들을 포괄하는 것이었고 그 면담을 통해서 그의 일반적인 신뢰성에 대해 어떤 의심을 불러일으킬 수도 있었다는 사실이 일단 그러한 면담을 기도했다는 데에 대한 반론을 제거해 주지는 못한다. 성실성을 검사하고, 이러한 방식으로 '전반적인 사람됨'을 탐색하는 면담은 특정한 영역에서의 사생활권을 거의 존중하지 않는 것처럼 보인다. 그러한 영역이 아무리 좁게 설정된다고 해도 말이다. 환경개혁에 관한 모얼리의 관점이 과연 진실한 것인지가 일차적인 쟁점이라 해도, 그렇듯 취조하는 방식의 면담은 부적절한 것이다. 환경보호청이 그를 고용할 것인지를 결정하는 데에는 그의 과거의 공적인 기록과 그 직무에 관련된 것이 명백한 적절한 물음들에 대해 그가 어떤 반응을 보이는지를 살펴봄으로써 얻을 수 있는 정보만으로 충분했던 것이다.

면담이나 채용시험이 얼마나 포괄적이어야 하는지는 부분적으로 그 직위의 성격에 달려 있다. 예를 들어 광범위한 문제들에서 시민을 대표하고자 하는 의원 후보는 검증을 위한 면담을 거부하기 어렵다. (모얼리 같은 행정관 후보의 경우보다 의원 후보의 경우에 더 다양한 사람들이 질문의 타당성과 반응의 적절성을 더 잘 평가할 수 있다는 것이 큰 이유라고 해도 말이다.) 그러나 현재의 관행은 종종 직위의 성격에 따라 요구되는 것과는 반대의 것으로 보인다. 지금까지는 더욱 전문화된 하급 공무원들이 인성검사 및 거짓말 탐지기 검사를 비롯한 아마도 부당한 면담을 당해야 하는 경우가 많았다. 거짓말 탐지기 검사라는 생각 자체를 없애야 한다고 상급자들을 납득시켰다는 점에서 가장 효과적인 성과를 얻어낸 공직자는 슐츠(George Schultz) 국무장관이었다.[81]

연방과 주정부에서 공무원들의 약물남용 증거를 검사하려는 최근의 노력들 중의 많은 부분은 이와 유사한 이유에서 의문스러운 것이다.[82] 약물남용이 많은 공직자들에게 있어서 반드시 사적인 문제만은 아니다. 그러나 약물남용을 발견하고 억제하기 위한 방법이 사적인 문제에 부당하게 개입하는 것이어서는 안된다. 약물남용 검사가 이루어질 것이라는 사실을 사전에 피고용인들에게 알려주지 않았을 때, 다른 사람들이 있는 곳에서 소변표본을 제시할 것이 요구될 때, 발견 자체나 발견에 기초하여 이루어진 징계 조치에 대해서 항의할 권리가 주어지지 않을 때, 그러한 검사는 사생활권을 침해한 것이다. 그것은 심각한 약물사용을 의심할 아무런 이유도 없이 실시된 검사나, 목표집단을 좁은 범위로 규정하려고 시도하지 않고서 실시된 검사에서도 마찬가지이다. 이러한 반대 요건을 갖추지 않도록 더욱 주의깊게 계획된 검사는 정당화될 수 있을 것이다. 그러나 그러한 정당화에서도 여전히 약물사용이 검사를 받는 피고용인의 업무에 중대한 영향을 미친다는 것을 보여야 할 것이다.

절차적 기준이 적용되는 세번째 영역은 공무원들의 인사기록과 연관되어 있다. 여기에서도 또한 그 방법들은 선별적이고, 공직자들에게 스스로에 관한 정보의 통제력을 다소간 남겨주는 것이어야 한다. 인사기록들이 오직 유관하고 필요한 정보들만 포함하고 있다고 낙관적으로 가정한다 해도 우리가 사생활권의 문제를 모두 해결한 것은 아니다. 첫째, 다른 고용주들처럼 정부도 모든 피고용인에 관한 상당한 양의 개인적 정보 — 가령 의료보험, 생명보험 수혜, 집의 저당 여부 등에 관한 사실들 — 를 정당하게 수집할 수 있다. 인사과 직원은 이러한 자료에 접근할 필요가 있다 해도 그 피고용인들의 상급자를 포함한 다른 부서의 직원과 언론, 그리고 대중들이 이런 자료에 접근할 필요는 없다. 그러므로 기록 보존의 방법은 완전히 분리된 파일에 간직될 수 있을 그러한 개인적 정보와, 피고용인의 상급자나 어떤 상황에서는 보다 더 광범위한 사람들이 이용 가능한 업무관련 정보를 구분하는 것이어야 한다.[83]

둘째, 개별적 공직자들이 스스로에 관한 모든 기록에 대한 통제력, 특히 자신의 파일 속에 무엇이 있는지를 볼 권리, 자기 외에 누가 그것을 볼 것인지를 그리고 거기에 무엇이 포함되고 무엇이 배제될 것인지를 결정할 권리를 지녀야만 한다. 1974년의 사생활법은 연방 피고용인들에게 그들의 인사파일을 조사할 권리를 주었다. 그러나 법조항이 그 문제를 완전히 해결할 것처럼 보이지는 않는다. 공직자들에게는 그들의 하급자들에게는 알려지지도 않고 이용도 불가능한 기밀정보를 포함하고 있는 '유령파일'이 있다는 사실이 알려져 있기 때문이다. 국무성은 스미스 3세(Murray C. Smith Ⅲ), 즉 1971년에 부분적으로 이런 파일에 기초해서 '선별된' 것이 분명한 젊은 외무 공직자에 대해 그러한 파일을 지니고 있었다.[84] 이 경우에는 그러한 정보가 그의 공개적인 반전활동에 관계하는 것이었지만 사적인 정보를 수집하는 데에도 동일한 절차가 사용될 수 있을 것이다. 그리고 그 피고용인이 그것에 관해서 알았다 하더라도 그는 그 민감한 정보를 더욱 넓게 공표하는 것을 두려워하여 그러한 남용에 공개적으로 문제를 제기하지 않았을 것이다.

공무원의 사생활은 보호받을 가치가 있다. 모든 시민의 사생활권은 가치있는 것이기 때문이다. 그러나 민주주의 체제에서 공직자들은 (부분적으로 다른 사람들의 사생활권을 보호할) 책임을 지는 것으로 생각되어야 하기 때문에 공직자들이 일반시민들과 동일한 보호를 받으리라고 생각해서는 안된다. 공직자 사생활의 영역이 어디인가는 그 자체만으로는 정확한 경계를 산출하지 않는 기준들의 다양한 집합에 의존해야 한다. 그러한 기준들은 사생활권의 문제가 발생했을 때에 시민과 공직자들이 숙고해야만 하는, 그리고 언제 그러한 문제가 발생한다고 보아야 하는지를 결정하기 위해서 시민과 공직자들이 언급해야 하는 그러한 요인들의 틀이라고 하는 것이 가장 적절한 것이다.

민주주의, 특히 우리가 알고 있는 불완전한 민주주의에서는 공적 생활과 사적 생활 가운데에 정당화 가능한 경계를 추구하는 것이 중요하다. 그러한 경계의 목적은 공직자와 시민의 사생활권을 보장하는 것뿐 아니라, 공적인 의미를 갖는 일의 공지성을 확실히 하는 것이기도 하다. 사생활권에 대한 날조된 요구 때문에 민주시민들이 필요한 부분에서 공직자들을 조사하는 것이 불가능하게 된다. 그리고 그럼으로써 심의와 문책이라는 민주적 절차가 전복된다. 공무원의 사생활에 무엇을 포함시킬 것인가도 중요하지만 또한 무엇을 배제할 것인가도 그만큼 중요한 것이다.

[원 주]

1) 시민들의 사생활권의 확장에 대해서는 Franklyn S. Haiman, *Speech and Law in a Free Society* (Chicago : University of Chicago Press, 1981), pp.61~86, "The Privacy Act of 1974," *Privacy : A Public Concern*, ed. Kent S. Larsen (Washington, D.C. : Government Printing Office, 1975), pp.162~178, David W. Ewing, *Freedom Inside the Organization* (New York : Dutton, 1977), pp.133~138, 그리고 Alan F. Westin, *Privacy and Freedom* (New York : Atheneum, 1970), pp. 349~364, 367을 보라.

2) Congressional Quarterly, *Congressional Ethics*, 2nd ed. (Washington, D.C. : Congressional Quarterly, Inc., 1980), pp.48~57, 75~88, 182~203, 그리고 Brit Hume, "Now It Can Be Told … Or Can It?" *More*, April 1975, p.6. 재정적 공개에 대해서는 Sandra Williams, *Conflict of Interest : The Ethical Dilemma in Politics* (Aldershot, Eng. : Gower, 1985), pp.113~129를 보라.

3) Cf. Alfred Hill, "Defamation and the First Amendment," *Columbia Law Review*, 76 (Dec. 1976), 특히 pp.1211~1218, Clifton O. Lawhorne, *Defamation and Public Officials* (Carbondale, Ill. : Southern Illinois University Press, 1971), pp.213~228, 265~283, 그리고 "The Supreme Court, 1984 Term : Leading Cases," *Harvard Law Review*, 99 (Nov. 1985), pp.212~223.

4) 사생활권이 문제되고 있는 공직자와 그 사람의 사생활권을 문제삼는 다른 사람들에 의한 사생활의 공개를 임의적 공개, 의무적 공개, 초의무적 공개 등으로 구분하는 것이 때로는 유용할 수 있다. 그러나 결정적인 쟁점은 대체로 그 공직자가 일반적인 경우라면 그의 사생활이었을 삶의 단면들을 공개할 의무를 갖고 있는가 하는 것, 즉 다른 사람들이 이러한 단면들을 공개하거나 고려하지 않을 의무를 갖고 있는가 하는 것이다.

5) 조직들은 개인들이 사생활권을 요구하는 것과 같은 근거에서 기밀유지권을 요구할 수 있을 것이라고 웨스틴(Westin)은 주장한다(pp.42~51). 비록 두 권리 간에 유사한 점이 존재한다 할지라도 (예를 들면 사생활권은 개인과 조직 양자의 자유를 모두 보호한다) 우리가 정부조직이

요구하는 기밀유지권을 수용하는 것은 일반적으로 정부조직이 추구하는 목적을 우리가 수용하면서 그와 동시에 기밀유지권이 그러한 목적을 달성하기 위한 필수적인 수단이라고 생각할 때뿐이다. 반면에 개인적 사생활권에 대한 요구는 개인들이 추구하고 있는 목적을 우리가 수용하는가와 상관없이 보장되어도 무방한 것이다.

6) 공직자의 사생활권에 관계된 현존하는 법학설들 중에서 포괄적인 통계조사를 반영하고 있는 몇 안되는 자료들 중의 하나는 Robert O'Neil, "The Private Lives of Public Employees," *Oregon Law Review*, 51 (Fall 1971), pp.70~112이다. 사생활법의 여러 단면들 중에서 가장 발달된 것은 공인에 대한 중상모략과 미국 헌법 보칙 제1조 사이의 관계에 관한 것이다(Hill, "Defamation," pp.1206~1313을 보라). 그러나 대부분의 소송사례들이 공적인 논쟁을 포함하고 있는 것이었으므로 공직자의 사생활이 얼마나 보호되어야 하는가에 관한 문제는 여전히 해결되지 않았다. "그 어느 사람보다도 공적인 생활을 영위하는 사람의 삶이라 해도 그의 삶의 몇몇 측면들은 공적인 관심이나 전체적인 관심의 영역 밖의 문제이다." Rosenbloom v. Metromedia, Inc., 402 U.S. at 48(1971). 그러나 법원은 그러한 측면이 어떤 것들인지는 확정하지 않았다. 그러한 측면이 어떤 것들이든 간에 그것들이 공적인 측면보다 더 보호받아야 한다는 것은 자명하다. Gertz v. Robert Welch, Inc., 418 U.S. at 347(1974).

7) Note, "Application of the Constitutional Privacy Right to Exclusion and Dismissals from Public Employment," *Duke Law Journal*, 1973 (Dec. 1973), pp.1054~1055, 1062를 보라.

8) '사적인(private)'이라는 말은 '사생활권(privacy)'이라는 말보다 종종 훨씬 더 광의로 사용된다. 그래서 거의 모든 행동이 보다 더 넓은 집단이나 보다 더 넓은 행정부서에 대해 사적일 수 있다(예를 들면 사적인 클럽, 사적인 회사, 사적인 부문 등). 그런데 사적인 것에 대한 이렇듯 광범위한 개념으로 인해 정부나 다른 사회성원들이 합당하게 간섭할 수 있는 영역은 무엇인가에 대한 물음이 경제적, 사회적, 그리고 정치적인 모든 활동에서 발생하게 된다. 비록 이러한 포괄적 물음에 관련된 것이라 할지라도 사생활에 대한 이렇듯 특정적인 요구는 바로 개인의 사생활권에 기초한 것으로 생각하는 것이 더 나을 것이다. 사적인 것들의 개념에 대한 주의 깊은 분석에 대해서는 W. L. Weinstein,

"The Private and the Free : A Conceptual Inquiry," in *Privacy*, Nomos XIII, ed. Roland Pennock and John W. Chapman (New York : Atherton Press, 1971), pp.27~55를 보라.

9) Stanley I. Benn, "Privacy, Freedom, and Respect for Persons," in *Pennock and Chapman*, pp.1~3, 그리고 Charles Fried, *An Anatomy of Values* (Cambridge, Mass. : Harvard University Press, 1970), p.141 을 보라.

10) Plato, *The Republic*, trans. Paul Shorey (Cambridge, Mass. : Harvard University Press, 1963), 1:315, 475~483, 2:141 (419a, 464b~466d, 519e~520a).

11) Hannah Arendt, *The Human Condition* (Chicago : University of Chicago Press, 1959), pp.23~69를 보라.

12) Aristotle, *Politics*, trans. H. Rackham (Cambridge, Mass. : Harvard University Press, 1967), pp.5~13, 85~89 (1252a~1253b, 1263a~1263b).

13) Jean Jacques Rousseau, *Gouvernement de Pologne*, in *Political Writings*, ed. C. E. Vaughan (Oxford : Blackwell, 1962), 2:491. 루소는 다른 곳에서 변덕스럽게 사생활의 매력을 찬미했다. 예를 들어 *Emile*, trans. Barbara Foxley (London : Dent, 1963), pp.438~439, 그리고 *Les Reveries du promeneur solitair*, ed. Raymond Bernex (Paris : Bordas, 1966) 등을 보라.

14) G. W. F. Hegel, *Philosophy of Right*, trans. T. M. Knox (Oxford : Oxford University Press, 1962), p.281, 265단락의 첨언, pp.155~158, 158단락을 참조하라. 그런데 헤겔이 사생활의 윤리적 가치를 무시하지는 않았다. 예를 들면 가정에서의 사생활에 대해서는 pp.110~122, 158~181단락을 보라.

15) 예를 들면 Marx, "On the Jewish Question," *The Marx-Engels Reader*, ed. Robert Tucker, 2nd ed. (New York : Norton, 1978), pp.33~35를 보라.

16) 예를 들면 Thomas Hobbes, *Leviathan*, ed. Michael Oakeshott (New York : Macmillan, 1962), 13~14, 17, 21장, 그리고 John Locke, *Two Treatises of Government*, ed. Peter Laslett (Cambridge, Mass. : Cambridge University Press, 1960), Second Treatise, 2, 7~9장.

17) 칸트의 이상국가는 여러 가지 면에서 전통적인 자유주의적 국가라고 할 수 있지만 그럼에도 불구하고 사적인 영역에서 복지에 대한 규정을

제거해 버리고 있다. *The Metaphysical Elements of Justice*, trans. John Ladd (Indianapolis : Bobbs-Merrill, 1965), p.93. 19세기 중반 밀은 자기에 관련된 행위들에 대해서만 사적인 영역을 유지하도록 하기 위해 노력했다. *On Liberty*, in *Collected Works*, ed. Hohn M. Robson (Toronto : University of Toronto Press, 1977), 18:276~291.

18) 여기에서는 그러한 활동들이 어떤 것인가보다는 유의미한 사생활 지대는 일반적으로 존중되어야 한다는 사실이 더 중요하다. 스캔런(Thomas Scanlon)이 지적하는 것처럼 사생활권에 대한 우리의 광범위한 이해관심은 "우리가 관찰지니 엿듣는 사람이 있을까 봐 계속 경계하지 않고도 행위할 수 있는 지대를 확보한다는 데에 있다." "Thomson on Privacy," *Philosophy and Public Affairs*, 4 (Summer 1975), pp.317~318.

19) 그런데 사생활권의 도구적 가치와 자유나 공정성의 가치를 구분하는 것이 중요하다. 그것들이 항상 서로 일치하는 것은 아니기 때문이다. 어떤 활동이 사적인 것이라면 공직자는 그러한 활동은 공개되지 말아야 한다는 것(사생활권 요구)뿐 아니라 그 활동이 공개된다고 해도 그로 인해 공직자가 해를 입거나 불이익을 당하지 않을 것을(자유나 공정성의 요구) 요구할 수 있다. 일반적으로 어떤 활동이 사생활권에 의해 보호된다면 그러한 활동은 또한 자유나 공정성의 원칙에 의해서도 보호될 것이다. 그러나 자유나 공정성의 원칙하에서는 사적이지 않은 활동들(예를 들면 정치적 연설)도 보호받을 수 있는 것이다.

20) Fried, pp.140~147, James Rachels, "Why Privacy Is Important," *Philosophy and Public Affairs*, 4 (Summer 1975), pp.323~332, 그리고 Jeffrey H. Reiman, "Privacy, Intimacy and Personhood," *Philosophy and Public Affairs*, 6 (Fall 1976), pp.26~44.

21) Benn, pp.3~13.

22) Erving Goffman, *Stigma* (Englewood Cliffs, N.J. : Prentice-Hall, 1963), p.71.

23) Michael Walzer, "Political Action : The Problem of Dirty Hands," *Philosophy and Public Affairs*, 2 (Winter 1973), pp.160~180을 보라.

24) 상징적 대의제의 형태와 어려움에 대해서는 Hanna Pitkin, *The Concept of Representation* (Berkeley : University of California Press, 1967), pp.92~111을 보라.

25) Edward N. Stirewalt, "Yardsticks for Rulers," *Washington Post*, Aug.

1, 1976, p.C1.

26) J. D. Legge, *Sukarno : A Political Biography* (New York : Praeger, 1972), p.336.

27) Paul A. Freund, "Privacy : One Concept or Many," in Pennock and Chapman, p.187, 그리고 Westin, p.375. Gertz v. Robert Welch, Inc., 418 U.S. at 344~345(1974)를 참조하라. "공직자들은 그들과 관련된 중상모략으로 인해 손해를 입게 될 위험이 증가하는 상황에 자신들을 노출시켜 왔다."

28) William W. Van Alstyne, "The Demise of the Right-Privilege Distinction in Constitutional Law," *Harvard Law Review*, 81 (May 1968), pp.1439~1464. 비록 미국 대법원이 더욱 최근에는 그러한 구분을 부활시켰다 해도 대법원이 헌법에 보장된 연방 공무원의 권리들을 부정하기 위해 그러한 구분을 적용하고 있지는 않다. Rodney A. Smolla, "The Reemergence of the Right-Privilege Distinction in Constitutional Law : the Price of Protesting Too Much," *Stanford Law Review*, 35 (Nov. 1982), pp.69~120을 보라.

29) 예를 들면 William L. Rivers and Wilbur Schramm, *Responsibility in Mass Communications*, rev. ed. (New York : Harper and Row, 1969), p.164.

30) 백악관은 사스필드의 사건에 대해 33쪽 분량의 진술문을 제출함으로써 그렇지 않았을 경우보다 사건을 더욱 널리 알리게 되었는지도 모르겠다. 그런데 언론담당 장관 파웰(Powell)은 그러한 보고서가 '사내 메모'였다고, 다시 말해 요청해 온 기자들에게만 배포된 것이었다고 주장한다(저자에게 보낸 편지에서, May 12, 1978).

31) *Washington Post*, Dec. 22, 1976, pp.A1, A5 (Dec. 23, 1976), pp.A1, A17, 그리고 (Dec. 24, 1976), pp.A2, A15. 상원의원 비어드(Robert Byrd)가 일찍이 KKK단과 제휴가 있었다는 사실이 그가 대법관으로 지명될 수 있는가 하는 문제와 연관성을 갖는 것인가에 대한 논쟁을 비교해 보라. John L. Hulteng, *The Messenger's Motives* (Englewood Cliffs, N.J. : Prentice-Hall, 1976), p.68을 보라.

32) Bruns v. Pomeyleau, 319 F. Supp.58 (D. Md. 1970).

33) Benjamin R. Epstein and Arnold Forster, *The Radical Right* (New York : Random House, 1967), pp.180~181.

34) Pitkin, pp.144~167을 보라.

35) pp.96~105를 보라.

36) Arthur M Schlesinger, Jr., *The Coming of the New Deal* (Boston : Houghton Mifflin, 1959), pp.105~110, 그리고 Hume, p.6을 보라.

37) Max Weber, "Bureaucracy," in *From Max Weber*, ed. H. H. Gerth and C. Wright Mills (New York : Oxford University Press, 1958), pp.197, 199.

38) Hugh Heclo, *A Government of Strangers : Executive Politics in Washington* (Washington, D.C. : Brookings, 1977), pp.34~83, 154~155.

39) Congressional Quarterly, pp.75~88, 182~188. 또한 pp.97~99, 114 ~116을 보라.

40) *New York Times*, June 21, 1978, p.A18.

41) Ibid., Aug. 2. 1978, pp.A1, A14.

42) Congressional Quarterly, pp.75~88.

43) David Arnold Anderson, "A Constitutional Right of Privacy Protects Personal Financial Affairs of Public Officials from Overbroad Disclosure Requirements," *Texas law Review*, 49 (Jan. 1971), pp.346~356.

44) *Congressional Quarterly Weekly Report*, 32 (June 19, 1976), p.1565.

45) Ibid., p.1564, 그리고 *Washington Post*, Oct. 24, 1976, p.E1. 선거에 참여하지 않았던 헤이즈(Hays)와 유타주의 모르몬 교도들이 득세하는 지역에 출마한 하위(Howe)를 제외하면 모든 사람들이 가을의 선거에서 승리했다. 하위직 공직자들과 연관된 사례들에 대해서는 O'Neil, pp.75~76을 보라.

46) *Washington Post*, Oct. 26, 1976, p.A5.

47) U.S. House Committee on Post Office and Civil Service, Subcommittee on Manpower and Civil Service, *Final Report : Violations and Abuses of Merit Principles in Federal Employment* (Washington, D.C. : Government Printing Office, 1976), p.163.

48) 공식적으로 기록되지 않은 결혼도 공정한 게임일 수 있다. 만약 케네디 대통령이 이전에 결혼한 적이 있는 사람이었고 널리 퍼졌던 소문처럼 그러한 기록이 공개되지 못했다면 언론은 이러한 사실들을 기사화해야 했을 것이다. Tom Wicker, *On Press* (New York : Viking Press, 1978), p.111. 중혼(重婚)은 또한 공적인 관심을 기울여야 할 문제이다. 중혼은 불법적인 것일 뿐 아니라 주요한 사회적 문제들에 대한 공

직자의 태도를 증명해 줄 것이기 때문이다. "Newspaper Wins Bigamist Case," *The News Media and the Law*, 2 (April 1978), p.25를 보라.

49) Susan Brownmiller, Darmody, "Campaigns Raising Debates on Privacy," *New York Times*, Nov. 18, 1979, p.31에서 인용.

50) Hume, p.8, 또한 Rivers and Schramm, pp.164, 169를 보라.

51) Alan L. Otten, "No More Tiptoeing," *Wall Street Journal*, Sept. 4, 1975, p.10. 미국 의사협회의 법률 자문단은 "의사가 환자의 동의 없이 환자의 건강상태를 언론이나 공공대중과 논의해서는 안된다"고 주장해 왔다. American Medical Association, *Opinions and Reports of the Judicial Council* (Chicago, 1977), sec. 6.09. 신체검사의 결과를 공표하자는 제안은 후보자의 동의를 전제하는 요구조건을 포함한다고 추정할 수 있을 것이다.

52) Lawrence K. Altman, "A Justice's Health : What Is Private?" *New York Times*, Jan. 4, 1983, p.A20.

53) 그러한 제안의 예로는 Harold D. Lasswell, *Power and Personality* (New York : Norton, 1948), pp.186~187을 보라.

54) Theodore H. White, *The Making of the President 1972* (New York : Atheneum, 1973), pp.263~275, 그리고 *Congressional Quarterly Weekly Report*, 30 (July 29, 1972), pp.1851~1852.

55) *New York Times*, July 21, 1978, pp.A1, A8.

56) 심지어는 그러한 관행이 법에 반하는 것들일 때에도, 그러한 것들이 사적이 영역에서 필연적으로 제외되는 것은 아니다. 법이 변화되어야 한다고 주장할 수도 있기 때문이다.

57) Gary Wills, *The Kennedy Imprisonment* (Boston : Little, Brown, 1981), p.37.

58) Theodore White, *The Making of the President 1964* (New York : Atheneum, 1965), pp.367~372. 젠킨스 사건에 대해 알았던 최초의 신문 편집자가 그것을 발표하지 않았다는 사실, 상원의원 골드워터 (Goldwater)가 대통령 선거에서 젠킨스 사건을 쟁점화하지 않았다는 사실은 (그러한 사건들이 해고의 근거가 되어야 하는가 하는 것과는 상관없이) 많은 사람들이 이러한 종류의 동성애 사건은 널리 공표되지 말아야 한다고 믿고 있다는 것을 시사한다.

59) Norton v. Macy, U.S. Court of Appeals, D.C. Circuit, 417 F. 2d 1161

(1969). 노턴이 자신의 동성애를 '공공연히 자랑하지' 않았다는 사실이
법원이 그러한 판결을 내리게 된 한 요인이었던 것으로 보인다. 이후
의 소송에서는 동성애적 성향을 지닌 한 공무원을 해고하는 것을 지지
하는 결과가 나왔다. 그 공무원이 공개적으로 "그의 비관습적인 신념
들을 실현시키는 데에서 활동가적인 역할을 하고자 했기 때문이었다."
McConnell V. Anderson, U.S. court of Appeals, Eighth Circuit, 451
F. 2d 193 (1971), cert. denied, 405 U.S. 1046 (1972). 일반적으로 법
원들은 동성애적 행위 자체의 공적인 관행과 그러한 행위에 대한 공적
인 지지나 인지정도를 충분히 구분하지 못하고 있다. 전자는 때때로
판결에 영향을 미칠 수 있는 요인이지만 후자는 영향을 미쳐서는 안되
는 요인인 것이다.

60) John Stuart Mill, *On Liberty*, pp.223~224, 280~283.

61) 밀 이후의 이러한 논쟁에 대한 표본으로는 Richard Wasserstrom, ed.,
Morality and the Law (Belmont, Calif. : Wadsworth, 1971), Thomas C.
Grey, *The Legal Enforcement of Morality* (New York : Knopf, 1983),
pp.3~35, 그리고 Joel Feinberg, *Harm to Others* (New York : Oxford
University Press, 1984), pp.65~104를 보라.

62) 예를 들면 Ronald Dworkin, "Lord Devlin and the Enforcement of
Morals," *Morality and the Law*, ed. Richard Wasserstrom (Belmont,
Calif. : Wadworth, 1971), pp.55~72.

63) 그러므로 위커(Tom Wicker)가 주장하는 것처럼 "기자는 기사를 쓰고
신문을 그들이 아는 바를 인쇄해야 한다"(pp.111~112)고 주장하는 것
은 너무 순진한 생각이다. 그의 관점에 따르면 어떤 기자가 가령 한 정
치가의 혼외정사는 공중이 관여할 일이 아니라고 믿는다고 해도 그는
그러한 사실을 보도해야 하는 것이다. 위커는 그 기자가 독자들에게
공적인 의무와 연관된 것이 무엇인가에 관한 그의 판단을 독자들에게
강요할 권리를 갖고 있지 않다고 주장한다. 더욱이 한 신문이 그러한
이야기를 감춘다고 해도 다른 신문이 어떤 방식으로든 그것을 공개할
것이다. 그러나 많은 주제들에서 언론사들은 이미 관련사실이 무엇인
가에 대해 재량권을 행사하고 있고, 따라서 원칙적으로는 사생활에 대
해서도 역시 그럴 수 있는 것이다. 사생활에 관한 정보를 공개하기로
하는 결정은 도덕적으로 중립적이라고 할 수 없고, 그것은 공개하지
않기로 한 결정에 대해서도 마찬가지이다. 정당한 사생활권에 무관심

한 신문들이 그러한 무관심으로 인해 경쟁에서 유리한 고지를 선점할
수 있다면 (입증되었다기보다는 단지 두려워하는 결과) 그러한 신문들
에는 직업상의 제재조치나, 한발 더 나아가 법적인 제재조치까지 취할
수 있을 것이다.

64) Brooks Jackson, "John Fedders of SEC is Pummeled by Legal and personal Problems," *Wall Street Journal*, Feb. 25, 1985, p.1.

65) Stuart Taylor, Jr., "Life in the Spotlight : Agony of Getting Burned," *New York Times*, Feb. 27, 1985, p.24.

66) 「뉴욕 타임즈」지와 「워싱턴 포스트」지 편집자들의 논평을 보라(Ibid.).

67) J. Anthony Lukas, *Nightmare : The Underside of the Nixon Years* (New York : Viking, 1976), pp.126~138, 218~219.

68) Rivers and Schramm, p.166.

69) Lukas, pp.66~84.

70) "Kissinger's Threat to Resign—June 11, 1974," Historic Documents of 1974 (Washington, D.C. : Congressional Quarterly, Inc., 1975), p.495.

71) 그러나 Rivers and Schramm, pp.165~166을 보라.

72) Ewing, p.130.

73) Taylor Branch, "The Odd Couple," *Blowing the Whistle*, ed. Charles Peters and Taylor Branch (New York : Praeger, 1972), pp.222~245, 그리고 Committee on the Judiciary, Subcommittee to Investigate the Administration of the Internal Security Act and Other Internal Security Laws, *State Department Security*, 1963~1965 (Washington, D.C. : Government Printing Office, 1967)를 보라.

74) 피고용인의 사물함과 가방에서 개인적인 물품을 압류한 것과 관련된 사례들에 대해서는 O'Neil, p.97을 보라.

75) Alan F. Westin, "Privacy and Personnel Records," *The Civil Liberties Review*, 4 (Jan./Feb. 1978), p.30.

76) Westin, *Privacy and Freedom*, pp.259~268.

77) U.S. Congress, Senate Committee on the Judiciary, Subcommittee on Constitutional Rights, *Privacy, Polygraphs, and Employment*(Washington, D.C. : Government Printing Office, 1974), p.5.

78) "Use of Polygraph in Personal Investigation of Competitive Service Applicants and Appointees to Competitive Service Positions," *Federal*

Personnel Manual (Washington, D.C. : Government Printing Office, Jan. 1972), 736장, appendix D, U.S. Congress, House Committee on Armed Services, Subcommittee on Investigations, 98th cong., 2d sess. (1984), *Hearings on H.R. 4681, Relating to the Administration of Polygraph Examinations and Prepublication Review Requirements by Federal Agencies*, Note, "The Presidential Polygraph Order and the Fourth Amendment : Subjecting Federal Employees to Warrantless Searches," *Cornell Law Review*, 69 (April 1984), pp.896~924.

79) "The Morley Affair" (Cambridge, Mass. : Kennedy School of Government, Harvard University, 1976). 이는 메릴랜드 대학교 철학 및 공공 정책 센터에 근무하는 브라운(Peter Brown)과 버니어(Paul Vernier)가 이 사례를 편집하고 개조하였으며 보스턴 대학교의 Intercollegiate Case Clearing House가 배포한 것으로서 현재 널리 사용되고 있는 판본을 따른 것이다. 이러한 사례의 원래 판본("The Deagle Affair")은 고든(Diana Gordon)과 다우닝(Jan Downing)에 의해 케네디 학파에서 준비되었으며 참여자들의 실제 이름이 사용된 바 있다.

80) 연방 행정직을 희망하는 후보는 '정치적 친화력을 검증받아야' 하게 될 때에 이와 유사한 딜레마에 접하게 된다. 조사자들이 그의 정당과 무관하게 그의 일반적인 '정치적 개념과 철학'을 조사하도록 하는 것이 유리할 수도 있다. 그러나 종종 이러한 일은 후보자가 알지 못하는 새에, 그리고 추정컨대 후보자의 정치외적인 경력에 대해 행해진다. House Subcommittee on Manpower and Civil Service, *Final Report : Violations and Abuses of Merit Principles*, pp.190~192, 201, 204를 보라.

81) *New York Times*, Dec. 20, 1985, p.A1, Dec. 21, 1985, p.A1, 그리고 Dec. 22, 1985, sec.IV, p.1.

82) U.S. Executive Order, "Drug-Free Federal Workplace," Sept. 15, 1986, 그리고 Capua v. City of Plainfield, Tompkins v. City of Plainfield, U.S. District Court, New Jersey, Civil Action no. 86-2992, Sept. 18, 1986을 보라.

83) Ewing, pp.136~138, 그리고 Westin, "Privacy and personnel Records," pp.28~34를 보라.

84) Robert G. Vaughan, *The Spoiled System* (New York : Charterhouse, 1975), pp.308~309.

제 6 장
간섭주의적 힘

　부모들이 그런 것처럼 공직자도 때로는 우리 자신의 이익을 위해서 우리 자신의 의지에 반하여 행위하게 한다. 공직자들은 선을 행하기 위해서 악을 행하는 것이다. 공직자들은 복지를 증진하기 위해 자유에 간섭한다. 손을 더럽히는 정치가들과 달리 부모와 같이 행동하는 정치가들은 혜택을 받는 바로 그 사람에게 잘못을 범하는 경우가 대부분이다. 그러한 간섭적 행동들은 자유와 복지 사이에 직접적인 갈등을 낳으며, 전통적으로 간섭주의(paternalism) 문제로 알려져 왔으나 아마도 부권주의(parentalism) 문제로 일컬어져야 마땅한 그러한 문제를 불러일으킨다.[1]

　단순한 자유주의적 해법은 완전히 자유를 우선시하는 입장에서 그러한 갈등을 해소한다. 그것은 간섭주의를 절대적으로 거부하는 것이다. 이는 밀(Mill)이 명시적으로 옹호하는 입장이다. 밀의 관점에서는 "그것이 그를 위해서 더 좋은 것이기 때문에" 등의 말이 정신병자가 아닌 성인의 자유를 제한하는 행위를 결코 정당화해 주지 못한다.[2] 밀은 자유의 포괄적 혜택이 간섭주의가 제공하는 복지상의 이득을 훨씬 능가한다고 주장한다. 그러나 간섭주의에 대해 이렇듯 절대적으로 일관되게 반대하는 것은 쉬운 일이 아니다. 그리고 사실상 밀 자신도 그러한 입장을 일관되게 주장하지는 않는다. 어떤 이의 무지한 행동이 그 자신에게 해를 입힐 가능성이 있는 사례에 직면하게 되었을 때, 밀은 그의 행동을 멈추게 하려는 것에 찬성한다.[3] 밀 이후의 많은 자유주의자들은 밀보다 더 명시적으로 어떤 성인들은 항상, 그리고 모든 성인들은 때때로 자유를 행사할 수 없다는 점을 강조한다. 현대사회의 점증하는 복잡성과 인간심리에 관한 지식의 증가로 인해 사람들은 자신의 이익을 위해서 자유를 행사하는 개인의 능력을 더욱 더 의심하게 되었다. 그러나 이러한 후대의 자유주의자들이 자유에 우호적인 전제를 포기한 것은 아니다.

간섭주의 문제는, 그래서 자유와 간섭주의 사이에서 선택하는 문제가 아니라 간섭주의를 자유와 조화시키는 문제라고 보는 것이 더 나을 것 같다. 더욱 구체적으로 말하자면, 우리는 정당화 가능한 간섭주의의 기준을 정식화할 때 그것들이 자유의 원칙과 양립 가능할 수 있도록 정식화하고자 해야 한다. 간섭주의적 간섭이 이미 자유롭지 않은 결정들만을 제약한다면, 간섭이 어떤 영역 내로 제한된다면, 그리고 간섭에 의해서 결정을 제약당하는 사람이 그 의도를 수용한다면, 그러한 간섭은 자유의 원칙을 침해하지 않을 것이다. 사람들이 자신의 가치관에 따라 행위하는 것을 가로막지 않는 한, 자유가 유지되는 것이다.

이러한 접근법이 자유주의적 목표를 저버리는 것은 아니라고 해도, 우리가 그것을 수용하려면 그것을 실질적으로 개조해야 한다. 중요한 여러 간섭주의적 사례들에서 그러한 기준의 의미 —결정이 자유롭지 않고, 개입이 제한되며, 그 목적의 수용이 타당하다는 의미 — 에는 문제가 있다. 그 이유는 그러한 간섭주의가 현대의 자유주의자뿐 아니라 밀도 외면한 방식으로 정치적 권력을 행사하는 것을 포함하고 있기 때문이다.

간섭주의의 자유주의적 패러다임은 대체로 개인적이고 아주 구체적인 의도를 지니고 상호작용하는 두 개인 사이의 관계를 전제하고 있다. 이러한 관점에서 간섭주의자는 복지수혜자에 대해 권력을 행사하는 것으로 보일 수도 있다. 그러나 그러한 권력은 양당사자가 공유하고 있는 목적을 지향하고 있는 것으로 가정되며, 따라서 그 당사자들 간의 불평등한 권력이 성립하는 것은 구체적인 개입 목적에 한정된 것으로 가정된다. 이러한 개인주의적 가정은 정부 간섭주의에 대한 논의로 이전된다. 정부는 동의된 목적을 위해 권력을 행사하고 그러한 목적을 촉진하기 위해 이따금 간섭하는 인자한 개인의 성격을 띤다.

간섭주의의 자유주의적 패러다임이 모호하게 만드는 것은 간섭주의에 내재해 있는 권력의 두 가지 특징 — 그것의 논쟁적인 성격과 체계적인 성격 — 이다. 그러한 권력이 논쟁적이라는 것은 그것이 봉사해야 하는 목적에 관해서 종종 근본적이면서도 합당한 불일치가 존재한다는 의미에서이다. 그러한 권력이 체계적이라는 것은 (그것이 강제하는 불평등을 포함한) 그것의 영향이 간섭 자체의 영역 너머에까지 미친다는 의미에서이다. 이러한 정치적 차원을 인식하는 것은 우리가 간섭주의를 이해하는 방식에 영향을 미칠 것이다.

이러한 인식은 첫째, 간섭주의의 개념 — 우리가 간섭주의적 간섭으로 간주하는 것 — 에 영향을 미칠 것이다. 개인들 사이에서 이루어지는 명시적으로 자발적인 거래관계들 — 예를 들면 전문인과 고객 사이의 관계들 — 은 일반적으로 가정되는 것보다 더욱 간섭주의적인 것으로 판명된다. 그것은 또한 간섭주의의 정당화 — 우리가 간섭을 보증해 주는 그러한 기준을 어떻게 해석하는가 — 에도 영향을 미칠 것이다. 그러한 기준은 간섭에 관한 불일치를 해소할 가능성 및 그러한 간섭의 구조적인 결과를 통제할 가능성을 제공하는 것이어야만 한다. 결국 우리는 보다 더 정치적인 이해를 바탕으로 그러한 개념과 기준을 적용하여 간섭주의의 예들에 대해 판단을 내려야 한다. 특수한 경우에 간섭주의에 관한 우리의 판단은 간섭주의가 발생하는 정치적 제도가 어떤 유형의 것인지에 부분적으로 의존할 것이다. 몇몇 종류의 간섭주의는 그것을 정당화하기 위해서 그 수혜자들에게 민주적 통제력을 주는 절차를 확립할 것을 요구할 것이다.

간섭주의의 개념

간섭주의적 결정이나 정책은 사람들의 이익을 보전하거나 증진할 목적으로 사람들의 자유를 제한하는 것이다.[4] 이러한 정의에 따르면 간섭주의는 세 가지 요소 — 제한의 소재(所在), 형태, 목적 — 로 이루어진다. 그런데 이들 각각이 모두 문제시될 수 있다.

간섭주의의 소재(所在)는 자유를 제약받는 사람과 자유를 제약하는 사람 간의 관계를 지칭하는 것이다. 심지어는 가장 근원적인 간섭주의적 관계 — 부모와 자식 — 에도 정치가 작용한다. 정치적 권력과 부모의 권력은 로크와 많은 현대 자유주의자들이 가정하는 것처럼 그렇게 분명하게 구분될 수 없다. 로크나 현대 자유주의자들은 자신들의 복리를 위해 자유가 정당하게 제약되어도 되는 사람들의 집단을 단지 연대기적인 나이에 의해서 규정할 수 있다고 가정한다. 이러한 가정은 연대기적인 나이의 기준을 어떻게 정당화하는가 하는 물음뿐 아니라 어린아이의 자유를 제한할 권리를 누가 갖는가 — 부모, 후원자, 주(州), 또는 누구도 갖지 못하는 것은 아닌가? — 를 어떻게 결정할 것인가 하는 물음에 대해서도 선결 문제 요구의 오류를 범할 뿐이다.[5]

문학작품에서 간섭주의는 두 성인간의 관계를 지칭하는 경우가
상당히 많다. 간섭주의자와 그들이 도우려는 사람들이 다소간 동
등한 지위를 갖고 있는 관계와 간섭주의자가 그들이 사회적 역할
이나 제도적 지위의 덕분으로 더 높은 지위를 갖고 있는 관계를
구분하는 것이 ─ 그렇게 흔한 일은 아니지만 ─ 중요하다. (전문
인과 그의 고객 사이의 관계에서처럼) 후자의 종류의 관계에서
자유에 대한 제약을 구성하는 것은, 우리가 살펴볼 것처럼, 전자
의 종류의 관계에서 제약으로 간주되는 것과는 다를 것이다. 처음
부터 간섭주의적 간섭과 아주 독립적인 불평등이 그러한 간섭의
성격에 영향을 미칠 수도 있다. 그리고 그것은 다시 그러한 불평
등을 강화할 것이다. 자체로는 고립적이고 산발적이더라도, 간섭
은 두 개인의 우연한 만남을 넘어서 확장되는 시간적으로 무한하
고, 사회적 공간 속에 편만한 간섭주의적 효과를 발생시킬 수 있
다. 이러한 맥락에서 간섭주의가 오직 개인들간의 관계로만 서술
된다면 그것은 오해이다.

간섭주의의 다른 중요한 소재는 시민과 국가의 관계이다.[6] 여
기에서는 정반대의 실수로 생각되는 일들이 흔히 일어난다. 간섭
주의가 비민주적 정책 같은 특정한 종류의 국가 권력과 혼동되는
것이다. 그러나 그러한 실수는 본질적으로 동일한 것이다. 간섭주
의에는 그 자신의 정치적 정체성이 주어지지 않는다. 간섭주의의
정치적 특성은 그것이 결합하는 다른 정치적 개념들로부터 전적
으로 이끌어내어진다. 예를 들어 우리가 간섭주의적인 것들과 비
민주적인 것들을 동일시한다면, 우리는 민주적 절차에 의해서 제
재를 받은 사람들과 민주적 절차에 의해서 제재를 받지 않은 사
람들을 구분할 수 없다. 시민들 자신에게 이득이 된다는 믿음에
따라서 시민들을 기만한 대통령의 행위가 헌법을 어기는 것이었
다면 그는 간섭주의적으로 뿐 아니라 비민주적으로 행위한 것이

지만, 그의 행위가 헌법에 적합한 것이었다면 그는 단지 간섭주의적으로만 행위한 것이다. 오직 후자의 종류의 행위만이 간섭주의에 특유한 문제가 된다. 전자의 종류의 행위에 대한 반론은 민주정부에 대한 일반적인 논변에 의존하는 것이기 때문이다. 이러한 구분을 존중하지 않는다면 민주적 절차를 밟아 간섭주의적 결정을 내린 공직자들을 비판할 수 없고, 정당화 가능한 간섭주의를 가능하게 해주는 민주적 절차를 확립할 수도 없을 것이다.

'간섭주의적'이라고 불리는 몇몇 특정한 종류의 법령들이 실제로는 간섭주의적이지 않은 경우가 많다. 그러한 예들은 (의료보험 제도처럼) 어떤 협동적인 계획에 기부할 것을 요구하는 법률이나 (최소 임금이나 최대 노동시간처럼) 노동조건을 규제하는 법률 등이다. 이러한 것들은 그 목적이 민주적 다수의 욕구를 실현하려는 것이지 단순히 입법의 혜택을 원하지 않는 소수를 강압하려는 것이 아닌 한, 간섭주의적인 것으로 생각될 수 없다.[7] 법령이 소수에 대해서 간섭주의적인 것은 다수가 소수를 강제하지 않고서도 다른 (공정한) 방법에 의해서 다수자들 자신의 복리를 증진할 수 있는 경우, 그리고 부분적으로나마 소수의 복리에 호소함으로써 법령을 정당화할 수 있는 경우뿐이다. 이러한 조건을 충족시키지 못하는 법령은 다수를 향한 간섭주의로 간주될 것이다. 특정한 약물의 사용을 금지하는 것은 입법의원들 자신을 포함하여 그러한 약물을 사용하고자 할지도 모르는 사람들에 대해 간섭주의적이다. 사람들이 어떤 방식으로든 그들 자신의 복리를 위해서 자유를 제한하는 것에 동의한다 하더라도 그러한 자유 제한의 실효성이 보장되는 동안에 그들이 금지된 행위를 수행하고자 한다면 그러한 제한은 여전히 간섭주의적인 것이라고 할 수 있다. 사이렌 (Siren)의 노래에 굴복하지 않도록 돛대에 묶어달라는 오디세우스 (Odysseus)의 요구는 간섭주의의 고전적인 예라고 할 수 있겠다.

간섭주의라는 개념의 두번째 요소는 간섭주의가 항상 자유에 대한 제한을 포함해야 하는가라는 의문을 불러일으킨다. 몇몇 사람들이 제안하는 것처럼 개인의 복리를 증진하기 위해서 도덕규칙을 위반하는 모든 사례를 포함하도록 간섭주의의 개념을 확장하는 것은 문제해결에 도움이 되지 않는다.[8] 자유 이외의 도덕원칙에 대한 위반은 고작해야 간섭주의의 불완전한 예들일 뿐이다. 그것들만으로는 사람들이 그 자신의 가치관에 따라 행위하는 것을 막지 못하기 때문이다. 당신의 복리를 위해서 내가 당신과의 약속을 깨뜨리지만 어떤 식으로도 당신의 자유를 제한하지 않는다면 나는 실제로 나의 가치관을 당신에게 강요하지 않는 것이다.[9] 더욱이 이러한 식의 글을 쓰는 사람들이 간섭주의로 간주하고 싶어하는 예들 — 가령 환자를 속이는 의사 — 은 자유의 제한을 포함하는 것으로 간주될 수 있을 뿐 아니라 그렇게 간주되어야 한다. 기만이 반드시 강압적인 것은 아닐지라도[10] 우월한 힘이나 특권을 갖고 있는 사람이나 제도에 의해 실천되었을 때에는 행위를 제약할 가능성이 높다.

간섭주의의 개념은 자유에 대한 제한이 신체적·법적 강압의 형태뿐 아니라 몇몇 종류의 관계에서처럼 불평등한 힘에서 비롯되는 더욱 미묘한 장애물의 형태를 취할 수도 있다는 것을 인정하는 것이어야 한다. 이러한 예들 및 이와 유사한 예들에서 간섭주의자는 그 사람이 수행하기를 바라는 행위들을 어떤 식으로든 제한함으로써 그에게 복리에 대한 특정한 견해를 부과한다. 환자가 다른 방식의 행위를 선택하게 할 가능성이 높은 정보를 의사가 제공하지 않았을 때, 환자의 자유가 제한될 수도 있다.[11] 이와 유사하게 정부가 의미있는 정보를 공개하지 않는 경향이 있을 때, 시민들의 선택은 제한된다. 그러나 자유의 개념을 간섭주의의 문제가 해소될 수 있을 정도로 너무나 광범위하게 해석하지 않는 것도 또한 중요하다. 이른바 자유에 대한 적극적 개념—좋은 것이나 가치있는 것을 행할 자유—은, 적어도 보다 더 강한 형태로는, 간섭주의의 본성을 밝히는 데에는 도움이 되지 못한다. 그러한 개념으로는 간섭주의적 간섭이 결코 자유와 갈등하지 않게 될 것이다. 개인들을 더 유복하게 만들 목적에서 그들을 속박하는 것이 그들의 자유에 대한 제약으로 간주될 수 없을 터이니까 말이다.[12]

간섭주의의 목적—간섭당하는 사람의 복리의 보호나 증진—에 대해서도 또한 상당한 불일치가 있게 마련이다. 간섭주의의 개념이 즉각적인 신체적 해악의 방지에서 인생 전체의 스타일에 대한 장려에 이르는 범위의 복리를 포함한다고 하더라도, 간섭주의가 지칭하는 복리는 그 자유를 제한당하는 구체적인 사람들에 의해서 경험된 것들에 한정되어야만 한다. 간섭주의가 자유를 제한당하는 사람이 타인이나 사회 일반에 가져올지도 모르는 혜택이나 해악을 포괄하는 것이어서는 안된다. 그런 것들까지 포함하게 된다면 우리는 간섭주의와 도덕주의(moralism)—도덕의 법적 강제—를 구분할 수 없을 것이다. 간섭주의와 도덕주의 간의 이러한 구분은 도덕이 법적으로 강제되지 말아야 한다는 점에서 밀과 견해를 같이할 가능성, 그리고 간섭주의가 결코 정당화될 수 없다는 점에서 밀과 견해를 달리할 가능성을 열어두기 위해서도 필요하다.[13] 간섭주의가 다루는 복리의 정당화 가능성은 사실 도덕이론이나 적어도 어떤 평가기준에 호소하지 않고서는 확정될 수 없는 것이다. 그러나 간섭주의와 도덕주의 사이의 개념적 구분은 특수한 이론이나 기준을 수용하는 것과 무관하다.

그러한 간섭주의 개념이 각각의 시민들에게 행해진 선이나 해악이 다른 시민들에게는 아무런 영향도 미치지 않는다는 극단적 개인주의(radical individualism)를 전제하는 것은 아니다. 몇몇 이론가들이 가정하는 것과는 반대로, 간섭주의는 다른 것과 구별되는 문제로 남는다. 밀의 자기관련적 행위와 타인관련적 행위 사이의 이분법이 유지될 수 없다고 해도 말이다.[14] 밀의 논의에서라면 어떤 특정한 행동에 대해 그 행동은 자기관련적이어서 오직 한 사람에게만 영향을 미친다고 말하는 것은 불가능하다 해도, 우리는 여전히 사람의 자유를 제한하는 여러 이유들 중에서, 간섭주의적 제한이 그 사람 자신의 복리를 증진한다는 주장을 할 수 있다. 이런 방식으로 간섭주의는 특징적인 **행위유형**을 지칭하는 것이 아니라, 도움받는 사람 자신뿐 아니라 타인에게 영향을 미치는 행위들에 대해서조차 제한을 하는 것을 정당화하거나 비판하는 데에 사용될 수 있는 이유들의 유형을 지칭한다. 간섭주의에 대한 이러한 방식의 이해는 오랫동안 상호작용하는 다수의 사람들에 대한 영향들을 취급하는 정치윤리에서 특히 중요하다. 심지어는 행위 목적이 너무 복잡하고 확장되어 있어서 행위 자체가 간섭주의적인 것으로 분류될 수 없을 때에도 그러한 행위를 하게 되는 간섭주의적 이유들은 구분해 낼 수 있는 경우가 많다.

간섭주의의 그러한 문제가 더욱 두드러지게 나타나는 것은 한 행위가 다른 사람들에게 해를 입힌다는 주장이 박약한 것으로 판명될 때이다. 그래서 자유를 제한당하는 사람들에게 그러한 행위의 유해함을 보여주지 않고서는 자유에 대한 제한을 옹호할 수 없는 것이다.[15] 간섭주의에 대해서 절대적으로 반대하는 이들은 간섭을 정당화하기 위해 간섭주의적 근거에 호소하는 것이 아니라 간섭의 대상이 되는 행위의 사회적 유해성 — 그것이 아무리 먼 훗날의 일이거나 사변적인 것이라 해도 — 에 호소하려고 한다. 그러나 그러한 행위의 유해성이 적절하게 보일 수 있다 하더라도, 여전히 우리는 간섭에 대한 정당화를 강화하기 위해 간섭주의적 이유들에 호소하고자 할 수 있다. 그리고 이러한 이유들은 종종 우리가 적절한 정당화를 확립하고자 할 때에 도움이 될 것이다.

간섭주의의 정당화

피제약자의 복리가 그 사람의 자유를 제한하는 정당화 근거가 될 수 없는 것은 아니다.[16] 예를 들어 법률은 죽거나 불구자가 되는 것에 동의하는 것, 결투나 다른 형식의 싸움을 벌이기로 하는 것, 또는 스스로를 노예로 파는 계약을 맺는 것 등을 금지하고 있다. 의사의 처방전 없이 특정한 약을 복용하는 것은 미국인 누구에게도 허용되지 않는다. 간섭주의는 결코 정당화되지 못한다고 주장한 몇몇 사람들은, 그들의 주장을 (형법의 의해서 강제되는 간섭주의 같은) 특정한 종류의 간섭주의에 제한적으로 적용하거나, 간섭주의적인 것처럼 보이는 자유의 제한이 간섭주의적이지 않다고 말함으로써 간섭주의의 정의를 축소시켰다.[17] 간섭주의를 정당화하는 기준을 엄정하게 설정하면 할수록 간섭주의를 보다 더 부정적으로 보게 되는 것이다.

밀은 모든 종류의 간섭주의에 명백히 반대했음에도 불구하고, 우리가 정당화 가능한 간섭주의의 기준을 예시하는 것으로 받아들일 수 있는 사례를 들고 있다. "만약에 공무원 — 아니면 누구라도 좋다 — 이 안전하지 못한 것이 확실한 다리를 건너려고 하는 사람을 보았고, 그에게 그러한 위험을 경고할 시간이 없었다면, 그 공무원은 그를 붙잡아 되돌아가게 했을 것이다. 그의 자유를 실질적으로 침해하지 않고서도 말이다. 자유는 자신이 바라는 것을 하는 것이고, 그 사람은 강물에 빠지는 것을 바라지 않을 것이기 때문이다."[18] 밀은 이것이 간섭주의적 사례라는 것을 부인함으로써 그의 반간섭주의를 유지하려 한다. 그러나 비록 그 제지당한 사람이 물에 빠지기를 바라지는 않는다 해도, 그는 다리를 건너고 싶어한다. 그를 보호하기 위해서 간섭하는 사람은 이러한 바람을 가로막게 되며 간섭주의적 이유에서 그의 자유를 제한하는 것이다. 그러한 간섭이 정당화되는 것은 이러한 사례의 특별한 성격들 때문이다. 그리고 그것들은 간섭주의가 다른 사례들에서도 정당화되려면 충족되어야 할 기준을 시사해 주고 있다.[19]

첫째, 피제약자의 결정은 **결함**이 있는 것이어야 한다. 위의 사례에서 다리를 건너려는 사람은 그의 배경상황에 대해 결정적으로 중요한 사실들에 대해 무지하다. 우리는 그의 결정이 충분히 자유롭거나 자발적이라면 그의 바람이 달라질 것이라고 생각한다. 둘째, 자유에 대한 제약 자체가 **한정적**인 것이다. 그러한 간섭은 일시적이고 가역적(reversible)이다. 그 사람은 그 다리가 안전하지 못하다는 것을 알게 된 후에도 그것을 건너려고 할 수 있을 것이다. 셋째, 그러한 제약은 심각하고 비가역적인 해악을 방지한다. 그러한 해악이 그가 다리를 건너기를 바라는 것보다 더 회피하고 싶어 하는 해악이라고 믿을 유력한 이유를 우리가 갖고 있을 수도 있는 것이다.

이러한 세 가지 기준을, 동의라는 개념을 이용하여 간섭주의를 정당화하는 한 방식으로 파악하기 쉽다. 그리고 어떤 점까지는 이러한 관점이 도움이 될 수 있다.[20] 이러한 세 가지 기준은, 그것들이 함께 받아들여졌을 때, 어떤 다른 시점에서의 동의에 호소함으로써 특정한 시점에서의 간섭주의적 제약을 정당화하는 것으로 간주될 수 있다. 자유에 당장 간섭하는 것에 대한 반론은, 그것이 어떤 것이든, 이런 방식으로 미래에서의 자유로운 선택을 보장함으로써 극복될 수 있을 것이다. 결정에 결함이 있다는 사실은 우리가 아무런 동의 없이 제약을 가하는 것을 정당화해 준다. 간섭이 한정적이라는 것은 미래의 동의를 위한 기회를 마련해 준다.

그리고 해악이 심각하다는 것은 언젠가 다른 때에 동의가 주어지리라고 기대할 만한 유력한 이유를 제공한다. 이렇게 하여 세 가지 기준들이 자유가 제한되는 사람이 그러한 제한에 동의할 것이라든가 아니면 동의할 수 있을 것이라는 사실을 확고히 해주는 한, 간섭주의는 정당화된다. 밀의 사례에서도 이러한 종류의 정당화는 충분히 그럴듯해 보인다. 그러나 우리가 그것을 정치적인 사례들에까지 확장하여 적용하려 할 때, 우리는 어려움에 빠지게 된다. 경쟁적이거나 체계적인 힘의 행사를 포함한 간섭주의의 많은 예들에는 그러한 세 가지 기준을 이렇듯 단순한 방식으로 적용할 수 없는 것이다.

우리가 제한하고자 하는 많은 결정들은 다리가 안전하지 못하다는 것을 알지 못하는 사람의 결정에서 만큼 일시적이고 쉽게 교정 가능한 결함만을 갖고 있는 것은 아니다. 결함이 있을 수 있는 범위는 매우 다양해서 거기에는 무지뿐 아니라 심리적 충동도 포함된다.[21] 심지어는 무지조차도 구체적인 하나의 사실에 대한 결여 이상의 것일 수도 있다. 사람들이 그들의 결정에 실질적으로 영향을 미치는 포괄적인 지식 — 가령 의학적 · 법적 학설, 또는 정부기관의 절차 등 — 을 알지 못할 수도 있다. 사람들은 그들의 결정에 어떤 사실들이 유관한지를 평가하지 못할 수도 있다. 증거의 비중을 부정확하게 매기거나, 아예 무엇이 증거로 간주되는지를 인식하지 못하거나, (가령 혼수상태의 병자처럼) 전적으로 이성을 결여했기 때문에 말이다. 심리적 충동의 범위는 — 마약중독처럼 — 대부분의 상황에서는 저항할 수 없는 심리적 필연성으로부터 (정치에서 개별적 이해관심을 우선시하는 행위처럼) 오직 특이한 상황에서만 긴요할 수도 있는 단순한 유혹에까지 걸쳐 있다.[22]

이러한 결함들 중의 몇몇은 간섭주의에 대한 정당화 근거로 간주하기에 충분한 것인 듯이 보인다. 하지만 (다른) 몇몇은 그렇지 않다. 그런데 간섭의 정당화 여부를 구분해 주는 결함들 사이에 어떤 범주적 차이가 존재하는 것 같지는 않다. 대부분의 필자들은 (그것이 '극심하다'든지 '심각하다' 등으로) 결함의 정도를 언급함으로써 의도적으로 그러한 구분을 불확정적인 채로 남겨둔다. 이러한 불확정성 때문에 간섭주의자들은 종종 가치관에 대한 불일치를 판단의 결함으로 오인하는 것이다. 그들은 그들이 비이성적이라고 간주하는 목적에 따라 행동하는 사람을 무능한 사람으로 취급한다.

이러한 실수를 피하기 위해 우리는 행위의 목적에 관한 판단과 무관한 결함의 기준을 마련해야 한다. 어떤 결함들이 간섭을 정당화해 줄 수 있는가를 확인하는 것이 아무리 어렵다고 하더라도 단순히 어떤 사람이 우리 눈에는 불합리한 듯이 보이는 길을 선택했다는 이유에서 (가령 생명을 살리는 외과수술의 거부, 신탁자금의 낭비 등) 그러한 결정이 결함 있는 것이라고 말해서는 안된다. 우리가 간섭주의를 정당화하기 위해서는 특정한 개인이 선택하는 목적이나 가치와 독립적으로 서술될 수 있는 결함이 있는가를 확인해야 한다. 첫번째 기준에 대한 이러한 선택은 많은 개별적인 경우에 중요하다. 하지만 그것은 정부의 결정이나 정책에서처럼 간섭주의적 간섭에 의해 촉진되는 목적에 대해서 시민과 공직자들이 근본적으로 일치하지 못하는 대부분의 집단적 사례에서 더욱 중요하다. 또한 이러한 집단적 사례에서 우리는 사회구조로부터 발생하거나 많은 사람들에게 유사한 방식으로 영향을 미치는 결함들을 찾아야만 하고, 청문회나 항소과정에서처럼 특별한 경우에는 직업적 관행이나 정부법령에서의 일반적 금지조항을 부분적으로 무력화할 수 있는 제도적 보호장치를 강구해야 한다.

결함의 종류를 구분하기 어렵다는 사실은 또한 두번째 기준 — 간섭이 한정적이어야 한다는 요구 — 에 대해서도 일정한 함축을 갖는다. 특히 피제약자의 결정에 결함이 있었는지가 의심스러운 경우나, 아니면 여러 가지의 서로 경쟁하는 목적들이 존재하는지 의심스러운 경우에 우리가 추구해야 하는 것은 밀의 '다리의 예'에서 나타나는 것과 같은 자유에 대한 일시적이고 가역적인 제약이다. 그러나 그러한 제약을 항상 이런 식으로 제한하는 것은 불가능하다. 첫째, 결함이 일시적인 것이 아니라면 제약이 효과적이기 위해서는 제약이 또한 일시적인 것일 수 없다는 것이다. 고령자나 혼수상태에 빠진 사람은 그의 자유에 대한 제약이 정당화되는 것인지를 결코 자발적으로 결정할 수 없을 수도 있다. 심지어는 완전히 정상적인 사람의 의료지식이나 법적 지식에 대한 무지도 실천적으로 보았을 때에는 영구적인 것이다. 모든 계층의 시민들에게 고통을 줄 수도 있는 그러한 궁핍상태에는 이러한 가능성이 더욱 높아진다. 이러한 종류의 궁핍을 극복하기 위해서는 무한히 계속되는 간섭주의적 간섭 — 가령 직업훈련이나 보충교육 — 이 요구될 것이다.

둘째로, 간섭 자체가 사람들을 변화시킬 수 있다. 설령 그들의 선택이 결함 있는 것이 아니라 해도, 간섭이 없었을 경우에 그들이 선택했을 것과 간섭이 있음으로 해서 선택하게 되는 것이 실제로 달라질 수 있도록 말이다. 차후에 시민들이 간섭에 동의하게 될지도 모른다. 그러나 그것은 단지 간섭 자체가 그들이 그들의 자유에 대한 제한을 승인하도록 하는 한 가지 원인이 되었기 때문이다. 이러한 유형의 자기정당화에 대한 극단적인 간섭주의적 예들은 세뇌와 최면이다. 그런데 약물남용 방지 교육 프로그램이나, 복지 프로그램에 속해 있는 강제 상담처럼 보다 더 부드럽고 때로는 바람직한 형태의 행위들 또한 사람들의 근본적인 태도를 변화시키는 것이고, 따라서 차후의 동의에 호소함으로써 간섭주의를 정당화하려고 하기 어렵게 만든다. 간섭주의적 힘은 장시간에 걸쳐서 체계적으로 퍼져나가는 것이다.

그럼에도 불구하고 자유에 대한 제약이 제한되어야 한다는 요구는 적어도 사회가 간섭의 목적과 일관되는 범위에서 자유를 최소한으로 제약하는 대안을 선택해야 한다는 것을 함축한다. 이는 첫째로 금지보다 조절을 선호한다는 것을 의미한다. 공직자들 및 우리에게 권력을 행사하는 다른 이들은 금지하기보다 만류함으로써 유해한 행동을 방지해야 한다. 그러한 요구가 또한 제안하는 바는 그러한 제약이 — 범위나 시간에서 — 문제시되는 결함에 의해 구체적으로 영향을 받은 행위 이상으로 확장되지는 말아야 한다는 것이다. 간섭이 지속적이거나 체계적이어야 한다면 동의의 기회 또한 지속적이고 체계적이어야 할 것이다. 개인들 각자에게 초점을 맞추는 일회성 검토로는 충분치 못할 것이다.

사전의 동의나 당장의 동의가 불가능하다면 미래의 동의가 가능하도록 해야 한다. 영원히 금지해 버리는 것이 아니라 유보기간을 둠으로써 말이다. 유보기간 중에 시민들은 그들에게 부과된 제약들에 대해 토론하고 항의할 수 있을 것이다. 그러한 제도는 법령의 강제자로서의 기능보다는 근본적 목적에 관한 숙고의 장으로서의 기능이 더욱 부각된다. 이러한 방식으로 간섭이 시민들의 자유를 지속적으로, 그리고 점차 광범위하게 침해하고, 그러한 간섭의 정당화가 이러한 방식으로 검토될 수 없다면 그것은 간섭주의적 정당화의 두번째 기준을 충족시키지 못할 것이다.

우리는 또한 세번째 기준에서 진술된 것처럼 간섭주의의 목적을 제한적으로 정식화하려고 해야 한다. 그러나 밀의 예 — 심각하고 비가역적인 해악의 방지만을 허용하는 것 — 에 의해서 제안된 정식화는 너무나 제한적인 듯이 보인다.[23] 그것은 사회적 관행과 정치적 정책들 중에서 정당화 가능한 간섭주의적 형태라고 생각될 법한 것들을 충분한 이유 없이 논의에서 배제해 버릴 것이다. 종종 간섭주의는 해악의 위험이 있는 행위보다는, 설령 그 당시에는 사람들이 선호하지 않더라도, 더욱 안전한 행위를 택하게 하려는 것이라고 생각된다. 그러한 해악이나 혜택이 확실하지 않을 때, 우리는 모든 사람들이 같은 정도의 위험의 부과를 수용할 것이라고 또는 수용해야 한다고 확신할 수 없는 것이다.

더욱이 해악이나 혜택의 상대적 심각성 자체가 논쟁의 여지가 있는 것일 수 있다. 심지어는 죽음처럼 명백한 해악도 모든 사람이 항상 회피하고자 해야 하는 해악은 아니다. 굴욕이나 고통스러운 질병을 막연히 견디는 것보다는 그 사람의 생을 단축하거나 끝맺는 쪽을 선택할 수 있어야 한다는 것은 확실하다. 다원주의적 사회에서 삶의 질에 관한 판단과 삶을 유지하기 위해서 필요한 수단의 수용 가능성에 관한 판단은 달라야만 한다. 예를 들어 여호와의 증인 신자는 자신의 생명을 구하기 위해 필요하다 해도 수혈을 거부할 수 있어야 한다. 우리는 단지 미래의 자유로운 선택을 가로막기 때문에 제한되어야 하는 유해한 행동들이 어떤 부류의 것들인지 확인할 수 없다. 밀은 이러한 자유선택을 막는 해로운 행위는 제한되어야 한다는 근거에서 자기 자신을 노예로 파는 계약은 절대적으로 금지된다고 생각했다. 그러나 거의 모든 종류의 계약은 미래 자유의 희생을 포함한다.[24] 노예계약은 단순히 극단적인 사례로, 적어도 간섭주의적 견지에서는 노예계약을 금지하려면 많은 다른 종류의 계약들 또한 금지하여야 한다. (사회는 물론 사람들이 자유로이 체결한 것이 분명한 계약을 규제할 수도 있으며, 아울러 비간섭주의적인 이유에서 몇몇 종류의 계약은 완전히 금지하고자 할 수도 있다.)

간섭주의를 정당화해 줄 해악이나 혜택의 종류를 결정하는 문제가 매우 첨예한 문제가 되는 경우는 결함이 상대적으로 영구적인 것이어서 자유에 대한 제한도 상대적으로 장기적일 때이다. 그러한 경우에 추정컨대 자유를 제한당하는 사람은 간섭주의를 정당화해 주는 해악이나 혜택의 평가를 수용하거나 거부할 기회를, 심지어는 미래에도, 가질 수 없을지도 모르는 것이다. 미래의 동의가 불가능하다면, 간섭주의자는 간섭의 수혜자들이 — 그들의 판단이 결함을 갖고 있는 것이 아니라면 — 간섭이 달성해 준다고 추정되는 혜택을 수용하리라고 믿을 강력한 근거를 가지고 있다고 우리가 주장해야 할 것이다.

이러한 기준을 충족시키기 위해서는 사람들의 판단에 결함이 없을 경우에, 그들이 피하고자 하는 해악은 어떤 것이며 그들이 향유하고자 하는 혜택은 어떤 것이지를 명시해 줄 기준이 필요하다. 이러한 기준들은 때때로 이전의 행동에 의해서 드러나는 그 사람 자신의 고정된 선호나 인생계획에 아주 확고하게 기초하고 있을 수 있다. 우리가 그 사람을 잘 안다면, 우리가 그의 가족 및 친구들과 의논할 수 있다면, 또는 그들이 그들의 소망을 미리 공언했다면, (예를 들면 '사망 선택 유언'에서처럼[25]) 우리는 그들이 피하고자 하는 해악이 어떤 것인지에 대해 근거 있는 견해를 가질 수도 있을 것이다. 그런데 간섭의 당사자들이 사적인 교분을 갖고 있는 개별적인 사례들에서조차도 특정한 사람이 무엇을 원하는지를 확정하기는 어렵다. 친구와 가족들이 믿을 만한 소식통이 아닐 수도 있고, 이전에 그 사람이 공언했던 바들이 현재의 상황에는 부적합할 수도 있다. 문제가 더욱 어려워지는 것은 다수의 복지를 고려하는 것이 과제로 등장할 때이다. 전체 사회에 적용되는 간섭주의적 법령은 특수한 개인들의 고정된 선호나 인생계획에 따라 쉽게 재단될 수 없다. 그래서 우리는 가능한 한, 모든 이성적인 사람들이 수용할 수 있는 그런 가치들에만 호소하는 가치론을 탐색하는 데에 몰두하게 되는 것이다.[26]

롤즈(Rawls)는 이러한 문제에 도움이 되는 기본적 선들(primary

goods)의 목록에 관한 이론을 제시하고 있다. 롤즈는 다음과 같이 적고 있다. "우리가 한 사람에 대해서 조금 알면 조금 알수록, 원초적 입장에서 우리가 우리 자신을 위해서 행위할 때 그를 위해서 행위하게 된다. 우리는 그가 무엇을 원하건 간에 그가 원한다고 우리가 추정하는 것을 얻게 해주려고 한다." [27] 기본적 선들은 "모든 합리적인 사람들이 원한다고 추정되는 것이다. 정상적인 경우에 이러한 선들은 합리적인 인생계획이 무엇인가와 무관하게 나름대로의 용도를 갖는다." 그것들은 권리와 자유, 힘과 기회, 소득과 부, 그리고 자존감 등을 포함한다. [28] 설령 기본적 선이 어떤 것들인지를 확인하기 위해 자유주의적 간섭주의가 필요로 하는 기준에 가장 유망한 기초를 롤즈가 제공한다 하더라도, 그의 이론이 그 사람의 가치관이 무엇이건 간에 누구나 수용할 수 있는 완전히 중립적인 관점을 제공하는 것은 아니다. 비판가들이 지적했던 것처럼 롤즈의 기본적 선들은 모든 인생계획에 대해 동등한 가치를 지니고 있는 것이 아니다. 이러한 선들은 어떤 종류의 종교적 이상이 지배하는 사회나 특정한 종류의 경제적 관계가 우세한 사회를 창출하려는 사람들에게서는 다른 사람들에게서 만큼 가치를 지니지 못하는 것이 분명하다. [29]

이러한 반론을 완전히 회피하기 위해서는 우리가 아예 자유주의적 이론으로부터 벗어나야 할 것이다. 맑스주의 이론은 그러한 반론과 유사한 하나의 길을 제공해 주고 있다. 여기에서는 '허위의식(false consciousness)'이라는 개념이, 자유주의적 사상에서 간섭주의를 정당화해 주는 결함 있는 판단과 형식적으로 유사한 역할을 한다. 자유주의적 개인들이 그들 자신의 최선의 이익이 무엇인지를 언제나 알지는 못하고, 따라서 간섭주의적 수단에 의해서 지도되어야 하는 것처럼, 맑스주의적 계급도 자신의 선을 항상 알지는 못하고 따라서 전위, 혁명, 또는 그들의 의식을 변형시킬 다른 수단에 의해서 움직여야만 한다. 자유주의자들이 객관적인 입장, 즉 그로부터 개인들을 위한 선이 무엇인지를 확인할 수 있게 해주는 그런 입장을 추구하는 것과 마찬가지로 맑스주의자들은 "특수한 상황에서 인간들이 가지는 사고와 감정을 추론하려고 한다. 그들이 즉각적인 행동과 사회의 전체 구조에 대한 영향이라는 측면에서 특수한 상황 및 거기에서 비롯되는 이익 양자 모두를 평가할 수 있다면 말이다."[30] 맑스주의는 자유주의적 사회에서 롤즈 및 다른 이론가들이 개인들에게 귀속시키는 기본적 선들에 대한 견해를 초월할 수 있게 해준다. 그런데 맑스주의는 이러한 초월을 위하여 한 가지 대가를 치른다. 맑스주의는 선관(the conception of the good)을 "인간이 역사에서 어떤 순간에 실제로 [원하는] 것"[31] 과 완전히 무관한 것으로 만든다. 심지어는 그들의 선택이 우리가 이미 주목한 구체적인 결함을 갖지 않았을 때조차도 말이다. 그러므로 맑스주의적 선관은 거의 무제한적으로 시민들의 선택을 무시할 수 있게 되고, 따라서 개인적 자유의 가치를 근본적으로 평가절하하게 된다.

　세번째 기준에 관한 롤즈식 해석에 대한 반론을 처리하는 더욱 만족스러운 방법은 사람들이 실제로 갖고 있는 선관을 더욱 밀접히 따르는 것이다. 개별적인 사람의 선이 확정될 수 있을 때, 그것은 의심의 여지가 없는 확고한 것이어야 한다. 그럴 수 없을 때나, 많은 사람들의 선이 연관되었을 때, 선관은 보편적으로 수용될 수 있는 것이어야 한다. 그것의 보편적인 수용 가능성이 단지 가정된 것이거나 가상적으로 결정된 것이어서는 안된다. 그것은 정치적 절차나 다른 적절한 제도상의 실제적 숙고를 통해서 검증될 수 있어야 한다.[32] 시민들이 간섭주의적 간섭의 목적에 관해서 의견이 엇갈리는 것은 당연하다고 할 수 있기 때문에 그들은 그들 및 그들의 동료시민들에 대한 간섭주의적 정책과 관행의 목적을 선택하고 검토할 기회를 규칙적이고 공개적으로 가져야 한다. 그런데 시민들이 그러한 과정에서 선택하는 목적은, 그 사회에서 적어도 실제로 추구되거나 추구될 가능성이 높은 삶의 계획들 중에서 가능한 한 다양한 삶의 계획이 성립할 수 있도록 해주는 것이어야 한다.

이런 방식으로 정당화 가능한 간섭주의의 기준을 해석하는 것이 갖는 함축은 공적 생활에서 간섭주의가 나타나는 몇몇 영역들을 조사함으로써 더욱 발전될 수 있다. 간섭주의의 공적인 관행에 존재하는 논쟁의 여지가 있는 체계적 권력을 설명할 때, 우리는 간섭주의적 관행을 다소간 다른 관점에서 바라보고, 간섭주의에 대한 전통적인 관점이 제안하는 것과 얼마간 다른 형태의 제도적 개혁을 추구하는 쪽으로 이끌리게 된다. 전문직에서의 간섭주의는 우리 사회에서 전문인의 힘이 공직자에 의해 행사되는 힘과 점점 더 유사해지고 전문인들이 점점 더 공직에 많이 진출하기 때문에 논의의 출발점으로 삼기에 적절한 지점이라고 할 수 있겠다.

전문직의 간섭주의

전문가와 그들의 봉사를 받는 사람들 사이의 관계는, 그것이 도대체 간섭주의라면, 정당화 가능한 간섭주의라고 널리 받아들여지고 있다. 전문인의 도움을 얻음으로써 고객들은 전문가에게 제공받을 수 있는 다소의 본질적인 지식을 결여하고 있다는 사실을 암묵적으로 인정하는 것이다. 전문가들은 제한적이고 예견 가능한 방식으로 간섭하여, 건강이나 법적인 배상문제에서처럼 고객들이 명백히 수용하는 복리를 증진한다. 고객들은 그들의 전문가들을 선택하고 그들의 충고를 거부할 수 있으며, 다른 전문가에게 갈 수도 있기 때문에, 결과적으로 고객들은 전문가들이 그들의 자유에 부과하는 어떤 제약에도 동의한다고 가정해도 좋을 것이다.

고객과 전문가 사이의 관계에 대한 이러한 주의주의적(volun-taristic) 해석은 간섭주의적 힘을 발생시키는 몇몇 특징적인 전문직 풍토를 무시하는 것이다. 전문직은 다른 무엇보다도 일군의 지식과 전문화된 훈련, 그 직업의 훈련과 실천에 대한 독립(자기규제를 포함), 그리고 개별적 전문가의 권위를 더욱 향상시켜 주는 사회적 특권 등을 특징으로 한다.[33] 때때로 간섭주의를 정당화해 주는 역할을 하는 고객들의 무지가 또한 전문가를 선택하고 전문가의 충고를 따를 것인지를 결정하는 고객의 능력을 제한한다. 전문가들은 우월한 지식을 바탕으로 하여 실제로 고객의 상황이 요구하는 것보다 더 많이 간섭하려는 경향을 갖고 있을 수도 있다. 전문가들은 예를 들어 그들이 고객들 자신의 복리라고 믿는 것을 달성하기 위해서 정보를 제공하지 않거나, 처방을 제시하거나, 고객에게 알리지 않고 용역을 제공할 수도 있는 것이다.[34]

전문가가 증진시켜 주는 통상적인 목적 — 건강, 정의, 복지 등 — 에 일반적으로 고객들이 동의한다고 해도 전문가들은 이러한 목적을 많은 다양한 방식으로 추구한다. 그리고 이러한 방식들 중의 몇몇은 특정한 고객이 받아들이지 않음에도 불구하고 그에 따르지 않을 힘이 없을 수도 있다. 차선의 의견을 구하는 것, 다른 전문가를 고용하는 것, 과실에 책임을 지우는 것 등은 종종 어려운 일이다. 고객은 단지 개별적 전문가뿐 아니라 제도화된 전문직, 즉 원리적으로는 전문가의 유능성을 평가하는 유일한 조직이기를 요구하며, 실천적으로는 전문가를 비판으로부터 보호하기 위해 결집한 그러한 제도화된 전문직에 도전해야만 한다. 고객이 전문가와 조우하는 것은 조직적 권력이라는 무대장치 위에서인 것이다.

전문가와 고객의 불평등한 역할을 전제했을 때, 전문가들이 때때로 정당화 가능한 간섭주의의 한계를 벗어나는 방식으로 고객의 자유를 제약하는 것은 놀라운 일이 아니다. 하지만 이렇듯 과도한 간섭주의가 전문직 풍토의 필연적인 논리적 귀결은 아니다. 그리고 최근 몇 년 동안, 전문가 자신들을 포함한 많은 사람들은 전문가와 고객들 간의 관계에서 간섭주의를 축소하거나 제거할 수 있도록 변화를 촉구해 왔다. 그러한 변화들은 전문가와 고객들 양편에 새로운 태도를 요구할 뿐 아니라 전문가와 고객의 관계를 민주화할 수 있는 것을 포함하는 새로운 제도를 요구한다. 세 가지 전문직업에 대한 간단한 조망을 통하여 전문가와 고객 사이의 관계에서 간섭주의적 힘을 인식하는 것이 어떤 함축을 지니는지를 살펴보기로 하자.

많은 학자들에 따르면 의사와 환자의 관계와 같은 전통적 모델의 두드러지는 특징은 '간섭주의적 선의(paternalistic benevolence)'이다.[35] 이러한 관점에 따르면, 의사가 진단이나 치료의 내용을 환자에게 충실히 알려주지 않는다 하더라도 그렇게 함으로써 환자의 건강에 좀더 도움이 된다고 의사가 믿는다면, 의사의 우월한 의료지식과 이타적 의도를 감안할 때에 그러한 의사의 행위는 환자를 위한 것으로 정당화될 수 있다. 극단적인 경우에 그 의사는 환자가 확실히 순종하게 만들기 위해서 기만이나 심지어 미묘한 형태의 강압을 사용할 수도 있을 것이다.

이러한 전통적 모델은 규범적인 근거와 경험적인 근거 양면에서 반론에 부딪치게 될 것이다.[36] 간섭주의적 태도를 취하는 의사들은 환자들에게 가능한 선택의 영역을 제한함으로써 환자의 자유를 침해할 수도 있는 것이다. 특정한 병리에 대해 어떠한 치료가 적절한가를 의사들이 가장 잘 안다고 해도, 어떤 정보나 치료가 환자의 전체적인 행복(well-being)에 효과적일 것인가까지도 반드시 그들이 가장 잘 아는 것은 아니다. 의사들이 환자에게 진단 및 치료에 대한 선택의 자유를 설명하는 것이 어렵다고 느낀다 해도 그들은 전통적 모델이 요구하는 것보다 더 완전하고 정직한 설명을 해줄 수 있다.[37] 의사와 환자의 관계에 있어서 전통적 모델과 결합된 계약이론은 역시 유사한 이유에서 의심스럽다. 의사와 환자의 관계는 환자가 일시적으로라도 그의 자율권을 의사에게 양도하는 계약에 의존한다는 방식의 사고는, 의사가 그들 자신과 그들의 직업적 표준에 대해서만 책임을 진다는 것을 함축한다는 이유에서 특히 비판받아 왔다.[38] 더욱이 몇몇 경험적 연구들은 의사가 진단과 치료의 내용에 대해서 더 충실하게 설명하면 설명할수록, 환자가 의사의 지시에 순종하고 치료에 만족할 가능성이 더욱 높아진다는 것을 보여주고 있다.[39]

의사와 환자의 관계에서 더욱 참여적인 모델을 제시하는 사람들은 환자의 권리장전 및 환자의 권리주창 체계 같은 수단을 제안한다. 그들은 의사들이 더욱 개방적으로 그들의 환자들과 상의하고 또 의사들이 그들의 직업윤리를 간섭주의에 반대하는 전제가 도출되는 보편적 윤리의 일부로 간주하게 하기 위해서 전문직업적 표준과 교육에서의 변화를 촉구한다.[40] "충분한 정보가 주어진 상태에서의 동의(informed consent)"에 대한 전통적 해석이 변화되어야 한다는 것도 제안되어 왔다. "전문직업상의 배려기준" — 양식 있는 의사는 자신이 속한 공동체에서 환자에게 무엇을 말해야 할 것인가? — 에 호소하는 대신에 우리는 문외한의 기준 — 양식 있는 환자는 지적인 결정을 내리기 위해서 무엇을 알아야 하는가? — 을 채용해야 한다.[41] 후자의 기준에 따를 때에 환자들, 더욱 포괄적으로 시민들은 진정한 민주적 과정에서 행사하는 통제력과 유사한 통제력을 비로소 그들 자신과 사회의 복지를 위해 행사할 수 있을 것이다. 이러한 모든 제안은 환자의 무지와 의사의 일방적인 행동이 동시에 제한되는 의사와 환자의 관계, 요컨대 간섭주의적 힘을 최소화하는 관계를 배양하고자 하는 것이다.

변호사와 의뢰인의 관계도 간섭주의적 경향을 분명하게 보여주고 있다.[42] 변호사들의 태도에 대한 한 통계조사는 많은 변호사들이 "간섭주의적이고 지배적으로 행동하는 것에서 비롯되는 쾌감을 필요로 하고, 또 그러한 행동으로부터 쾌감을 얻는 듯이 보인다"는 것을 보여주고 있다.[43] "새로운 의뢰인을 다루는 방법"이라는 제목의 소책자는 변호사가 의뢰인들에게 그들이 원하는 것 — "훌륭하고 현명한 부모의 조용한 재확인" — 을 주도록 충고하고 있다.[44] 간섭주의적 변호사의 행동이 간섭주의적 의사의 행위보다 덜 해로운 것이라고 생각될지도 모르겠다. 의뢰인이 필요로 하는 것은 환자가 필요로 하는 것보다 덜 긴박한 것인 듯이 보이고, 일반적으로 의뢰인은 환자가 의사를 바꾸는 것보다 더욱 쉽게 변호사를 바꿀 수 있으며, 의뢰인은 환자가 의료적 대안들을 이해하는 것보다 더욱 손쉽게 법적인 선택의 자유를 이해할 수 있다. 그러나 변호사와 의뢰인의 관계를 형성하는 보다 더 미묘한 형태의 권력관계의 일부에라도 주의를 기울인다면 우리는 그것이 지닌 간섭주의적 위험을 평가절하하려는 유혹을 덜 느끼게 될 것이다. 많은 상황에서 변호사는 심각한 자유의 박탈에 대항하고자 하는 의뢰인의 마지막 희망이다. 그리고 많은 경우에 의뢰인은, 특히 그가 가난하다면, 여러 변호사들 중에서 선택하는 것은 그만두고라도 도대체 변호사를 선임하는 것만 해도 다행이다.[45] 법도 의학만큼 신비스러운 것으로 나타날 수 있다. 그리고 무엇이 법적 논쟁의 성공적인 결과로 간주되어야 할 것인지에 대한 기준은 의료적 치료와 결과에 대한 기준만큼도 분명하지 않을 수 있다. 더욱이 간섭주의가 전문가들이 다른 시민들에 비해서 그들 자신의 환자나 의뢰인들에게 더 우호적일 것이라는 사실을 보장해 주는 한에는, 법률가의 간섭주의적인 행동이 사회에 끼치는 영향을 의사들의 간섭주의적 행동의 영향보다 더 유해할 수도 있다. 환자를 치료하는 것과 달리 소송에 승리하는 것은 본래적 선이 아닌 것이다.[46)

법적인 소송을 간섭주의의 모델로 삼는 것은 바람직하지 못한 사회적 결과를 낳을 수 있을 뿐 아니라 의뢰인의 최선의 이익에 봉사하지 않을 수도 있다. 개인적인 손해배상 청구문제를 법정에서 다루게 만든 60명의 뉴욕 변호사들에 대한 한 조사는 "능동적으로 자신의 문제에 관한 정보를 구하고, 그것을 처리하는 데에 참여하고, 또 그에 대한 책임을 공유하는 고객들이, 아무런 의심없이 수동적으로 책임을 위임한 고객보다" 더 좋은 결과를 얻을 가능성이 높다는 것을 보여주고 있다.[47) 개혁적인 성향을 지닌 변호사와 시민들은 변호사와 의뢰인의 관계에서 간섭주의를 억제할 수 있게 해줄 변화를 촉구해 왔다. 이러한 변화는 법률용어의 단순화, 참여적인 형태의 소송절차 훈련 등을 포함하고 있다. 몇몇 사람들은 또한 아마도 법에 의해 강요되는 지침, 즉 변호사들이 의뢰인들과 더욱 많은 것을 상의하도록 요구하는 지침을 마련하자는 제안을 했다. 구체적으로 그러한 지침은 변호사가 의뢰인과 토론해야 할 것으로서 다른 변호사에 대한 소송책임의 위임, 법정밖에서 이루어진 화해과정에서 제안되거나 수용된 조건들, 소송에 얼마나 많은 시간이 걸리는지, 선고심까지 갈 것인지, 그리고 (전문가 증언의 이용처럼) 법정에서의 전술에 관한 결정 등을 명기하고 있다.[48) 다른 몇몇 이들은 변호사가 소송에서 중요한 결정을 내릴 때마다 변호사들에게 의뢰인의 서명을 확보하도록 해야 한다고 제안하기도 했다.[49)

그러나 또 다른 종류의 전문직업적 관계 ─ 복지담당 공무원 (social worker)과 보호 대상자의 관계 ─ 도 과잉 간섭주의로 비판받을 수 있다.[50) 전문가들의 간섭주의적 경향에, 정부의 대리인으로서 복지담당 공무원의 위치에서 비롯되는 또 다른 간섭주의적 귀결들이 덧붙여진다. 복지담당 공무원은 정부에 의해서 정해진 일반정책을 따라야 하기 때문에 그들은 보호 대상자의 복리를 그 자신이 규정하는 그대로 규정할 수 없을 수도 있다. 보호 대상자를 돕는 과정에서 복지담당 공무원은 또한 "사람들에게 기대되고 수용되는 행동양식에 더욱 가까운 행동을 그 보호 대상자가 할 수 있도록 그의 태도와 행위를" 변화시킬 수도 있다.[51] 그러한 과정은 스스로 정당화하는 간섭주의로 변질할 위험으로 가득 차 있다. 더욱이 보호 대상자들은 보통 가난한 소수집단의 성원들이기 때문에 계급과 인종상의 불평등이 전문성에서 비롯되는 불평등을 심화시킨다. 전문가들은 조직적 권력을 행사하고 그것을 통해서 다시 그들의 권력을 강화할 수도 있는 것이다.

이른바 '복지 간섭주의'에 반대하면서 개혁가들은 지금은 복지담당 공무원 및 다른 전문가들이 지배하고 있는 관청에 보호 대상자들이 더욱 많이 참여하는 것, 보호 대상자의 권리에 대한 더욱 강한 진술, (복지권 주창자의 임명을 포함한) 다양한 법적 보호장치, 그리고 시민이 다른 서비스를 받지 못하면 소득유지 정책(income maintenance)의 혜택을 얻을 수 있도록 양자를 분리할 것 등을 촉구해 왔다.[52] 많은 사람들은 '청년동원(the Mobilization for Youth)' 같은 자조적(自助的) 단체의 성장을 환영한다. 그러한 단체는 가난한 사람들에 대한 상담 및 다른 사회봉사 활동을 개선할 수 있으면서 동시에 전문적인 복지담당 공무원들에 의해 야기될지도 모르는 간섭주의는 회피할 것이다.[53] 한 학자는 심지어 복지담당 공무원이 아무런 갈등 없이 보호 대상자의 복리를 추구할 수 있도록 하기 위해서는, 복지담당 공무원이 정부에 의해 보조를 받지만 그 외의 사항들에 대해서는 정부당국에 독립적으로 보호 대상자들에게 봉사하도록 하는 지원금 봉사제(a fee-for-service basis)를 제안하기도 했다.[54]

참여적 접근법은 이 세 분야 모두에서 제시된 여러 개혁안의 지침이 되고 있다. 그러나 참여적 접근법 그 자체에 아무런 문제점도 없는 것은 아니다. 간섭주의의 나쁜 측면을 액막이하려는 (exorcise) 그들의 노력에서 개혁가들은 때때로 간섭주의가 자애로운 측면을 갖고 있다는 사실을 망각하고 있다. 적어도 이상적으로는 의사, 변호사, 그리고 복지담당 공무원들은 — 그 관계가 적대적이지 않을 때는 매우 성공적으로 — 전문적인 기술과 그들의 고객들에게 진정으로 혜택을 주려는 배려심을 가지고 있다.[55] 참여적 접근법이 너무 확대되었을 경우, 전문가들은 그들의 충고에 대한 책임을 회피하게 될 수도 있을 것이다. 그리고 모든 지식을 원하면서도 주요한 결정에 대한 권한을 의사나, 변호사, 또는 조언가에게 위임하려고 하는 고객의 자유를 제한할 수도 있을 것이다. 더욱이 전문가 자신들이 그들의 업무를 어떻게 수행할 것인지를 관장할 특정한 권리를 합법적으로 요구할 수도 있을 것이다.[56] 그러나 정당화 가능한 간섭주의의 기준을 만족시키기 위해서는 아마도 다소간 참여적인 제도가 필요하다는 것이 입증될 가능성이 높다. 그러한 제도하에서 전문가들은 그들의 고객들이 공유하는 목적을 추구함에 있어 제한된 방식 내에서나마 진정한 결함을 교정하는 그들의 힘을 행사할 가능성이 더욱 높다.

강제적 치료

전문가와 고객의 관계에 내재하는 간섭주의는 일반적으로 고객들이 그들 자신의 복리를 위해서 특정한 방식으로 행동하도록 강요하는 형태보다는 고객들에게 자신들을 위한 결정에 대한 통제력을 거의 주지 않는 형태를 취한다. 전형적으로 전문가는 행위를 강요하기보다는 정보를 주지 않음으로써 선택의 기회를 제한한다. 그러한 제한이 더욱 직접적인 것처럼 보이는 것은 정부가 간섭주의의 주체일 때이다. 이때 정부는 사람들에게 혜택을 강요하거나, 사람들이 다른 사람들이 그들의 선이라고 생각하는 것과 반대로 행동하는 사람들에게 제재조치를 부과함으로써, 특정한 행동을 금지하는 법을 이용한다. 그러나 우리가 전문직업적 간섭주의에서 국가 간섭주의로 이행할 때에도 간섭주의적 힘의 본질적 특징 중에서 많은 부분은 그대로 남는다. 많은 경우에 정부는 결과적으로 전문가들의 간섭을 제도화한다. 그 외의 경우에는 정부 공직자들이 스스로가 전문가로서 행동하며 시민들의 복지에 관한 그들의 전문적 판단을 강요하는 법이나 행정절차를 사용한다. 이 모든 경우에 다양한 권력들 중의 하나이면서도 체계적인 권력의 존재가 간섭주의적 간섭의 정당화 가능성에 영향을 미칠 수 있다.

법원은 일반적으로 건전한 정신을 소유한 성인은 그의 몸에 무엇이 행해지는지를 결정할 권리를 가진다고 여겨왔고, 따라서 원칙적으로 간섭주의적 근거에서 치료를 행하는 것을 거부해 왔다.[57] 법원은 병의 경과가 좋지 않을 경우나 치료가 행해진다면 경과가 좋아질 경우, 양자 모두에서 응급상황이나 비응급상황을 막론하고 환자에게 생명유지 치료를 거부할 권리가 있음을 인정하고 있다. 공중의 건강을 보호하거나 다른 사람, 특히 아이들에게 해를 입히는 것을 막을 필요가 있다면 환자에게 의료행위를 수용하도록 강요할 수 있다.[58] 그러나 심지어 환자가 의사와 계약했다거나 의사가 환자의 생명을 구하기 위해서 그의 힘이 미치는 범위 내에서 모든 것을 행할 법적·윤리적 의무를 지니고 있다는 것을 근거로 제시한다고 해도 환자 자신의 해악에 의해서 간섭을 정당화할 수는 없다.[59] 환자의 자유는 이러한 주장 양자 모두에 선행한다.

이러한 일반적 원칙은 설령 그것이 강한 반간섭주의를 표방하는 것이라 해도 거기에는 세 가지 유형의 예외가 있다. 첫째, '치료상의 특권(therapeutic privilege)'에 대한 학설은 어떤 정보가 환자에게 해악을 끼칠 것이라고 생각한다면 그러한 정보를 주지 않을 것을 의사에게 허용하고 이렇게 하여 환자가 충분히 알지 못한 채로 치료받는 경우가 생기는 것을 가능하게 한다. 우리는 이미 충분한 정보를 주지 않는 사례들 중 대부분이 정당화 가능한 간섭주의로 생각될 수 없다는 것을 살펴보았다. 유사한 반론이 결과적으로 강제적 비치료의 한 형태라고 할 수 있는 위약(僞藥)의 사용에도 종종 적용된다.[60]

더욱 판단하기 어려운 것은 두번째 종류의 예외 ─ 환자가 단순히 치료를 거부하거나 치료가 중단되기를 요구하는 것이 아니라 의사에게 사망에 이르도록 하는 처치를 해주기를 요구하는 경우 ─ 이다. 의사는 그러한 능동적인 역할을 수용하는 것을 거부할 수도 있다. 그것은 순수히 간섭주의적인 이유에서가 아니라 다른 도덕적 이유, 즉 다른 사람의 죽음에 의사가 직접적으로 책임을 지지 않아야 한다고 주장할 수도 있다는 이유에서이다.[61] 죽음을 야기하는 처치에 동의하는 것이 생명을 유지하는 치료를 행하는 것에 동의하지 않는 것과 근본적으로 다른 것인지에 대한 물음은 행위이론, 더욱 일반적으로는 (행위(acts)와 행위결여(omissions)를 구분하는 문제처럼) 윤리이론에서 발생하는 몇몇 논쟁의 여지가 있는 문제들을 어떻게 풀어낼 것인가에 부분적으로 달려 있다.[62] 그것이 "일상적 상황에서의" 수단과 "비상사태 하에서의" 수단 사이의 가정상의 기술적 구분 같은 의료적 기준에 의해서만 해결될 수는 없다. 그러한 구분은 행위와 행위결여 사이의 구분에 못지않게 논쟁의 여지가 있는 가치판단에 의존하고 있다.[63]

행위와 행위결여 사이의 구분에 관한 물음은 정치적인 것이다.

치료를 행하는 것과 행하지 않는 것 사이의 도덕적 차이에 관한 우리의 판단은 부분적으로 그것들이 제도적 장치에서 요구하는 재량권에서의 차이들에 의거해야만 한다. 간섭주의자들의 인성을 개인적으로 판단할 수 없고 그들의 일과를 쉽게 감독할 수 없는 경우에, 우리는 생사가 걸린 문제에서 그들에게 많은 재량권을 부여하는 데에 주의하게 될 것이다. 한편으로 직접적으로 죽음을 야기하게 하는 것은 더욱 위험스러운 권한인 듯이 보인다. 살인이 정당화될 때에 그것에 대한 도덕적 제약을 벗어버리려고 하는 사람은, 그것이 정당화되지 않을 때에도 이러한 제약 및 다른 제약들을 지키지 않게 될 가능성이 더욱 높을 수도 있다. 단지 생명을 구하지 못한 사람들보다 그러한 사람들을 더욱 도덕적으로 의심스러운 사람으로 간주하는 공통적인 경향의 근저에 그러한 관념들이 다소간 존재하고 있을 수도 있다. 다른 한편으로 제도적 장치 안에서도 (정당화 가능한 죽음뿐 아니라 정당화 불가능한) 죽음을 막지 못할 가능성이 더욱 크다. 그리고 실패 자체 — 그것이 특정한 시간에 행해진 구체적인 행위인 경우는 거의 없다 — 를 확인함에 있어서도 더욱 큰 어려움이 있다. 이러한 상황에서 정당화되지 않는 행위결여를 막으려는 규칙은 적어도 정당화되지 않는 행위에 반대하는 규칙만큼 중요하다. 전자의 종류의 규칙을 유지하기 위해서 널리 받아들여지고 있는 도덕적 관점들이 죽기를 소망하는 환자의 죽음을 야기하는 직접적·간접적 방식 간의 차이에 큰 비중을 둘 수는 없다. 제도적 절차는 이미 취해진 행위뿐 아니라 아직 취해지지 않은 행위도 검토해야 할 것이다.

강제적 치료에 반대하는 원칙에 대한 세번째 부류의 예외 — 가장 광범위한 것 — 는 환자가 정신적으로 무능하다고 가정되는 사례들을 포괄하는 것이다. 많은 경우에 환자가 실제로 무능한지를 결정하기는 매우 어렵다. 의사들간의 견해가 일치하지 않을 수도 있고, 어떤 경우에는 그들이 최종적인 진단을 내리지 말아야 한다.[64] 우리가 살펴볼 것처럼 의사가 비합리적인 것으로 간주하는 목적, 심지어는 죽음까지도 환자가 선호한다는 사실이 정신적 무능의 주요한 기준이라면 간섭주의는 정당화될 수 없다. 우리는 또한 단지 무지가 환자의 정신적 무능함을 판단하는 데 충분한 근거는 아니라고 주장하고자 할 수 있을 것이다. 그러나 '거짓된 민음'을 갖고 있는 경우에는 이렇게 생각할 수 없을 것이다. 다른 문제들에는 합리적이지만 자신의 병과 관련해서는 불합리한 환자, 즉 단순히 자신이 암을 갖고 있지 않다고 믿기 때문에 암의 전이를 막기 위해 필요한 외과수술을 거부하는 그런 환자들의 결정을 우리가 받아들여야 할까?[65] 거짓된 민음을 갖고 있다고 해서 반드시 강제적 치료를 받아야 하는 것은 아니다. 그러나 거짓된 민음들을 갖고 있다면, 그렇지 않을 경우에는 정당화될 수 없는 특별한 설득기법이 요구될 수도 있다. 우리가 그러한 기법을 허용한다면 우리는 또한 그것들이 남용되지 않을 것이라는 사실을 보장할 수 있도록 제도적 보호책을 마련해야 할 것이다.

(예를 들면 환자가 혼수상태에 빠져 있을 때처럼) 환자가 무능력하다는 점에 의심의 여지가 없을 때에 적용되어야 할 해악이나 혜택의 기준이 무엇인지에 관한 물음이 아직 남아 있다. 지금까지 살펴본 것에 따르면 그러한 기준은, 그것이 가능하다면, 환자가 소망하는 것이나 환자가 정신적으로 무능하지 않은 상태라면 소망할 것을 지칭해야 할 것이다.[66] 갑자기 "만성적인 영구적 식물인간 상태"에 빠져버린 젊은 여성 퀸란(Karen Ann Quinlan)에 대한 소송에서 뉴저지 대법원은 그러한 기준에 호소한 듯이 보인다. 판사들은 환자가 "기적적으로 잠시 동안 의식이 분명해져서 … 그녀의 회복할 수 없는 상태를 알게" 되었다면 그녀 자신이 무엇을 바랄 것인지에 호소했다.[67] 그러나 그러한 경우에 그 판결은 과잉

결정(overdetermined)된 것이다. 특정한 환자가 이런 상태에서 사는 것을 바라지 않는다고 가정하는 것은 우리가 일반적으로 어떤 환자도 이런 상태에서는 사는 것을 바라지 않을 것이라고 가정하기 때문이다. 병의 경과가 확실하지 않거나 치료에 대한 논쟁의 여지가 더욱 클 것일 때에는 특정한 환자가 바라는 것이 환자들이 일반적으로 바라는 것과 달라질 가능성이 더 높다.[68] 이러한 상황에 우리가 필요로 하는 것은 그러한 기준들이 특정한 환자의 목적들을 지칭하건, 아니면 모든 환자가 공유하는 목적들만을 배타적으로 지칭하건 간에 서로 경쟁하는 관계에 있는 목적들에 관한 불일치를 해소해 줄 수 있는 제도인 것이다.

퀸란의 소송 같은 상황에서도 그러한 제도가 있었으면 좋았을 것이다. 환자가 죽기를 소망할 것이라는 데에 동의하지 않을 사람이 아무도 없다 하더라도 다른 관련 당사자들 중의 몇몇은 그 환자가 살기를 원한다고 주장할 만한 정당한 이유를 가질 수 있다. 그때에 핵심적인 물음은 다음과 같은 것이다. "결정할 권한을 가진 사람이 누구인가?" 우리가 부모나 가족에게 결정할 모든 권한을 주고자 하지 않는 것은 옳은 일이다. 그들의 이해관심이 환자의 이해관심과 다를 수가 있기 때문이다. 그러나 우리는 책임을 의사나 국가 공무원에게만 맡기는 것에 대해서도 숙고해 보아야 한다. 그들 역시 다른 이해관심을 가질 수 있는 것이고 또한 생명의 종결에 전문적 조치나 공적 조치를 제공하는 것을 바라지 않을 수도 있다. 퀸란의 소송에서 뉴저지 대법원은 부모, 출석의사, 윤리위원회 — 이것의 성격은 애매한 채로 남아 있다 — 등에 동의를 요구함으로써 이러한 문제를 해소(회피)했다.

그때 이후로 많은 미국 병원들에 윤리위원회가 구성되게 되었다. 그들의 역할은 대부분 자문에 응하는 것이지만 그들의 영향력은 꾸준히 증가되고 있다. 윤리위원회들은 다른 종류의 사례들뿐 아니라 무능력한 환자들에 대한 치료에서 제기되는 도덕적 쟁점들에 대한 토론을 더욱 확장시키는 역할을 해왔다.[69] 이런 방식으로 윤리위원회들은 그러한 사례들에서 그 자체로 확실한 것이 아닌 간섭주의적 권력의 행사에 관한 더욱 합당한 판단을 내리기 위한 공개토론회를 개최한다. 그러나 우리는 모든 시민들이 공유하는 가치를 반영하는 보편적인 기준을 추구하기 때문에 이러한 위원회들이 그러한 영역에서 입법부를 대신할 수는 없다. 이러한 위원회들은 법령에 의해서 확립된 틀 내에서 작업해야만 한다. 설령 윤리위원회들이 또한 입법적 숙의 과정에서 발언권을 가져야 한다고 해도 말이다.

비자발적 후견에 관한 법

대부분의 주(州)들의 법은 법원이 후견인(guardian)을 임명하여 스스로 관리할 능력을 갖고 있지 못한 사람들의 토지나 개인적인 일을 관리하도록 할 수 있게 하고 있다. 그 주요한 이유는 간섭주의적인 것이다. 후견은 사람들을 그들 자신으로부터 보호하기 위해서 필요하다. 전형적인 경우에 피후견인은 후견인의 승인 없이 재산을 처분하거나, 실효성 있는 계약을 맺거나, 결혼하거나, 주소를 바꾸거나, 그를 대신해 줄 대리인 — 의사, 변호사, 다른 후견인 — 을 선택하지 못한다.[70] 후견인 관행은 (가령 심각하게 지능발달이 지체된 성인처럼) 정신적으로 결함이 있는 것이 분명한 많은 경우에 정당화되는 듯이 보인다. 그러나 법원과 국가는 또한 "절약심이 없거나", "신체적으로 무능해지거나", "과도한 음주자이거나", "연로하거나", "게으름뱅이이거나", 또는 "방탕한 자로 간주되는 사람들에게" 후견인을 임명해 왔다.[71] 오하이오 법원이 보통의 경우에는 완전히 정상적으로 행위하는 85세의 노인에게 그의 잠정적인 상속자들 중의 하나의 요구에 따라 후견인을 둔 것은 그가 그의 토지의 많은 부분을 남들에게 주어버렸기 때문이다. (비록 여전히 미래에 그 자신에게 필요한 것들을 위해 지불할 신탁자금은 충분히 갖고 있었다고 해도 말이다.)[72]

광범위한 영역에 걸치는 후견인 법은, 그것이 지금까지 종종 그랬던 것처럼, 과도하게 광범위한 결함기준에 호소함으로써 뿐 아니라 피후견인을 보호하기 위해 필요한 범위를 넘어서서 과도하게 자유를 제한함으로써 정당화 가능한 간섭주의의 기준에 반하게 된다. 병원에 위탁되는 것은 종종 후견인을 임명하기 위한 충분한 이유로 받아들여진다. 피후견인이 여전히 대부분의 측면에서 그의 일을 완전히 적절하게 다룰 수 있는 데도 말이다. 법원과 국가가 후견과정을 가까이에서 감독하는 경우는 매우 드물다. 아울러 후견을 끝내기 위한 절차는 어려울 뿐 아니라 피후견인 자신이 호소하는 경우도 거의 없다.[73] 심지어는 처음에 후견이 정당화되었을 때조차도 그렇듯 확장된 재량권의 부여가 규칙적이고 독립적인 검토 없이 무한히 계속되어서는 안된다. 제도화된 권력으로서의 후견에서 비롯되는 위험이 점검되려면 후견인들이 피후견인에게 부과하는 가치관, 즉 잠재적으로 다양한 가치관들 중의 하나일 수밖에 없는 가치관에 도전할 수 있게 해주는 제도화된 보호조치가 있어야 한다.

후견의 위험 중의 일부는 더 많은 주(州)들이 이른바 미네소타 계획 — 더욱 많은 국가 공직자가 후견인으로 봉사하도록 하는 계획 — 을 채택한다면 경감될 수 있을지도 모른다.[74] 사실 국가 간섭주의는 그 자체로 문제 — 공인으로서 관료의 잠재적인 무관심과 경직 — 있는 것이다. 그러나 국가 공직자들은 후견에서 재정적 위험을 초래할 가능성이 더 적고 그들의 결정사항이 공적인 조사에 개방될 가능성도 더 높다. 사전(事前) 동의를 위한 법률조항(예를 들면 후견인을 지명하고 그 권한을 미리 명시해 두는 것)과 후견소송에서의 청문회나 검토, 그리고 상고를 위한 더 좋은 절차가 또한 도움이 될지도 모르겠다. 어떤 제도가 확립되건 간에 그것들은 정당화 가능한 간섭주의의 기준에 준하는 것이어야 한다. 후견이 제도적으로 가능한 경우는 결함, 후견의 범위와 지속 기간, 그리고 잠재적인 자해 등이 최초에 후견의 기준을 만족시킬 뿐 아니라 그 이후에도 지속적으로 그러한 기준을 만족시킬 때뿐이다. 후견인의 간섭주의적 힘이 체계적인 것처럼 후견의 검토과정도 체계적이어야 하는 것이다.

공공복지의 분배

정부가 소득을 가난한 사람들에게 재분배해야 하는지에 대한 일반적 물음은 사회정의에 대한 이론에 의존하는 것이지 간섭주의의 설명에 의존하는 것이 아니다. 정부가 재분배의 재원을 마련하기 위해 부과하는 자유에 대한 제한은 복지의 수혜자에게 행해지는 것이 아니라 사회의 다른 성원들에게 행해지는 것이다.[75] 심지어는 밀조차도 그러한 제한 — "관련된 사람들보다는 다른 사람들의 혜택을 위해 행해지는 행위" — 을 정보가 개인의 자유에 간섭하는 것에 반대하는 그의 생각에 대한 합당한 예외로 승인하려 했던 것이다.[76] 그렇지만 일단 우리가 공공복지 체계를 수용한다면 정부가 혜택을 분배하는 형식이 간섭주의를 야기할 수 있다.

복지체계는 시민들에게 특정한 혜택에 대한 권리를 주는 반면에, 수혜자들이 특정한 조건을 만족시키거나 수혜자들이 혜택을 특정한 방식으로 사용할 것을 요구할 수도 있다. 어떤 상황에서는 그러한 요구들이 행정의 효율성과 사회정의에 근거하여 옹호될 것이다. 그러나 그러한 요구들이 주로 수혜자의 복리를 증진하려는 의도에 의한 것일 때, 그것들은 간섭주의가 된다. 왜냐하면 그러한 요구들은 아무런 간섭이 없었다면 수혜자들이 선택했을 수도 있는 그런 방식으로 수혜자들이 복지 수당을 사용하지 못하도록 하는 것이기 때문이다. 그러한 요구의 한 종류 — 수혜자들에게 그들의 능력에 적당하고도 쉽게 얻을 수 있는 직업을 받아들이라는 것 — 가 때때로 간섭주의적 이유에서 제안된다. 그러나 그러한 요구 또한 복지란 그것을 가장 필요로 하는 사람들만을 위한 것이며, 따라서 가능한 한도 내에서는 수혜자의 수를 적게 하려는 것이라고 생각된다.[77] 또 다른 요구 — 수혜자들이 복지담당 공무원들이나 복지부 공직자들에 의한 상담을 수용하는 것 — 는 우리가 이미 고려한 종류의 간섭주의적 관계를 조장하는 것이다.

복지정책에서 특징적인 간섭주의 문제가 발생하는 것은 정부가 금전적 소득 대신에 물품혜택 — 식량 배급표, 옷, 주거지 등 — 을 제공함으로써 복지수당을 특정한 방식으로 사용할 것을 요구할 때이다.[78] 그러한 정책은 때때로 행정상의 효율성을 근거로 하여 옹호된다. 물품원조는 지역에 따른 상품가격 차이에서 비롯되는 문제를 비껴갈 수 있게 해주며, 부패가 발생할 기회를 감소시킨다. 그러나 행정상의 효율성에 근거한 논변은 다른 방식의 논의를 차단하기 때문에 (물품지급은 더욱 정교한 관료제를 수반한다.) 물품원조의 정당화는 많은 범위에서 간섭주의적 근거에 의존해야 한다.

비판가들은 그러한 정책의 "기저에 깔려 있는 전제가 가난한 사람들은 나머지 국민들과는 달리 스스로 적절한 선택을 할 수 없기 때문에 보조를 필요로 한다"는 것이라고 주장한다.[79] 정부가 수혜자들에게 제공하는 혜택을 그들에게 가장 이익이 될 수 있도록 사용하라고 강요하지 않는다면 미래의 욕구보다 현재의 욕구를 충족시키려는 경향을 더 많이 갖고 있는 수혜자들은 그 자신의 최선의 이익에 따라서 행위하지 않을 가능성이 높다. 이러한 이유와 그것에 근거하여 이루어지는 정책의 문제점은 모든 수혜자, 또는 수혜자 대부분의 결정이 간섭주의를 정당화하기 위해 요구되는 방식으로 결함을 갖고 있다는 유력한 증거를 입법의원들이나 행정관들이 거의 지니고 있지 못하다는 것이다. 더욱이 물품원조는 실천 가능한 복지정책 중에서 수혜자의 자유에 최소한도로 간섭하는 정책도 아니다.

물품원조를 옹호하는 몇몇 사람들은 여전히 복지체계의 목적이 기본적 필수품들을 제공하는 것이지 특정한 수준의 금전적 소득을 제공하는 것은 아니라는 사실을 지적할 수도 있을 것이다. 물품원조는 그 수혜자들에게 그런 원조가 없는 경우보다 더 큰 자유를 제공한다. 그리고 아마도 현금원조의 수혜자들이 현금을 부적절하게 사용한다면 물품원조는 현금원조를 할 경우보다도 더 큰 자유를 제공할 것이다. 그러나 복지의 일반적 목적에 동의가 있다고 해도 기본적 필요를 충족시키기 위해 필요한 재화의 수준과 그것들 간의 상대적 우선성에 대해서는 정당한 불일치가 존재할 가능성이 높다. 소득수당과 달리 물품원조는 수혜자들에게 논쟁의 여지가 있는 목적을 부과할 것이다. 또한 이러한 목적을 부과할 때, 국가는 수혜자들에게서 자신의 기본적 필요에 관해 선택할 책임을 박탈한다. 그들은 국가에 더욱 의존하게 되고 그들의 삶의 다른 영역에서도 국가의 체계적인 권력에 더욱 취약하게 된다.

소득보장 정책 또는 저소득자 교부금 정책이 더욱 유력한 접근법인 듯이 보인다. 그러한 정책들은 일반적으로 수용 가능한 복지체계의 목표에 충실할 수 있는 반면에 물품원조 정책에 내재해 있는 보다 더 논쟁의 여지가 있는 판단들을 피할 수 있다.[80] 소득보장 정책은 수혜자에게 그들 자신의 일을 더 잘 경영하는 법을 배울 더욱 많은 기회를 제공하고, 결국 다른 사람이나 국가의 지도에 덜 의존하게 하는 기회는 더욱 많이 제공한다. 복지를 분배하는 방법은 그냥 현금을 지급하는 방법부터 충고와 현금을 병행하는 방법, 강제적 충고와 현금을 동시에 지급하는 방법, 영수증을 제출할 것을 요구하는 방법, 물품을 지급하는 방법, 지출품목을 명령하는 방법 등으로 이루어진 일련의 연속체계이다.[81] 간섭주의적 이유에 기초한 어떤 복지체계도 그러한 연속체계에 대한 최소한도로 제한적인 정책에서 시작해야 한다. 만약 더욱 제한적인 정책으로 이동해 나아가야 한다면, 그것은 더욱 제한적인 정책이 그 체계를 정당한 것으로 만들기 위해 필요한 것이면서 정당화 가능한 간섭주의에 대한 다른 기준과 일관된 것일 때뿐이다. 이러한 접근법은 복지의 제공자들이 그 수혜자들에게 행사하는 간섭주의적 권력의 부정적 측면, 즉 수혜자들을 바보 취급하는 측면의 영향을 최소화할 수 있을 것이다.

약물의 규제

유해한 약물의 규제나 금지를 정당화하기 위해서는 간섭주의적 논변이 제시될 필요가 없다. 사회적 해악에 근거를 둔 논변으로 충분한 경우가 많다. 밀은 약의 분류표에 [그 약의] 위험한 특성을 나타내는 말을 써넣고, 범죄에 사용되는 약물은 엄정히 관리하고, 약물의 영향을 받아 이전에 범죄를 저지른 적이 있거나 사회의 다른 성원을 해친 사람이 그러한 약물을 사용하는 것을 금지하라는 처방을 제시하고 있다. 밀의 원칙에 따르면 잠재적인 약물 구매자에 대한 기만이나 과도한 압력을 축소하기 위해서는 여전히 더욱 많은 제한을 가하는 것도 보장될 것이다.[82]

사회적 해악에 의거한 몇몇 논변들 — 가령 아이들이나 '정신착란상태'에 있는 사람들에게 약물을 제공하기를 거부하는 논변 등

— 은 간섭주의로 아슬아슬하게 다가가는 것이 사실이다. 또한 특정한 약물과 결합된 범죄들 중에서 많은 것들은 불법적인 약물 암시장에서 발생한다. 더욱이 약물이 유해하다는 결정은 양식 있는 사람이 어느 정도의 위험을 수용해야 하는가에 관한 판단을 포함하고 있다. 어떤 약물도 완전히 안전하지는 못하기 때문에 정부는 시민들을 위해서 약물의 위험과 그 약물의 혜택 사이의 다양한 대차대조표를 작성한다. 그리고 그 과정에서 간섭주의적 가정에 의존할 수도 있는 것이다.[83]

그럼에도 불구하고 최근 몇 년 동안에 가장 큰 논쟁을 불러일으킨 것은 비교적 무해한 약물들이었다.[84] 식품, 약물, 화장품 법에 대한 1962년의 미국 헌법 보칙은 FDA(식품의약품관리국)이 공장주들에게 새로운 약물이 안전할 뿐 아니라 효과적이기도 하다는 것을 보이라고 요구할 것을 명령했다.[85] 어떤 정치비평가들은 이 보칙이 간섭주의의 도입을 가능하게 하는 것이라고 공격했다. "문제는 자유이다. 미국인들에게는 자신이 결정을 내리도록 허용되어야 한다. 일단 안전하다면, 미국인들에게 그들을 대신하여 무엇이 좋으며 무엇이 나쁜지를 결정해 주는 워싱턴의 관료들은 필요없는 것이다."[86] 약품들이 상대적으로 효과적이지 않다고 해서 정부가 그 약품의 사용을 금지할 수 있다면 정부는 같은 근거에서 많은 다른 생산품과 활동을 금지시킬 수도 있을 것이라는 점에까지 논변이 확대될 것이다. 예를 들어 정부는 시민들에게 다른 생산품이나 활동만큼 많은 혜택을 주지 못하는 설탕이 첨가된 곡물류나 시시한 게임을 금지시킬 수 있을 것이다.[87]

호기심을 불러일으키는 정치적 함축에 대한 논쟁에서 이러한 논변들은 레이어트릴(Laetrile)에 대한 FDA의 금지를 논의의 출발점으로 삼는 경우가 많다. 또한 비타민 B-17이나 아미그달린(Amygdalin)으로 알려져 있는 레이어트릴은 오랫동안 암의 치료제로 권유되어 왔다. 연구 결과 그 물질이 암의 치료에 효과적이지 못하다는 것이 밝혀졌다.[88] 그러나 1970년 이후로 적어도 15개 주(州)가 레이어트릴을 합법화했고 몇몇 법원이 FDA의 금지를 무효화했다는 것은 그것이 정당화되지 못하는 간섭주의라는 것을 함축한다는 것이다.[89]

FDA 공직자 자신들도 자격을 갖추지 못한 간섭주의적 권위를 주장했다기보다는 레이어트릴을 사용하기로 하는 결정이 보통의 경우에는 결함 있는 결정이라는 것을 보여주려고 했다. FDA 공직자들은 레이어트릴과 더욱 효과적일 가능성이 높은 다른 치료제 사이에서 암환자의 선택이 자유로울 수 없다고 주장한다. 병적인 본성에서 비롯되고, 레이어트릴 찬성운동 자체가 야기한 특이하고 정치적인 압력에 의해서 악화된 "걱정과 두려움의 분위기" 속에서 희생자들은 결정을 내린다.[90] 레이어트릴이 비효과적이라는 꼬리표를 다는 것으로는 충분치 않을 것이다. 그 약품을 원하는 대부분의 사람들은 의학적 견해가 그것을 비효과적인 것으로 본다는 것을 이미 알고 있기 때문이다.[91] 그들 중 몇몇은 단순히 의학적으로 확립된 것을 신뢰하지 않고, 다른 몇몇은 더 이상 의학적 충고를 따를 의지력을 갖고 있지 않다. 합리적인 사람이라면 피하고자 할 심각한 손상과 해악을 지적함으로써 FDA 공직자들은 결과적으로 정당화 가능한 간섭주의의 기준을 충족시키고자 한다. 그들의 논변은 레이어트릴 권장자들이 행사하는 권력이 바람직하지도 않고 책임을 회피하는 형태를 취하고 있다는 것을 지적함으로써 그들 자신이 논쟁의 여지가 있는 체계적인 권력을 사용하는 것을 정당화하려는 노력으로 보일 수도 있다.

레이어트릴 반대자들이 그러한 약품을 사용하기로 하는 것은 실질적으로 결함이 있는 결정이라는 점을 이런 방식으로 보이는 한, 레이어트릴의 사용을 간섭주의적으로 금지하는 행위가 정당화될 것이다. 그런데 그러한 정당화는 암환자가 여전히 그들 자신의 생명을 구하려는 목표를 받아들인다고 가정하고 있으며, 이러한 가정은 명백히 말기 환자에게는 적용되지 않는다. FDA는 우리가 말기 환자를 확인할 유용하고 신뢰할 만한 기준을 갖고 있지 않으며, 설령 우리가 그러한 기준을 갖고 있다고 해도 그들에게 레이어트릴의 사용을 허용하는 것은 법적 강제에 문제가 생기게 한다고, 즉 다른 환자들이 그 약품을 사용하는 것을 법적으로 정당화해 주는 경향이 있게 될 것이라고 주장한다.[92]

이러한 취지의 FDA 논변이 단지 관료주의적 핑계로 치부되어 버려서는 안된다. 공공정책의 도덕적 타당성은 부분적으로 그것의 효과적이고 공정한 집행에 의존한다. 그러나 죽음의 위험에 대한 숙고된 결정이, 그것이 존중되어야 한다면, 사실상 확실한 죽음의 예후를 직시하면서 무시되어서는 안된다. 그러므로 FDA에 의해 제기된 행정 편의주의적 반론이 문제를 해결해 버리는 것이어서는 안된다.[93] 정부가 간섭주의적 근거에서 레이어트릴을 규제할 수도 있고, 또 특정한 상황에서는 금지할 수도 있다. 그러나 그 약품에 대한 근거 없는 금지는 간섭주의의 정당화 기준과 양립할 수 없는 것이다.[94] 정당화되는 간섭주의를 시행하기 위한 제도들은 또한 정당화되지 않는 간섭주의는 금지하도록 설계되어야 한다. 제도적 절차들은 일반적 금지로부터 면제되기를 원할 수도 있는 말기 환자들과 다른 이들의 합법적 요구를 인정하고 보호하는 것이어야 한다.

안전의 규제

약품규제처럼 안전을 위한 몇몇 법령이 다른 사람들에 대한 해악을 막거나 사회적 목표를 효과적으로 추구하기 위해서 필요한 것으로 정당화될 수 있다. 교통부가 결함이 있는 트럭이나 자동차를 다시 수리하거나, 운송수단에 제약을 가하고 다른 안전성을 강제한다고 해서 간섭주의적이라는 비난을 받지는 않는다. 법원은 일반적으로 그러한 규제를 국가정치권력의 정당한 행사로 지지해 왔다.[95]

그런데 이러한 법규의 대부분은 소비자의 안전장치 사용 여부는 규제하지 않는다. 따라서 이러한 법규는 모든 자동차에 발화연동장치나 자동방어장치를 설치할 것을 요구하는 법, 또는 안전벨트를 착용하지 않은 운전자나 승객에게 벌금을 부과하는 법과는 다른 것이다. 이런 방식으로 직접적으로 운전자를 제약하는 법들은 부분적으로 그것들이 "개인의 자유를 침해"한다는 근거에서 사법적 저항과 입법의 거부에 직면하게 되고 그래서 간섭주의의 유령을 불러일으킨다.[96] 그러한 법들이 사회적 해악에 기반해서 옹호될 수 없다면, 그것들은 전혀 정당화될 수 없다. 왜냐하면 그것들의 간섭주의적 근거가 긴요한 것인 듯이 보이지 않기 때문이다. 안전장치 사용의 거부와 별개로, 소비자들이 감내하는 구체적인 손상이 어떤 것인지를 확인하여 소비자들이 안전장치 사용을 거부함으로써 초래되는 위험을 진정으로 감수하려고 하지 않는다는 것을 입증하기는 쉽지 않다. 그렇게 되면 그러한 법은 간섭주의적 법규로서 정당화의 기준을 충족시키지 못한다. 그것들은 시민들이 논쟁의 여지가 있는 체계적인 권력의 부당한 행사에 복종하게 만드는 것이다.

그러나 사회적 해악에 의거한 논변은 오히려 더욱 빈약한 것인 듯이 보인다. 그 의도에도 불구하고 그러한 주장을 하는 사람들이 결국은 간섭주의적 호소를 하는 것으로 논의를 종결하고 말 정도로 말이다. 오토바이 운전자에게 보호헬멧을 착용할 것을 요구하는 법*은 이러한 간섭주의로의 일탈을 예시해 주고 있다. 헬멧법은 사회를 보호하기 위해 필요한 것이라고 주장하는 사람들 중에서 많은 이들은 사회적 해악의 개념을 간섭주의와 융합되는 지점까지 확대한다.[97] 그러한 법들의 제정을 선두에서 주장하는 사람은 "사회는 사회 자체와 사회의 개별적 성원들을 명백히 현존하는 위험으로부터 보호할 권리를 가지며, … 오토바이 운전자들에게 이러한 손상과 이러한 손실로부터 그 자신과 우리들 모두를 보호하도록 요구하는 것은 완전히 … 참으로 온정적인 공동체의 … 권리와 의무에 포함되는 것이다"고 주장한다.[98]

사회적 손실이란 무엇인가? 사고가 발생한 경우에 헬멧을 착용하지 않은 운전자들이 다른 사람들에게 상해를 입힐 가능성이 더 높다는 주장을 지지해 주는 유력한 증거는 없다.[99] (보험회사를 포함한) 사회단체들은 헬멧을 착용하지 않은 희생자들에게는 보상을 거부함으로써 원칙적으로 손실의 증가를 피할 수 있을 것이다. 그러나 오토바이 운전자들이 어리석게도 사회에 더 이상 의료비를 요구하지 않는다면 사회가 그들이 헬멧을 착용하도록 할 수 있겠는가? 이러한 경우에 사회적 해악에 대한 거의 대부분의 입법적 정의를 모두 기꺼이 수용해 오고 있는 법원들조차도 일반적으로 "국가는 그 시민들의 '생존능력'에 이해관심을 갖고 있고 그래서 그들이 건강하고 자립적으로 살아가도록 하기 위해 법을 제정할 수 있다는 관점은 거부하고 있다."[100] "이러한 논리는 무제한적인 간섭주의를 결과할 것이다"라고 미시간 주의 한 판사는 선고했다.[101] 헬멧법의 주장자들은, 엄격히 말하면, 그들은 간섭주의자가 아니라고 여전히 강변할 수 있을 것이다. 그들의 목적은 사회적 효용을 높이는 것이지 개인의 복리를 높이는 것은 아니라는 것이다. 그러나 그때 그들의 '온정적인 공동체'는 더욱 더 조

※ 이하에서는 간략히 '헬멧법'이라고 칭하고 있다.

작적인 국가처럼 보이기 시작한다. 그러한 국가의 권력은 국가의 목적에 대한 수단으로서만 시민들의 복리를 증진할 것이다.

간섭주의적 논변도, 사회적 해악 논변도 헬멧법을 만족스럽게 뒷받침해 주지는 못한다. 양자가 모두 실패하는 이유는 그것들이 헬멧법에 관해 말한 내용뿐 아니라 그것들이 사회에서의 권력관에 관해 함축하는 내용 때문이기도 하다. 각각의 논변은 그 나름대로 간섭주의적 정책에서 권력의 위험을 무시하고 있다. 그러므로 우리는 단순히 헬멧법 같은 정책들에 반대하는 반간섭주의적 논변을 수용해야 하는 것일까?

반간섭주의적 논변도 또한 권력관을 표현하고 그것도 매력적이지 않기는 마찬가지이다. 모든 간섭주의적 법규에 결연하게 저항하는 것은 각각의 사회성원들이 다른 사람에게 해악을 끼치지 않는 것을 제외하고는 다른 사람들에게 아무런 도움도 받지 않는 그런 사회관을 강요하는 것이다. 이러한 관점하에서는 대부분의 사람들이 불합리하다고 간주하는 위험을 떠맡은 결과로 해를 입은 시민들을 돕는 것을 사회가 거부할 수도 있고, 아마도 거부해야 할 것이다. 어리석은 행동으로 인해 사고를 당한 희생자들은 자활하도록 놓아둘 것이다. 부상을 당한 오토바이 운전자가 헬멧을 쓰고 있지 않았다면 그는 도움을 받지 못하고 거리나 고속도로에 그대로 방치될 것이다.[102] (그들을 그렇게 하지 않으면 사회적 해악 논변이 되살아날 것이다.) 그러한 극단적 개인주의는 각자의 복지를 위한 전체 시민들의 상호관심을 실현할 수 있는 여지를 거의 남겨두지 않을 것이다. 그것은 사회적 책임을 희생함으로써 간섭주의적 권력을 제거하는 것이다.

오토바이 운전자에 대한 현행 정책의 반간섭주의는 그렇듯 몰인정한 결론에 이르는 이러한 논리를 따르지 않는다. 의회가 교통부에 강제 헬멧 착용법을 갖지 않은 주(州)들로부터 고속도로 운영 자금을 징수했던 것을 중지하는 명령을 내린 1976년 이후로 많은 주들은 그들의 법을 완화하거나 무효화했다. 그러나 어떤 주에서도 헬멧을 착용하지 않는 희생자를 치료하지 않거나 그들을 다른 희생자들과 다르게 대우하는 조치를 취하지는 않았다. 이러한 주들은 간섭주의를 거부하는 동시에, 그럼에도 불구하고 스스로에게 해를 입힌 사람들까지 포함한 다른 사람들을 도와줄 시민들의 사회적 의무를 주장하고 있는 것이다. 이러한 정책이 반간섭주의와 공중의 선의를 결합시키는 방식이 이론적으로 우아한 것은 아니다. 그러나 이러한 정책이 양자가 갖고 있는 위험을 교묘히 피하는 방식은 그것을 하나의 실천적 타협책으로 추천할 수 있게 해준다.

그런데 그것이 수용할 만한 타협점인 것은 자선의 비용이 다른 성원들에게 실질적인 부담, 또는 불공정한 부담을 주지 않는 범위 내에서이다. 헬멧을 착용하지 않은 오토바이 운전자는 그러한 부담을 주지 않는 것이 자명하다. 그러나 안전벨트의 착용을 거부하는 운전자와 승객은 아마도 그러한 부담을 주게 될 수도 있을 것이다. 이런 식으로 안전벨트가 사회적 해악을 막기 위해서 필요하다고 주장될 수 있을 것이다. 그러나 그것들은 자기 간섭주의의 한 형태로 더 잘 정당화될 수도 있다. 민주적 절차에 의해서 시민들은 안전벨트를 이용할 더욱 확실한 부가적 자극제를 창출함으로써 스스로를 그 자신의 어리석음으로부터 보호하기로 할 수도 있다. 그들의 실제 결정이 그들이 벨트를 매지 않고 여행하는 것의 위험을 진정으로 받아들이는가, 그렇지 않은가에 대한 근거를 제공하게 될 것이다. 또한 헬멧법보다도 안전벨트법이 모든 시민들에게 보편적으로 적용된다. 거의 모든 사람이 때때로 자동차로 여행하기 때문이다. 그러므로 이러한 법들은 다수가 소수에게 그들의 선을 위해 부과하는 제약이라기보다는 다수가 그 자신의 선을 위해서 스스로에게 부과하는 제약으로 이해하는 것이 더욱 그럴듯할 수 있다.

이런 저런 사례들에서 우리의 목적은 이론적으로 뿐 아니라 실천적으로도 간섭주의적 간섭을 자유의 가치에 의해 규정된 경계 내에 머물게 하면서 간섭주의의 가치를 존중하는 것이어야 한다. 요지는 간섭주의를 전적으로 수용하거나 전적으로 근절하는 것이 아니라 그것이 정당화 가능한 한계를 정하는 것이다. 정당화 가능한 간섭주의의 기준들은 그러한 목적에 봉사한다. 정당화 가능한 간섭주의의 기준들이 논쟁의 여지가 있지만 체계적인 권력, 즉 공직자 및 정부 안팎의 전문가들에 의해서 실천된 것으로서 제도화된 간섭주의에 내재하는 권력을 고려한 것이라면, 적어도 그러한 기준들은 간섭의 한계를 설정할 수 있을 것이다.

[원 주]

1) 그래서 로크도 오래 전에 다음과 같은 사실을 인식하고 있었다. "(아이들에게 행사하는 힘을) 친권이라고 부르는 것이 더 적절한 표현이 아니겠는가라는 의문을 가진다 해도 결코 무리한 생각은 아닐 것이다. 왜냐하면 자연과 그리고 생식의 권리가 어떤 의무를 아이들에게 부과한다 할지라도 그때 자연과 생식의 권리가 아이들을 그러한 권리의 공동의 원인, 즉 부모들에게 아이들이 똑같이 복종하도록 하는 것일 것임은 확실하기 때문이다." *Two Treatises of Government*, ed. Peter Laslett (New York : Cambridge University Press, 1963), Second Treatises, secs. 52~53. 그러나 로크는 재빨리, 현대의 자유주의자들이 그랬던 것처럼, '속세에서 성립하는 명칭'을 변화시키려는 그의 노력을 철회했다. 양성간의 권력의 차이를 이해하기까지 아직도 얼마나 많은 것이 남아 있는가를 우리들에게 상기시키면서 말이다(secs. 69, 170을 보라).

2) John Stuart Mill, *On Liberty*, in *Collected Works*, ed. John Robson (Toronto : University of Toronto Press, 1977), 18:223~224, 280, 282.

3) Ibid., p.294.

4) 이러한 정의는 간섭주의를 자유에 대한 제약을 포함하는 것으로 받아들이는 철학자들에 의해 제안된 정의와 일관된 것이다. 비록 그러한 철학자들은 그에 뒤따르는 분석의 함축들 중에서 많은 것들에 동의하지 않을 것이기는 하지만 말이다. 특히 Gerald Dworkin, "Paternalism," *Morality and the Law*, ed. Richard Wasserstrom (Belmont, Calif. : Wadsworth, 1971), p.108, 그리고 Joel Feinberg, "Legal Paternalism," *Canadian Journal of Philosophy*, 1 (Sept. 1971), p.105를 보라. 또한 Rosemary Carter, "Justifying Paternalism," *Canadian Journal of Philosophy*, 7 (March 1977), p.133, Jeffrie G. Murphy, "Incompetence and Paternalism," *Archiv fur Rechts-und Sozial-Philosophie*, 60(1974), p.465, 그리고 Albert Weale, "Paternalism and Social Policy," *Journal of social Policy*, 7 (April 1978), pp.160, 163을 보라. 간섭주의에 대한 최근의 논의들을 살펴보면 다음과 같다. John Kleinig, *Paternalism* (Totowa, N.J. : Rowman and Allanheld, 1984), pp.3~17, 그리고 Donald VanDeVeer, *Paternalistic Intervention : The Moral Bounds of Benevolence* (Princeton, N.J. : Princeton University Press, 1986), pp.16~28.

이렇듯 가치있는 두 책은 이 장의 초기 판본이 출판된 후에 발간되었다.

5) Amy Gutmann, "Children, Paternalism and Education," *Philosophy and Public Affairs*, 9 (Summer 1980), pp.338~358, 그리고 Francis Schrag, "The Child in the Moral Order," *Philosophy*, 2 (April 1977), pp.167~177을 보라.

6) 간섭주의의 소재(所在)에서 더욱 복잡한 문제는 한 국가가 다른 국가에 간섭주의적 행동을 취할 때에 발생한다. 그리고 특히 각각의 국가가 근본적으로 상이한 윤리적·정치적 원칙들에 근거하고 있을 때나 상이한 발전정도를 유지하고 있을 때에 문제가 더욱 복잡해진다. 밀은 "인종 자체가 미발달한 시기에 놓여 있는 후진사회에서 살고 있는 사람들"에게는 자유의 원칙을 적용하지 않고자 했지만 최근에는 몇몇 학자들이 발전한 국가에서 추진하는 많은 프로그램들(이른바 '의식고양' 같은 프로그램)은 정당화하기 어려운 형태의 간섭주의라고 주장하고 있는 실정이다. 예를 들면 Peter L. Berger, *Pyramids of Sacrifice : Political Ethics and Social Change* (New York : Basic Books, 1974), pp.111~131을 보라. '정치적 간섭주의'에 대한 더욱 일반적인 자료로는 Kleinig, pp.169~174를 보라.

7) Cf. Mill, *Principles of Political Economy*, in *Collected Works*, ed. John Robson (Toronto : University of Toronto Press, 1977), 3:956.

8) Bernard Gert and Charles M. Culver, "Paternalistic Behavior," *Philosophy and Public Affairs*, 6 (1976), p.49. 보다 더 광범위한 정의에 대해서는 N. Fotion, "Paternalism," *Ethics*, 89 (Fall 1979), pp.194~198.

9) 이 장의 초기 판본에 대한 논평에서 드워킨(Gerald Dworkin)은 간섭주의가 특정한 방식으로 대우받고자 하지 않는 사람에게 그러한 방식의 가치관을 강요하는 것을 포함한다는 데에는 동의하지만 간섭주의가 항상 자유를 제한하는 것으로 간주되어서는 안된다는 점을 들어서 반대 논변을 제기한다. 그런데 당신이 누군가에게 어떤 것을 강요한다는 것은 보통 당신이 그 사람의 행동을 어떤 방식으론가 제한하거나 제약한다는 것과 그래서 그 사람이 소망하거나 소망할 것을 자유로이 하기 어렵게 된다는 것을 함축한다. 간섭주의에 대한 정의에 자유를 포함시키는 것에 대한 클라이니히(Kleinig)의 반론에도 유사한 대답을 적용할 수 있다(Kleinig, pp.5~14를 보라). 이러한 의문을 결정적으로 해결할 수 없다고 보았다는 점에서 판데비어(VanDeVeer, pp.26~27)의 주장

은— 적어도 개인들만을 포함하는 많은 경우에는— 올바르다고 보아야 할 것이다. 그러나 (직업상의 역할을 수행하는 개인들 및) 집단들을 포함하는 사례들에서는 간섭주의를 너무 넓게 적용할 경우, 간섭주의는 자유를 제한하지 않고, 따라서 어떠한 제약이나 힘의 행사도 포함하지 않는다고 해석됨으로써 혼란에 빠질 수도 있을 것이다.

10) 그러나 Sissela Bok, *Lying* (New York : Random House, 1979), pp.19 ~23을 보라.

11) Cf. Allen Buchanan, "Medical Paternalism," *Philosophy and Public Affairs*, 8 (Summer 1978), pp.371~372.

12) Cf. Hillel Steiner, "Liberty," *Journal of Medical Ethics*, 2(Sept. 1976), pp.147~148.

13) H. L. A. Hart, *Law, Liberty and Morality* (London : Oxford University Press, 1963), pp.30~33. 또한 C. L. Ten, "Paternalism and Morality," *Ratio*, 13 (June 1971), pp.56~66.

14) 가령 Feinberg, p.106n을 보라. 밀은 *On Liberty*, pp.223~224, 276~277, 292, 그리고 특히 280에서 그러한 구분을 옹호하고 있다. (그곳에서 그러한 구분에 대한 표준적인 반론도 예견하고 있다.)

15) 몇몇 학자들은 많은 수의 이른바 간섭주의적 입법이 다른 사람에게 해악을 끼치는 것을 막는다는 근거에서 정당화될 수 있다고 주장한다. 예를 들면 Donald Regan, "Justification for Paternalism," *The Limits of Law*, Nomos XV, ed. J. Roland Pennock and John W. Chapman (New York : New York University Press, 1974), pp.189~210을 보라. 그런데 법원이 이러한 접근 방식을 따를 때, 법원은 (개인의 경제적 생산성에서의 감소를 사회에 대한 해악으로 간주할 때처럼) 많은 경우에 개인의 자유가 사라지기 시작할 정도로 '다른 사람에 대한 해악'을 너무 넓게 해석하는 방향으로 결말짓곤 했다. "Limiting the State's Police Power : Judicial Reaction to John Stuart Mill," *University of Chicago Law Review*, 37 (Spring 1970), 특히 pp.620~622의 논평을 보라. 밀 자신은 그런 접근방식에 강하게 반대하고 있다(*On Liberty*, p.280)

16) Feinberg, pp.105~106을 보라.

17) Michael Bayles, "Criminal Paternalism," in Pennock and Chapman, pp.179~188, 그리고 Tom L. Beauchamp, "Paternalism and Biochemi-

cal Control," *Monist*, 60 (Jan. 1977), pp.62~80.

18) Mill, *On Liberty*, p.294.

19) 필요충분조건에 대한 연관자료로는 Carter, pp.136~138, Dworkin, pp. 122~126, Feinberg, p.113, John D. Hodson, "The Principle of Paternalism," *American Philosophical Quarterly*, 14 (Jan. 1977), pp.62~ 65, Murphy, p.479, John Rawls, *A Theory of Justice* (Cambridge, Mass. : Harvard University Press, 1971), pp.248~250, Ten, p.65, 그리고 Weale, pp.170~172를 보라. 다른 접근방식에 대해서는 Bernard Gert and Charles M. Culver, "The Justification of Paternalism," *Ethics*, 89 (Jan. 1979), pp.199~210을 보라.

20) 동의에 기초한 논변들에 대한 개관과 비평에 대해서는 VanDeVeer, pp.45~94, Kleinig, pp.55~67을 보라. 클라이니히는 가장 유력한 정당화는 '개인의 인격적 통합성에 의거한 논변'이라고 믿고 있다(pp.67 ~73). 그러나 그것을 제시함에 있어서 그는 암묵적으로 적어도 그의 '제한하는 준칙들' 중 적어도 하나에서 동의의 형태에 의지하고 있다 (p.75).

21) 그러한 손상과 간섭주의 사이의 관계에 대한 매우 훌륭한 짧은 논의로는 Murphy, pp.468~475가 있다.

22) 어떤 이론가들은 '강한 간섭주의'(자발적 선택의 제한)와 '약한 간섭주의'(비자발적 선택의 제한)를 구분하고 오직 후자만이 정당화 가능하다고 주장한다. 이러한 관점은 파인버그처럼(pp.110~111, 124) 숙고된 선택이라는 개념에 대응하는 광의의 자발적 선택이라는 개념을 수용했을 때만 여기에서의 분석과 양립 가능하다.

23) 오직 나쁜 결과가 발생하는 것만을 방지하고자 하는 '소극적' 간섭주의 조차도 그 목적이 해악을 막는 것인가, 아니면 고통을 막는 것인가에 따라 다른 함축을 가진다는 사실에 주목하라. 전자의 경우에는 안락사가 금지될 것이다. 그러나 후자의 경우에는 안락사를 허용하거나 심지어는 요구하기조차 할 수 있다. Christine Pierce, "Hart on Paternalism," *Analysis*, 35 (June 1975), p.206.

24) Cf. Mill, *On Liberty*, pp.229~300, 그리고 *Principles of Political Economy*, pp.953~954.

25) 이러한 유언들에는 문제가 없지 않다. Mare I. Steinberg, "The California Natural Death Act : A Failure to Provide for Adequate Patient

Safeguards and Individual Autonomy," *Connecticut Law Review*, 8 (Winter 1977), pp.203~220.

26) 홋슨(Hodson, pp.63~68)이 발견한 것처럼 특정한 종류의 복리이론에 호소하지 않기는 어렵다. 홋슨은 결과적으로 그러한 복리에 대한 이론들을 사용했다는 이유에서 다른 이론가들을 비판한 후에 그는 어떤 경우에는 '합리적 의지'에 호소하는 것을 허용하는 '가상적으로 방해받지 않는 결정'이라는 개념을 제안하고 있다. 또한 Dworkin, pp.121~122, Murphy, pp.481~483, 그리고 Weale, pp.171~172를 보라.

27) Rawls, p.249.

28) Ibid., pp.62, 90~93, 395~452.

29) Thomas Nagel, "Rawls on Justice," in *Reading Rawls*, ed. Norman Daniels (New York : basic Books, 1975), pp.9~10.

30) George Lukács, *History and Class Consciousness*, trans. Rodney Livingstone (London : Merlin Press, 1971), pp.51~54, 64~65, 72. 고전적인 자료는 Karl Marx와 Friedrich Engels, "The German Ideology," *The Marx-Engels Reader*, ed. Robert Tucker, 2nd ed. (New York : W. W. Norton, 1978), pp.154~155, 163~175이다.

31) Lukács, p.52.

32) 그러한 제도가 만족시켜야 하는 제도들에 대해서는 pp.105~122를 보라.

33) Ernest Greenwood, "The Elements of Professionalization," in *Professionalization*, ed. H. M. Vollmer and D. L. Mills (Englewood Cliffs, N.J. : Prentice-Hall, 1966), pp.12~16, Magali Sarfatti Larson, *The Rise of Professionalism* (Berkeley : University of California Press, 1977), p.x, 그리고 Richard Wasserstrom, "Lawyers as Professionals : Some Moral Issues," *Human Rights*, 5 (Fall 1975), p.1.

34) Greenwood, p.12, Everett C. Hughes, "Professions," in *The Professions in America*, ed. Kenneth Lynn et al. (Boston : Beacon Press, 1963), pp.2~3, 그리고 Larson, pp.220~225.

35) Bernard Barber, "Compassion in Medicine : Toward New Definitions and New Institutions," *New England Journal of Medicine*, 295 (Oct. 21, 1976), pp.939~940, 그리고 Note, "Restructuring Informed Consent : Legal Therapy for the Doctor-Patient Relationship," *Yale Law*

Journal, 79 (July 1970), pp.1535~1537.

36) 가령 Buchanan, pp.370~387, VanDeVeer, pp.197~203, 그리고 Edmund Pellegrino, "Medical Ethics, Education, and the Physician's Image," *Journal of the American Medical Association*, 235 (March 6, 1976), pp.1043~1044를 보라.

37) 의료행위시에 반드시 진실을 말해야 하는가 하는 문제에 대해서는 Bok, pp.220~241, Stanley Joel Reiser et al., *Ethics in Medicine* (Cambridge, Mass. : MIT Press, 1977), pp.201~240을 보라.

38) Roger D. Masters, "Is Contract an Adequate Basis for Medical Ethics?" *Hastings Center Report*, 6 (Dec. 1975), pp.26~28, 그리고 William F. May, "Code, Covenant, Contract, or Philanthropy," *Hastings Center Report*, 6 (Dec. 1975), p.36. Cf. Robert M. Veatch, *A Theory of Medical Ethics* (New York : Basic Books, 1981), pp.79~107, 193~194.

39) C. L. Peck and N. J. King, "Compliance and the Doctor-Patient Relationship," *Drugs*, 30 (July 1985), pp.78~84, 그리고 Vivian Nagy and Gary Wolfe, "Cognitive Predictors of Compliance in Chronic Disease Patients," *Medical Care*, 22 (Oct. 1984), pp.912~921. 그러나 Steve Wartman et al., "Patient Understanding and Satisfaction as Predictors of Compliance," *Medical Care*, 21(Sept. 1983), pp.886~891.

40) George J. Annas and Joseph M. Healey, "The Patient Rights Advocate : Redefining the Doctor-Patient Relationship in the Hospital context," *Vanderbilt Law Review*, 27 (March 1974), pp.243~269, Joseph Margolis, "Conceptual Aspects of a Patient's Bill of Rights," *Journal of Value Inquiry*, 12 (Summer 1978), pp.126~135, 그리고 Veatch, pp.193~194, 327~330.

41) Note, "Restructuring Informed Consent," pp.1555~1556, 그리고 Benjamin Freedman, "A Moral Theory of Informed Consent," *Hastings Center Report*, 6 (Dec. 1975), pp.34~36.

42) David Luban, "Paternalism and the Legal Profession," *Wisconsin Law Review*, 1981 (1981), pp.454~493, Warren Lehman, "The Pursuit of a Client's Interest," *Michigan Law Review*, 77 (April 1979), pp.1080~

1081, William H. Simon, "Visions of Practice in Legal Thought," *Stanford Law Review*, 36 (Jan. 1984), pp.469~508, Mark Spiegel, "Lawyering and Client Decisionmaking : Informed Consent and the Legal Profession," *University of Pennsylvania Law Review*, 128 (Nov. 1979), pp.73~112, 그리고 Wasserstrom, pp.16~22. Cf. Jones v. Barnes 463 U.S. 745 (1983).

43) Douglas Rosenthal, *Lawyer and Client* (New York : Russell Sage Foundation, 1974), p.162.

44) Mirta T. Mulhare, "How to Handle a New Client," *The Practical Lawyer*, 21 (Oct. 1975), pp.20, 22.

45) Marvin E. Frankel, "Experiments in Serving the Indigent," *American Bar Association Journal*, 51 (May 1965), p.461. 빈곤법의 실행에 대한 더욱 급진적인 관점을 보여주는 자료는 Stephen Wexler, "Practicing Law for Poor People," *Yale Law Journal*, 79 (May 1970), pp.1049~1067이 있다.

46) Wasserstrom, p.14. Cf. Charles Fried, "The Lawyer as Friend : The Moral Foundations of the Lawyer-Client Relation," *Yale Law Journal*, 85 (July 1976), p.1066n.

47) Rosenthal, pp.148~149.

48) Ibid., pp.153, 156~157, 그리고 Wasserstrom, pp.23~24. 법조계에서 간섭주의와 싸우는 임상교육의 이용에 대해서는 Robert Condlin, "The Moral Failure of Clinical Legal Education," in *The Good Lawyer : Lawyer's Roles and Lawyer's Ethics*, ed. David Luban (Totowa, N.J. : Rowman and Allanheld, 1983), pp.319~324.

49) Lester J. Mazor, "Power and Responsibility in the Attorney-Client Relation," *Stanford Law Review*, 20 (June 1968), pp.1138~1139.

50) Ira Glasser, "Prisoners of Benevolence : Power Versus Liberty in the Welfare State," in *Doing Good : The Limits of Benevolence*, ed. Willard Gaylin et al. (New York : Pantheon Books, 1978), pp.107~108, 118~119, Marie R. Haug and Marvin B. Sussman, "Professional Autonomy and the Revolt of the Client," *Social Problems*, 71 (Fall 1969), pp.156~159, 그리고 Frederic G. Reamer, "The Concept of Paternalism in Social Work," *Social Services Review*, 57 (June 1983),

pp.254~271.

51) Nina Toren, "The Structure of Social Casework and Behavioral Change," *Journal of Social Policy*, 3 (Oct. 1974), p.343.

52) Joseph E. Paul, "Recipients Aroused : The New Welfare Rights Movement," *Social Work*, 12 (April 1967), pp.101~106, Ad Hoc Committee on Advocacy, "The Social Worker as Advocate," *Social Work*, 14 (April 1969), pp.19~20, 그리고 Glasser, pp.127~145.

53) Alfred H. Katz, "Self-Help Organizations and Volunteer Participation in Social Welfare," *Social Work*, 15 (Jan. 1970), pp.52~53, 그리고 Anthony J. Vattano, "Power to the People : Self-Help Groups," *Social Work*, 17 (July 1972), pp.13~24.

54) Irving Piliavin, "Restructuring the Provision of Social Services," *Social Work*, 13 (Jan. 1968), pp.36~37.

55) 복지 담당 공무원들에 대해서는 Willard Gaylin, "In the Beginning : Helpless and Dependent," in Gaylin et al., pp.32~33, 그리고 Donald Feldstein, "Do We Need Professions in our Society? Professionalization versus Consumerism," *Social Work*, 16 (Oct. 1971), pp.5~11.

56) 가령 미국 법률인 협회의 직업적 책임에 대한 규정을 보면 법적 대리인은 "법적으로 대신할 수 있는 특정한 영역을, 소송의 옳고 그름에 영향을 미치지 않고 소송인의 권리에 실질적인 손상을 가하지 않는 범위에서 통제할 수 있는 권리를" 갖게 되어 있다(EC 7-7). 또한 Spiegel, pp.77, 82~85를 보라.

57) Robert M. Byrn, "Compulsory Lifesaving Treatment for the Competent Adult," *Fordham Law Review*, 44 (Oct. 1975), pp.1~36, Alan Meisel, "The 'Exceptions' to the Informed Consent Doctrine : Striking a Balance between Competing Values in Medical Decision-Making," *Wisconsin Law Review*, 1979 (1979), pp.413~488, Note, "Informed Consent and the Dying Patient," *Yale Law Journal*, 83 (July 1974), pp.1632~1664, 그리고 Marjorie Maguire Shultz, "From Informed Consent to Patient Choice : A New Protected Interest," *Yale Law Journal*, 95 (Dec. 1985), pp.219~299.

58) 강제 불임시술의 문제는 간섭에 대한 간섭주의적 정당화와 다른 사람이나 사회에 해악을 끼치는 것을 회피하는 것을 근거로 한 정당화를

구분하는 것이 어렵다는 것을 신랄하게 보여주고 있다. "Sterilization of the Retarded : In Whose Interest?" *Hastings Center Report*, 9 (June 1978), pp.29~41을 보라.

59) Byrn, pp.20~35.

60) 위약처방의 윤리성에 대해서는 Reiser et al., pp.240~252, 그리고 Bok, pp.61~68, 97을 보라.

61) VanDeVeer, pp.248~260, 또한 Byrn, p.8, Note, "Informed Consent," pp.1649~1650을 보라.

62) Bonnie Steinbeck, ed., *Killing and Letting Die* (Englewood Cliffs, N.J. : Prentice-Hall, 1980)에 수록된 논문들을 보라. 또한 Charles Fried, *Right and Wrong* (Cambridge, Mass. : Harvard University Press, 1978), pp.201~204, 206~207, 그리고 거기의 인용문들을 보라.

63) Buchanan, pp.387~388을 보라.

64) 정신적 무능의 기준을 명기하는 데에서 발생하는 이론적·실천적 난문들에 대해서는 Meisel, pp.439~453, John Moskop, "Competence, Paternalism, and Public Policy for Mentally Retarded People," *Theoretical Medicine*, 4 (Oct. 1983), pp.291~302, 그리고 Richard Momeyer, "Medical Decisions Concerning Noncompetent Patients," *Theoretical Medicine*, 4 (Oct. 1983), pp.275~290을 보라. 철학적 분석에 대해서는 VanDeVeer, pp.345~421을 보라.

65) Ruth Faden and Alan Faden, "False Belief and the Refusal of Medical Treatment," *Journal of Medical Ethics*, 3 (Sept. 1977), pp. 133~136. 또한 Kleinig, pp.133~134를 보라.

66) 법에서 그러한 표준을 확립시키려고 하는 제안에 대해서는 Note, "Informed Consent," p.1642를 보라.

67) In re Quinlan, 70 N.J. 10, 355 A. 2d 647 at 671 ff. (1976). 또한 Harold L. Hirsch and Richard E. Donovan, "The Right to Die : Medico-Legal Implications of In Re Quinlan," *Rutgers Law Review*, 30 (Winter 1977), pp.267~303, 그리고 "The Quinlan Decision : Five Commentaries," *Hastings Center Report*, 7 (Feb. 1976), pp.8~19.

68) Byrn, pp.10~13에서의 사례들 및 Reiser et al., pp.199~200을 참조하라.

69) 개관과 분석을 위해서는 "Ethics Committees : How Are They Doing?"

Hastings Center Report, 16 (June 1986), pp.19~24의 특별섹션에 있는 다양한 논문들을 보라.

70) 일반적으로 Richard C. Allen, Alyce Z. Ferster, and Henry Weihofen, *Mental Impairment and Legal Incompetency* (Englewood Cliffs, N.J. : Prentice-Hall, 1968), pp.70~112, Richard V. Mackay, *Law of Guardianships*, 3rd ed. (Dobbs Ferry, N.Y. : Oceana Publications, 1980), pp.1~23, 65~69, 그리고 Note, "The Disguised Oppression of Involuntary Guardianship : Have the Elderly Freedom to Spend?" *Yale Law Journal*, 73 (March 1964), pp.676~692 등을 보라. 관청들이(사회안전부, 또는 재향군인회) '대표 수취인'이나 '피신탁인'을 임명했을 때, 유사한 문제가 발생한다 (Allen et al., pp.114~142를 보라). 밀접하게 연관된 쟁점들에 대해서는 Suzanne Williams, "The Role of the Judiciary and the Legislature in Decisionmaking on Behalf of Incompetents : Substituted Judgment in Medical Decisionmaking for Incompetent Persons : In re Storar," *Wisconsin Law Review*, 1982 (1982), pp.1173~1198, 그리고 Donald J. Hermann, "Barriers to Providing Effective Treatment : A Critique of Revision in Procedural, Substantive and Dispositional Criteria in Involuntary Civil Commitment," *Vanderbilt Law Review*, 39 (Jan. 1986), pp.83~106.

71) Allen et al., pp.73~74, 236.

72) Note, "Disguised Oppression," pp.680~681.

73) Allen et al., pp.89, 92~93, 228~230.

74) Ibid., pp.99~112.

75) 그러나 Weale, pp.164~165를 보라.

76) Mill, *Principles of Political Economy*, p.961.

77) Daniel Moynihan, *The Politics of Guaranteed Income* (New York : Random House, 1973), pp.141~142, 218~220을 보라.

78) Donald V. Fandetti, "Income versus Service Strategies," *Social Work*, 17 (Jan. 1972), pp.87~93, Moynihan, pp.116~124, Lester C. Thurow, "Government Expenditures : Cash or In-Kind Aid?" *Philosophy and Public Affairs*, 6 (Summer 1976), pp.372~375, 그리고 Weale, pp.166~169.

79) 예를 들면 Lewis Coser, "What Do the Poor Need?(Money)," *Dissent*,

18 (Oct. 1971), p.488.

80) 일반적으로 Moynihan, pp.17~59, 113~227, 그리고 Martha Ozawa, *Income Maintenance and Work Incentives : Toward a Synthesis* (New York : Praeger, 1982), Larry D. Singell, "A Federally Guaranteed Minimum Income : Pros and Cons," *Current History*, 65 (Aug. 1973), pp. 62~87을 보라.

81) Thurow, pp.372~375.

82) Mill, *On Liberty*, pp.294~297.

83) Cf. Hess and Clark, Div. of Rhodia, Inc., vl. FDA, 495 F. 2d 975, 993~994 (D.C. Cir. 1974).

84) 가령 Brandenfels v. Heckler, 716 F. 2nd 553 (9th Cir., 1983), 그리고 U.S. v. Generix Drug Corp., 460 U.S. 453 (1983)을 보라. 더욱 일반적으로는 David Boies and Paul R. Verkuil, *Public Control of Business* (Boston : Little, Brown, 1977), pp.720~741.

85) 21 U.S.C. 301 et seq. 특히 355(d).

86) Representative Steven D. Symms (interview), "Legalize Laetrile as a Cancer Drug?" U.S. *News and World Report*, June 13, 1977, p.51. 다른 평가로는 Richard Landau, ed., *Regulating New Drugs* (Chicago : Center for Policy Study, University of Chicago, 1973)을 보라.

87) Boies and Verkuil, pp.735~736.

88) 일반적으로는 FDA, "Laetrile : Commissioner's Decision on Status," *Federal Register*, Washington, D.C., August 5, 1977, pp.39768~39805를 보라. FDA의 주장은 레이어트릴의 무효능성에 집중한 것이다. 그러나 보다 더 최근에는 레이어트릴이 유해할 수도 있다는 증거들이 나타나고 있다.

89) Daniel B. Moscowitz, "Therapy Choice Increasingly Judged Layman's Domain," *Medical World News*, 19 (Feb. 20, 1978), p.80.

90) FDA, "Laetrile," pp.39803~39804.

91) Ibid.

92) Ibid., p.39805.

93) Cf. "Ethical Dilemmas : The Laetrile Issue," *Medical Economics*, Nov. 28, 1977, pp.162~169.

94) 간섭주의의 윤리를 고려하지 않고서 미국 대법원은 레이어트릴을 심지

어 말기 환자들에게도 사용하지 못하게 하는 FDA의 권위를 지지했다. U.S. v. Rutherford, 61 L Ed 2d 68 (1979)를 보라.

95) 가령 U.S. v. General Motors Corp., 574 F. Supp. 1047, 1049 (D.C., 1983)을 보라. 또한 Boies and Verkuil, pp.719~720을 보라.

96) Chrysler Corp. v. DOT, 472 F. 2d 659 (6th Cir. 1972), 그리고 15 U.S.C. 1397 (1974). Comment, "Limiting the State's police Power," pp.605~627을 보라.

97) 클라이니히(Kleinig, pp.82~96)는 두 종류의 논변을 분명하게 구분한다. 그리고 공적인 이해관심 및 사회적 해악과 '함께 이루어진' 간섭주의적 고려가 그러한 법들을 정당화해 줄 것이라고 결론짓는다. 그러나 그는 단독으로는 문제시되는 고려사항들이 조합된다고 해서 어떻게 문제시되지 않게 되는가에 대해서는 설명하지 않았다.

98) Ben Kelley, "Make Motorcyclists Wear Helmets?" *U.S. News and World Report*, July 18, 1977, pp.39~40 (interview), and "Motorcycles and Public Apathy," *American Journal of Public Health*, 66 (May 1976), p.475.

99) 헬멧의 간섭주의적 혜택은 더욱 명백하다. 비록 헬멧법이 상해 정도를 축소시킨다는 주장이 반론에 부딪치고 있다 해도 대부분의 연구자료는 헬멧을 착용한 사람이 중상을 입거나 사망할 가능성이 더 적다는 사실을 확증해 주고 있다. Nelson S. Hartunian et al., "The Economics of safety Deregulation : Lives and Dollars Lost Due to Repeal of Motorcycle Helmet Laws," *Journal of Health Politics, Policy and Law*, 8 (Spring 1983), pp.76~98, 그리고 Jess F. Kraus et al., "Some Epidemiologic Features of Motorcycle Collision Injuries," *American Journal of Epidemiology*, 102 (July 1975), pp.74~109.

100) American Motorcycle Ass'n. v. State Police, 11 Mich. App. 351, 158 N.W. ed. 72, 75(1968). Cf. Nevada v. Eighth Judicial District Court, 101 Nev. Adv. Ops. 133, 708 P. 2d 1022 (1985), Simon v. Sargent, 346 F. Supp. 277 (1972), Kingery v. Chapple, 504 P. 2d 831 (Alas. 1972), people v. Fries, 42 Ill. 2d 446, 250 N.E. 2d 149 (1969), 그리고 State ex/rel. Calvin V. Lombardi, 104 R.I. 28, 241 A. 2d 625 (1968), aff'd. State v. Lombardo. 110 R.I. 776, 298 A. 2d, 141 (1972).

101) American Motorcycle Ass'n. v. State Police, 75.

102) 리건은 '해악 방지의 원칙' 하에서 헬멧법을 정당화하려고 노력하면서 심지어는 사회의 자원에 대한 요구를 포기하는 모터사이클 리스트조차도 다른 사람들에게 해를 끼친다고 주장했다(pp.202~205). 그들은 다른 사람들이 도움을 필요로 하는 사람들을 도우라는 포괄적인 도덕적 의무를 충족시키기 위해 다소의 부담이나 비용을 떠맡게 만든다는 것이다. 그러나 그의 주장이 성립할 수 있으려면 궁극적으로 리건은 사고 이전의 모터사이클 리스트와 사고 이후의 모터사이클 리스트가 문자그대로 전혀 디론 사람이라고 생각할 수 있게 해주는 기묘한 인간동일성 이론을 제안해야 할 것이다.

제 7 장
사회실험의 윤리

시민들에 대한 실험이라는 발상을 접하면 시민들을 수단으로 이용하는 권위주의적 정권의 모습이 떠오른다. 그러나 최근 수년 동안 시민들에게 의도적이고 체계적인 사회실험을 행하는 듯이 보이는 것은 민주정부였다. 선한 의도에서 그러한 실험은 전체 시민들에게 특정한 공공정책을 제안할 것인지를 결정하기 전에 소수의 시민들에게 그 정책을 시험해 보는 것이다. 종종 수천 명의 관련자와 수백만 달러의 예산을 사용하여 그러한 실험들을 행함으로써 주택 공급량, 교육 인증제(education vouchers), 교육적 상연 계약(educational performance contracts), 의료보험계획, 소득보장 프로그램 등을 연구했다.[1]

인간에 대한 여느 실험에서처럼 이러한 프로젝트들에서도 피실험자가 감내해야 하는 해악에 대한 위험과 관련하여 심각한 윤리적인 문제들이 제기되었다. 정부는 의학적 실험에서는 다년간의 경험을 갖고 있고, 그래서 그로부터 의학적 실험에서는 피실험자를 보호하기 위한 합리적이고 효과적인 지침을 확립할 수 있었다. 그러나 사회실험의 역사는 더 짧고, 그에 대한 공적인 지식은 더욱 빈약하다. 공직자, 연구자, 그리고 도덕철학자들은 사회실험이 창출하는 특수한 윤리적 문제에 이제 겨우 주의를 기울이기 시작했을 뿐인 것이다.[2] 이러한 실험의 일반적인 쟁점은 정부가 다른 시민들 및 하나의 전체로서의 사회에 혜택을 주기 위해서 시민들의 일부를 위험에 노출시키는 것이 허용되는 조건에 관한 것이다. 그러나 사회실험의 시작과 종결에서 특수한 복잡성이 발생한다. 그러한 문제들은 최근에 이루어진 가장 중요한 조사들 중의 하나 — 덴버 소득유지 실험(DIME) — 에서 잘 예시되고 있다. 이 실험에서 공직자들이 사용했던 윤리적 기준과 공직자들이 사용했어야 했던 윤리적 기준을 이해함으로써 우리는 미래에 이루어질 다른 사회실험들을 더 좋은 위치에서 판단할 수 있게 될 것이다.

DIME의 전후 내막

DIME은 정부가 후원하는 네 가지 연구활동의 마지막 것으로, 일정액의 소득을 보장받은 사람들이 그들의 행동양식을 어느 정도나 변화시키는가를 알아보도록 고안된 것이다. 가장 두드러진 의문은 그들이 노동의 양을 줄일 것인지 여부이다. 각각의 실험들은 일정액의 소득을 보장받은 가족들의 노동형태에 영향을 미칠지도 모르는 다양한 다른 요인들로부터 소득유지의 영향을 분리하고자 했다. 피실험자의 요건을 갖춘 가족들이 미리 정해진 수만큼 무작위로 선별되어 실험집단이나 통제집단에 배정되었다. 실험집단은 실험계획에 따른 소득을 지급받았다. 물론 그 실험계획은 실험의 목적에 따라 단위가족별로 보장되는 소득의 총량을 달리하도록 설계되었다.[3]

정책수립자들은 저소득자 생활보조를 위한 세금(negative income tax)을 포함해서, 정부에서 채택할 가능성이 있는 다양한 소득유지 프로그램을 평가하는 데에 그 연구결과를 사용하고자 했다. 실험을 행했던 몇몇 사람들뿐 아니라 초기 실험의 비판가들은 짧은 기간(3～5년)이 결과를 왜곡하지 않았는가 하고 의심했다. 실험 참여자들은 그 실험이 몇 년 내에 끝날 것이라는 사실을 알고 있었기 때문에, 그들이 하던 일을 그만두거나 그들의 작업습관에 극적인 변화를 주려고 할 가능성이 높지 않았다. 적어도 그들은 소득보장이 무한정 계속되리라고 생각했을 경우보다는 그렇듯 작업습관을 바꾸려고 하지 않았을 수 있었던 것이다. 또한 일시적인 실험, 특히 소득의 증가가 혜택을 줄이는 실험에서 어떤 참석자들 ― 가령 시간제로 근무하는 여성들 ― 은 실험이 끝날 때까지, 그런 실험에 참여하지 않았으면 수용했을 일자리를 연기하면서 실험기간 동안 그들이 일한 시간의 총량을 줄이려고 시도했을 수도 있다.

실험의 시작

단기간 실험에 대한 반론에 대처하기 위해서 소득유지 프로젝트의 하도급 계약자 중의 하나인 스탠포드 연구소(SRI)는 20년 동안 계속될 새로운 실험집단의 설립을 제안했다. 5년 집단과 비교할 때, 새로운 집단은 시민들이 상대적으로 영구적인 것으로 인식하는 실제 정부 프로그램에서 가족들의 '진정한 장기적 반응'이 어떤 것인지에 대해 더 나은 지표를 제시해 줄 것이다. 1974년 3월 보건교육복지성의 계획평가담당 서기관보 모릴(William Morrill)은 DIME에서 20년 표본의 승인을 추천했다. 그는 그러한 표본에 대한 실험적 필요성을 설명했고 다음과 같이 덧붙였다.

우리가 그 가족들에게 그 프로그램은 20년 동안 지속될 것이라고 말하려는 계획을 갖고 있기는 하지만 사실 우리가 바라는 요구된 정보를 얻기 위해서 이 실험을 20년 동안 시행할 필요는 없다. 프로그램이 20년 동안 계속될 것이라고 기대하는 이러한 가족들의 진정한 장기적 반응은 그들의 반응을 3~5년 동안만 실험이 지속될 것이라고 기대한 가족들, 즉 단기실험에 참여한 가족들의 반응과 5년 정도만 비교함으로써 관찰될 수 있다.

그러므로 … 우리는 시험적으로 이러한 새로운 실험집단을 5년만에 끝내는 계획을 세운다. …

20년 표본의 조기종결에 관한 윤리적 문제를 제거하기 위해서 가족들에게는 5년 뒤에 총금액을 받을 것인지, 아니면 규칙적인 혜택을 계속 받을 것인지에 대한 선택권이 주어질 것이다.[4]

다른 공직자들은 그러한 제안에도 여전히 문제가 있다고 생각했다. 한 사람은 5년 후에 실험을 끝내고 총지급액을 제공하는 계획을 비판했다.[5] 그는 몇몇 가족들은 그 실험이 5년 안에 끝난다는 것을 거의 확실히 알아낼 것이고, 그렇게 되면 그들은 그해에 그들이 매월 일정액을 지불받을 수 있는 사람으로, 그래서 5년 후에 총지급액을 지급받을 수 있는 사람으로 남을 수 있도록 그들의 행동을 조절할 것이다. 공직자들이 그 계획을 비밀에 부친다 해도 5년째 되는 해에 피수혜자로 우연히 남게 된 사람들에 대해 총액을 지불하는 것은 자의적이고 불공정할 것이다.

또 다른 공직자는 더욱 명시적으로 윤리적인 반론을 제기했다. 그는 그러한 제안이 "가능한 결과들을 충분히 공개하지 않고 사람들을 실험실에서의 기니피그*처럼 이용하는 것의 윤리성에 대한 심각한 의문"을 제기했다고 믿었다.[6] 그는 가족들이 실제로 그 프로그램이 20년 동안 지속되리라고 기대한다면 장기부채를 질 수도 있고, 그렇지 않았을 경우보다 더 많은 자녀를 가지기로 결

※ Guinea pig, 돼지 생김새의 실험용 쥐.

정할 수도 있고, 더 일찍 은퇴하기로 선택할 수도 있고, 저축을 그만두기로 결정할 수도 있고, 아니면 생명보험을 포기할 수도 있다는 사실을 지적했다. 그러나 그 실험에서 "지불이 언젠가 멈출지도 모른다는 것을 강조했다면 그 실험의 결과는 신뢰할 수 없는 것일 것이다."

보건교육복지성 내에서의 이런저런 비판을 설명한 후에, 모릴은 다시 20년 집단을 설립할 것을 권고했다. 그러나 이번에는 "어떤 가능한 윤리적 문제도 제거하기 위해서" 종결선택권을 배제했다.[7] 이제 그는 그 프로그램을 20년 동안 계속할 것을 제안했다. 차관이 그 제안을 승인했고 그래서 20년 집단의 등록이 1974년 7월에 시작되었다.

처음에 실험집단은 110가구로 구성되었다. 흑인과 백인, 부모가 한 명인 사람과 양친 모두가 살아 있는 사람 등, 모두가 포함되어 있었으며 연소득은 5천 달러 이하였다. 그런데 그러한 표본은 곧 확장되어야 했다. 우선 소득수준이 DIME 지불에 적절한 다른 사람들을 포함시키고, 그후에도 멕시코계 미국인을 위한 법적 변호 및 교육재단(MALDEF)으로부터의 항의에 대한 반향으로 약간의 멕시코계 미국인 가족들을 포함시켜야 했기 때문이었다. 또 다른 하도급 계약자인 수학적 정책 연구소(MPR)의 감독하에서 '피실험자 명부 작성자들'은 각 가족과 개인적인 계약을 맺고 그 가족이 실험에 참여하도록 초청하는 문서를 포함한 여러 문건들과 그 가족들의 참여조건을 약정한 동의서를 제시했다. 초청 및 특히 20년 보증의 신뢰도를 향상시키기 위해 그 문서에는 콜로라도 주정부 공직자의 서명이 들어 있었다. 그 가족들이 보증서를 믿는다는 사실이 "실험의 성공에 결정적으로 중요한 것이다."[8] 보증서에 관해서 그 문서에서는 다음과 같이 말하고 있다. "당신 가족의 소득보증을 20년 동안 계속하는 것이 연방정부의 의도이다. 20년이 경과하기 전에 정부가 이 프로그램을 종결할 필요가 있다면 정부는 당신의 소득보증 기간 동안에 사용되지 않은 할당량 분의 돈을 지급하기 위해서 당신 가족에게 현금 정착비를 지급하는 계획을 갖고 있다." [9] 명부 작성자들이 각 가정의 가장에게 서명할 것을 요구했던 등록동의서에는 다음과 같은 조항이 포함되어 있다. "최종적으로, 나는 그 프로그램을 20년 동안 계속하는 것이 정부의 의도이며 프로그램의 시행과 지불의 지속은 보건교육복지성 장관이나 그가 지명한 사람에 의해서 수정되는 것이라는 점을 … 이해한다." [10]

실험의 종결

1978년 11월에 보건교육복지성의 임원진과 SRI, 워싱턴과 콜로라도의 주정부, 그리고 MPR의 덴버사무소가 "DIME에서 얻은 자료에 대한 SRI의 최근 연구"의 결론에 대해 토론하기 위해 만났다. [11] 주요한 결론 중의 하나는, 비록 조심스러운 기술적 용어로 표현되었지만, 모인 사람들을 놀라게 했다. "20년 프로그램의 작위적인 가족 할당이 (특히 이전에 재정적 후원을 받았던 사람들의 가족들) 이러한 집단에 대해 추정된 반응들을 해석하는 것을 극히 어렵게 했다."

다른 차이들 중에서도 실험집단에 참여한 사람들의 노동량은 그 실험이 있기 일년 전에 통제집단에 참여했던 사람들의 노동량에 미치지 못했다. 이러한 차이를 교정하려는 다양한 통계적 시도들도 만족스럽지 못하다는 것이 입증되었다. 모임에 참여했던 모든 이들은 그 실험이 이제 연구가치를 갖지 않는다는 점에, 비록 내키지는 않지만 분명하게 동의했다. 그들은 적당한 준비가 이루어지자마자 가족들을 명부에서 지워야 한다는 결론을 내렸다. 그러나 그 가족들에게 어떤 보상을 해줘야 하는지에 대한 물음은 해결되지 않은 채로 남았다. 또한 — 그때뿐 아니라 지금도 — DIME을 이렇듯 불행한 곤경에 몰아넣은 표본설계에서의 실수에 대해 누가 일차적인 책임을 져야 하는가에 대한 물음도 대답되지 않은 채로 남아 있다.

SRI의 프로젝트 지도자 슈피겔만(R. G. Spiegelman)은 보건교육복지성의 공직자들이 이 문제에서 고려했던 주요한 쟁점들을 개괄한 바 있다.[12] 어떤 결정이든 보건교육복지성의 '공중에 대한 의무'를 인정해야 할 것이다. 절대적으로 어떤 연구가치도 산출하지 못하는 프로그램을 계속하는 것에 세금 납부자들이 정당하게 반대할 수 있을 것이다. 슈피겔만은 "실험에 참여한 가족들에 대한 두 종류의 의무", 즉 법적 의무와 도덕적 의무에 대해 이야기했다. 정부에게는 소득지불을 계속할 법적 의무, 심지어는 어떤 유의미한 목돈을 제공할 법적 의무도 없다는 점에 대해서는 대체로 사람들이 동의했다. 비록 보건교육복지성의 공직자들은 복지권 변호사에 의해 부추겨진 가족들 중의 몇몇이 소송을 제기하기로 결정할지도 모른다고 생각하기는 했지만 말이다.

가족들에 대한 도덕적 의무에 관한 토론에서는 조기종결이 정당화되는 것이 당연한 것으로 여겨졌고, 그래서 그 토론은 종결절차가 충족시켜야 하는 기준에 집중되었다. 첫째, 정착금의 총액에 관한 정부와의 협상에서 그 가족들을 착취로부터 보호할 수 있도록 보호책이 마련되어야 한다. 둘째, 어떤 정착금도, 그 프로그램이 계속될 것이라는 가정하에 실험에 참여했던 가족들이 특정한 결정을 내렸을 수 있고 그래서 소득지급이 중단되었을 때의 심각한 손실을 감내해야 할 수도 있다는 사실을 인정하는 것이어야 한다. 그 프로그램은 "그 가족들이 DIME에 참여한 결과로 그들이 참여하지 않았을 경우보다 더 나쁘게 되지는 않음을 보장해줄, 법적 의무는 아니더라도, 도덕적 의무를" 갖는 것이다. SRI 임원진은 가족들에게 24개월에서 30개월까지 후원을 계속하는 것이 이러한 도덕적 의무를 이행하는 것이라고 "직관적으로 느꼈다."

1979년 11월에 서기관보 서리가 된 파머(John Palmer)는 정부가 그 가족들에게 기껏해야 3년 동안의 혜택에 해당하는 소득가치를 빚지고 있다고 하는 그의 전임자의 관점에 동의하는 경향을 갖고 있었다. 파머는 "그러한 실험에서는 참여와 연관된 암묵적인 대가가 있다. 그리고 그 실험을 계속한다고 해서 더 이상 납세자와 연방정부에게 어떤 혜택도 없으므로 납세자가 AFDC 및 식품배급표, 그리고 부가된 행정비용을 초과하는 금전 지급을 계속할 이유가 없다."고 주장했다.[13]

파머가 또한 극히 두려워한 것은 프로그램을 계속하거나 큰 목돈을 지불하기 위해서 필요한 대량의 경비를 의회에 요구함으로써 불리한 평판을 얻게 되고, 결국 미래의 정책연구에 대한 후원에 지장이 있을 것이라는 점이다. 이미 콜로라도의 상원의원 암스트롱(William Armstrong)은 그 실험이 정부자금의 낭비라고 공개적으로 비난했다. 보건교육복지성의 입법연락부에서 일하는 공직자들은 보통 보건교육복지성의 자유주의적 프로그램을 지지하는 것으로 생각되는 콜로라도 대표단의 몇몇 임원들과 비공식적으로 의논했다. 그러나 보건교육복지성의 공직자들은 대표단원들에게서 DIME 가족들에게 많은 정착금을 제공하기 위해서 필요한 부가적 경비를 확보해 내려는 정열은 거의 찾아볼 수가 없었다. 몇몇의 범상치 않은 예산삭감 결정에서 표현된 것처럼 일반적으로 그 해 봄의 의회 분위기는 보건교육복지성의 중요한 프로그램들 중에서 많은 것을 위협하는 것이었다.

MPR의 소장과 그의 몇몇 보좌관들은 정부는 20년 동안 그 프로그램을 실행하거나 적어도 그 프로그램이 20년 동안 계속되었다면 가족들이 받게 될 것과 동등한 현금정착비를 제공할 도덕적 의무를 가진다고 강변하면서 보건교육복지성 공직자들과 열심히 논쟁을 벌였다. 슈피겔만처럼 그들도 그 가족들은 정부의 약속을 신뢰해서 그들에게 그러한 약속이 없었다면 내리지 않았을 돌이킬 수 없는 결정들—가령 다른 아이를 갖거나 조기 퇴직하는 등의 결정—을 내렸을 수도 있다는 사실을 지적했다. 파머는 그 가족들은 그들이 정규적인 복지체계에 머물러 있었을 경우보다 그 실험에 참여함으로써 더 유복해졌을 것이라고 주장하면서 그와 같은 논리로 제기되는 논변을 거부했다. 주의를 요하는 적절한 기간이 지나면 실험이 종결된 후의 삶에 아주 손쉽게 적응해 나가고 스스로가 그 전보다 적어도 더 나빠지지는 않았다는 것을 발견할 수 있을 것이라는 것이다.

그럼에도 불구하고 파머는 여전히 약간의 의구심을 갖고 있었다. 그 역시 정부가 그 가족들에게 '불가피한 책임(inviolable commitment)'을 갖지 않는다고 전적으로 확신하지는 못했던 것이다. 그는 또한 그 자신이 실제로는 그렇지 않더라도 직무상으로는 1974년의 20년 표본의 시작에 대한 책임을 진다는 사실로 인해 난처해했다. 더욱이 그의 소득보장정책 부서기보인 바스(Michael Barth)는 그러한 결정이 잘못되었다는 결론에 도달했다. 바스는 초기에 그러한 결정을 승인했었지만 그러한 결정을 이행하기 위한 자료를 준비하는 동안 다른 생각을 하기 시작했다. 그는 이제 그러한 결정이 그 가족들에 대한 정부의 책임을 적절히 이행하지 못한다고 믿었다. 파머는 바스가 적어도 '종결방식'에 대한 검토를 행할 때까지 책임의 이행을 연기하는 데에 동의했다.

바스는 대체로 다음과 같은 방식들을 제시했다. (1) 원래 의도했던 것처럼 15년 동안 지불을 계속하는 방법(비용 : 970만 달러, 10퍼센트 비율로 줄이면 531만 달러), (2) 지불을 계속하지만 가족의 소득이 변화했을 때에도 지불금액을 바꾸지 않는 방법(비용 :

827만 달러, 할인하면 470만 달러), (3) 할인된 15년간의 지불금액과 동등한 목돈을 주고 종결하는 방법(비용 : 147만 달러), (4) 각 가정의 전년도 지불금액에 기초해서 3년 동안의 지불로 끝내는 방법(비용 : 147만 달러), (5) (실업보상 모델에 따라) 6개월 동안 지불을 단계적으로 줄여나간 후에 즉시 종결하는 방법(비용 : 30만 달러). (4)와 (5)의 방식만이 보건교육복지성이 이용 가능한 재원의 범위 내에서 충당될 수 있었고 (1), (2), (3)의 방식은 의회의 승인을 요구하는 것이었다.[14]

바스는 이러한 (그리고 다른 몇 가지의) 방식들을 3명의 외부 상담원들에게 제시하고 그들에게 '도덕적/윤리적' 요인을 구체적으로 고려하는 '가장 타당한 행위'를 추천하라고 요구했다. 상담원들의 추천은 (5)의 수정된 형태에서 (3)의 변형에까지 걸쳐 있었다. 바스는 콜로라도 사회복지성의 공직자들 및 그가 상의했던 보건교육복지성의 덴버 지역사무소 공직자들이 (4)의 변형에 우호적이라고 보고했다. 핵심적인 의회대표단의 몇몇 임원진들도 분명히 그랬다. 가족들에게 더 관대한 정착비를 지원하리라고 예상되었던 하트(Gary Hart)의 참모진들은 바스의 탐구에 아무런 반응도 보이지 않았다. 암스트롱 상원의원이 이전에 제기했던 공식성명으로부터 보건교육복지성의 공직자들은 그가 몇 달 이상 지불을 계속하는 것에 반대할 것이라고 추리했다.

1980년 6월에 파머는 (4)처럼 3년 동안 가족들에게 지불을 계속하지만 지불이 종결되고 있다는 것을 가족들이 이해할 수 있도록 지급액을 감소시키면서 지불하는 계획에 찬성하는 결정을 내렸다. 부가적으로 파머는 이행기간 동안 그 가족들을 돕기 위해 상담하고 후원하는 프로그램을 제도화했다. 7월에 파머는 그의 결정을 알리는 메모를 해리스(Patricia Harris) 장관에게 보냈다. 1980년 9월에 보건교육복지성은 DIME의 종결을 공표했다.

DIME의 윤리

DIME의 20년 프로그램에서 제기된 윤리적 문제에 대한 분석은 두 부분에서 가장 잘 이루어진다. 첫째는 20년 실험을 시작하기로 한 결정에 집중되고, 둘째는 그것을 끝내기로 하는 결정에 집중된다. 우리는 공직자들이 각각의 결정에 대해서 적용한 윤리적 기준들을 고찰해야 한다. 그리고 그것들이 부적절한 부분에 대해서는 그러한 기준들이 어떻게 수정되어야 하는지를 제안해 보도록 하자.

실험의 시작

공직자들이 20년 실험을 시작하기로 한 것은 성공적일 뿐 아니라 윤리적으로도 반대할 만한 이유가 없는 것으로 널리 간주되었던 소득유지 실험의 한 맥락에서였다. 로시(Peter Rossi)와 그의 협조자들이 1978년에 적고 있는 것처럼 소득유지 프로젝트는 "본래적으로 자비로운 간섭의 아주 훌륭한 예인 것이다." 그들은 "가족들에게 실험과 관련된 양만큼 더 많은 돈을 지불하는 것이 그들에게 좋은 영향을 조금도 미칠 수 없다고 생각하기는 어렵다"는 것을 발견했다.[15] 그렇다면 20년 표본을 시작하기 전에 공직자들이 소득유지 프로젝트 전반의 윤리를 검토하지 않은 것은 놀라운 일이 아니다.

그러나 그들은 그러한 사회실험을 통제해야 하는 윤리적 기준을 20년 실험이 충족시키는 것인지를 검토했어야만 했고, 어느 정도는 실제로 그것을 살펴보았다. 이러한 기준들은 일반적으로 두 가지 형태로 나타난다. 첫째는 실험의 결과, 주로 피실험자에 대한 해악의 위험과 관련된 것이고, 둘째는 피실험자와 다른 시민들이 그 실험에 자발적으로 참여하게 되는 배경조건, 주로 충분한 정보가 주어진 상태에서 동의가 있었는지에 관련된 것이다.[16] 첫 번째 기준들은 언뜻 보기에는 공리주의적인 것처럼 보인다. 그리고 때로는 공직자들도 그렇듯 실험 참여자들과 사회전체에 대한 이득과 해악을 합산한다.[17] 그러나 우리가 살펴볼 것처럼 그러한 기준들에 대한 몇몇 해석은 피실험자들이 입게 될지도 모르는 해악에 더 큰 비중을 두고, 따라서 사회에 큰 이익을 약속하는 실험을 허용하지 않기도 한다.

공직자들은 소득유지 실험이 사회에 실질적인 이득을 제공할 수 있다고, 즉 그러한 이득 중에는 아마도 빈곤의 경감이 포함될 것이라고 믿었다. DIME의 20년 프로그램은, 그런 실험이 없었다면 치명적인 반론으로 제시될 수 있는 논거들에 대응하기 위해 연구 자체를 본질적으로 확장한 것으로 보인다. 그 프로그램은 그러한 연구의 실험적 가치를 평가하기 위한 이른바 '연구기준'을 충족시켰다. 예를 들어 그 실험의 중심적 가정은 '긴급한 정책 중요성'에 관한 것이었다. 그리고 원하는 정보를 어떤 다른 "저렴한 비용으로 또는 더 단순한 방법으로" 얻을 수 없었다.[18] 더욱이 공직자들은 소득유지 실험이 보건이나 주택문제 같은 다른 공공 정책의 구도를 개선해 줄지도 모르는 다른 사회실험을 권장하는 계기를 마련해 줄 수도 있을 것이라고 믿었다. 공직자들이 사회 전체를 위해 완전한 규모의 프로그램에 착수하기 전에 실험적 환경에서 다양한 프로그램을 실험한다면, 일반적으로 많은 사람들, 즉 정부프로그램의 미래고객뿐 아니라 납세자들까지 혜택을 보는 것이다.

적어도 DIME의 20년 표본이 이러한 사회적 목적에 조금이라도 긍정적으로 기여했을지도 모른다는 생각이 전혀 비현실적인 것은 아니다. 그러나 공직자들은 실험이 잘못된다면 미래연구와 복지정책에 대해 부정적인 영향을 끼칠 수도 있다는 사실을 무시했다.

더욱이 실험을 통해 획득될 수 있는 사회적 지식에 열광함으로써 공직자들은 어떤 목적을 위해서도 사용될 수 있는 보다 더 큰 지식에서 얻을 수 있는 혜택과 빈자를 위한 특정한 소득유지 프로그램을 지지하는 지식으로부터 얻을 수 있는 혜택을 구분하지 않았다. 공직자들은 분명히 실험의 발견결과들이 소득보장 프로그램 및 그와 유사한 사회정책에 반대하는 사람들의 정치권력을 강화시킬 수도 있을 가능성을 과소평가하였다. 공직자들이 실험의 결과가 소득유지 프로그램에 유리할 것이라는 가정에서 사회적 혜택을 평가하는 한, 실험행위뿐 아니라 처음에 실험을 시작해야 할 것인지에 대한 결정도 편향된 것일 위험이 있었다.

실험 참여자들에 대한 혜택은 더욱 즉각적인 것이었다. 실험 참여자들은 실험이 있기 전이나 실험이 없는 경우보다 실험기간 동안에 더 높은 생활수준과 더 큰 안정감을 향유했을 것이다. 실험자들에게 가장 심각한 위험은 그들이 일을 하지 않거나, 조기퇴직하거나, 아니면 실험이 끝난 후에 가족의 생계를 위태롭게 할 다른 방식으로 노동시장에서 멀어질 가능성이다. 20년 프로그램은 분명히 이러한 위험을 증대시켰고, 아울러 상대적으로 단기간의 실험에 참여했던 사람들은 일반적으로 부딪치지 않았던 다른 문제들 — 가령 더 많은 자녀를 갖거나 장기부채를 떠맡는 것 등 — 까지 감당하게 되었다. 보건교육복지성 공직자들은 물론 이러한 위험을 알고 있었다. 모릴의 첫번째 제안에 대한 반론들에서 지적되었던 것처럼 말이다. 그러나 계획을 수정한 후에 모릴은 실험이 20년 동안 진행된다면 참여자에 대한 위험이 심각하지 않을 것이라고 가정하고서 조기종결에 대한 반론들에 더욱 주력한 바 있다.

실험이 주는 이러한 많은 해악과 혜택들에 대한 계산은 매우 사변적인 것이기 때문에 실험의 수용 가능성을 평가함에 있어서 단순히 장기적 효과들을 배제해 버리는 연구자들도 있을 것이다.

그들은 "실험이 끝난 후에 피실험자들이 그러한 실험이 결코 존재하지 않았던 것처럼 살아가는 것을 보장할 수 있도록 실험자가 이전 상황을 회복시켜 줄 것을 요구하는 단기적 기준"을 제안한다.[19] 그러한 기준이 우리가 피실험자들을 실험 이전의 상태로 되돌려야 한다는 것을 의미한다고 할 수는 없다. (그러한 시도는 대부분의 경우에 상황을 더욱 악화시킬 것이다.) 그러한 기준이 우리가 실제로 그 실험의 모든 효과들을 말소하기를 요구하는 것일 수도 없다. 우선 그러한 기준이 함축하는 것은 정부가 실험 후에 그들의 즉각적인 상황을, 그들이 실험에 참여하지 않았을 경우의 그들의 상황과 비교하여 해악의 정도가 결정되는 것에 따라 실험에 귀속 가능한 해악에 준하여 피실험자들에게 보상을 해줘야 한다는 것이다. (가령) 3년 실험을 평가하는 데에 있어서는 '단기적' 해악에 대해 그러한 검증을 하는 것이 가능할 수도 있다. 그러나 20년 실험 후에 요구되는 보상을 하기는 극히 어렵다. 더욱이 그렇게 하는 것이 가능하다 해도 그것이 바람직하지 않을 수도 있다. (DIME을 포함한) 많은 실험들에서 해악의 위험을 제거하는 것은 실험의 취지 자체를 뒤흔드는 것이다. 그러한 실험의 목적은 바로 사람들이 위험에 어떻게 반응하는가 보는 것이다.

여러 가지 난점들에도 불구하고 '단기적' 기준은 올바른 방향을 지시하고 있다. 많은 다른 이들이 제안하는 해악과 혜택의 기준 — 가령 보건교육복지성의 지침에서 "해악에 대한 혜택의 비율" — 과는 달리 '단기적' 기준은 일반적인 손실과 이득의 계산을 넘어서서 참여자 자신들에 대한 독립적인 보호를 추구한다. 우리는 다음과 같이 (실질적으로 수정된) 형태의 기준을 채택할 수 있다. [수용 가능한 실험은 적어도 그것이 참여자에게 유발시키는 해악만큼 큰 사회적 이득을 산출할 뿐 아니라, 참여자들이 참여하지 않았다면 당면했을 비가역적 해악의 위험보다 크지 않은 정도의 해악을 입을 수 있는 위험성만을 부과하는 것이어야 한다.] 이렇게 하여 이러한 제약들은 심지어 참여자의 권리라는 개념에 호소하지 않고도 몇몇 실험은 금지할 것이다. 그 실험들이 사회 전체에 아무리 많은 도움이 된다고 해도 말이다.

이와 대조적으로 대표적인 공리주의적 기준은 ("가령 우리 사회의 빈곤을 경감시키는 것처럼") 실험의 사회적 가치가 크거나 큰 것으로 그럴 듯하게 서술될 수 있을 때, 실험 참여자들에 대한 많은 불편과 상당한 해악을 정당화함으로써 참여자들을 더욱 취약한 상태로 남겨두게 된다. 확실히, 우리는 실험이 너무나 중요해서 참여자들에 대한 실질적인 위험이 정당화되는 예들을 상상해 볼 수 있다. 정부가 감기백신의 부족이나 물을 오염시키겠다는 테러리스트의 위협에 대처하는 행정적 절차를 급박하게 구상해야 한다고 가정해 보자. 예비적인 검사를 행하지 않음으로써 발생하는 위험이, 참여자들에게는 그들이 경험한 어떤 해악보다 막대할 수도 있을 것이다.[20] 그러나 그러한 실험은 위에서 언급한 두번째 기준을 여전히 만족시켜야만 할 것이다.

심지어는 비공리주의적 기준하에서도 해악의 본성 자체가 문제시될 수도 있다. 무엇이 사회실험에 참여한 사람들에게 해악으로 간주되어야 하는지가 항상 분명한 것은 아니다. 어떤 사람들은 실험의 목적이나 그 실험의 발견물들이 사용되리라고 그들이 예견하는 방식에 동의하지 않기 때문에 그 실험에 반대할 수도 있다. 소득유지 정책의 몇몇 반대자들은 그 실험은 정부가 미래에 그러한 정책을 채택할 가능성을 증대시키기 때문에 그들이 그러한 실험으로 인해 해를 입는다는 것이다. 이에 대한 하나의 대답은 그 실험의 발견물들이 그러한 정책에 부정적인 효과도 알 수 있게 해줄지 모른다는 것이다. 그러나 이러한 대답은 실험의 목적이나 그러한 정책의 결과적 이용에 동의하지 않는 참여자들이 실험으로 인한 해악을 감내하고 있다고 정당하게 불평할 수 있는가라는 더욱 근본적인 물음에 대한 답변은 되지 못한다. 논쟁의 여지가 있는 정책들에 대한 공지나 토론에서 비롯되는 해악이 아주 실제적인 것일 수도 있다. 그러나 우리가 그러한 해악이 언론의 자유를 제한하는 이유로 간주될 수 있도록 해서는 안되는 것처럼, 우리는 그러한 해악이 없었다면 사회에 이익이 되는 실험을 행하지 않기로 하는 근거로 그러한 해악들을 비중 있게 취급해서도 안되는 것이다.

해악의 본성에 관한 또 다른 문제는 일부 참여자들이 해악으로 간주하는 것을 다른 사람들은 혜택으로 간주할 수도 있을 때에 발생한다. DIME에서 한 남편은 아내에게 이용당했기 때문에 그가 해를 입었다고 주장했다. 그 실험은 그녀가 그를 떠날 수 있도록 재정적으로 독립시켜 주었던 것이다. 놀라울 것도 없이 그녀는 이러한 결과를 실험의 혜택으로 간주했다.

다른 예를 통해서는, 가령 특정한 권리들을 빈틈 없이 존중함으로써 특정한 해악으로부터 참여자들을 보호하려는 것이 참여자들에게 바람직하지 않은 결과를, 즉 보호조치가 막아주리라고 가정한 해악들보다 더욱 바람직하지 않은 결과를 낳는다는 것이 밝혀질 수도 있다. 사생활권에 대한 보호가 그러한 사례 중의 하나이다. 소득유지 실험에서 모든 공직자들은 면담요원들이 참여자들에게서 수집한 소득 및 가족구성에 관한 정보의 비밀을 유지하는데에 많은 배려를 했다. 그들은 그러한 정보를 얻으려고 했던 당국의 반복된 요구에 성공적으로 저항했다. MPR의 소장은 프로그램에 등록된 가족들의 이름과 주소명부를 누설하기보다는 교도소에 가겠다고 공언했다.

이렇게 해서 그 실험은 참여자들의 사생활을 아주 잘 존중했다. 문제는 사생활을 너무 잘 존중했다는 점이었다. 보건교육복지성의 어떤 공직자도 참여자가 누구인지, 그의 특수한 주변환경이 어떠한지를 알지 못했기 때문에 공직자들은 그 가족들을 추상적으로 생각하는 경향을 갖게 되었다. 보건교육복지성 공직자들에게는 특수한 개인이나 집단들의 필요에 따라 프로그램을 변화시키는 것도 쉽지 않았다. 그들은 참여자들과 실험의 영향에 관해 상의할 수도 없었다. 그들이 참여자들과 거리를 가짐으로써 실험이 초래할지도 모르는 위험이 과소평가되거나 무시될 수도 있었던 것이다. 또한 실험기간 및 그것의 종결기간 동안에 어떻게 그들을 도울 것인지를 구상하기 위해 참여자들에 관해 더 많은 것을 알고자 했던 공직자들도 그들이 필요로 하는 정보를 얻을 수 없었다.

우리가 해악으로 간주해야 하는 것이 무엇인지에 대해 우리가 동의한다 하더라도 우리는 여전히 실험에서 해악이 발생할 가능성이 어느 정도나 수용되어야 하는지를 결정해야 한다. 사람들은 (동일한 해악하에서도) 위험을 수용하려는 정도가 서로 다르기 때문에 사회실험에서 핵심적인 물음은 정치적인 것이다. 수용 가능한 위험이 어느 정도인지를 누가 결정해야 하는가? 실험자들은 종종 참여자들이 선택하는 것보다 높은 정도의 위험을 선택할 것이다. 그러나 참여자들은 스스로 판단하기에 좋은 위치에 있지 않을 수도 있다. 그들은 종종 실험자들만큼 제대로 실험을 이해하지 못하기 때문이다.

이렇듯 서로 다른 여러 관점들을 고려할 때, 어떤 독립적 기구, 즉 사회실험에 관해 박식한 사회과학자 및 여타의 사람들과 실험의 참여자가 될 가능성이 높은 집단을 대변하는 시민들, 그리고 정부 공직자들로 구성될 수 있는 독립체가 필요하다는 것을 알 수 있다. 그러한 기구는 사회실험을 행할 것인지를 결정할 책임을 질 공직자들을 추천할 것이고, 정상적인 경우라면 그러한 추천을 바탕으로 공개토론 등이 이루어질 수 있을 것이다. 물론 이러한 종류의 정치적 과정을 밟는다고 해서 실험에서의 위험을 평가하는 것과 관련된 모든 문제가 해결되지는 못할 것이다. 그러나 그러한 과정은 실험의 위험들에 대해서 시민, 실험자, 그리고 공직자들이 가질 수 있는 서로 갈등하는 태도에 대해 더욱 광범위한 토론이 이루어질 수 있도록 해줄 것이다.

실험이 아무리 유익하고 아무리 무해하다 해도, 공직자들이 여전히 확실히 해야 할 것은 실험에 참여하는 행위는 자발적이어야 한다는 것이다. 혜택과 해악만을 언급하는 기준으로는 충분치 않다. 실험 대상자들은 그들에게 혜택을 주려는 의도를 갖고 있지 않은 정부 프로젝트에도 참여한다. (설령 그것이 그들에게 우연히 혜택을 준다고 해도 말이다.) 실험의 목적은 장래에 다른 시민들에게 혜택을 줄 수도 있는 정보를 제공하는 것이다. 참여자들이 자유로이 참가하는 데에 동의하지 않는다면 그들은 단지 수단으로만 취급될 뿐이지 그 스스로 목적으로서 대우받지 못한다. 실험에서 피실험자들의 역할은 이렇듯 일상적인 정부 프로그램에서의 시민들의 역할과 다르기 때문에 동의의 형식도 또한 달라야만 한다. 우리는 (정상적인 민주적 과정을 통해 표현된) 간접적 동의나 암묵적 긍정이 실험 참여자들의 수용의사를 확실히 보여주는 것이라고 가정할 수 없다. 그러한 긍정이 실험에 착수하기로 하는 결정에 정당성을 제공해 준다고 해도 말이다. 의학적 실험에서처럼 사회실험에서도 피실험자의 명시된 동의 — 일반적으로 '충분한 정보가 주어진 상태에서의 동의'라고 불리는 것 — 가 필요한 것이다.[21]

보건교육복지성 자체의 지침에서 진술된, 충분한 정보가 주어진 상태에서의 동의에 대한 요구는 대단히 분별 있는 요구이다. 그것들은 실험자가 피실험자에게 동의의 절차에 관해 말해 주어야 하며 가능한 위험과 이익을 설명하고 또한 대안적 동의 절차를 제시해야 한다고 명기하고 있다. 실험자들은 또한 어떤 질문에도 대답해 주어야 하며 피실험자들에게 그들이 어느 때든지 동의를 철회할 수 있다고 알려주어야 한다. 이러한 목록들을 훑어보면 DIME은 충분한 정보가 주어진 상태에서 동의라는 기준을 우리가 생각할 수 있는 만큼 훌륭히 충족시켰다는 결론을 내릴지도 모르겠다. 그러나 그러한 목록들 뒤에는 많은 심각한 문제들이 잠복해 있다.

첫째, 실험자들이 참여자들에게 실험 자체 및 그 실험의 가능한 결과에 관해 얼마나 많은 것을 말했어야 하는가? 보건교육복지성 공직자들은 참여자들에게 실험이 20년 동안 계속될 것이라고 이야기되는 5년 실험에 대한 제안은 거부했다. 그들이 그것을 거부한 이유가 부분적으로는 실용적인 것일 수 있다고 하더라도 그들이 이러한 기만은 충분한 정보가 주어진 상태에서 동의와 비정합적이라고 본 것은 올바른 것이었다. 그러나 공직자들은 의도적인 기만은 피한다 할지라도, 이 실험이 시행되는 이유와 피실험자에게 충분한 정보를 공개해야 한다는 요구가 도대체 양립할 수 있는 것인지에 대한 물음은 심각하게 고려하지 않았다.

실험이 이루어지기 위해서는 참여자들이 그 프로그램은 20년 동안 계속된다고 믿어야만 했다. 실험자들은 이러한 믿음을 조장하기 위해 특별한 노력을 기울였다. 그러나 그들은 또한 그들이 참여자들에게 실험은 언제든 끝날 수 있다고 경고했어야 한다는 것을 알고 있었다. 그리고 참여자들이 그 경고를 심각하게 받아들이는 한, 그 프로그램에 관한 그들의 생각은 실험자들의 의도와 일치할 수가 없다. 그러므로 실험자들은 아마도 이러한 경고를 적절히 전달하지 않았을 것이다. 명부를 작성한 사람들은 참여자들이 종결에 대해 묻는다면, 정부는 "어떤 프로그램에서도 그럴 수 있는 것처럼 언제나 그 프로그램을 취소할" 수도 있을 것이라고 그들에게 말해 주라는 지시를 받았다.[22] 그러한 진술은 물론 DIME 종결의 가능성을 과소평가하는 것이다. 실험 자체의 유용성이 5년 후에 사라진다 — 일단 정규적인 5년 집단과의 비교가 끝나면 더 이상의 자료는 불필요하다 — 는 사실은 참여자에게 말해지지 않았다. 참여자들에게 그러한 정보가 주어진다면 어떤 이들은 그 실험에 어떤 불상사가 발생하지 않는다 하더라도 5년 후에 소득지불을 끝내라는 압력이 증가할 것이라는 사실을 알아챌지도 모른다.

참여자들에게 공개되어야 하는 것이 무엇인지를 결정함에 있어서 아직 또 다른 문제가 남아 있다. 의학적 실험보다 더욱 빈번히 사회실험은 연구자들이 거의 통제할 수 없는 상황에서 이루어진다. 그리고 그 결과, 실험과정 중에 어떤 일이 발생할 수 있는지를 참여자들에게 충분히 알려주기가 더욱 어렵다. 한 참여자가 그 실험에 관한 TV 프로그램에 출연한 이후에 그의 십장 및 그의 동료들 중 몇몇이 그가 '특별한 사람'이라고 생각하고 그가 '가난한' 것처럼 꾸미는 것을 조롱함으로써 그의 화를 돋구었다. 그는 십장에게 주먹을 한방 먹였고 곧바로 해고되었다. 그의 아내는 그와 이혼했고 그의 능력을 벗어나는 수준의 자녀부양비를 지불하지 않는다는 이유로 그를 고소했다. 그는 간신히 투옥을 면할 수 있었다.[23] 공직자들은 사건의 이러한 추이를 거의 예상할 수가 없었다. 그러나 그들은 예기치 못한 해악이 발생할 가능성이 있다는 것을 참여자들에게 알려야 했고, 아울러 과거의 유사한 실험에서 발생했던 사건들을 예로 제시할 수도 있었을 것이다.

심지어는 우리가 참여자들에게 무엇이 말해져야 하는지를 결정했을 때조차도, 충분한 정보가 주어진 상태에서의 동의에 대한 문제가 우리에게서 사라지는 것은 아니다. 대부분의 사회실험에서처럼 소득유지 실험도 저소득층의 사람들과 교육을 제대로 받지 못한 사람들을, 즉 실험의 본성과 그 실험이 그들에게 미칠 수 있는 효과를 충분히 이해하기 어려운 사람들을 대상으로 했다. 그러므로 그들의 동의가 충분한 정보가 주어진 상태에서의 동의로 간주될 수 있는지에는 의문의 여지가 있다. 이러한 문제 때문에 어떤 학자는 '역선별(inverse selection)'의 원칙에 우호적이다. 역선별의 원칙이란 실험을 이해할 가능성이 높은 사람들을 피실험자로 선택할 것을 요구하는 것이다.[24] 그런데 이러한 원칙은 정부가 흥미를 가지는 많은 실험을 어렵게 할 수 있다. 그것은 가장 불리한 위치에 있는 시민에게 혜택을 주려는 의도의 실험, 즉 그 실험을 이해할 가능성이 높지 않은 사람들의 참여가 필요한 실험을 어렵게 만들 수 있는 것이다.

더욱 건설적인 접근법은 실험자가 참여자들에게 특정한 정보를 제공할 뿐 아니라 실험이 계속될 수 있기 전에 참여자들이 이러한 정보를 이해했다는 것을 증명할 것을 요구하는 것이 되어야 한다. 우리는 피실험자들이 실험으로부터 최대의 이득을 얻을 수 있도록 도와주는 정보와 피실험자들이 심각한 해악을 피할 수 있도록 도와주는 정보를 서로 구분할 수 있을지도 모르겠다. 두번째 유형의 정보에 대해 우리는 단순히 공개하는 것에 그치는 것이 아니라 분명히 이해하는 것까지 요구해야 한다. 아마 DIME도 이러한 요구에 접하게 되었을 것이다. 많은 참여자들은 최저세율이 어떻게 적용되는지를 알지 못했고 따라서 그 프로그램을 충분히 유리하게 이용하지 못했을 수도 있다. 그러나 그들은 실험이 언제 끝난다고 추정되는지와 문제나 불평거리가 생기면 누구에게 전화해야 하는지, 그리고 그들이 언제든지 실험에서 탈퇴할 수 있다는 것 등을 알고 있었던 듯이 보인다.[25] 동의의 이러한 측면에 관한 한, DIME 참여자들은 진정으로 동의한 것이라고 하기에 충분할 정도로 사태를 파악하고 있었던 것이다.

실험자들이 피실험자에게 제공하는 유인(inducements)은 또한 때때로 충분한 정보가 주어진 상태에서의 동의를 방해하는 것으로 단언된다. DIME에 참여한 몇몇 가족들은 1978년에 그 프로그램에서 9천 달러를 지급받았다. 논쟁의 여지가 있지만 이는 참여를 강하게 자극하는 요소라고 할 수 있을 것이다. 참여자들이 면담을 거부하더라도 계속 지급금을 받았던 초기의 실험에서와 달리 DIME은 피실험자들이 매달 돈을 받고자 한다면 주기적인 면담과 다양한 형태의 우송물을 제출할 것을 요구했다. 우리는 사회실험에서 그러한 '뇌물'에 의한 착취의 위험에 관심을 가져야 한다. 그러나 DIME이 참여자들에게 제공한 혜택이 불합리하거나 부적절하게 수준 높은 것이라고 하기는 어려운 듯이 보인다. DIME에서 제공된 혜택은 DIME과 같은 소득유지 프로그램이 실제로 채택된다면 유사한 상황에서 정부가 시민들에게 제공하게 될 혜택을 초과하지 않았다. 더욱이 셸링(Thomas Schelling)이 주장하는 것처럼 피실험자를 보호하기 위해 보상수준을 낮게 유지하는 것은 간섭주의적일 수도 있다. " '과도한 미끼'를 과소평가하는 사람은 가계보조금을 너무 많이 지불하는 것이 그들을 망쳐버린다고 설명하는 사람과 얼마간 유사하다. 사람들에게는 언제나 생사가 걸린 위험이 다가오고, 그래서 그들은 그들의 사생활권과 존엄성을 매일매일 팔아버린다. 그들의 잠재적인 피실험자들의 이익을 생각해서 보상액을 축소할 것인가를 실험의 설계자들이 결정해야 하는 것은 아닐 것이다." [26]

(공개나 합당한 미끼처럼) 실험에 참여하겠다는 동의를 이끌어내기 위한 요구들 외에도 충분한 정보가 주어진 상태에서의 동의는 실험이 계속되는 동안에도 참여자들의 동의를 계속 얻어야 하는 것까지 포함하는 것이어야 한다. 이는 적어도 진정한 실험탈퇴권을 갖고 있다는 것을 의미한다. 물론 DIME의 가족들은 실험을

언제나 중단할 수 있었고 그들도 그렇게 할 수 있다는 것을 알고 있었다. 그러나 초기실험에서 보다 더 적은 수의 주민들만이 포기했다는 것은 놀라운 일이 아니다. 그 프로그램이 제공하는 혜택은 포기하기에는 너무나 좋은 것처럼 보였음에 틀림없다. 아마도 면담요원의 침입에 분개하여 가족의 한 성원이 참여에 의구심을 가졌다 하더라도, 그 성원이 다른 성원들에게 실험에서 탈퇴하도록 설득할 수 없었을지도 모른다. 그럼에도 불구하고 우리는 모든 면에서 실험에서 탈퇴하기로 하는 결정이 실험에 합류하기로 하는 결정만큼 용이하다는 것을 실험자들이 보증하리라고 기대할 수는 없다. 실험에 계속 참여하는 것이 그렇게 하지 않는 것에 비해서 남는 이득이 없다고 우리가 강변한다면, 우리는 다른 합당한 기준에서 수용 불가능한 실험들만을 정당화할 수 있을 것이다. 탈퇴의 권리는 그 실험이 불쾌하거나 유해한 것일수록 더욱 진정한 것이다. 피실험자들이 미리 경고받지 못한 실질적인 형벌이나 어떤 다른 손해를 보지 않고 탈퇴할 수 있기를 요구하는 것으로 충분한 듯이 보인다.

누가 동의해야 하는가? 의학적 실험에서 이것은 보통 직접적인 물음이다. 그러나 사회실험에서는 실제로 참여자가 아닌 사람들이 그 실험에 의해서 중대한 영향을 받을 수 있다. (주택시장을 평가하기 위해서 설계된 것과 같은) '포화(saturation)' 실험에서 참여자가 아닌 많은 시민들이 (주택시장에서 그들의 경쟁적 지위를 상실하는 것과 같은) 해악을 감내해야만 할 수도 있다. 소득유지 실험은 그것이 행해지는 공동체 속의 시장이 무시해도 좋을 만큼의 영향만을 미칠 수 있었다. 그러나 비참여자들 — 특히 참여자들과 유사한 위치에 있었던 사람들 — 이 정부가 불공정하게도 그들에게는 참여자들이 받은 혜택을 제공하지 않았다고 불평할지도 모른다는 것은 이해가 가는 일이다. 멕시코계 미국인을 위한 MALDEF의 호소는 바로 그러한 주장이다. 공직자들은 결국 일부 멕시코계 미국인들이 표본에 부가되어야 한다는 MALDEF의 주장을 받아들였다. 그들이 그렇게 한 것은 실험 자체의 논리보다는 정치적인 이유에서였다. 표본을 부가했다고 해서 실험에 더 보탬이 된 것은 없었던 것이다.[27]

(정부의 정규적인 정책에서처럼) 모든 집단들이 실험표본으로 채택되어야 한다는 분배적 정의에 기초한 일반적 주장을 수용하는 것은 대부분의 사회실험을 불가능하게 할 정도로 비용이 많이 들고 성가신 일이 될 것이다. DIME이 덴버의 멕시코계 미국인들에게 영향을 미친 것처럼, 실험이 비참여자들에게도 의미있는 영향을 미칠 때조차도 참여자들이 동의한 것과 동일한 방식으로 비참여자들이 동의할 것을 우리가 요구할 수는 없다. 일반적으로 비참여자들의 이익은 단지 그들이 살고 있는 공동체에서 적절하게 선출되고 임명된 공직자들에 의해서 실험이 승인될 것을 요구함으로써 충분히 보호될 수 있다. 이러한 점에서 실험은 설령 그것이 참여자들에 대해서 더욱 엄정한 동의 표준을 충족시켜야만 한다 하더라도 그것이 정규적인 정부프로그램인 것처럼 생각될 수도 있다.[28]

실험의 종결

일단 공직자들이 DIME의 20년 프로그램은 연구가치를 갖지 못한다고 결론을 내렸다면 정부가 프로그램에 참여한 가족들에게 어떤 태도를 취해야 하는지가 핵심적인 윤리적 문제가 된다. 공직자들은 먼저 정부가 15년 동안 혜택을 제공하거나 (그에 상당하는 정착금을) 제공하겠다는 '확고한 공약(inviolable promise)'을 했는지에 대한 물음에 집중했다. 우리는 먼저 그러한 공약을 하게 된 토대가 무엇인지를 이해해야 한다.

DIME 가족들에 대한 공약과 가장 자연스럽게 연결되는 도덕적 의무는 성실성과 약속 지키기이다.[29] 가족들에 대한 태도가 갖고 있는 두 가지 특징은 약속을 지킬 일반적인 이유의 차원을 넘어서서 이러한 의무를 특별히 강조하는 역할을 한다. 두 특징 모두는 그 가족들이 정부의 공약을 신뢰함으로써 해악을 무릅쓰게 되었다는 사실로부터 유도되는 것이다.[30]

첫째, 실험의 잠재적인 해악은 사소한 것이 아니었다. 그 가족들은 그들의 삶에 주요한 방식으로 영향을 미칠 비가역적인 결정들을 내렸을 수도 있다. 우리는 개인들이 사실상 그러한 결정을 내렸는지를 정부가 알아내도록 해야 한다고 제안하려 할지도 모르겠다. 이러한 정보가 설령 유용하다 할지라도 그것을 수집하는 데에는 분명히 문제가 있다. 그 문제는 단지 공직자들이 이런 식으로 가족들의 사생활에 침입하는 것을 정당화할 수 있는가라는 행정의 윤리에 관한 문제가 아니다. 그것은 또한 '행정의 인식론(administrative epistemology)'이라는 이름을 붙이는 것이 어울리는 문제, 즉 또 다른 아이를 갖는 것과 같은 결정들이 그 실험이 제공하는 듯이 보이는 안정성에 의해 얼마나 영향을 받은 것인지를 공직자가 어떻게 알 수 있는가라는 물음에 속하는 것이기도 하다. 또한 그 실험에서는 사생활권의 보호를 강조함으로써 공직자들이 그 가족들이 어떤 사람들이었는지를 확인하지 못하고 말았다는 사실을 기억하라. 그 실험이 어떤 가족에게 해를 입히는가를 확실하게 드러내준다고 생각될 수 있는 절차가 존재하지 않을 때, 정부는 아마도 최악의 경우를 가정하고 그 프로그램이 계속될 것이라고 믿은 가족들의 기대를 충족시켜 줄 정착금을 제공해야 했다.

가족에 대한 의무를 주장하기 위해서는 그들이 정부의 약속에 의지함으로써 해를 입었다는 것으로 충분하지 않다. 그들이 해를 입었다고 믿을 유력한 이유가 있어야 할 필요가 있다.[31] 그러나 몇몇 공직자들이 강조한 것처럼 DIME의 20년 프로그램에서 가족들에게 전달된 모든 것들은 '면책조항'을 포함하고 있었다. 그 가족들은 정부의 공약이 절대적으로 신뢰할 수는 없다는 것, 사실 정치의 변덕을 전제했을 때 크게 신뢰할 수는 없었다는 것을 이해했어야만 했다. 가족들이 이것을 이해하지 못했다면 그것은 그들의 잘못이다. 그리고 정부와 납세자들이 그러한 어리석음의 비용을 부담할 필요가 없어야 한다. 이러한 선상의 논변에는 세 가지 반론이 가능하다.

첫째, 피실험자들이 정부의 공약을 믿지 않았다면 그 실험은 성립할 수가 없었다. 그러므로 실험을 관리한 모든 이들은 그러한 공약을 그 가족들에게 가능한 한 믿게 하려는 강한 동기를 갖고 있었다. (이것은 그 실험이 사회보장 같은 통상적인 '자격부여' 프로그램, 즉 정부가 공약을 어긴다는 죄의식을 느끼지 않고도 프로그램의 조건을 때때로 변화시킬 수도 있는 그런 프로그램과 다른 방식이다.) DIME의 예에서 각종 기록들은 공약의 신뢰성을 제고하려는 공직자들의 노력을 광범위하게 보여주고 있다. 부가적으로 임원진과 참여자들 사이의 많은 비공식적 만남, 즉 임원진, 특히 등록을 맡은 사람들에게 공약의 힘을 과장할 기회를 제공하는 만남들이 있었다.

두번째 반론은 공직자들이 그 실험은 종결되어야 한다는 결론을 내린 회합 이후에 가족들에게 전달된 내용에 집중하고 있다. 1979년 초에 가족들에게 전달된 편지에서, MPR의 보조기관인 'DIME에 참여한 가족들에 대한 지급 위원회'의 하퍼(Thomas Harper)는 프로그램에서의 다른 변화들 중에서 그 가족들로부터 더 이상 자료가 수집되지 않을 것이라는 점을 알렸다. 그는 "면담이 끝났다 하더라도, 지급 프로그램은 개정된 [시행규칙] 하에서 계속된다"고 적고 있으며, 재확인하는 어조로 DIME은 "정부에 의미있는 정보를 제공한 성공적인 연구이며" 규칙에서의 변화가 "그러한 성공을 축소시키지 않을 것"이라고 부가하고 있다.[32] 가족들이 이러한 편지를 정부의 공약에 대한 가장 최신의 재확인으로, 나아가 정부의 원래 약속에 대한 그들의 신뢰를 강화하는 것으로 해석한 것은 합당했다. DIME에서의 20년 프로그램이 '성공적인 연구'가 아니었다는 것을 알고, 지급중지에 대해 토론하기 시작했다는 것을 안 후에도 공직자들이 그러한 공약을 확인해 주었다는 사실은 약속위반을 넘어서 가족들을 기만했다는 비난을 받아 마땅한 것이다.

가족들이 불합리하게 정부에게 의지했다는 입장에 대한 세번째 반론은 더욱 조심스럽게 다루어져야만 한다. 한 상담원은 그러한 반론을 이런 식으로 제시했다. 그 가족들은 가난하고 그 중에서도 많은 사람들이 소수집단의 성원들이었기 때문에 그들은 아마도 정부가 원래의 약속에 덧붙여놓은 '면책조항'을 충분히 평가할 수 없었을 것이다. 가족들에 대한 이러한 성격규정이 정확할 수도 있다. 결국 빈곤 속에서 살고 있는 많은 사람들은 아주 합리적으로 적어도 정부의 누구도 신뢰하지 않을 수도 있다. 그런데 사람들이 실제로 믿는 것에 관한 정보가 없을 경우에는 그러한 논변은 인종주의적 함축은 아닐지라도 엘리트주의적인 견해를 지니고 있을 수 있다. 어느 경우이든 최초의 두 반론만으로도 정부가 가족들에게 공약을 했다는 것을 부정하려는 시도를 무력화시키기에는 충분하다.

정부가 가족들에게 공약을 했다는 사실이 그것이 이행되어야 한다는 것을 필연적으로 함축하지는 않는다. 약속처럼 공약은 때때로 파기될 수 있다. 이 경우에는 철학자들이 약속이 파기될 수 있다고 제안한 다양한 방식들 중에서 오직 하나만이 적용될 수 있는 듯이 보인다. 약속이 이행되어야 하는 시기의 상황이 약속을 했을 때에 양 당사자가 이해했던 것과 상당히 다르다면 약속은 파기될 수 있다.[33] 이러한 원칙은 양당사자가 예견했던 방식으로 상황이 변한다면 각 당사자가 의무에서 해방되는 것을 허용하지 않는다는 점에 주목하라. 약속의 취지는 종종 상황변화에 따라 당사자 중의 일방에게 특정한 행위를 수행하지 않으려는 마음이 일어날 수 있다고 예견되는 미래에도 그러한 행위의 수행을 보장하고자 하는 것이다.

공직자들이 이 예에서 지적하고 있는 상황의 변화는 DIME이 더 이상 본래의 목적에 기여하지 않는다는 것이다. 그들은 그러므로 정부가 원래 의견일치를 본 조건을 이행해야만 하는 것은 아니라고 주장했다. 그러나 DIME에서 20년 표본이 원래의 연구 목적에 기여할 수 없다는 사실은 단지 예견 가능한 것이 아니라, 실험을 끝내는 근거로 실제로 예견되었지만 거부된 것이었다. 5년 후에 수립된 자료가 무용하다는 이유 때문에 모릴은 그의 첫번째 제안에서 참여자들이 그 해에 프로그램에서 탈퇴하기를 원한다면 참여자들에게 목돈을 제공하자고 제안했던 것이다. 그러나 모릴은 신속히 이러한 제안을 철회했고, 그나 다른 누구도 5년이 경과하면 실제로 지급을 중지하자고 제안하지 않았다.

20년 실험이 그렇듯 특이한 방식으로 무용하게 되리라는 것, 즉 그것이 아무런 결과도 산출하지 못할 것이라는 점을 아무도 예상하지 못했던 것은 사실이다. 그러나 실험을 계속하는 것이 의미를 잃게 되는 이런 방식이 부가되었다고 하여 공직자들의 의무가 덜어지는 것은 아니다. 오히려 이러한 무용성은 공직자들에게 역으로 작용한다. 그 가족들이 아니라 정부 및 그들의 하도급 계약자들이 그러한 사태를 유발시킨 오류에 책임을 져야 하기 때문이다. 그들이 실험을 적절하게 설계했다면 그들은 실험이 아예 아무런 결과도 산출하지 못한다는 사실(그들이 예견하지 못한 사실)

보다는 실험을 계속하는 것이 더 이상의 자료를 산출하지 못한다는 사실(그들이 예견했던 사실)만을 인용할 수 있었을 것이다. 이러한 고려사항들이 정부가 가족들 각각에게 15년 분의 혜택을 빚지고 있다는 것을 필연적으로 보여주는 것은 아니지만, 그것들은 실험의 무용성이 가족들에 대한 정부의 의무를 무효화하는 적절한 이유가 될 수 없다는 것을 확고히 해준다.

파머의 보상논변(quid pro quo) — 가족들이 정부에게 이제 더 이상 어떤 용역도 제공하지 않기 때문에 정부도 그들에게 더 이상 혜택을 제공할 필요가 없다 — 은 결과적으로 변화된 상황에 호소한다. 그러나 얼마간 다른 대응을 요구하는 방식으로 말이다. 이러한 논변에서는 새로운 상황이 더욱 긴박한 의무 — 모든 납세자들에 대한 정부의 의무 — 가 작용하게 만든다. 가족들에 대한 정부의 정착금이 공정이나 정의의 보편적인 기준을 만족시켜야 한다는 의미에서 이는 도덕적 고려라고 하는 것이 타당하겠다. 그런데 부정의에 대해 납세자들이 제기할 수 있는 모든 비난이 정당한 것은 아니다. 몇몇 납세자들이 강변하는 것처럼 사회실험들은 돈의 낭비라고 주장하거나 사람들에게는 어쨌든 보장된 소득이 주어지지 말아야 한다고 주장하는 그런 비난들은 근거가 박약한 것으로 보인다. 이러한 종류의 논변은 실험을 시작하기로 결정을 내리는 단계에서 적절한 것이다. 그리고 그들이 그 단계의 숙의에서 승리를 얻지 못했다면, 이후에 공직자들이 실험을 종결하기 위해 공정한 정착금이 얼마인지를 논의하려 할 때, 그러한 논변에 조금이라도 비중이 주어져서는 안되겠다.

당시의 비우호적인 정치적 분위기는 그 가족들에 대한 정부의 공약을 무효화시키기 위해 몇몇 공직자들이 야기한 또 다른 상황이었다. 물론 몇몇 조건들 하에서는 정치적 요인들이 도덕적 이유로 간주될 수 있을지도 모른다. 우리는 (1) 공직자나 그 부서의 이해관심만을 언급하는 정치적 요인들과(가령, 그 가족들에게 큰 정착금을 주는 것이 DIME의 실패에 공중의 주의를 더 집중시켜서 공직자들을 비판받게 하거나 해임당하게 할 위험에 노출시킬 가능성), (2) 간접적으로라도 시민들의 이해관심을 더욱 일반적으로 지칭하는 정치적 요인들(가령 정착금으로 인해 가난한 사람들을 위한 복지 프로그램에 반대하는 더욱 많은 정치적 압력이 발생할 가능성)을 구분해야 한다. 우리가 도덕적 비중을 두어야 하는 것은 후자와 같은 종류의 정치적 요인들뿐이다.

이번 경우에는 의심할 바 없이 많은 그러한 요인들이 많이 있다. 그러나 그것들 대부분의 효과는 매우 사변적인 것이다. 후자와 같은 종류의 모든 정치적 요인들을 고려할 때, DIME에 참여한 가족들에게 큰 정착금을 제공하는 것에 반대하는 것은 다른 한편으로 그러한 정착금에 찬성하는 것이다. 정부가 정착금에 대한 원래 계획을 실행한다면 복지 프로그램에 대한 공공의 지원이 축소될 수도 있다. 그러나 정부가 공약을 어기는 것으로 알려지면 특히 빈자와 소수집단 사이에서 정부에 대한 신뢰가 뿌리째 흔들릴 수 있다. 이와 유사하게 큰 정착금에 의해서 DIME의 비용이 증대된다면 미래의 실험이 위험해질 수도 있다. 그러나 실험에서의 공약을 이행함에 있어서 정부를 신뢰할 수 없다면 사회과학자들과 시민들이 장래에 그런 실험에 참여할 가능성은 더 적어진다.

이러한 사변적인 고려사항들과 대조적으로 공직자들은 아주 즉각적이고 확실한 듯이 보이는 일군의 정치적 요인들에 직면한다. 예산삭감과 관련하여 그해 봄 같은 분위기에서는 의회가 큰 정착금에 필요한 자금들을 전용해 줄 가능성이 높지 않았을 것이다. 보건교육복지성의 공직자들이 그들 스스로 자금을 제공할 수 있을 저비용 정착금 형태들 중의 하나 — 앞에서 언급한 네번째, 혹은 다섯번째 방식 — 를 도덕적으로 정당화할 수 있었다면 의회에서 제기될 수 있었던 반론들은, 그것이 도덕적이건 다른 것이건 간에, 더 이상의 문제를 창출하지 않았을 것이다. 그러나 공직자들이 보건교육복지성만으로 제공할 수 있는 자금보다 정부가 더 큰 공약—가령 상담자들 중의 하나에 의해 제안된 15년 분의 연금—을 주었다고 믿는다고 가정하자. 그러면 공직자들은 행정상의 심각한 (그리고 아주 특징적인) 도덕적 딜레마에 직면하게 된다.

공직자들은 몇몇 사람들이 더욱 고상한 접근법으로 간주할 것을 받아들일 수도 있었을 것이다. 칸트가 권고한 것처럼 그들은 정치가들의 행위에 관한 음험한 계산을 모두 무시하고 단순히 그들이 도덕적으로 옳다고 믿는 제안사항을 의회에 제시할 수 있었다.[34] 의회가 그것을 거부했다면 의원들은 가족들에게 발생했던 모든 일들에 대한 도덕적 책임을 져야 할 것이다. 이러한 접근법에 대해서는 많은 논의가 필요하다. 공직자들은 그들이 도덕적으로 요구된다고 믿는 제안을 의회가 실제로 거부할 것이라는 사실을 확신할 수 없다. 더욱이 민주정치에서의 대표부로서 의회가 어쨌든 궁극적으로 그러한 결정들을 내려야 한다고 주장되기도 한다. 적어도 이러한 접근법은 행정적 숙의과정에 대한 적절한 전망을 제공하는 듯이 보인다. 보건교육복지성 공직자들은 의회가 내릴 것 같은 평가와는 독립적으로 어떤 정착금이 도덕적으로 옳았는가를 결정해야 한다. 그리고 나서 (필요하다면) 그들은 의회가 그것을 수용하도록 정치적으로 어떻게 설득할 것인지를 고려할 수 있을 것이다.

그러나 '그것을 의회에 맡기는' 접근법은 이 경우에 아마도 치명적인 결함을 갖고 있는 것으로 생각된다. 상원의원 암스트롱의 공적인 논평이나 의회 관계자들로부터 얻어진 다른 정보는 공직자들에게 의회가 단순히 그 가족들에게 더욱 큰 정착금을 제공하지 않는 것보다 사태를 더 악화시킬지도 모른다고 믿을 이유를 제공했다. 의회는 오히려 보건교육복지성이 스스로 제공할 수 있는 자금의 최대량보다 더 적은 양을 제공하게 할지도 모른다. 보건교육복지성 공직자들은 가족들에게 더 많은 것을 제공해 주기 위해 의회에 갔는데, 결국 그들이 가지 않았다면 (얻었을 것보다 더 적은 성과를 얻은 채) 문제를 종결시켜 버릴 수도 있다. 칸트적인 행정관은 그러한 결과에 대한 도덕적 비난이 의회에 남을 것이라고 믿음으로써 약간의 위안은 얻을 수 있을지도 모르겠다. 그러나 다른 공직자들은 그들이 가족들에게 발생한 일에 대해 책임을 공유하고 있다는 점을 확실히 인식해야만 한다. 의회가 도덕적으로 정당화되고 보건교육복지성이 스스로 제공할 수 있는 것보다 더 적은 정착금을 제공할 가능성이 높다고 믿으면서도 의회가 결정을 내리게 한다면 그들은 비판을 회피할 수 없다.

DIME의 평가와 함축

DIME에서 20년 프로그램이 드러낸 방식으로는 누구도 충분한 만족을 얻을 수 없었다. 이러한 실험은 필요한 결과를 거의 산출하지 못했을 뿐 아니라 중요한 윤리적 원칙을 위반했다. 정부는 그 프로그램의 가족들에게 충분한 정보가 주어지지 않아서 발생할 수 있는 위험에 그들을 노출시켰고 결국 그 가족들이 믿을 만한 유력한 이유를 갖고 있었던 정부의 공약을 존중하지 못했다. 그러나 (실험표본을 구하는 데에서의 잘못을 제외하고는) 이 이야기의 각 단계에서 이루어진 결정들 중에서 어떤 것도 최종결과만큼 그렇게 나쁜 것처럼 보이지는 않는다.

기준들의 첫번째 집합—혜택 및 해악과 관련된 것들—에서 DIME에서의 20년 표본을 시작하기로 한 결정은 공직자들이 그 당시에 알았던 것에 비추어볼 때 합당한 것인 듯이 보인다. 사회정책에 대한 실험의 중요성이 막대하고 실험의 설계도 그 분야에서 존경받는 전문가의 기준을 만족시킬 정도였다. 더욱이 많은 참여자들은 그 실험으로부터 실질적인 물질적 혜택을 보장받으리라는 기대를 가질 수 있었다. 실험에서 가능했던 혜택이 실험에서 가능했던 위험보다 컸을 뿐 아니라 그러한 위험들은 그들이 참여하지 않았을 경우에 그들이 노출되었을 위험보다 크지 않았다.

그런데 1974년의 관점에서조차 가장 심각한 위험은 다양한 이유에서 그 프로그램이 5년 후에 종결되어야 할지도 모른다는 점이었다. 공직자들은 실험을 시작할 것인지를 평가할 때나 실험을 이행하기 위한 계획을 세울 때에 이러한 가능성에 대해 적절한 대비를 하지 않았다. 더구나 공직자들은 단순히 사회실험이 생산할 수 있는 해악의 다양성이 종종 복합적이고 논쟁의 여지가 있다는 이유에서 실험의 위험을 과소평가했을 수도 있다. 일반적으로 혜택을 과장하고 위험을 경시하는 경향이 있는 공직자와 실험자들에게만 실험에서의 위험에 대한 평가를 맡겨서는 안될 것이다.

공직자들은 피실험자들에게 기준들의 다른 집합 — 실험에의 참여는 자발적이어야 한다는 것을 명기하는 기준들 — 에 대해서는 다른 사항들에 관한 것만큼 명시적인 주의를 주지 않았다. 그러나 공직자들과 실험자들은 충분한 정보가 주어진 상태에서 가족들의 동의를 보장하기 위해 물론 선의의 노력을 했다. 공직자들은 마음속에 분명한 공개기준을 가지고서 참여자들을 기만하게 될 계획은 거부했다. 그들은 대부분의 영역에서 참여자들에게 그 실험에 관한 본질적인 정보를 제공하는 등록절차를 확립했다. 공직자들은 (초기실험에서 나타났었던 이혼한 부부처럼) 실험에서의 어떤 우발적인 위험은 공개하지 않았고, 아주 중심적인 위험 — 조기종결의 가능성 — 은 강조하지 않았다. 실험의 취지 자체를 무색하게 하지 않고서는 이러한 가능성을 너무 많이 강조할 수 없었던 것이다. 그러나 그들은 그들이 했던 것보다 더욱 자세하고 더욱 정확하게 그러한 가능성을 서술할 수 있었다. 공직자들이 그러한 위험에 대한 정확한 서술을 합당하게 제공할 수 없었다고 믿는다면 그들은 이러한 종류의 실험을 맡지 말았어야 했다.

그 가족들과 관계된, 자발적 참여기준의 다른 요소들은 DIME에 아무런 심각한 문제도 발생시키지 않았다. 정부는 가족들이 참가하도록 설득하기 위해 과도한 미끼를 던지지도 않았고 실험에서 탈퇴하기를 원하는 참가자들의 발목을 붙잡는 장애물을 설치해 두지도 않았다. 그런데 연방정부의 공직자나 주정부의 공직자 모두가 그 실험에 의해 영향을 받을지도 모르는 비참여자들로부터 단지 간접적인 동의라도 확보하기 위해서는 어떤 체계적인 노력도 하지 않았다. 비참여자들은 (그 프로그램에 멕시코계 미국인들을 동참시키려는 운동을 벌인 MALDEF처럼) 사적이고 우발적인 방식으로만 스스로를 표현할 수 있었다.

실험을 종결하기로 하는 결정은 다른 윤리적 문제 ― 정부공약의 토대와 그것들이 파기될 수 있는 배경조건 ― 를 불러일으켰다. 정부는 DIME의 가족들에게 도덕적인 공약을 했다. 공직자와 실험자들은 그 실험이 20년 동안 계속될 것이라고 참여자들을 납득시킬 강한 유인을 갖고 있었기 때문에 정부는 그들이 정부의 공약을 신뢰한다고 추정해야 한다. 그것이 정부에 다소 손해가 된다고 해도 말이다. 참여자들이 자발적으로 정부의 그러한 공약을 파기하는 데에 동의하거나 상황이 양당사자가 원래 기대한 것과 상당히 달라져버렸다면 그러한 공약은 파기될 수 있다. 그러나 (실험에서의 사생활권 보호 같은) 다양한 이유에서 정부는 그 가족들에게 프로그램이 약속했던 혜택을 포기하라고 설득할 수는 없었다. 여건이 물론 변했다. 그 실험이 무용한 것이 되고 말았던 것이다. 그러나 공직자들은 5년 후에도 지불을 계속하는 것은 실험의 목적에 기여하지 못한다는 것을 예견했었기 때문에 공직자들에게 책임이 있는 그러한 무용성은 정부의 공약을 파기하는 근거가 될 수 없었다.

그런데 정치적 분위기의 변화가 공약을 원래 형태대로 이행하지 않게 해주는 이유로 간주될 수도 있겠다. 공직자들이 의회에 원래의 공약을 이행할 자금을 요구하는 행위가 실제로 가족들에게 더 적은 양의 정착금을 주게 될 것이라고 믿을 유력한 이유를 갖고 있는 한, 공직자들은 가족들이 약속받았던 것보다 더 적은 양을 제공하는 것을 정당화할 수 있다. 그러나 이러한 정당화가 얼마나 제한적인 것인가에 주목하라. 그것이 가족들에게 보건교육복지성 자체의 자금에서 이용 가능한 최대량보다 더 적은 양을 제공하는 것 — 가령 간섭주의적 이유나 납세자에 대한 책임에서 지불을 축소하는 것 — 을 허용하지는 않을 것이다.

더욱이 그러한 정당화는, 더욱 축소된 정착금을 지불하는 것이 실제로 가족들에 대한 정부의 공약을 이행해 주는 것이어서 정부가 도덕적 비난에서 벗어날 수 있다는 사실을 함축하는 것도 아니다. 여기에서 '정부'는 원래 공약을 행했던 공직자들뿐 아니라, 그 프로그램의 남은 15년 분에 상당하는 정착금에 필요한 전용을 뒷받침할 수 있었던 의원들을 포함한다. 의회가 최초의 공약을 하지 않았다는 사실이 의원들에게서 도덕적 명예를 벗겨주지는 않는다. 보건교육복지성 공직자들에게 도덕적 의무를 지워주는 고려사항 중의 몇몇은 또한 의원들에게도 그대로 부과된다.

DIME에서 20년 프로그램의 전개과정은 도덕적 잘못이나 심지어 도덕적 둔감성의 연대기도 아니다. DIME이라는 드라마의 배우들은 그들의 행위의 윤리성에 대해 토론했고 그들의 행위에서 선한 의도를 분명히 했다. 그러나 공직자들은 그들이 사용한 기준과 그 기준을 적용한 방법에서 잘못을 저질렀다. 대부분의 잘못들은 그것들이 이루어진 당시에는 작은 것인 듯이 보였지만 그것들의 누적효과는 심대했다.

외관상 작은 실수들이 이런 식으로 확대되기 때문에, 미래에 사회실험을 책임질 공직자들은 실험행위를 통제하는 윤리적 기준들에 대한 명백히 사소한 일탈조차도 피해야 한다. 그러한 공직자들은 DIME의 공직자들보다 이러한 기준들을 더욱 명시적으로 정식화해야 한다. 그리고 그들은 스스로 실험을 주도하거나 실험을 시행하지 않은 시민들로부터 그러한 기준들이 충족되는지에 대해 충고를 구해야 한다. 단지 DIME이 잘못되었다는 이유에서 우리가 사회실험을 정부의 도구들의 대열에서 배제할 필요는 없다. 그러나 우리는 DIME의 경험에서 미래의 사회실험은 실험으로서 뿐 아니라 윤리적으로도 엄정한 기준을 충족시켜야 한다는 것을 확실히 하는 법을 배워야 할 것이다.

[원 주]

1) U.S. Department of Housing and Urban Development, Office of Policy Development and Research, *Experimental Housing Allowance Program No. A1979, Report of Findings* (Washington, D.C. : H.U.D., April 1979), Edward M. Gramlich and Patricia P. Koshel, *Educational Performance Contracting : An Evaluation of an Experiment* (Washington, D.C. : Brookings, 1975), Joseph Newhouse, *A Design for a Health Insurance Experiment* (Santa Monica, Calif. : RAND Corp., 1972), Joseph Pechman and P. Michael Timpane, eds., *Work Incentives and Income Guarantees* (Washington, D.C. : Brookings, 1975), 그리고 Manpower Demonstration Research Corporation, *Summary of Findings of National Supported Work Demonstration* (Cambridge, Mass. : Ballinger, 1980).

2) Alice M. Rivlin, and P. Michael Timpane, eds., *Ethical and Legal Issues of Social Experimentation*(Washington, D.C. : Brookings, 1975), 그리고 Gordon Bermant et al., eds., *The Ethics of Social Intervention* (Washington, D.C. : Hemisphere Publishing, 1978)을 보라.

3) 일반적으로 P. H. Rossi et al., "The New Jersey — Pennsylvania Income Maintenance Experiment," Bermant et al., pp.245~266, 그리고 Michael Barth er al., "Policy Implications : A Positive View," Pechman and Timpane, pp.206~223을 보라.

4) Memorandum from William Morrill to Undersecretary of HEW, March 4, 1974. 여기에서 인용된 모든 메모는 HEW 파일들에 의거한 것이다. 복사분은 저자가 소유하고 있다.

5) Memorandum from Robert Carleson to The Secretary, March 12, 1974.

6) Memorandum from James S. Dwight to Nelson Sabatini, March 20, 1974.

7) Memorandum from William Morrill to the Undersecretary of HEW, April 18, 1974.

8) Memorandum from R. G. Spiegelman to Jacob Shockley, August 7, 1973.

9) Letter From Jacob Shockley to "Dear Family," State of Colorado, Department of Social Services, Denver, Colorado (n.d.).

10) Enrollment Agreement, Council for Grants to Families, Denver, Colorado (n.d.). 완전한 문헌은 Amy Gutmann and Dennis Thompson, eds., *Ethics and Politics* (Chicago : Nelson-Hall, 1984), pp.74~75에 재생산되었다.

11) Philip K. Robins and Gary L. Stieger, "The Labor Supply Response of Twenty Year Families in the Denver Income Maintenance Experiment" (Menlo Park, Calif. : SRI International, 1978). 더욱 최근의 재검토에서는 표본확장에서의 오류가 심각했다는 사실을 확증해 주고 있다. 그러나 그럼에도 불구하고 소득유지 정책의 효과에 관한 몇몇 결론들이 이끌어져 나왔으며 실험을 계속함으로써 독신의 여성 가장에 대해서는 유용한 자료를 산출할 수 있다는 사실이 밝혀졌다. Philip K. Robins and Gary L. Stieger, "An Analysis of the Labor Supply Response of Twenty-Year Families in the D.I.M.E." (Menlo Park, Calif. : SRI International, draft, April 1980)을 보라.

12) Memorandum from R. G. Spiegelman / R. Emmick to Douglas Wolf / Jacob Shockley, March 20, 1979.

13) Memorandum from John Palmer to the Secretary (n.d., not transmitted).

14) Michael Barth, "Denver Income Maintenance Experiment 20-Year Sample : Background Paper" (Washington, D.C. : Department of Health, Education and Welfare, March 25, 1980).

15) Rossi et al., p.259.

16) 의학실험에 인간을 사용하는 것을 규제하기 위해 보건교육복지성이 수립했던 기준들을 비교해 보라. U.S. Department of Health, Education and Welfare, *The Institutional Guide to DHEW Policy on Protection of Human Subjects* (Washington, D.C. : DHEW, 1971). 또한 Robert M. Veatch, "Ethical Principles of Medical Experimentation," Rivlin and Timpane, pp.21~59를 보라.

17) 공리주의에 대한 최근의 논의들에 대해서는 J. J. C. Smart and Bernard Williams, *Utilitarianism : for and against* (Cambridge : Cambridge University Press, 1973), J. L. Mackie, *Ethics* (New York :

Penguin, 1977), pp.125~148, 그리고 Alan Donagan, *The Theory of Morality* (Chicago : University of Chicago Press, 1977), pp.172~209.

18) Michael barth er al., pp.214~215.

19) D. N. Kershaw, "Comments," Rivlin and Timpane, p.63.

20) Thomas C. Schelling, "General Comments," Rivlin and Timpane, p.168.

21) 일반적으로 Peter G. Brown, "Informed Consent in Social Experimentation," Rivlin and Timpane, pp.79~100을 보라.

22) Memorandum from Joseph Corbett to R. G. Spiegelman, Aug. 8, 1973, p.2.

23) Veatch, p.64. 이 사건은 소득유지 실험의 초기에 뉴저지 주에서 일어났다.

24) Brown, p.91.

25) Cf. Rossi et al., p.257, 그리고 Veatch, p.65.

26) Schelling p.174. 이 경우에는 간섭주의가 또 다른 지점에서 발생한다. 과도기에 가족들에게 지불을 계속하기로 한 보건교육복지성의 결정은 그 프로그램이 곧 종결될 것이라는 사실을 가족들이 인식할 수 있도록 점차로 급여를 줄여나가는 것이다. 그래서 '자신의 복리를 위해서'라는 명분하에 가족들은 그런 단서가 없었다면 받았을 금액보다 더 적은 금액을 수령했던 것이다. 간섭주의의 정당화 가능성에 대한 더욱 일반론적인 논의에 대해서는 pp.154~161, 170~172를 보라.

27) 이는 슈피겔만(R. G. Spiegelman)과 코벗(Joseph Corbett at MPR), 윌리엄즈(Robert Williams at Mathematica), 그리고 쇼클리(Shockley)의 1974년 7월 비망록 등에서 분명한 것인 듯이 보인다.

28) Cf. Brown, p.99, and Joseph Newhouse, "Comments," Rivlin and Timpane, p.103.

29) 약속의 도덕적 토대에 대해서는 David Hume, *Treatise of Human Nature*, ed. L. A. Selby-Bigge (Oxford : Oxford University Press, 1960), bk. III, pt. II, sec. v , Immanuel Kant, *Foundations of the Metaphysics of Morals*, trans. Lewis beck White (Indianapolis : Bobbs-Merrill, 1959), 특히 pp.40~41, Henry Sidgwick, *The Methods of Ethics*(London : Macmillan, 1962), pp.303~311, H. A. Prichard, *Moral Obligation*(Oxford : Oxford University Press, 1949), pp.169~179, John Rawls, *A Theory of Justice* (Cambridge, Mass. : Harvard University

Press, 1971), pp.344~348, 그리고 Charles Fried, *Contract as Promise* (Cambridge, Mass. : Harvard University Press, 1981).

30) 프라이드는 약속의 도덕적 기초가 신뢰라는 관점에 이의를 제기한다. (pp.4~5, 7~27) 약속을 그것이 창출해 내는 기대치에 근거짓는 프라이드 자신의 관점이 가족들의 요구에 보다 더 강한 토대를 마련해 주는 듯이 보일지도 모르겠다. 가족들은 그들이 약속을 신뢰함으로써 고통받았다는 사실을 보일 필요가 없을 것이다. 그러나 이 경우에서처럼 상황이 많이 변화했을 때에 프라이드의 관점은 양 당사자들이 새로운 상황에서 약속을 적용하려고 의도할 수 없기 때문에 어떤 약속도 성립하지 않는다는 내용을 함축하고 있는 듯이 보인다(cf. pp.59~60, 67). 프라이드가 비판한 것으로 여기에서는 DIME의 분석을 더 잘 뒷받침해 주는 관점에 대해서는 Patrick Atiyah, *The Rise and Fall of Freedom of Contract* (Oxford : Oxford University Press, 1979)를 보라.

31) Neil MacCormick, "Voluntary Obligations and Normative Powers," *Proceedings of the Aristotelian Society*, supp. vol.46 (July 1972), pp. 64, 73.

32) Letter from Thomas Harper to DIME families, Jan. 31, 1979 (letterhead : Council for Grants to families).

33) Sidgwick, pp.306~307을 보라.

34) Cf. Immanuel Kant, "On the Supposed Right to Lie from Altruistic Motives," *Critique of Practical Reason*, ed. Lewis White Beck (Chicago : University of Chicago Press, 1949), pp.346~350.

찾아보기

역자 약력

황 경 식 서울대 철학과 졸업, 동대학원 석사 · 박사 과정 수료
서울대에서 철학박사 학위 취득
미국 하버드대 객원연구원, 동국대 철학과 교수 역임
현재 서울대 철학과 교수, 한국 사회 · 윤리학회 회장
▪ 저서 및 역서
《사회정의의 철학적 기초》《철학 속의 논리》
《사회정의론》(롤즈 원저)《윤리학》《응용윤리학》
《실천윤리학》《개방사회의 사회윤리》《이론과 실천》등

정 원 규 서울대 철학과 졸업
서울대 대학원 철학과 박사과정 수료
현재 인하대 · 경희대 강사

공직의 윤리

·

1999년 6월 10일 1판 1쇄 인쇄
1999년 6월 15일 1판 1쇄 발행

지은이 / 데니스 F. 톰슨
옮긴이 / 황경식 · 정원규
발행인 / 전춘호
발행처 / 철학과 현실사
서울시 서초구 양재동 338-10
TEL 579-5908 · 5909
등록 / 1987.12.15.제1-583호

ISBN 89-7775-249-3
값 12,000원